中国农垦农场志丛

陕西

南泥湾农场志

中国农垦农场志丛编纂委员会 组编
陕西省延安市南泥湾农场志编纂委员会 主编

中国农业出版社
北京

图书在版编目（CIP）数据

陕西南泥湾农场志/中国农垦农场志丛编纂委员会组编；陕西省延安市南泥湾农场志编纂委员会主编.—北京：中国农业出版社，2021.12
（中国农垦农场志丛）
ISBN 978-7-109-29376-2

Ⅰ．①陕…　Ⅱ．①中…②陕…　Ⅲ．①国营农场–概况–延安　Ⅳ.①F324.1

中国版本图书馆CIP数据核字（2022）第071540号

出 版 人：陈邦勋
出版策划：刘爱芳
丛书统筹：王庆宁
审 稿 组：干锦春　薛　波
编 辑 组：闫保荣　王庆宁　黄　曦　李　梅　吕　睿　刘昊阳　赵世元
设 计 组：姜　欣　杜　然　关晓迪
工 艺 组：王　凯　王　宏　吴丽婷
发行宣传：毛志强　郑　静　曹建丽
技术支持：王芳芳　赵晓红　潘　樾　张　瑶

陕西南泥湾农场志
Shanxi Nanniwan Nongchangzhi

中国农业出版社出版
地址：北京市朝阳区麦子店街18号楼
邮编：100125
责任编辑：王庆宁　　文字编辑：吕　睿　刘昊阳　赵世元
责任校对：刘丽香　　责任印制：王　宏
印刷：北京通州皇家印刷厂
版次：2021年12月第1版
印次：2021年12月北京第1次印刷
发行：新华书店北京发行所
开本：889mm×1194mm　1/16
印张：28.25　插页：18
字数：602千字
定价：208.00元

ISBN 978-7-109-29376-2

大众分社投稿邮箱：zgnywwsz@163.com

20世纪40年代初，三五九旅战士在南泥湾稻田插秧

1942年，三五九旅战士在南泥湾种植的南瓜

20世纪40年代，三五九旅战士在南泥湾饲养的羊群

2014年10月31日，农业部农垦局局长王守聪（前排右二）来南泥湾农场调研

2016年9月7日，农业部农垦局副局长胡建峰（右三）来南泥湾农场调研

2019年4月27日，农业农村部农垦局局长邓庆海（左二）来南泥湾农场调研，陕西省农垦集团党委书记、董事长郭剑（左三），延安市副市长孙矿玲（左一）等陪同

2021年7月2日，水利部副部长陆桂华（左五）来南泥湾调研

1973年2月21日，中共山西省委书记陈永贵（前排右四）来南泥湾视察，劳动英雄杨步浩（前排右五），
延安军分区司令、革委会主任许效民（前排左二）等陪同

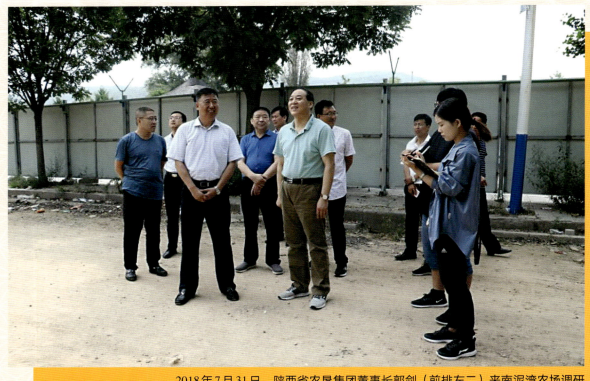

2018年7月31日，陕西省农垦集团董事长郭剑（前排左二）来南泥湾农场调研

2021年4月29日，陕西省住建厅厅长韩一兵（前排左三）来南泥湾调研

2014年8月13日，延安市副市长杨霄（前排中）来南泥湾农场调研蔬菜项目

2016年10月26日，陕西省委常委、延安市委书记徐新荣（右二）来南泥湾农场调研旅游开发工作

2017年3月9日，延安市委副书记、市长薛占海（前排右三）来南泥湾调研

2018年3月29日，延安市政协主席薛海涛（前排右三）来南泥湾调研

2020年9月23日，延安市人大常委会主任姚靖江（前排右二）来南泥湾调研

三、友好往来

2011年5月17日，新疆生产建设兵团副秘书长刘以雷（左四）一行来南泥湾指导农垦林建设工作

2012年7月4日，海南南田农场派员来南泥湾调研学习，缔结友好农场

2015年8月24日，南泥湾农场派员赴辽宁宝力农场调研学习

2018年9月4日，上海光明食品（集团）公司总裁曹树民（中）来延安调研，
省农垦集团董事长郭剑（右）陪同

2020年7月29日，中铁一局董事长马海民（右二）来南泥湾调研

2020年9月7日，中国融通集团总经理马正武（前排右一）来南泥湾调研

2020年11月5日，中国移动通信集团陕西有限公司红色文化教育基地在南泥湾挂牌

四、农场风貌

1962年的南泥湾阳湾

20世纪90年代的南泥湾农场场部（已于2017年3月拆除）

南泥湾（集团）有限责任公司办公楼（2021年摄）

南泥湾农场职工医院院址（2020年摄）

2005年建成的大生产运动广场纪念碑（已于2018年拆除）

2005年建成的大生产运动广场雕塑（2018年迁移至马坊）

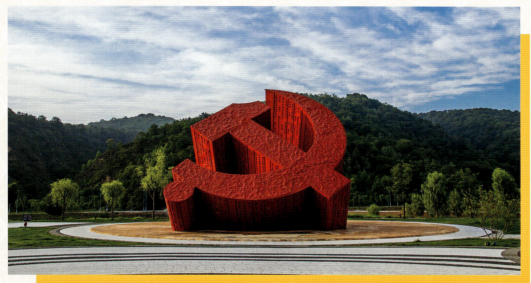
南泥湾党徽广场

南泥湾农垦安置小区（A组团）

2020年5月投入运营的南泥湾农垦大酒店

陕西延安南泥湾国家湿地公园

南泥湾水围（磨）沟水库

2005年建成的大生产运动广场雕塑（2018年迁移至马坊）

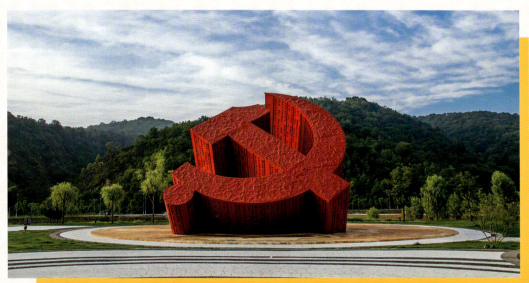

南泥湾党徽广场

南泥湾农垦安置小区（A组团）

2020年5月投入运营的南泥湾农垦大酒店

陕西延安南泥湾国家湿地公园

南泥湾水围（磨）沟水库

今日的南泥湾，陕北的好江南

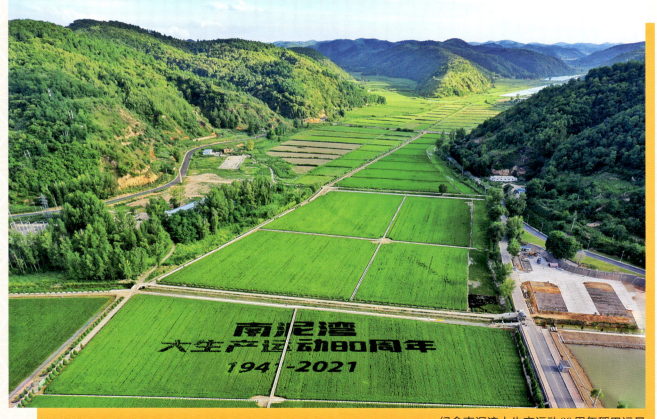

纪念南泥湾大生产运动80周年稻田远景

金盆湾三五九旅旅部旧址（1941—1945年）

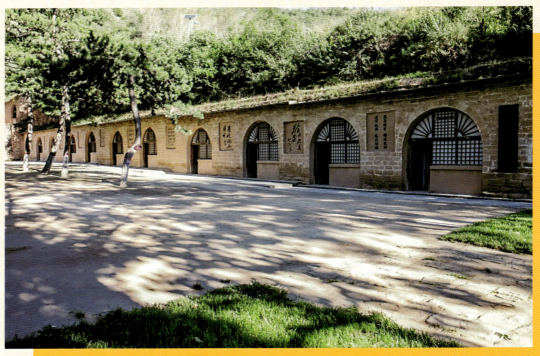

延安炮兵学校旧址

中共中央干部休养所旧址

九龙泉革命烈士陵园（2005年扩建）

六、农场生产

南泥湾农场稻田土地平整现场

南泥湾农场稻田机械插秧现场

南泥湾农场种植的大白菜

南泥湾现代农业示范园

20世纪80年代，南泥湾农场的香紫苏精油产品

2020年，延安南泥湾（集团）有限责任公司的农产品和文创产品

2012年8月3日，老兵回家——南泥湾兵团战友联谊会在南泥湾大礼堂举行

2017年6月11日，南泥湾红色文化小镇项目建设启动仪式

2020年6月2日，中共延安南泥湾（集团）公司党委换届选举暨第一次党员大会

2021年3月8日，南泥湾（集团）公司召开一届一次职工代表大会

20世纪70年代，兰州军区建设兵团第40团战士举行赛诗会

20世纪70年代，兵团电影队所用的16毫米电影放映机

20世纪70年代，兰州军区建设兵团第40团全体干部在九龙泉瞻仰三五九旅革命烈士陵园

20世纪70年代，兵团战士在田间听三五九旅老红军讲述南泥湾大生产的故事

20世纪70年代，兰州军区建设兵团第40团民兵训练打靶归来

2011年，南泥湾农场举行建党九十周年合唱比赛

2020年6月18日，南泥湾（集团）公司与市委组织部在桃宝峪举行篝火晚会

2020年7月1日，中共延安南泥湾〔集团〕公司党委举行主题党日活动

2020年10月25日，南泥湾〔集团〕公司主题党日活动——割水稻

2020年，南泥湾（集团）公司职工的业余文体活动

2021年7月22日，全国大学生延安暑期社会实践活动启动仪式在南泥湾举行

九、领导班子

20世纪70年代，兰州军区建设兵团第40团部分团领导成员
（右起依次为：政委孙云魁、团长朱少清、
政治处主任于景文、副政委牛升全）

1970年8月，兰州军区建设兵团第40团部分领导成员
（第一排左起依次为：团长秦风仪、老团长朱少清、政委孙云魁，
第二排左起依次为：副团长赵东锁、政治处主任于景文、参谋长马俊庭）

20世纪80年代，南泥湾农场场长刘新民（左）、副场长杜民生（右）

1993年南泥湾农场领导班子成员
（左起依次为：贺玉林、宋明富、郭守斌、苏绍武、李树人、罗玉瑾）

延安南泥湾（集团）有限责任公司党委书记、董事长刘一民

延安南泥湾（集团）有限责任公司党委副书记、总经理刘小雄

中共延安南泥湾（集团）有限责任公司党委成员
（右起依次为：呼海荣、刘小雄、刘一民、赵永峰、党德生）

延安南泥湾（集团）有限责任公司领导班子成员
[左起依次为：薛志罡、崔彬、祁海梅、呼海荣、刘小雄、
张新会（延安市国资委党委书记、主任）、刘一民、赵永峰、党德生、康淑娟]

十、志书编纂工作

2021年,《陕西南泥湾农场志》编写小组成员翻阅收集档案资料

2021年7月,《陕西南泥湾农场志》编写小组成员赴杨凌采访原农场副场长杜民生（右一）

中国农垦农场志丛编纂委员会

主 任

张桃林

副主任

左常升　邓庆海　李尚兰　陈邦勋　彭剑良　程景民　王润雷

成 员（按垦区排序）

马　辉　张庆东　张保强　薛志省　赵永华　李德海　麦　朝

王守聪　许如庆　胡兆辉　孙飞翔　王良贵　李岱一　赖金生

于永德　陈金剑　李胜强　唐道明　支光南　张安明　张志坚

陈孟坤　田李文　步　涛　余　繁　林　木　王　韬　魏国斌

巩爱岐　段志强　聂　新　高　宁　周云江　朱云生　常　芳

中国农垦农场志丛编纂委员会办公室

主 任

王润雷

副主任

陈忠毅　刘爱芳　武新宇　明　星

成 员

胡从九　李红梅　刘琢琬　闫保荣　王庆宁

中国农垦农场志丛

陕西省延安市南泥湾农场志编纂委员会

主　任

刘一民

副主任

刘小雄　赵永峰

委　员

呼海荣　党德生　薛　虎　康淑娟　祁海梅　崔　彬　薛志罡
张　乐　王向军

陕西省延安市南泥湾农场志编纂委员会办公室

主　编

刘一民

副主编

刘小雄　赵永峰

总　纂

王延平

成　员

王向军　邢丹东　崔振荣　刘　浪　冯　耀　王　波　赵　娜
刘振琴　郝　乐　刘正萍　张　超　孙建邦　窦朗朗　徐晓锋
马航于　白彦明　高　勇　马　杰　白　峰　张　军　曹　靖
尚子义　徐　明　艾小琴　马月华　万佳佳　曹　茜　崔　静
王宝竞　张　坚

工作人员

曹　茜　崔　静　王宝竞　张　坚

文字校对

曹　茜　崔　静

总序

中国农垦农场志丛自 2017 年开始酝酿，历经几度春秋寒暑，终于在建党 100 周年之际，陆续面世。在此，谨向所有为修此志作出贡献、付出心血的同志表示诚挚的敬意和由衷的感谢！

中国共产党领导开创的农垦事业，为中华人民共和国的诞生和发展立下汗马功劳。八十余年来，农垦事业的发展与共和国的命运紧密相连，在使命履行中，农场成长为国有农业经济的骨干和代表，成为国家在关键时刻抓得住、用得上的重要力量。

如果将农垦比作大厦，那么农场就是砖瓦，是基本单位。在全国 31 个省（自治区、直辖市，港澳台除外），分布着 1800 多个农垦农场。这些星罗棋布的农场如一颗颗玉珠，明暗随农垦的历史进程而起伏；当其融汇在一起，则又映射出农垦事业波澜壮阔的历史画卷，绽放着"艰苦奋斗、勇于开拓"的精神光芒。

（一）

"农垦"概念源于历史悠久的"屯田"。早在秦汉时期就有了移民垦荒，至汉武帝时创立军屯，用于保障军粮供应。之后，历代沿袭屯田这一做法，充实国库，供养军队。

中国共产党借鉴历代屯田经验，发动群众垦荒造田。1933年2月，中华苏维埃共和国临时中央政府颁布《开垦荒地荒田办法》，规定"县区土地部、乡政府要马上调查统计本地所有荒田荒地，切实计划、发动群众去开荒"。到抗日战争时期，中国共产党大规模地发动军人进行农垦实践，肩负起支援抗战的特殊使命，农垦事业正式登上了历史舞台。

20世纪30年代末至40年代初，抗日战争进入相持阶段，在日军扫荡和国民党军事包围、经济封锁等多重压力下，陕甘宁边区生活日益困难。"我们曾经弄到几乎没有衣穿，没有油吃，没有纸、没有菜，战士没有鞋袜，工作人员在冬天没有被盖。"毛泽东同志曾这样讲道。

面对艰难处境，中共中央决定开展"自己动手，丰衣足食"的生产自救。1939年2月2日，毛泽东同志在延安生产动员大会上发出"自己动手"的号召。1940年2月10日，中共中央、中央军委发出《关于开展生产运动的指示》，要求各部队"一面战斗、一面生产、一面学习"。于是，陕甘宁边区掀起了一场轰轰烈烈的大生产运动。

这个时期，抗日根据地的第一个农场——光华农场诞生了。1939年冬，根据中共中央的决定，光华农场在延安筹办，生产牛奶、蔬菜等食物。同时，进行农业科学实验、技术推广，示范带动周边群众。这不同于古代屯田，开创了农垦示范带动的历史先河。

在大生产运动中，还有一面"旗帜"高高飘扬，让人肃然起敬，它就是举世闻名的南泥湾大生产运动。

1940年6—7月，为了解陕甘宁边区自然状况、促进边区建设事业发展，在中共中央财政经济部的支持下，边区政府建设厅的农林科学家乐天宇等一行6人，历时47天，全面考察了边区的森林自然状况，并完成了《陕甘宁边区森林考察团报告书》，报告建议垦殖南泥洼（即南泥湾）。之后，朱德总司令亲自前往南泥洼考察，谋划南泥洼的开发建设。

1941年春天，受中共中央的委托，王震将军率领三五九旅进驻南泥湾。那时，南泥湾俗称"烂泥湾","方圆百里山连山",战士们"只见梢林不见天",身边做伴的是满山窜的狼豹黄羊。在这种艰苦处境中,战士们攻坚克难,一手拿枪,一手拿镐,练兵开荒两不误,把"烂泥湾"变成了陕北的"好江南"。从1941年到1944年,仅仅几年时间,三五九旅的粮食产量由0.12万石猛增到3.7万石,上缴公粮1万石,达到了耕一余一。与此同时,工业、商业、运输业、畜牧业和建筑业也得到了迅速发展。

南泥湾大生产运动,作为中国共产党第一次大规模的军垦,被视为农垦事业的开端,南泥湾也成为农垦事业和农垦精神的发祥地。

进入解放战争时期,建立巩固的东北根据地成为中共中央全方位战略的重要组成部分。毛泽东同志在1945年12月28日为中共中央起草的《建立巩固的东北根据地》中,明确指出"我党现时在东北的任务,是建立根据地,是在东满、北满、西满建立巩固的军事政治的根据地",要求"除集中行动负有重大作战任务的野战兵团外,一切部队和机关,必须在战斗和工作之暇从事生产"。

紧接着,1947年,公营农场兴起的大幕拉开了。

这一年春天,中共中央东北局财经委员会召开会议,主持财经工作的陈云、李富春同志在分析时势后指出:东北行政委员会和各省都要"试办公营农场,进行机械化农业实验,以迎接解放后的农村建设"。

这一年夏天,在松江省政府的指导下,松江省省营第一农场(今宁安农场)创建。省政府主任秘书李在人为场长,他带领着一支18人的队伍,在今尚志市一面坡太平沟开犁生产,一身泥、一身汗地拉开了"北大荒第一犁"。

这一年冬天,原辽北军区司令部作训科科长周亚光带领人马,冒着严寒风雪,到通北县赵光区实地踏查,以日伪开拓团训练学校旧址为基础,建成了我国第一个公营机械化农场——通北机械农场。

之后,花园、永安、平阳等一批公营农场纷纷在战火的硝烟中诞生。与此同时,一部分身残志坚的荣誉军人和被解放的国民党军人,向东北荒原宣战,艰苦拓荒、艰辛创业,创建了一批荣军农场和解放团农场。

再将视线转向华北。这一时期，在河北省衡水湖的前身"千顷洼"所在地，华北人民政府农业部利用一批来自联合国善后救济总署的农业机械，建成了华北解放区第一个机械化公营农场——冀衡农场。

除了机械化农场，在那个主要靠人力耕种的年代，一些拖拉机站和机务人员培训班诞生在东北、华北大地上，推广农业机械化技术，成为新中国农机事业人才培养的"摇篮"。新中国的第一位女拖拉机手梁军正是优秀代表之一。

（二）

中华人民共和国成立后农垦事业步入了发展的"快车道"。

1949年10月1日，新中国成立了，百废待兴。新的历史阶段提出了新课题、新任务：恢复和发展生产，医治战争创伤，安置转业官兵，巩固国防，稳定新生的人民政权。

这没有硝烟的"新战场"，更需要垦荒生产的支持。

1949年12月5日，中央人民政府人民革命军事委员会发布《关于1950年军队参加生产建设工作的指示》，号召全军"除继续作战和服勤务者而外，应当负担一部分生产任务，使我人民解放军不仅是一支国防军，而且是一支生产军"。

1952年2月1日，毛泽东主席发布《人民革命军事委员会命令》："你们现在可以把战斗的武器保存起来，拿起生产建设的武器。"批准中国人民解放军31个师转为建设师，其中有15个师参加农业生产建设。

垦荒战鼓已擂响，刚跨进和平年代的解放军官兵们，又背起行囊，扑向荒原，将"作战地图变成生产地图"，把"炮兵的瞄准仪变成建设者的水平仪"，让"战马变成耕马"，在戈壁荒漠、三江平原、南国边疆安营扎寨，攻坚克难，辛苦耕耘，创造了农垦事业的一个又一个奇迹。

1. 将戈壁荒漠变成绿洲

1950年1月，王震将军向驻疆部队发布开展大生产运动的命令，动员11万余名官兵就地屯垦，创建军垦农场。

垦荒之战有多难，这些有着南泥湾精神的农垦战士就有多拼。

没有房子住，就搭草棚子、住地窝子；粮食不够吃，就用盐水煮麦粒；没有拖拉机和畜力，就多人拉犁开荒种地⋯⋯

然而，戈壁滩缺水，缺"农业的命根子"，这是痛中之痛！

没有水，战士们就自己修渠，自伐木料，自制筐担，自搓绳索，自开块石。修渠中涌现了很多动人故事，据原新疆兵团农二师师长王德昌回忆，1951年冬天，一名来自湖南的女战士，面对磨断的绳子，情急之下，割下心爱的辫子，接上绳子背起了石头。

在战士们全力以赴的努力下，十八团渠、红星渠、和平渠、八一胜利渠等一条条大地的"新动脉"，奔涌在戈壁滩上。

1954年10月，经中共中央批准，新疆生产建设兵团成立，陶峙岳被任命为司令员，新疆维吾尔自治区党委书记王恩茂兼任第一政委，张仲瀚任第二政委。努力开荒生产的驻疆屯垦官兵终于有了正式的新身份，工作中心由武装斗争转为经济建设，新疆地区的屯垦进入了新的阶段。

之后，新疆生产建设兵团重点开发了北疆的准噶尔盆地、南疆的塔里木河流域及伊犁、博乐、塔城等边远地区。战士们鼓足干劲、兴修水利、垦荒造田、种粮种棉、修路架桥，一座座城市拔地而起，荒漠变绿洲。

2. 将荒原沼泽变成粮仓

在新疆屯垦热火朝天之时，北大荒也进入了波澜壮阔的开发阶段，三江平原成为"主战场"。

1954年8月，中共中央农村工作部同意并批转了农业部党组《关于开发东北荒地的农建二师移垦东北问题的报告》，同时上报中央军委批准。9月，第一批集体转业的"移民大军"——农建二师由山东开赴北大荒。这支8000多人的齐鲁官兵队伍以荒原为家，创建了二九〇、二九一和十一农场。

同年，王震将军视察黑龙江汤原后，萌发了开发北大荒的设想。领命的是第五师副师长余友清，他打头阵，率一支先遣队到密山、虎林一带踏查荒原，于1955年元旦，在虎林县（今虎林市）西岗创建了铁道兵第一个农场，以部队番号命名为"八五〇部农场"。

1955年，经中共中央同意，铁道兵9个师近两万人挺进北大荒，在密山、虎林、饶河一带开荒建场，拉开了向三江平原发起总攻的序幕，在八五〇部农场周围建起了一批八字头的农场。

1958年1月，中央军委发出《关于动员十万干部转业复员参加生产建设的指示》，要求全军复员转业官兵去开发北大荒。命令一下，十万转业官兵及家属，浩浩荡荡进军三江平原，支边青年、知识青年也前赴后继地进攻这片古老的荒原。

垦荒大军不惧苦、不畏难，鏖战多年，荒原变良田。1964年盛夏，国家副主席董必武来到北大荒视察，面对麦香千里即兴赋诗："斩棘披荆忆老兵，大荒已变大粮屯。"

3. 将荒郊野岭变成胶园

如果说农垦大军在戈壁滩、北大荒打赢了漂亮的要粮要棉战役，那么，在南国边疆，则打赢了一场在世界看来不可能胜利的翻身仗。

1950年，朝鲜战争爆发后，帝国主义对我国实行经济封锁，重要战略物资天然橡胶被禁运，我国国防和经济建设面临严重威胁。

当时世界公认天然橡胶的种植地域不能超过北纬17°，我国被国际上许多专家划为"植胶禁区"。

但命运应该掌握在自己手中，中共中央作出"一定要建立自己的橡胶基地"的战略决策。1951年8月，政务院通过《关于扩大培植橡胶树的决定》，由副总理兼财政经济委员会主任陈云亲自主持这项工作。同年11月，华南垦殖局成立，中共中央华南分局第一书记叶剑英兼任局长，开始探索橡胶种植。

1952年3月，两万名中国人民解放军临危受命，组建成林业工程第一师、第二师和一个独立团，开赴海南、湛江、合浦等地，住茅棚、战台风、斗猛兽，白手起家垦殖橡胶。

大规模垦殖橡胶，急需胶籽。"一粒胶籽，一两黄金"成为战斗口号，战士们不惜一切代价收集胶籽。有一位叫陈金照的小战士，运送胶籽时遇到山洪，被战友们找到时已没有了呼吸，而背上箩筐里的胶籽却一粒没丢……

正是有了千千万万个把橡胶看得重于生命的陈金照们，1957年春天，华南垦殖局种植的第一批橡胶树，流出了第一滴胶乳。

1960年以后，大批转业官兵加入海南岛植胶队伍，建成第一个橡胶生产基地，还大面积种植了剑麻、香茅、咖啡等多种热带作物。同时，又有数万名转业官兵和湖南移民汇聚云南边疆，用血汗浇灌出了我国第二个橡胶生产基地。

在新疆、东北和华南三大军垦战役打响之时，其他省份也开始试办农场。1952年，在政务院关于"各县在可能范围内尽量地办起和办好一两个国营农场"的要求下，全国各地农场如雨后春笋般发展起来。1956年，农垦部成立，王震将军被任命为部长，统一管理全国的军垦农场和地方农场。

随着农垦管理走向规范化，农垦事业也蓬勃发展起来。江西建成多个综合垦殖场，发展茶、果、桑、林等多种生产；北京市郊、天津市郊、上海崇明岛等地建起了主要为城市提供副食品的国营农场；陕西、安徽、河南、西藏等省区建立发展了农牧场群……

到1966年，全国建成国营农场1958个，拥有职工292.77万人，拥有耕地面积345457公顷，农垦成为我国农业战线一支引人瞩目的生力军。

（三）

前进的道路并不总是平坦的。"文化大革命"持续十年，使党、国家和各族人民遭到新中国成立以来时间最长、范围最广、损失最大的挫折，农垦系统也不能幸免。农场平均主义盛行，从1967年至1978年，农垦系统连续亏损12年。

"没有一个冬天不可逾越，没有一个春天不会来临。"1978年，党的十一届三中全会召开，如同一声春雷，唤醒了沉睡的中华大地。手握改革开放这一法宝，全党全社会朝着社会主义现代化建设方向大步前进。

在这种大形势下，农垦人深知，国营农场作为社会主义全民所有制企业，应当而且有条件走在农业现代化的前列，继续发挥带头和示范作用。

于是，农垦人自觉承担起推进实现农业现代化的重大使命，乘着改革开放的春风，开始进行一系列的上下求索。

1978年9月，国务院召开了人民公社、国营农场试办农工商联合企业座谈会，决定在我国试办农工商联合企业，农垦系统积极响应。作为现代化大农业的尝试，机械化水平较高且具有一定工商业经验的农垦企业，在农工商综合经营改革中如鱼得水，打破了单一种粮的局面，开启了农垦一二三产业全面发展的大门。

农工商综合经营只是农垦改革的一部分，农垦改革的关键在于打破平均主义，调动生产积极性。

为调动企业积极性，1979年2月，国务院批转了财政部、国家农垦总局《关于农垦企业实行财务包干的暂行规定》。自此，农垦开始实行财务大包干，突破了"千家花钱，一家（中央）平衡"的统收统支方式，解决了农垦企业吃国家"大锅饭"的问题。

为调动企业职工的积极性，从1979年根据财务包干的要求恢复"包、定、奖"生产责任制，到1980年后一些农场实行以"大包干"到户为主要形式的家庭联产承包责任制，再到1983年借鉴农村改革经验，全面兴办家庭农场，逐渐建立大农场套小农场的双层经营体制，形成"家家有场长，户户搞核算"的蓬勃发展气象。

为调动企业经营者的积极性，1984年下半年，农垦系统在全国选择100多个企业试点推行场（厂）长、经理负责制，1988年全国农垦有60％以上的企业实行了这项改革，继而又借鉴城市国有企业改革经验，全面推行多种形式承包经营责任制，进一步明确主管部门与企业的权责利关系。

以上这些改革主要是在企业层面，以单项改革为主，虽然触及了国家、企业和职工的最直接、最根本的利益关系，但还没有完全解决传统体制下影响农垦经济发展的深层次矛盾和困难。

"历史总是在不断解决问题中前进的。"1992 年，继邓小平南方谈话之后，党的十四大明确提出，要建立社会主义市场经济体制。市场经济为农垦改革进一步指明了方向，但农垦如何改革才能步入这个轨道，真正成为现代化农业的引领者？

关于国营大中型企业如何走向市场，早在 1991 年 9 月中共中央就召开工作会议，强调要转换企业经营机制。1992 年 7 月，国务院发布《全民所有制工业企业转换经营机制条例》，明确提出企业转换经营机制的目标是："使企业适应市场的要求，成为依法自主经营、自负盈亏、自我发展、自我约束的商品生产和经营单位，成为独立享有民事权利和承担民事义务的企业法人。"

为转换农垦企业的经营机制，针对在干部制度上的"铁交椅"、用工制度上的"铁饭碗"和分配制度上的"大锅饭"问题，农垦实施了干部聘任制、全员劳动合同制以及劳动报酬与工效挂钩的三项制度改革，为农垦企业建立在用人、用工和收入分配上的竞争机制起到了重要促进作用。

1993 年，十四届三中全会再次擂响战鼓，指出要进一步转换国有企业经营机制，建立适应市场经济要求，产权清晰、权责明确、政企分开、管理科学的现代企业制度。

农业部积极响应，1994 年决定实施"三百工程"，即在全国农垦选择百家国有农场进行现代企业制度试点、组建发展百家企业集团、建设和做强百家良种企业，标志着农垦企业的改革开始深入到企业制度本身。

同年，针对有些农场仍为职工家庭农场，承包户垫付生产、生活费用这一问题，根据当年 1 月召开的全国农业工作会议要求，全国农垦系统开始实行"四到户"和"两自理"，即土地、核算、盈亏、风险到户，生产费、生活费由职工自理。这一举措彻底打破了"大锅饭"，开启了国有农场农业双层经营体制改革的新发展阶段。

然而，在推进市场经济进程中，以行政管理手段为主的垦区传统管理体制，逐渐成为束缚企业改革的桎梏。

垦区管理体制改革迫在眉睫。1995 年，农业部在湖北省武汉市召开全国农垦经济体制改革工作会议，在总结各垦区实践的基础上，确立了农垦管理体制的改革思路：逐步弱化行政职能，加快实体化进程，积极向集团化、公司化过渡。以此会议为标志，垦区管理体制改革全面启动。北京、天津、黑龙江等17个垦区按照集团化方向推进。此时，出于实际需要，大部分垦区在推进集团化改革中仍保留了农垦管理部门牌子和部分行政管理职能。

"前途是光明的，道路是曲折的。"由于农垦自身存在的政企不分、产权不清、社会负担过重等深层次矛盾逐渐暴露，加之农产品价格低迷、激烈的市场竞争等外部因素叠加，从1997年开始，农垦企业开始步入长达5年的亏损徘徊期。

然而，农垦人不放弃、不妥协，终于在2002年"守得云开见月明"。这一年，中共十六大召开，农垦也在不断调整和改革中，告别"五连亏"，盈利13亿。

2002年后，集团化垦区按照"产业化、集团化、股份化"的要求，加快了对集团母公司、产业化专业公司的公司制改造和资源整合，逐步将国有优质资产集中到主导产业，进一步建立健全现代企业制度，形成了一批大公司、大集团，提升了农垦企业的核心竞争力。

与此同时，国有农场也在企业化、公司化改造方面进行了积极探索，综合考虑是否具备企业经营条件、能否剥离办社会职能等因素，因地制宜、分类指导。一是办社会职能可以移交的农场，按公司制等企业组织形式进行改革；办社会职能剥离需要过渡期的农场，逐步向公司制企业过渡。如广东、云南、上海、宁夏等集团化垦区，结合农场体制改革，打破传统农场界限，组建产业化专业公司，并以此为纽带，进一步将垦区内产业关联农场由子公司改为产业公司的生产基地（或基地分公司），建立了集团与加工企业、农场生产基地间新的运行体制。二是不具备企业经营条件的农场，改为乡、镇或行政区，向政权组织过渡。如2003年前后，一些垦区的部分农场连年严重亏损，有的甚至濒临破产。湖南、湖北、河北等垦区经省委、省政府批准，对农场管理体制进行革新，把农场管理权下放到市县，实行属地管理，一些农场建立农场管理区，赋予必要的政府职能，给予财税优惠政策。

这些改革离不开农垦职工的默默支持，农垦的改革也不会忽视职工的生活保障。1986年，根据《中共中央、国务院批转农牧渔业部〈关于农垦经济体制改革问题的报告〉的通知》要求，农垦系统突破职工住房由国家分配的制度，实行住房商品化，调动职工自己动手、改善住房的积极性。1992 年，农垦系统根据国务院关于企业职工养老保险制度改革的精神，开始改变职工养老保险金由企业独自承担的局面，此后逐步建立并完善国家、企业、职工三方共同承担的社会保障制度，减轻农场养老负担的同时，也减少了农场职工的后顾之忧，保障了农场改革的顺利推进。

从 1986 年至十八大前夕，从努力打破传统高度集中封闭管理的计划经济体制，到坚定社会主义市场经济体制方向；从在企业层面改革，以单项改革和放权让利为主，到深入管理体制，以制度建设为核心、多项改革综合配套协调推进为主：农垦企业一步一个脚印，走上符合自身实际的改革道路，管理体制更加适应市场经济，企业经营机制更加灵活高效。

这一阶段，农垦系统一手抓改革，一手抓开放，积极跳出"封闭"死胡同，走向开放的康庄大道。从利用外资在经营等领域涉足并深入合作，大力发展"三资"企业和"三来一补"项目；到注重"引进来"，引进资金、技术设备和管理理念等；再到积极实施"走出去"战略，与中东、东盟、日本等地区和国家进行经贸合作出口商品，甚至扎根境外建基地、办企业、搞加工、拓市场：农垦改革开放风生水起逐浪高，逐步形成"两个市场、两种资源"的对外开放格局。

（四）

党的十八大以来，以习近平同志为核心的党中央迎难而上，作出全面深化改革的决定，农垦改革也进入全面深化和进一步完善阶段。

2015 年 11 月，中共中央、国务院印发《关于进一步推进农垦改革发展的意见》（简称《意见》），吹响了新一轮农垦改革发展的号角。《意见》明确要求，新时期农垦改革发展要以推进垦区集团化、农场企业化改革为主线，努力把农垦建设成为保障国家粮食安全和重要农产品有效供给的国家队、中国特色新型农业现代化的示范区、农业对外合作的排头兵、安边固疆的稳定器。

2016 年 5 月 25 日，习近平总书记在黑龙江省考察时指出，要深化国有农垦体制改革，以垦区集团化、农场企业化为主线，推动资源资产整合、产业优化升级，建设现代农业大基地、大企业、大产业，努力形成农业领域的航母。

2018年9月25日，习近平总书记再次来到黑龙江省进行考察，他强调，要深化农垦体制改革，全面增强农垦内生动力、发展活力、整体实力，更好发挥农垦在现代农业建设中的骨干作用。

农垦从来没有像今天这样更接近中华民族伟大复兴的梦想！农垦人更加振奋了，以壮士断腕的勇气、背水一战的决心继续农垦改革发展攻坚战。

1. 取得了累累硕果

——坚持集团化改革主导方向，形成和壮大了一批具有较强竞争力的现代农业企业集团。黑龙江北大荒去行政化改革、江苏农垦农业板块上市、北京首农食品资源整合……农垦深化体制机制改革多点开花、逐步深入。以资本为纽带的母子公司管理体制不断完善，现代公司治理体系进一步健全。市县管理农场的省份区域集团化改革稳步推进，已组建区域集团和产业公司超过300家，一大批农场注册成为公司制企业，成为真正的市场主体。

——创新和完善农垦农业双层经营体制，强化大农场的统一经营服务能力，提高适度规模经营水平。截至2020年，据不完全统计，全国农垦规模化经营土地面积5500多万亩，约占农垦耕地面积的70.5%，现代农业之路越走越宽。

——改革国有农场办社会职能，让农垦企业政企分开、社企分开，彻底甩掉历史包袱。截至2020年，全国农垦有改革任务的1500多个农场完成办社会职能改革，松绑后的步伐更加矫健有力。

——推动农垦国有土地使用权确权登记发证，唤醒沉睡已久的农垦土地资源。截至2020年，土地确权登记发证率达到96.3%，使土地也能变成金子注入农垦企业，为推进农垦土地资源资产化、资本化打下坚实基础。

——积极推进对外开放，农垦农业对外合作先行者和排头兵的地位更加突出。合作领域从粮食、天然橡胶行业扩展到油料、糖业、果菜等多种产业，从单个环节向全产业链延伸，对外合作范围不断拓展。截至 2020 年，全国共有 15 个垦区在 45 个国家和地区投资设立了 84 家农业企业，累计投资超过 370 亿元。

2. 在发展中改革，在改革中发展

农垦企业不仅有改革的硕果，更以改革创新为动力，在扶贫开发、产业发展、打造农业领域航母方面交出了漂亮的成绩单。

——聚力农垦扶贫开发，打赢农垦脱贫攻坚战。从 20 世纪 90 年代起，农垦系统开始扶贫开发。"十三五"时期，农垦系统针对 304 个重点贫困农场，绘制扶贫作战图，逐个建立扶贫档案，坚持"一场一卡一评价"。坚持产业扶贫，组织开展技术培训、现场观摩、产销对接，增强贫困农场自我"造血"能力。甘肃农垦永昌农场建成高原夏菜示范园区，江西宜丰黄冈山垦殖场大力发展旅游产业，广东农垦新华农场打造绿色生态茶园……贫困农场产业发展蒸蒸日上，全部如期脱贫摘帽，相对落后农场、边境农场和生态脆弱区农场等农垦"三场"踏上全面振兴之路。

——推动产业高质量发展，现代农业产业体系、生产体系、经营体系不断完善。初步建成一批稳定可靠的大型生产基地，保障粮食、天然橡胶、牛奶、肉类等重要农产品的供给；推广一批环境友好型种养新技术、种养循环新模式，提升产品质量的同时促进节本增效；制定发布一系列生鲜乳、稻米等农产品的团体标准，守护"舌尖上的安全"；相继成立种业、乳业、节水农业等产业技术联盟，形成共商共建共享的合力；逐渐形成"以中国农垦公共品牌为核心、农垦系统品牌联合舰队为依托"的品牌矩阵，品牌美誉度、影响力进一步扩大。

——打造形成农业领域航母，向培育具有国际竞争力的现代农业企业集团迈出坚实步伐。黑龙江北大荒、北京首农、上海光明三个集团资产和营收双超千亿元，在发展中乘风破浪：黑龙江北大荒农垦集团实现机械化全覆盖，连续多年粮食产量稳定在 400 亿斤以上，推动产业高端化、智能化、绿色化，全力打造"北大荒绿色智慧厨房"；北京首农集团坚持科技和品牌双轮驱动，不断提升完善"从田间到餐桌"的全产业链条；上海光明食品集团坚持品牌化经营、国际化发展道路，加快农业

"走出去"步伐，进行国际化供应链、产业链建设，海外营收占集团总营收20%左右，极大地增强了对全世界优质资源的获取能力和配置能力。

千淘万漉虽辛苦，吹尽狂沙始到金。迈入"十四五"，农垦改革目标基本完成，正式开启了高质量发展的新篇章，正在加快建设现代农业的大基地、大企业、大产业，全力打造农业领域航母。

（五）

八十多年来，从人畜拉犁到无人机械作业，从一产独大到三产融合，从单项经营到全产业链，从垦区"小社会"到农业"集团军"，农垦发生了翻天覆地的变化。然而，无论农垦怎样变，变中都有不变。

——不变的是一路始终听党话、跟党走的绝对忠诚。从抗战和解放战争时期垦荒供应军粮，到新中国成立初期发展生产、巩固国防，再到改革开放后逐步成为现代农业建设的"排头兵"，农垦始终坚持全面贯彻党的领导。而农垦从孕育诞生到发展壮大，更离不开党的坚强领导。毫不动摇地坚持贯彻党对农垦的领导，是农垦人奋力前行的坚强保障。

——不变的是服务国家核心利益的初心和使命。肩负历史赋予的保障供给、屯垦戍边、示范引领的使命，农垦系统始终站在讲政治的高度，把完成国家战略任务放在首位。在三年困难时期、"非典"肆虐、汶川大地震、新冠肺炎疫情突发等关键时刻，农垦系统都能"调得动、顶得上、应得急"，为国家大局稳定作出突出贡献。

——不变的是"艰苦奋斗、勇于开拓"的农垦精神。从抗日战争时一手拿枪、一手拿镐的南泥湾大生产，到新中国成立后新疆、东北和华南的三大军垦战役，再到改革开放后艰难但从未退缩的改革创新、坚定且铿锵有力的发展步伐，"艰苦奋斗、勇于开拓"始终是农垦人不变的本色，始终是农垦人攻坚克难的"传家宝"。

农垦精神和文化生于农垦沃土，在红色文化、军旅文化、知青文化等文化中孕育，也在一代代人的传承下，不断被注入新的时代内涵，成为农垦事业发展的不竭动力。

"大力弘扬'艰苦奋斗、勇于开拓'的农垦精神，推进农垦文化建设，汇聚起推动农垦改革发展的强大精神力量。"中央农垦改革发展文件这样要求。在新时代、新征程中，记录、传承农垦精神，弘扬农垦文化是农垦人的职责所在。

（六）

随着垦区集团化、农场企业化改革的深入，农垦的企业属性越来越突出，加之有些农场的历史资料、文献文物不同程度遗失和损坏，不少老一辈农垦人也已年至期颐，农垦历史、人文、社会、文化等方面的保护传承需求也越来越迫切。

传承农垦历史文化，志书是十分重要的载体。然而，目前只有少数农场编写出版过农场史志类书籍。因此，为弘扬农垦精神和文化，完整记录展示农场发展改革历程，保存农垦系统重要历史资料，在农业农村部党组的坚强领导下，农垦局主动作为，牵头组织开展中国农垦农场志丛编纂工作。

工欲善其事，必先利其器。2019 年，借全国第二轮修志工作结束、第三轮修志工作启动的契机，农业农村部启动中国农垦农场志丛编纂工作，广泛收集地方志相关文献资料，实地走访调研、拜访专家、咨询座谈、征求意见等。在充足的前期准备工作基础上，制定了中国农垦农场志丛编纂工作方案，拟按照前期探索、总结经验、逐步推进的整体安排，统筹推进中国农垦农场志丛编纂工作，这一方案得到了农业农村部领导的高度认可和充分肯定。

编纂工作启动后，层层落实责任。农业农村部专门成立了中国农垦农场志丛编纂委员会，研究解决农场志编纂、出版工作中的重大事项；编纂委员会下设办公室，负责志书编纂的具体组织协调工作；各省级农垦管理部门成立农场志编纂工作机构，负责协调本区域农场志的组织编纂、质量审查等工作；参与编纂的农场成立了农场志编纂工作小组，明确专职人员，落实工作经费，建立配套机制，保证了编纂工作的顺利进行。

质量是志书的生命和价值所在。为保证志书质量，我们组织专家编写了《农场志编纂技术手册》，举办农场志编纂工作培训班，召开农场志编纂工作推进会和研讨会,到农场实地调研督导,尽全力把好志书编纂的史实关、政治关、体例关、文字关和出版关。我们本着"时间服从质量"的原则,将精品意识贯穿编纂工作始终。坚持分步实施、稳步推进,成熟一本出版一本,成熟一批出版一批。

中国农垦农场志丛是我国第一次较为系统地记录展示农场形成发展脉络、改革发展历程的志书。它是一扇窗口,让读者了解农场,理解农垦;它是一条纽带,让农垦人牢记历史,让农垦精神代代传承;它是一本教科书,为今后农垦继续深化改革开放、引领现代农业建设、服务乡村振兴战略指引道路。

修志为用。希望此志能够"尽其用",对读者有所裨益。希望广大农垦人能够从此志汲取营养,不忘初心、牢记使命,一茬接着一茬干、一棒接着一棒跑,在新时代继续发挥农垦精神,续写农垦改革发展新辉煌,为实现中华民族伟大复兴的中国梦不懈努力!

中国农垦农场志丛编纂委员会

2021 年 7 月

陕西南泥湾农场志
SHANXI NANNIWAN NONGCHANGZHI

盛世修志，存史资政。在延安南泥湾（集团）有限责任公司党委领导支持下，《陕西南泥湾农场志》在南泥湾大生产运动和中国农垦事业发展的 80 周年重要历史时刻付梓，可喜可贺！

南泥湾镇位于延安东南 45 千米处，总面积 503 平方千米，属陕北黄土高原梁峁状丘陵沟壑区。它东接宝塔区川口镇、麻洞川镇，西连甘泉县，南与富县接壤，北靠宝塔区柳林镇，历史上隶属于延安市宝塔区。在中国几千年的文明史中，之前的南泥湾有很长一段时间都名不见经传。

1941 年 3 月，三五九旅旅长兼政委王震率领穿着破旧灰军装的万余人队伍，迎着料峭的寒风，浩浩荡荡开进了"南泥洼"这块几乎没有人烟、荆棘丛生、野兽出没的烂泥湾。他们响应毛主席"自己动手，丰衣足食"的号召，开荒种地，养牛养羊，把一个烂泥湾变成了稻谷飘香的"陕北好江南"。南泥湾产出的粮食、蔬菜、肉食不仅能自给自足，且上交公粮 1 万石，成为陕甘宁边区大生产运动的一面旗帜。开荒的号子声打破了梢林的寂静，也粉碎了国民党妄图困死共产党八路军、扼杀红色政权的阴谋；以南泥湾为代表的大生产运动，在全国其他抗日根据地全面开展，大大减轻了老百姓的负担，为中国共产党赢得了更广泛的群众支持。南泥湾的每寸土地，都留下了革命先辈不畏艰难、敢闯敢拼、矢志不渝的创业足迹。所形成的"自力更生、艰苦奋斗"的南泥湾精神是延安精神的重要组成部分，2021年9月，被纳入第一批中国共产党人精神谱系。随着郭兰英一曲《南泥湾》的歌声传遍全国，南泥湾精神被带到祖国的四面八方，激励着中国共产党和中华民族克服困难、砥砺奋进。南泥湾也成为中国共产党领导的军垦、农垦事业的发祥地。

中华人民共和国成立后，1965年10月15日，国务院批准在南泥湾组建中国人民解放军生产建设兵团农业建设第十四师一四一团，开启了南泥湾农场的创业之旅。1977年1月19日，陕西省农建师撤销，陕西省农建师第五团移交延安市（今宝塔区）管理，改称国营陕西省延安南泥湾农场。55年来，南泥湾农场军垦、农垦体制几经更迭，无论是军管还是地方政府管理，从业人员"自力更生、艰苦奋斗"的作风没有丢；"艰苦奋斗、勇于开拓"的农垦精神始终是农场人不变的本色。作为全国最小的农场单位，国家给予了多方位的资助和扶持。农场历届领导班子带领全体职工，紧跟农垦系统改革步伐，全面推行多种形式承包经营责任制，大力发展农业生产，开展多种经营，改善基础设施条件，全力提高职工群众生活水平。由于此地既有国营农场，也有国营林场，还有部分军地以及13个自然村，土地相互交错，你中有我、我中有你，土地综合治理无法实施，南泥湾农场在这种状况下很难整体飞跃发展。

2016年，延安市委、市政府决定成立南泥湾开发区，统一资源、统一规划建设南泥湾，让南泥湾这块金字招牌再放光彩，成为集现代农业、革命传统教育基地、旅游观光胜地、智慧养老福地于一体的综合体。按照市委、市政府"统一规划、基础先行、民生为本、旅游兴镇、生态为要"的战略要求，南泥湾开发区管委会确立总体思路和发展目标，以"红色南泥湾、陕北好江南"为总体定位，编制南泥湾开发建设的总体规划（2018—2035）。2019年，陕西省延安市南泥湾农场与南泥湾开发建设公司重组成立延安南泥湾（集团）有限责任公司，成为延安市委、市政府和南泥湾开发区管委会开发建设南泥湾的主要平台，全面负责南泥湾开发区的投资开发建设及后期管理运营等工作。集团公司领导班子带领全体干部职工点燃"二次创业"的奋斗激情，加快推进企业转型创新，全力推动产业发展、项目建设、招商引资、企业重组及党的建设等各项工作快速前进。恢复建设南泥湾革命旧址群；新建党徽广场、游客服务中心、稻香门、大生产广场、大生产纪念馆、南泥湾规划馆、南泥湾湿地公园、农垦大酒店、军垦大酒店、南泥湾风味小吃街以及南泥湾红色文化小镇A组团、南泥湾镇商贸街等项目；新建延壶红色旅游公路、南泥湾过境路、旅游观光道路，形成南泥湾开发区旅游环线；恢复稻田千余亩，再现"陕北好江南"的景象，成功创建3A级旅游景区。2020年主营业务收入2453.13万元，揭开了南泥湾农垦事业发展史上新的一页。

今年适逢中国共产党成立100周年，也是南泥湾大生产运动80周年。南泥湾农场被选为由农业农村部农垦局组织编纂的《中国农垦农场志丛》中首批出版农场志的二十个地方农场之一，这是我们南泥湾农场的殊荣。在集团公司领导和编纂人员的努力下，在不到一年时间内，本志将南泥湾军垦、农垦80年的发展创业史做了一个回顾和整理总结，反映了农场改革发展的实践和社会主义物质文明、政治文明、精神文明方面所取得的成就。在此，对关心支持本志编修的所有领导，以及帮助我们搜集和考证资料、修改审核的所有人员表示诚挚敬意与衷心的感谢！

19世纪法国思想家托克维尔曾说过："当过去不再昭示未来时，心灵便在黑暗中行走。"记住过去是为了更好地面对未来。当我们在查找翻阅资料时，那些浸没在时间洪流中的老照片，浓缩峥嵘岁月的旧报纸书刊，一段段饱含深情的音律，一张张定格荣誉的奖状、题字，一页页发黄的档案……都展现着南泥湾农场走过的岁月历程。80年前，八路军三五九旅战士用锄头把昔日的"烂泥湾"变成陕北的"好江南"，其间所形成的南泥湾精神曾经感动着几代人，至今仍影响着各行各业；80年后，我们用笔墨穿越历史的沧桑巨变，回望延安时期的艰难和辉煌，记述延安南泥湾农场从1941年八路军三五九旅开展大生产运动之始至2020年年底，走过的从轰轰烈烈起步到不断调整机制、曲折发展的艰难历程，旨在还原历史，厘清农场发展脉络，展现几代农垦人求索、开拓、变革的奋斗精神，从中获取有用的信息或教益，推动农垦事业行稳致远、开拓未来。

历史已经远去，但南泥湾精神薪火相传，精神永续。80年前八路军三五九旅战士用锄头创建的"陕北好江南"如今依然"一川稻田绿，万顷金波涌""一寸山河一寸血，一抷热土一抷魂"，耸立在南泥湾的三五九旅抗日阵亡将士纪念碑也在提醒我们，铭记历史、不忘初心。如今，欣逢盛世，万象更新，国泰民安，"陕北好江南"美好的明天正可待也。

陕西省延安市南泥湾农场志编纂委员会

2021 年 10 月

南泥湾

陕西南泥湾农场志

SHANXI NANNIWAN NONGCHANGZHI

凡例

一、宗旨

《陕西南泥湾农场志》以马克思列宁主义、毛泽东思想、邓小平理论、"三个代表"重要思想、科学发展观和习近平新时代中国特色社会主义思想为指导，坚持辩证唯物主义和历史唯物主义的基本原理，实事求是地记述南泥湾农场的发展历史与现状，体现行业特色和时代特点，力求做到思想性、科学性、资料性的有机统一。

二、体例

本志体裁采取述、记、志、传、图、表、录等形式，以志为主。采用编、章、节、目4个层次结构，依据需要，目下设子目。横排竖写，分层次记述。

三、年限

上限自南泥湾农垦事业发端，下限至2020年年底。为反映事物全貌或连续性，部分内容适当下延至2021年。

四、文体

本志采用语体文、记述体，寓观点于记述之中。以《地方志质量规定》为标准，力求语言严谨、简洁。计量单位统一用汉字表述。历史上习用的计量单位，如担、斗、石、里、尺、磅、华氏度等，记述引用时照录其旧，统一不做换算；三五九旅大生产运动期间生产数据按资料录入，不做换算，以保证资料的真实性和严谨性；尊重多数读者的阅读习惯，全志对"亩"不做统一换算（页下做注）。

五、机构名称

机构名称首次出现时用全称，后用简称。本志中，"中国人民解放军生产建设兵团农业建设师第十四师一四一团""中国人民解放军兰州军区生产建设兵团第六师第四十团""陕西省农建师第五团"分别简称"农建师141团""兰州军区建设兵团第40团""省农建师5团"，"国营陕西省延安南泥湾农场""陕西省延安地区南泥湾农场""陕西省延安市南泥湾农场"均用"南泥湾农场"表述，"延安南泥湾（集团）有限责任公司"简称为"南泥湾（集团）公司"。

志中所表述"延安市"，1997年1月前为县级市（今宝塔区），以后为地级市（原延安地区）。

六、统计数据

入志数据一般采用国家统计部门数据。在没有统计数据时，采用农场工作总结或档案数据。

七、人物

人物坚持"生不立传"的原则，采用以事系人的方法。以人物传、简介和名录形式记述三五九旅劳动模范、历任场级领导、市级以上先进人物等。因资料匮乏原因，对农建师和建设兵团时期领导，仅记述在南泥湾农场期间的任职简介。

八、参考资料

本志文字资料及图片主要来源于南泥湾农场及所属单位相关工作总结、报告、建筑档案、资料汇编等，以及相关网站、志书和出版物。采用知情人口述资料的，经多方考证后入志。

九、其他

八路军三五九旅南泥湾大生产运动除在各有关章节略加记述外，在第四编党群工作及军垦屯田编中设专章，集中记述三五九旅在南泥湾军垦屯田时期农业、工业、军训、学习等内容。

中国农垦农场志丛

目 录

第三编　管　　理

第四编　党群工作及军垦屯田

第五编　文　　化

第六编　社　　会

第七编　人　　物

中国农垦农场志

概　　述

　　陕西省延安市南泥湾农场位于延安市宝塔区南泥湾镇，距延安市区 45 千米，距陕西省会西安 305 千米。地理坐标为北纬 36°19′52″—36°21′53″，东经 109°32′36″—109°44′52″。东邻麻洞川乡，西连甘泉县道镇，南接富县牛武乡，北与柳林镇毗邻，平均海拔 1060 米。农场位于陕北黄土高原丘陵沟壑区，按地形特征划分，为南部梁峁丘陵河谷区。土壤以黄绵土、黑垆土和水稻土为主，有机质含量在 1.21% 以上，较延河以北地区高出一倍以上。南泥湾农场境内为汾川河起源地，流域多年平均天然径流量 2935.7 万立方米；年平均可利用水资源量为 1027.5 万立方米，地表水水质 3 类以上标准。境内地下水丰富，泉水较多，地下水位较高。水质无有害物质，泉水、库水、小溪均为淡水，水井大部分为淡水，少数为咸水。南泥湾农场属暖温带半干旱大陆性季风气候区，全年气候变化受制于季风环流影响，四季分明。平均气温较延安市区低 2~3℃，年平均气温 8.8℃，年平均降水量为 530~600 毫米，年平均日照时数 2566.8 小时，最大冻土深 79 厘米，无霜期 120~140 天。主要气象灾害有干旱、冰雹、洪涝、低温冻害、霜冻等；主要生物灾害为鼠害、虫害、病害、鸟害，其中啮齿类动物松鼠和野兔最多，对农作物危害很大；主要地质灾害有泥石流、滑坡、水土流失。1999 年退耕还林之后，水土流失现象得到遏制，森林覆盖率达87%，林草覆盖率 93%，空气质量优于市区，2020 年南泥湾空气质量优良天数在 330 天以上。主要物产有黑木耳、沙棘、羊肚菌等近百种；主要农作物以玉米、水稻、香紫苏、薯类、豆类等为主。境内已发现的矿产以煤炭、石油、天然气为主，其他矿产规模较小。

　　境内交通通信基础设施快捷通达。303 省道穿境而过，距包茂高速公路 12 千米，距陕北铁路交通枢纽延安火车站 40 千米，距延安南泥湾机场 40 千米。通信业有程控远端模块 1000 门，移动通信网络全覆盖，农村 4G 网络覆盖率达到 98.48%，实现农村城市"同网同速"。

　　南泥湾镇土地总面积 503 平方千米（75.5 万亩①），其中南泥湾镇政府 22.84 万亩，南泥湾林场 49.21 万亩（林地面积 48.74 万亩）。南泥湾农场土地和南泥湾镇 13 个自然村

---

　　① 亩为非法定计量单位，1 亩≈667 平方米。——编者注

相互交错，东起金盆湾，南至九龙泉，西与南泥湾镇的高坊村相邻，北与松树林乡接壤。1966 年，全场总土地面积 44615 亩，其中，农用地 43835 亩、居民点用地 780 亩。2019 年，国有土地确权发证 27881 亩，其中，农用地 27028 亩、建设用地 853 亩。南泥湾农场总人口 1859 人，其中，管理人员 65 人（事业编制 45 人）、农业工人 189 人、离退休职工 249 人、安户农民 1060 人、职工家属①子女 296 人。2020 年，延安南泥湾（集团）有限责任公司有职工 430 余人。

一、南泥湾军垦屯田

南泥湾，一个响亮的名字；南泥湾大生产运动，一段不朽的传奇。延安南泥湾是中国共产党领导的军垦、农垦事业的发祥地。20 世纪 40 年代初，日军和国民党军队向共产党八路军抗日根据地发动大规模扫荡，实行严密的军事包围和经济封锁。面对日益困难的经济形势，中共中央在延安召开生产动员大会，毛泽东号召军民开展大生产运动。1941 年春，八路军一二〇师三五九旅奉命开进南泥湾。在旅长兼政委王震的率领下，披荆斩棘、开荒种地、风餐露宿，战胜重重困难，创造出大量的物质财富。1942 年，全旅全年经费开支 9739.03 万元，其中政府供给占总支出的 31.32%，生产自给占总开支的 68.68%。1943 年，自给率实现 100%。至 1944 年年底，三五九旅共开荒种地 26.1 万亩，收获 3.6 万石②粮食，粮食自给达 200%，肉、油、菜全部自给。上缴公粮 1 万石，达到"耕一余一"，并挖土窑洞 1048 孔，建房屋 602 间；修大礼堂 1 座，小礼堂 2 座，打水井 47 口，先后创办纺织厂、鞋厂、被服、皮革、肥皂厂、造纸厂、铁木工厂等 13 个工厂，成立盐业、土产、运输等公司，开办商店、军人合作社和各种加工小作坊等，形成军民兼顾、公私兼顾、多层次的生产经营形式，彻底地粉碎了国民党的经济封锁，把荒无人烟的"烂泥湾"变成陕北的好江南。1942 年 12 月，在中共中央西北局高级干部会议上，毛泽东称赞三五九旅是陕甘宁边区大生产运动的一面旗帜，不仅在政治上起了保卫边区的作用，而且解决了大量的财政供给。在"自己动手，丰衣足食"等口号的鼓舞下，南泥湾军垦带动了边区其他地区大规模地开展大生产运动，大大减轻了老百姓的负担，为中国共产党赢得了更广泛的群众支持。1943 年贺敬之作词、马可谱曲的《南泥湾》歌曲，让南泥湾的"陕北好江南"随着郭兰英的歌声传遍全国，"自力更生、艰苦奋斗"的南泥湾精神被带到祖

---

① "家属"一词在农场专指职工配偶。
② 新中国成立前，民间使用石来表示粮食的多少，1 石＝100 升。——编者注

国的四面八方。1944 年 10 月，为迎接抗战胜利，三五九旅组成南下第一支队，离开延安。1945 年 6 月，三五九旅留守陕甘宁边区的部队组成南下第二支队，于 6 月 10 日南下，南泥湾军垦生产由陕甘宁边区垦区政府接管。1947 年春，国民党胡宗南部队进犯延安，农场生产被迫停止。

二、南泥湾农场兵团时期

1952 年，陕西省公安厅第三劳改支队在南泥湾办起劳改农场，名为陕西省地方国营南泥湾农场（简称劳改农场）。至 1965 年，复垦土地 6 万余亩，人员由 1000 余人增加到 8000 余人，年产粮食 600 余万斤[①]。

1965 年 7 月 10 日，中共陕西省委、陕西省人民委员会决定成立陕西省农业建设师，用军垦形式，安置城市青年和复转军人。10 月，国务院批准对各省农垦农业建设师进行统一编序。10 月 15 日，在南泥湾组建中国人民解放军生产建设兵团农业建设第十四师一四一团（简称农建师 141 团）。1969 年 2 月，成立中国人民解放军兰州军区生产建设兵团，农建师 141 团改称中国人民解放军兰州军区生产建设兵团第四十团（简称兰州军区建设兵团第 40 团）。1971 年 10 月，第 40 团部队代号为"兰字 961 部队"。1973 年 12 月，撤销兰州军区生产建设兵团。1974 年 1 月，成立陕西省农建师，第 40 团（兰字 961 部队）编为陕西省农建师第五团（简称省农建师 5 团）。1977 年 1 月 19 日，陕西省农建师撤销，省农建师 5 团移交延安市（今宝塔区）管理，改称国营陕西省延安南泥湾农场。

1965 年至 1977 年 1 月，为南泥湾农场生产建设兵团管理期间，也是农场建场阶段和艰苦创业时期。初期，团连各级干部都是非现役军人，绝大多数都是从新疆生产建设兵团调任的，还有海军和其他转业军人。1970 年，兰州军区生产建设兵团派现役干部参与农场各级管理，团连各级主要领导由现役军人担任，经营管理体制按部队的组织形式，实行军事建制和军事化管理，农垦业务由中国人民解放军兰州军区生产建设兵团、省农建师管理。农场以生产为主要任务，农闲搞军事训练，对外搞好南泥湾精神宣传。其主要特点为产量低、成本高、收入少、亏损大，但农田水利基本建设成绩比较显著。农场实行两级管理、一级核算的管理体制，财务管理制度实行全面经济核算，独立计算盈亏，财政收支纳入各级财政预算。生产连队根据农场计划开展生产经营活动，职工按时上下班，实行等级工资制。由于经济效益不高，自建场一直亏损经营。1965 年至 1976 年年底，累计亏损总

---

① 斤为非法定计量单位，1 斤＝500 克。——编者注

额 976.44 万元,亏损最高为 1967 年,达 133.9 万元,最低为 1976 年,69.92 万元,年均亏损 81.37 万元。

兵团战士的主要来源为陕西省西安、汉中、宝鸡、延安的初、高中知识青年,以及一部分陕北的复员军人。1965 年有职工 2420 人,1970 年有 1918 人,至 1975 年,职工人数保持在 1500 人以上。1976 年年底,农场有职工 1401 人。

1. 部队生活 南泥湾农场地处南泥湾村镇,初期,战士们的生产、生活条件都非常艰苦。初建场时,虽接收了劳改农场留下的部分生产生活设施,但设备简陋,职工吃住条件很差。住的房屋为土坯瓦房,大多没有顶棚,一个班 2 间房,床铺为杨树棍搭建或用灌木荆条编成后铺上稻草(职工戏称其为棍棍床),冬季亦无取暖设施;粮食供应比例为 70% 粗粮、30% 细粮,吃的基本为苞谷面、窝窝头;冬季蔬菜只有冻土豆、冻萝卜、冻白菜,很少能吃到肉;山地种植、田间耕作大多依靠畜力和人力,劳动强度大。随着农垦事业的发展,兵团为职工兴办各项福利事业。修建场部、医院及职工住房,并建成场区方圆 3 里①内的自来水供应工程,为职工生活创造了基础条件。开办托儿所,解决幼儿入托问题;开办子弟小学,解决职工子女上学困难;设立卫生队,配备医疗卫生人员,职工实行公费医疗,家属及未成年子女实行半价收费;改进职工食堂的管理,改善职工生活。1970 年,落实兰州军区党委提出的粮、油、菜、肉、自给有余任务,各连队建立养猪场、蔬菜组、畜牧班,保证职工生活所需。当年,兰州军区建设兵团第 40 团做到粮食自给,同时,兰州军区在大荔沙湾移民库区为第 40 团分配 4000 亩土地,种植小麦、油菜,解决农场吃细粮问题。增加肉食、油类食物后,细粮完全可以满足职工所需。在当时社会生活水平普遍不高的情况下,农场职工的生活为大多数人所羡慕,谓之"共产主义生活"。兵团从各连的文艺骨干中抽调 20 多人组建南泥湾精神宣传队,排练了南泥湾大生产的系列节目和一批反映兵团建设的节目进行演出。配备电影放映组(队),丰富战士们的业余文化生活。

2. 农业生产 这一时期,农垦系统主要实行"高度集中,以行政管理为主"的计划经济体制,兵团的产业生产均按国家计划执行。1966 年 2 月,农建师 141 团接收南泥湾劳改农场土地总面积 44615 亩,其中,居民建设用地 780 亩,耕地面积 43049 亩,果园面积 786 亩。土地贯穿南泥湾镇全境,与 13 个自然村相互交错。"文化大革命"期间,部队、北京农业大学、五七干校等在南泥湾办农场,暂借农场土地,至 1973 年 5 月,兰州军区建设兵团第 40 团移交时,暂借给外单位耕种的土地共计 20829 亩,仅余 2.3 万余亩土地,同时将 1.4 万余亩山地全部弃耕,仅耕种水田、川台地。农建师 141 团成立初期,

---

① 里为非法定计量单位,1 里=0.5 千米。——编者注

下设 11 个连队，主要种植玉米、水稻、谷子等农作物；1971 年冬，兵团用从苏联引进的 5 斤香紫苏种子开始试种香紫苏。1972 年年底，成立团科研组，设实验基地，推广优良品种和农业科学种植技术，先后引进推广玉米、水稻、香紫苏等优良品种 31 个；引进塑料薄膜冷床育秧、小苗带土移栽、水田化学除草等栽培管理技术，大搞丰产田建设，产量逐年提高。1973 年，九连 70 亩玉米丰产田亩产 515 斤，团科研组 10 亩玉米亩产 1350 斤。1974 年，五连 75 亩水稻平均亩产 1059 斤，陕西农情以"发扬南泥湾精神，水稻亩产过千斤"为题对此进行了报道。五连被评为全省"学习毛泽东思想先进单位"。香紫苏种植、加工被省轻工业部定点为生产基地之一，成为兵团农业生产的一项主导产业。

3. 基础设施建设　南泥湾农场兵团时期，面对艰苦的生活环境，兵团战士传承发扬"自力更生、艰苦奋斗"的南泥湾精神，自己动手建设家园。利用冬季农闲进行农田基本建设，开展"大会战"，平整土地，建设渠系等农业基础设施建设。其间，数名战士因冬季冻土塌陷而不幸遇难，他们将青春和热血永远留在了南泥湾这块热土上。这一时期，利用兵团"大会战"，完成农田基建土石方 311.9 万立方米，打机井 24 眼，修建水坝 6 座，修筑三台庄、阳岔沟、樊庄水库，有效灌溉面积达 1750 亩；改造稻田，并完成渠系配套，基本实现灌溉自流化无死角，旱涝保收田达 1236 亩；连队到劳作区修好全部机耕道，并修建阳湾到九龙泉主干柏油路。

三、南泥湾农场时期

1977 年 1 月 19 日，省农建师 5 团移交延安市（今宝塔区）管理，改称国营陕西省延安南泥湾农场。1980 年 3 月 13 日，南泥湾农场收归地区管理，属县、团级建制，由地区农业局代管，更名为国营陕西省延安地区南泥湾农场。1997 年 4 月，更名为陕西省延安市南泥湾农场。2018 年 9 月，注册成立延安市南泥湾农场有限责任公司（保留陕西省延安市南泥湾农场牌子）。2019 年 9 月，延安市南泥湾农场有限责任公司（陕西省延安市南泥湾农场）和延安南泥湾开发区发展（集团）有限公司重组成立延安南泥湾农场（集团）有限公司；12 月，更名为延安南泥湾（集团）有限责任公司〔简称南泥湾（集团）公司〕。

南泥湾农场兵团时期虽具有"集中力量办大事"的体制优势，但后期也存在平均主义盛行、劳动生产效率低、经济效益不佳等问题，自建场一直为亏损经营。1978 年中共党的十一届三中全会提出，把工作重心转移到社会主义现代化建设上来，实行改革开放战略决策，南泥湾农场由此开启了 40 年的改革开放时期。

（一）改革开放试验探索阶段（1977—1983 年）

1977 年 1 月，陕西省农建师撤销时，大部分职工调往渭南垦区，职工由 1976 年的 1401 人减少到 480 人。1978 年 6 月，陕西省革命委员会对国营农场实行"财务包干，一定一年，结余留用，短收不补"办法。1979—1985 年，财政部和国家农垦总局对农垦企业实行"独立核算，自负盈亏，亏损不补，利润归单位发展生产，资金不足的可以贷款"的办法，实行财务包干，解决企业吃国家"大锅饭"问题。陕西农垦系统对自然条件较差、暂时还亏损的延安南泥湾农场在 2 年内，先实行"定额补贴，一年一定，结余留用，超亏不补"的办法，调动企业的积极性。这一阶段，南泥湾农场坚持"以粮为纲，全面发展"的建设方针，在农业经营管理体制方面探索实行"三级管理，两级核算，计划到连，任务到班，责任到人"的"五定一奖"责任制管理办法。1980 年，在完善"五定一奖"制度的基础上，对农业工人实行"超产部分加价一倍直接奖给职工个人"的办法。个别职工开始实行承包到户、定额上交、自负盈亏，职工初步尝到了改革甜头。但因各连队自然条件有别、自然灾害等因素影响，"定、包、奖"制度兑现困难，职工的生产积极性不能充分发挥，改革也没有从根本上触动计时等级工资制，加之产业结构单一，在 1983 年的产值构成中，农业产值占 91.7%，工商业产值仅占 8.3%。在种植业中，粮食种植面积占 80%，经济作物占 20%。企业总体亏损情况未改变。1977—1983 年，累计亏损 195.14 万元。亏损最多为 1977 年，亏损 42.17 万元；最少为 1982 年，亏损 17.8 万元，人均亏损 318 元。

（二）全面改革开放阶段（1984—2016 年）

1983 年 11 月，中共中央提出兴办职工农场，出台《关于兴办职工家庭农场的若干意见》；1984 年，出台《国营农场职工家庭农场章程（试行草案）》。南泥湾农场根据中央的指示精神，全面推行家庭联产承包责任制，实行三级核算（场部、公司、家庭农场）、两级承包。农工根据工龄分给土地，实行以田代资，取消供给制（工资、口粮），仅保留档案工资；小型农机具和耕牛作价卖给职工；实行独立核算、自主经营、自负盈亏。建立了 279 个家庭农场，成立工业、商业、经销、建筑、工副业 5 个实体经营公司，开始经营体制改革和产业结构大调整。

1. 产业结构调整与经济效益 1984 年，南泥湾农场确立以林业、养殖业、加工业 3 项主导产业和香紫苏、水稻、玉米、木器品 4 个骨干产品为发展重点。以设在延安市区的农垦综合服务和工副业公司为基地，发展壮大工商业。川道连队重点发展粮食和经济作物；拐沟连队发展林牧业；场部所在地阳湾重点发展第三产业，加快建设商业一条街。当年，在 279 个家庭农场中，从事种植业的有 251 个，从事养殖业的有 9 个，从事工副业的有 19 个；参加职工 422 人。1985 年，实有家庭农场 202 个。通过办家庭农场，工农业总产值达 82.5 万元，较 1984 年增加 36.8%。产业结构发生较大变化，作物布局向着增值、创收方向调整，作物品种达 20 多个。总产值构成中，农业产值由 1984 年的 91.7% 下降到 51.5%，工业产值由 1984 年的 8.3% 上升到 46.7%；利润构成中，工业、商业、经销、建筑上缴利润占利润总额的 73%，农业仅占 27%。职工收入和经济效益均有提高，在 202 个家庭农场中，有 30% 超过工资标准，50% 达到工资标准。1987 年，初步形成农工商运建、产供销一条龙的经济格局。经营形式由单一国营办厂转变为全民、集体、个体一起上，至 1987 年年底，国营厂发展到 15 个，个体厂、部达 12 个；有全民商业及服务网点 10 个、个体商贩及服务点 7 个。

1989 年，南泥湾农场确立"农林牧副渔全面发展，农工商运综合经营，在粮食自给的基础上，逐步转向林牧业"的生产建设方针，按照"巩固、落实、完善、配套"的原则，全面推行经营承包责任制。鼓励农工发展水稻生产，给予新开发稻田"2 年内不上交承包费、不承担公购粮任务"的优惠。机动土地优先农工承包，扶持种粮大户，种地在 40 亩以上的有 8 户，最多的达到 65 亩。当年实现总产值 114.6 万元，盈利 0.11 万元。1990 年，推广东北"早播、旱育、稀播、稀植"水稻种植技术，实现总产值 150 万元，利润 2 万元，职工平均产值 4373 元，较 1989 年的 3174 元增长 37.8%，下属的 5 个经营单位全部实现盈利。

1991 年，南泥湾农场以现行工资级别、市场价格及土地潜力为依据，实行分户承包经营的三田制（工资田、口粮田、承包田）。全场给 180 名农工分配工资田 1376 亩、口粮田 419 亩、承包田 1566 亩。"三田"一律实行费用自理、经费自主、盈亏自负；林业实行收益分成。同时，农场制定《鼓励职工发展自营经济的若干规定》。至 1996 年年底，有家庭农场 256 个，其中种植户 210 户、畜牧养殖户 34 户、渔业养殖户 8 户。营造经济林 3000 亩，建成百亩果树示范园，引进果业开发户 33 户。1989—1997 年，实现经营性利润 147 万元，全场人均收入 1600 元。

2000 年，南泥湾农场因所办工业企业和服务业经济效益下滑，经营状况出现亏损。后期，农场在农、林、牧、商业、旅游等第一产业、第二产业和第三产业方面做了多种尝试。规划发展银杏、仁用杏、中草药、香菇、大棚菜、秸秆综合利用、饲料加工、香料厂、石油开发、商业、建筑业、红色旅游等项目，兴办经营性公司。至 2007 年，所办工业企业全部由于多种原因停产或停办，工业总产值收入为零，产业工人失业下岗或转化为农业工人。因没有产业支撑企业发展，农场仍以农业生产为主，产品结构单一。2012 年，启动设施农业示范园建设项目，以蔬菜基地、农产品生产基地、高标准农田、现代农业公共服务能力、休闲观光示范园、农业产业化提升为主要建设内容。建设 14 座蔬菜大棚，整理稻田 300 亩，增加水稻的种植面积，恢复南泥湾"好江南"景观。2014 年，南泥湾农场停止种植香紫苏。2015 年，农业总产值逐年提高至 590 万元，职工人均年纯收入 18000 元，全场人均纯收入 3800 元。职工收入来源主要是种植业和外出务工，远低于全市农民的收入水平。

2000—2016 年，农场一直处于连年亏损、负债经营状态，负债 2610.93 万元，其中拖欠银行贷款本息 1352.25 万元，借市财政局、资金局 158.68 万元，拖欠职工养老金 1100 万元。管理人员工资及管理费用一直靠市财政定额补助维持。

2. 创办工商企业 1984 年以前，国营农场的主要农、牧产品属于国家统购统销范围，农场生产的粮食除自用的口粮、种子和饲料以外，全部交售给当地国家粮库。商业方面，农场仅有一些自给性的加工作坊、运输队、小商店，均为保本经营，亏损由场里补贴。1984 年起，南泥湾农场成立工业、商业、经销、建筑、工副业 5 个经营性公司，构建农工商综合经营框架，工副业项目发展到 23 个。1986—1989 年，先后在延安南关街建设农垦服务楼、七里铺建设农垦食品厂；在阳湾和临镇设立百货及农副产品收购门市部。兴办木器加工厂、农垦机砖厂，并建起水域面积 127.8 亩的水产养殖公司。工商运建的 13 个厂、站、店，有 10 个实行经营承包；炼油厂、砖厂、木器厂实行租赁经营。1989 年商业零售额 69.5 万元，较 1983 年翻了一番；工商业产值 28 万元，较 1983 年增长 38.4%。1994 年，投资 170 万元，进行光华木器厂厂房和设备改扩建，形成年加工木材 3000 立方米的生产能力，产品被延安市评为优质产品，当年实现产值 147 万元，利税 30 万元。1996 年，创办龙泉石油开发有限责任公司。1998 年，与省节能公司、省轻工研究院合资成立陕西省中天香料有限公司。至 1998 年年底，农场有 13 个经济实体，工商业产值 520 万元，占总产值的 68.42%。

1984—2007 年，南泥湾农场多次尝试调整产业结构，建立农工商综合经营、农林牧全面发展的经济结构，开办了农垦石油化工厂、煤矿、石油开采、光华木器厂、腊味厂、食品加工厂、甘草酸厂、香紫苏加工厂、中天香料厂、建筑队、机砖厂、养鸡场等企业。据 1992 年中国农林工会、中国农垦工会联合调查组调查报告显示，自建场至 1992 年，先后上马 15 个项目，成功率仅占 40%。2007 年，农场所办经济实体均因管理和政策要求等原因，处于关停状态，工业总产值为零，企业职工分流转产为农业工人。

3. 基础设施建设 1993 年，农业部将南泥湾农场列入 1993—1995 年扶贫开发建设项目单位，总投资 800 万元，其中，农业部拨款 300 万元，陕西省政府、延安地区行署各拨款 150 万元，农场自筹资金 200 万元。利用扶贫开发项目完成光华木器厂改扩建项目和渔业基地建设；新建和改造子弟学校校舍 5269.7 平方米，可容纳 500 多名学生就读；投资近百万元改造水库；修建 20 千米简易公路；解决了 2 个农队的用电问题。1998—2016 年，南泥湾农场先后实施中国农垦纪念林、南泥湾大礼堂、阳湾场部办公楼、南泥湾大生产广场、南泥湾温馨小区等建设项目。

（三）改革深化完善阶段（2017—2019 年）

2015 年 11 月 27 日，中共中央、国务院印发《关于进一步推进农垦改革发展的意见》。2016 年，中共延安市委、市政府做出"开发建设南泥湾、打造延安新的经济增长极"的战略部署；11 月 15 日，组建南泥湾景区管委会（2018 年 9 月，更名为南泥湾开发区管委会），南泥湾农场由延安市农业局划转南泥湾景区管委会管理。

南泥湾开发区管委会成立以后，按照市委、市政府"统一规划、基础先行、民生为本、旅游兴镇、生态为要"的战略要求，确立总体思路和发展目标，编制南泥湾开发建设总体规划（2018—2035），规划控制面积 1347 平方千米。以"红色南泥湾、陕北好江南"为总体定位，发展体系为文化旅游产业、教育培训产业、现代农业产业、健康休闲产业、文化创意产业、配套产业，构建"5＋1"产业，先后对南泥湾革命旧址群进行高标准保护及修复。2019 年，建成稻香门、党徽广场等一批文旅项目和陕西南泥湾国家湿地公园、延安国家应急产业示范基地南泥湾培训基地、中国农垦培训基地、省级现代农业示范园等一批重点项目。南泥湾景区被评定为国家 AAA 级旅游景区。

1. 企业改制 南泥湾农场为国有农垦单位，属事业单位企业化管理，正县级建制，一直按事业性质、企业管理对待。兵团时期，人事先后由中国人民解放军生产建设兵团农业建设第十四师、中国人民解放军兰州军区生产建设兵团第六师、中共陕西省农建师委员会管理；1977 年交地方管理后，先后由延安地区（市）农业局、南泥湾开发区管委会、延安市国有资产管理委员会管理。经费由市财政实行定额补贴，补贴金额由最初的每年 20 万元增加到 246 万元。自建场一直是农、工、商、运、建并举，机关、医院、学校、武装、保卫并存，多年机制不顺，既没有事业登记，也没有企业注册，处于边缘化状态。2003 年、2013 年和 2015 年，南泥湾农场 3 次被延安市政府列为企业改制单位，但均因农场特殊复杂的历史和现状而搁置。

2018 年 9 月，延安市机构编制委员会发文批准南泥湾农场整建制转为企业，组建"延安市南泥湾农场有限责任公司"，属国有独资企业，注册资本为 10 亿元。后因清产核资工作滞后、职工就业安置困难较大等原因，虽完成企业工商注册，实际仍按原南泥湾农场制度执行。2017—2019 年，分别亏损 207 万元、284 万元、616 万元。1965—2019 年的 55 年间，农场经营效益为 39 年亏损，16 年盈利。

2019 年 12 月，延安市南泥湾农场有限责任公司（陕西省延安市南泥湾农场）与延安市南泥湾开发区发展（集团）有限公司重组为延安南泥湾（集团）有限责任公司，全面负责南泥湾开发区的投资开发建设及后期管理运营等工作，把集团建成集农垦纪念、红色旅游、教育培训、现代农业示范、生态农产品供应于一体的多功能现代化企业。

2. 土地确权　2016 年以前，南泥湾农场上报国有土地面积一直为劳改农场移交的 44615 亩。2017 年 11 月，延安市国土资源局派遣工作组全面开展南泥湾农场土地权属调查和实地测绘工作，实地测绘土地面积 29157 亩。农场国有土地无争议面积 15980 亩，存在争议面积 13177 亩，其中，与南泥湾林场土地权属争议面积 9004 亩，与南泥湾 9 个村委会土地权属争议面积 4173 亩。2018 年 4 月 12 日，延安市国土资源局对农场无权属争议的 15980 亩土地进行现场发证；11 月，延安市国土资源局协调工作组、南泥湾开发区管委会多次召集农场、林场和镇政府相关人员调解处理土地权属争议。至 2019 年，南泥湾农场国有土地确权发证面积 27881 亩，其中，农用地 27028 亩、建设用地 853 亩，尚有 4377 亩土地权属争议待解决，部队借用土地 10804 亩待收回。

3. 社会事业　2017 年 6 月 12 日，在南泥湾农场二连驻地启动南泥湾红色文化小镇项目建设仪式。南泥湾开发区管委会启动棚户区改造，水、电路、气、暖等市政设施建设和教育、医疗、养老等公共服务体系项目建设。至 2019 年，累计完成棚户区改造 655 户、26.5 万平方米，建成群众安置房 46 栋、789 套，配套建设停车场、农贸市场等公共服务设施。环卫、绿化一体化全覆盖，人居环境综合整治成效显著。2018 年，南泥湾农场完成 1159 名城镇居民、农业人口的参保续保工作，同时补交了拖欠的职工养老金 1200 万元。至 2019 年，南泥湾农场职工全部参加了基本养老、医疗、失业、工伤、生育等社会统筹保险，实行住房公积金制度。

四、新时期的南泥湾（集团）公司

2020 年是延安南泥湾（集团）有限责任公司重组的第一年，也是开发区招商引资攻坚年。公司领导班子带领全体干部职工加快推进企业转型创新，全力推动产业发展、项目建设、招商引资、企业重组及党的建设等各项工作快速前进。年度实施重点项目 13 个，完成固定资产投资 7.6 亿元。主营业务收入 2453.13 万元，营业外收入 5000 万元，盈利 1686 万元，揭开了南泥湾农垦事业发展史上新的一页。

1. 现代农业　成功申报省级现代农业示范园。建成大棚 226 座，种植贝贝南瓜和其他蔬菜水果；与北大荒集团合作，种植水稻 1500 亩；与南泥湾开发区恒基盛农业发展有限公司开展合作，建设生态养殖基地；与融通集团达成合作意向，对三台庄区域进行整体开发建设。

2. 旅游产业 成立旅游公司，对建成的西大门景观、党徽广场、阳湾湿地公园、游客服务中心、农垦大酒店、民宿3号院等服务设施和公共区域进行管理运营。桃宝峪拓展培训基地等体验项目投运；创建陕北地区首个国家级湿地公园和AAA级旅游景区，成为市民游客追寻历史记忆、体验山水风光、感受乡村魅力的首选之地。全年餐饮住宿接待2万多人次，累计服务游客30余万人，景区客流量近100万人次。

3. 教育培训 成立延安南泥湾红色文化培训有限公司，全年承接100多个班次，累计培训近万人；与中兵集团合作，以桃宝峪区域为核心，打造国防教育小镇。建设"一带两基地"（应急食品研发及服务带，国家基层应急能力建设培训基地、国际应急安全体验基地），10余家单位、企业培训基地挂牌南泥湾。

4. 党建引领 南泥湾（集团）公司坚持党建统领一切的工作思路，开展"学用新思想、奋进新时代"主题教育活动；优化调整党组织设置，完成党委和各支部换届选举；开展"插秧""秋收"等特色主题党日活动，在延安市委组织部举办的"唱响新时代·金秋颂国庆"歌咏比赛中获第一名；持续督查"中央八项规定"的执行，狠抓"四风"反弹，严格执行"三重一大"制度规定，开展领导干部违规插手干预工程建设专项整治工作。

5. 扶贫帮困 投入扶贫资金110万元，其中帮扶物资折款1.67万余元，受益贫困户15户；引导7户村民种植贝贝南瓜，免费提供种子及技术支持；慰问困难职工、困难党员140人，发放慰问金8.5万元；解决原农场困难职工和安户农民子女就业20多人，向200多名农工发放冬季取暖费，向20多户农工每人每月发放1700元失地补助。

6. 昔日大生产、今日大发展 从三五九旅南泥湾军垦屯田始，80年岁月如梭，80年筚路蓝缕、砥砺奋进，南泥湾谱写了一部中国军垦、农垦的发展创业史。南泥湾精神，创造了过去的辉煌，也将创造美好的未来！重组后的南泥湾（集团）公司正在以南泥湾精神和"艰苦奋斗、勇于开拓"的农垦精神二次开发建设南泥湾。如今，《南泥湾》的歌声仍然激越，"一川稻田绿，万顷金波涌"的好江南景色依旧，"自力更生、艰苦奋斗"的南泥湾精神始终在赓续。这一方红色的土地，正在青山永驻、绿水长存中实现可持续的高质量发展，焕发出新的勃勃生机。

大 事 记

● **1937 年** 8 月 25 日　中国工农红军第二方面军第六军团和红军第三十二军、红军总部特务团一部，在陕西省富平县庄里镇改编为国民革命军第八路军第一二〇师第三五九旅。

● **1939 年** 2 月 2 日　中共中央在延安召开生产动员大会，号召陕甘宁边区军民自己动手，克服困难。

4 月　颁布《陕甘宁边区政府生产运动奖励条例》。

● **1940 年** 12 月初　八路军一二〇师三五九旅 717 团奉命从绥德出发，到达延安南泥湾地区，驻防固安县临镇。

● **1941 年** 3 月 12 日　八路军一二〇师三五九旅直属队、718 团、特务团、第四支队、骑兵大队在旅长兼政委王震的率领下进驻南泥湾。旅部和特务团驻金盆湾，717 团驻临镇，718 团驻马坊，第四支队和骑兵大队驻阳湾，开展大生产运动。

3 月　三五九旅第一个纺织厂在绥德建成，旅长王震将其命名为"大光纺织厂"，刘韵秋任厂长。

4 月　三五九旅 718 团、719 团开赴南线，守备金盆湾、史家岔（属鄜县管辖，今富县）一线。

10 月 29 日　国民党新编第二十六师何文鼎部进攻定边、安边、靖边。三五九旅 717 团、第四支队奉命由临镇出发，奔赴"三边"，与三五八旅 715 团、一二〇师炮兵营、留守兵团警备 2 团、保 3 团、骑兵团等组成野战兵团，司令员王震。

12 月　大光纺织厂将织作的第一套毛呢衣服送给毛泽东主席。

● **1942 年** 1 月 22 日　留守兵团在大砭沟八路军大礼堂欢迎三五九旅 717 团从"三边"返回延安。毛泽东主席、朱德总司令在会上致辞。

2 月　朱德总司令到南泥湾给三五九旅干部战士拜年。

4 月 15 日　朱德总司令、贺龙师长在旅长王震的陪同下视察南泥湾。朱德首次对记者提出"南泥湾为陕北江南";贺龙师长为三五九旅 717 团题字"铁的七团"。

4 月　三五九旅 719 团奉命进驻南泥湾九龙泉村。

7 月　朱德总司令邀请谢觉哉、徐特立、林伯渠、吴玉章、续范亭游览南泥湾。

本年　三五九旅成立盐业公司、土产公司、运输公司;建立纺织、皮革、肥皂、榨油等 13 个工厂;还有饭店、商店、军人合作社、旅店等遍布陕甘宁边区。

● **1943 年**　1 月 9 日　三五九旅和王震等 10 名领导干部因大生产成绩卓著,在中共中央西北局高级干部会议举行的颁奖仪式上,分别被授予团体奖和个人奖。

2 月 3 日　在西北局高干会上,奖励三五九旅"发展经济的前锋"锦旗一面,毛泽东为 22 名生产英雄题词。其中,为王震题词"有创造精神";为供给部部长何维忠题词"切实朴素,大公无私";为供给部政委罗章题词"以身作则";为 717 团政委晏福生题词"坚决执行屯田政策"。同时,为 718 团团长陈宗尧题词"模范团长";为特务团政委谭文帮家属陈敏题词"模范家属"。

2 月 4 日　八路军总政治部电影团举行反映三五九旅开垦南泥湾的电影纪录片《生产与战斗结合起来》首映式,朱德、叶剑英、贺龙、徐向前等出席观看。毛泽东主席为影片题词"自己动手,丰衣足食"。

2 月 14 日　陕甘宁边区党政军民各界组织春节慰问团到南泥湾顾问、演出。参加慰问的有边区政府机关业余文艺队、抗大"鲁艺"学院专业文艺队、留守兵团"烽火剧社"和联防军演出队,以及艾思奇、贺绿汀、陈洪彤、丁玲、李柏钊等人。

2 月 16 日　陕甘宁晋绥联防军副司令员萧劲光到南泥湾地区视察。

春　中央决定在南泥湾桃宝峪修建一所干部休养所。该工程由中央管理局主持,三五九旅旅部、总部炮兵团负责施工,四支队负责砍伐木料,719 团负责烧砖瓦。干部休养所于 9 月建成。

3 月 1 日　贺龙师长指示三五九旅立即接受延安劳动英雄的友谊挑战,动员各部门迅速开展各生产单位间的劳动大竞赛。

3 月 3 日　《解放日报》发表题为《生产大竞赛》的社论,号召党政军民在春耕时节，组织各种形式、各个方面的劳动竞赛。全边区轰轰烈烈的生产大竞赛由此开始。

3月7日　陕甘宁边区政府主席林伯渠率慰劳团赴南泥湾地区慰问，三五九旅举行拥政爱民大会，欢迎慰劳团。

3月10日　三五九旅718团组织每天开荒1亩以上的突击手175人进行开荒比赛。李位（3.67亩）、赵占奎（3.21亩）、李四（3.15亩）、张玉箭（3.13亩）、韩治根（3.12亩）、钟长久（3.09亩）6人创造日开荒3亩以上新纪录，获"特等劳动英雄"称号。

3月14日　鲁迅艺术学院秧歌队赴南泥湾，为三五九旅演出。《诗刊》编译部主任萧三、主编艾青、秧歌队代表及王震旅长先后在欢迎会上讲话。王震说："军队同文艺界在思想上是一致的，文艺界用口、笔打击敌人，军队用枪炮消灭敌人。"

9月16日　毛泽东主席在朱德、任弼时、王若飞等人的陪同下视察南泥湾，先后视察金盆湾、马坊、阳湾、九龙泉等地，要求部队克服困难，自力更生。

10月7—10日　朱德、周恩来、刘少奇、洛甫、王稼祥、邓颖超、康克清等赴南泥湾，先后到三五九旅旅部、718团、719团、补充团等处听取汇报，并参观酿酒厂、榨油厂、水磨坊、毛纺厂等工厂。

10月26日　毛泽东再次前往金盆湾、南泥湾视察，同行的有任弼时、彭德怀、林伯渠、李鼎铭、柳湜、霍子乐、贺连城等人，28日返回延安。

11月19日　南泥湾驻军举行首届生产展览会。

11月26日至12月16日　陕甘宁边区第一届劳动英雄代表大会与边区生产展览会同时召开，毛泽东、朱德、刘少奇、周恩来等出席会议。三五九旅为4个先进集体之一；李位、刘顺清、赵占奎、陈敏4人被选为边区特等英雄，其中，李位受到毛泽东的接见。

12月　三五九旅从各连选出145名从文盲到会写文章、能看书报的战士进行写作比赛（文章、诗、剧本均可），74人的作品被评为优秀作品。

● 1944年　1月1日　717团举行庆祝新年大会。会后，全团指战员围绕刚刚落成的717团革命烈士碑静默致哀，悼念1200余名为革命捐躯的先烈。

5月1日　陕甘宁边区延属分区专员公署成立南泥湾垦区政府（县级建

制），负责管理所辖区域并协调指导各单位的生产。

同日　毛泽东主席为三五九旅 719 团烈士纪念碑题词"热爱人民，真诚地为人民服务，鞠躬尽瘁，死而后已。"

6 月 6 日　由中外记者组成的西北考察团到达南泥湾，三五九旅在金盆湾举行欢迎晚会。随后两天，他们参观了南泥湾伤兵医院、南泥湾干部休养所、大生产成果展览等，9 日返回延安。美国作家艾格尼丝·史沫特莱和著名记者冈瑟·斯坦、哈里森·福尔曼及美国《联合劳动新闻》记者伊斯雷尔·爱泼斯坦等在走访了解情况后撰写文章，颂扬三五九旅创造的奇迹。

7 月 30 日　农学家陈凤桐、作曲家贺绿汀到南泥湾地区 718 团，分别指导农业生产和收集创作素材。

8 月 24 日　中共中央军委参谋长叶剑英、陕甘宁晋绥联防军参谋长张经武陪同美军观察组包瑞德上校等 7 人到南泥湾，参观酒坊、纸厂等。25 日到南泥湾马坊 718 团观看战士们举行的分列式和各种军事技术表演。26 日返回延安。

8 月　三五九旅举行投弹、射击、刺杀群英会。刘洪秀、张国忠、申玉华分别获"朱德射击手""贺龙投弹手"和"高岗刺杀能手"称号。

9 月　三五九旅奉中央军委命令，抽调 718 团、第 4 支队、特务团、719 团 1 个营以及 717 团部分骨干组建"国民革命军第十八集团军独立第一游击支队"（简称南下一支队）。司令员王震、政委王首道、副司令员郭鹏、副政委王恩茂。

10 月 3 日　在中央留守兵团学习工作代表大会上，三五九旅 719 团 6 连连长杨育才被评为射击能手，射击表演获毛泽东主席赞扬；717 团 3 连、9 连，718 团 6 连、7 连被评为边区射击、投弹优胜单位。

11 月 1 日　南下第一支队在延安机场举行誓师大会，毛泽东主席和中央其他首长讲话。9 日，南下支队从延安出发。

● **1945 年**　3 月 15 日　延安炮兵学校正式开课。8 月 1 日，举行开学典礼，朱德、叶剑英、萧劲光等出席并讲话。

6 月　三五九旅留守陕甘宁边区部队与第 5 干部队、第 9 干部队、警一旅组成第十八集团军独立第二游击支队（南下第二支队），司令员刘转连，政委张启龙，辖第 1、第 2、第 3 大队和第 5、第 9 干部队。9 日，中共中央领导毛泽东、周恩来、朱德、刘少奇、贺龙、林伯渠等，以及延安各界民众在延安机场举行欢送大会。

8 月 29 日　南下第一支队返回延安，南下北返全部行程 25840 里，完成部队征战史上的第二次长征。

本年　固临县临镇区和延安县金盆湾区划归南泥湾垦区，直属陕甘宁边区政府。

- 1948 年　8 月　南泥湾垦区和固临县部分辖区合并为临真县，县政府驻临镇。

- 1952 年　本年　陕西省公安厅第三劳改支队在南泥湾办陕西省地方国营南泥湾农场（简称劳改农场）。

- 1961 年　本年　设南泥湾人民公社；1984 年改为南泥湾镇，为全市最小的镇。

- 1965 年　7 月 10 日　中共陕西省委、陕西省人民委员会决定成立陕西省农业生产建设师，用军垦形式安置城市青年和复员转业军人。

  9 月 12 日　中共中央、国务院批准陕西省农业生产建设师改为中国人民解放军生产建设兵团农业建设第十四师，师长王季龙，政委刘邦显。

  10 月 15 日　在延安南泥湾组建中国人民解放军生产建设兵团农业建设师第十四师一四一团（简称农建师 141 团），团长朱少清。

- 1966 年　1 月 1 日　陕西省地方国营南泥湾农场移交农建师 141 团房屋 2286 间、石砖窑洞 60 孔，建筑面积 49867 平方米。

  2 月 12 日　陕西省地方国营南泥湾农场移交农建师 141 团土地总面积 44615 亩，其中居民建设用地 780 亩、耕地面积 43049 亩、果园面积 786 亩。

- 1969 年　2 月　中国人民解放军生产建设兵团农业建设第十四师改为中国人民解放军兰州军区生产建设兵团第六师，农建师 141 团更名为中国人民解放军兰州军区生产建设兵团第四十团（简称兰州军区建设兵团第 40 团）。

- 1970 年　4 月 5 日　陕西省革命委员会发出《关于认真学习伟大领袖毛主席给延安和陕甘宁边区人民的复电，大力发扬延安精神，在短期内迅速改变延安地区和全省面貌的决定》。

  8 月　兰州军区抽调 38 名干部（现役军人）到南泥湾兰州军区建设兵团第 40 团担任各级领导职务。

- 1971 年　1 月　兰州军区批准将 13 万亩三门峡库区河滩地划给四十七军。兰州军区建设兵团第 40 团派职工前往大荔沙湾库区生产点种植小麦、油菜，保障兵团生活供给。

9月　北京农业大学迁至陕西省甘泉县清泉沟，借用兰州军区建设兵团第 40 团土地，一度与延安大学合并，1973 年 4 月迁返北京。

10月　兰州军区对兵团团以上部队赋予部队代号。兰州军区建设兵团第 40 团代号"兰字 961 部队"。

1972 年　1 月 4 日　中共陕西省委做出《关于加强延安和陕北工作的决定》，成立陕北工作组，加快老区建设步伐，尽快改变农业的落后面貌。

12月　国务院副总理王震（原三五九旅旅长兼政委）重回南泥湾，参观之余，与留守南泥湾的三五九旅老战士座谈合影。

本年　兰州军区建设兵团第 40 团（兰字 961 部队）建成南泥湾农场供水工程。在陕西省轻工研究所的指导下，兰州军区建设兵团第 40 团成功引种香紫苏。

1973 年　2 月 21 日　中共山西省委书记、昔阳县大寨大队党支部书记陈永贵来南泥湾农场参观。

5 月 3 日　兰州军区建设兵团第 40 团召开共青团 40 团首届代表大会。

12月　撤销中国人民解放军兰州军区生产建设兵团第六师。

1974 年　1 月 5 日　陕西省革命委员会成立陕西省农建师，受陕西省革命委员会农林局领导，王季龙任师长。兰州军区建设兵团第 40 团（兰字 961 部队）编为陕西省农建师第五团（简称省农建师 5 团）。

1977 年　1 月 19 日　陕西省革命委员会决定，撤销陕西省农建师，省农建师 5 团移交延安市（今宝塔区）管理，改称国营陕西省延安南泥湾农场（简称南泥湾农场）。

本年　省农建师 5 团在大荔沙湾库区生产点的职工大多调往渭南垦区，南泥湾农场职工由 1401 人减少到 480 人。

本年　西北电管局投资 67 万元，建成从牛武电厂出线至延安南泥湾的 35 千伏输变电工程，线路长 30.8 千米，10 月 17 日正式投运供电。

1978 年　10 月 30 日　成立国营陕西省延安南泥湾农场妇女联合委员会。

本年　经省政府批准，延安革命纪念馆在南泥湾开办"南泥湾大生产展览室"，正式对外开放。

1979 年　3 月 3—6 日　陕北革命建设委员会第一次会议在西安召开，会议制订了 1978—1985 年陕北地区农业生产建设规划。

8月6日　南泥湾农场成立总工会委员会，各连队、各单位成立工会基层委员会。

9月19—23日　南泥湾农场召开第一次工会代表大会。

● **1980年**　3月13日　延安地区行政公署下发《关于将国营南泥湾农场收归地区管理的通知》，决定将南泥湾农场收归地区，属县、团级建制，由地区农业局代管。国营陕西省延安南泥湾农场更名为国营陕西省延安地区南泥湾农场（简称南泥湾农场）。

6月22日　中共陕西省委下发《关于放宽政策，发展陕北农业的决定》，在全省推行农业生产联产承包责任制，允许包产到户。

11月5—14日　陕北革命建设委员会在延安召开陕北老区农业科学技术会议，讨论修订了《陕北老区农业科学技术发展规划纲要（试行草案）》。

本年　中共延安地委书记冯怀亮、行署专员李森桂来南泥湾农场调研生产建设情况。

● **1983年**　3月22日　中共陕西省委书记谢怀德在陕北建委副主任杨润贵、延安地委书记郝延寿、行署副专员薛志勇的陪同下来南泥湾农场调研，形成《加快南泥湾农场建设座谈会纪要》。

8月3—10日　农牧渔业部在延安市召开北方旱地农业工作会议。5日，中共中央总书记胡耀邦在会上做了题为"我对改变中国干旱地区面貌的意见"的讲话，强调种草种树，发展牧业，综合治理。其间，参会人员到南泥湾农场四连调研水稻生产情况。

10月底　全国水土保持耕作法学术会议在延安召开。

11月　设南泥湾区公所（副县级建制）；2004年，撤销南泥湾区公所。

● **1984年**　本年　南泥湾农场实行经济体制改革，建立家庭农场279个；成立农垦工副业公司、农垦商业公司、农垦建筑工程公司、农业公司、供销公司5个经营性公司。

本年　陕西省作家协会主席胡采率领马友仙、贠恩凤、邢履庄、王向荣等文艺工作者来南泥湾演出。

● **1985年**　5月2日　中国农垦总公司董事长赵凡在延安地区行署副专员姚代明、农业局副局长陈明彦的陪同下来南泥湾农场调研。

12月21日　陕西省农牧厅在汉中市、延安市和鄠县（今西安市鄠邑区）分片召开农村合作经济经营管理工作座谈会，要求加强农村经营管理工作。

本年　农垦部副部长吕清来南泥湾农场调研工作。

1986 年　8 月 4 日　南泥湾农场遭受持续 40 分钟的雹灾。

9 月 20 日　南泥湾农场遭受早霜，霜冻面积 3610 亩，农作物平均减产七成，折价损失 24.5 万元。

1987 年　9 月 21 日　南泥湾农场遭受持续 20 多分钟的雹雨，受灾面积达 3000 多亩，其中水稻 600 亩、秋杂粮 2600 亩，因灾减产 10 万千克。

本年　南泥湾农场制定《关于开展植树造林的决定》。

本年　陕北建设委员会投资 58.5 万元，建设临镇变电站。从南泥湾变电站出线，南临线长 33.4 千米。

1988 年　4 月 20 日　全国政协副主席（原三五九旅副政委）王恩茂重返南泥湾，并题词"南泥湾精神永远激励我们前进"。

7 月 16 日　延安地区行署专员邸靠山来南泥湾农场检查工作。

1989 年　9 月 11 日　中共中央总书记江泽民来延安期间到南泥湾视察，并接见了南泥湾农场职工。

本年　中共延安地委、行署在南泥湾农场实行场长（经理）聘任制。

1991 年　夏　南泥湾农场遭遇特大暴雨，渠堤被毁，秧苗倒伏，稻田大面积淤泥，造成 1000 亩水稻减产。

7 月　南泥湾农场组织管理人员和职工代表 30 余人赴大荔朝邑农场考察学习。

10 月 27 日　南泥湾农场第二届职工代表大会第三次会议通过《关于三田制的决议》，将耕地按工资田、口粮田、承包田等分给职工。

1992 年　1 月 16 日　全国双拥工作领导小组、民政部授予延安市"全国双拥模范城"荣誉称号。

4 月　南泥湾革命旧址被省政府公布为第三批重点文物保护单位。

9 月 15 日　中共中央总书记江泽民为南泥湾题词"南泥湾精神代代传"。

10 月　农业部、文化部、解放军总政治部在北京联合举办"南泥湾精神永放光芒演唱会暨中国农垦首届文化艺术节"，南泥湾农场应邀组团赴京，演出陕北安塞腰鼓、舞蹈《南泥湾》、小歌剧《兄妹开荒》、小合唱《边区大生产（组歌）》4 个节目。

1993 年　4 月 16 日　延安市政府实施公开承包、拍卖"四荒地"政策。

8 月 4 日　南泥湾农场遭受特大暴雨，农业基础设施及职工住房损毁严重。桥梁、公路冲毁中断，渠系、坝堤溢岸翻梁，房屋倒塌，农作物减产，全场直接经济损失累计达 54.27 万元。

12 月 18—20 日　召开中共南泥湾农场第一次党代会，选举产生中共南泥湾农场第一届委员会。

本年　南泥湾农场制定"下川苹果上川梨，七沟八岔牛羊鱼，川台变粮仓，山坡变银行"的农业发展战略目标。1994 年，实施新建千亩果园项目。

本年　延安市被农业部等七部委确定为全国生态农业建设试验重点区。

● **1994 年**　5 月　中国电力企业联合会理事张绍贤和西北电管局局长刘宏在南泥湾现场办公，落实资金 100 多万元，为南区 3 个乡镇、15 个行政村架设电线。

12 月 9 日　制定《南泥湾农场关于果业开发的实施办法（试行）》。

● **1995 年**　3 月 27 日　中国农林工会全国委员会将农林工会、陕西省农垦农工商总公司工会联合调查组撰写的《关于南泥湾农场扶贫开发建设工程实施情况的调查报告》送国务委员、国务院秘书长罗干审阅。

3 月 29 日　陕西省农牧厅厅长史志诚一行来南泥湾农场调研。

4 月 26 日　国务院办公厅秘书局将国务院副总理姜春云，国务委员陈俊生，国务委员、国务院秘书长罗干在中国农林工作会议上《关于南泥湾农场扶贫开发建设工程实施情况的调查报告》的批示复印件转发陕西省人民政府办公厅。

6 月 1 日　延安市被国务院确定为全国 50 个生态农业县市之一。

本年　南泥湾农场职代会通过《职工参加义务建场劳动的若干规定》，在全场范围内开展"添一分力量，献一片爱心"义务建场劳动竞赛。

本年　南泥湾农场制定《鼓励职工发展自营经济的若干规定》。

● **1996 年**　秋　农业部副部长刘成果到南泥湾农场调研，并题词"南泥湾是中国农垦事业和农垦精神的发祥地"。

12 月 26 日　延安市撤市设区，县级延安市改为宝塔区，设立地级延安市。原中共延安市委改称中共延安市宝塔区委，延安市人民政府改称延安市宝塔区人民政府。

● **1997 年**　4 月 1 日　随着延安地区撤地设市，国营陕西省延安地区南泥湾农场改称陕西省延安市南泥湾农场（简称南泥湾农场），由延安市农业局管理。

8 月 29 日　国务院在延安召开全国生态农业建设现场会。

9月　陕西省节能开发投资有限公司、陕西省轻工研究设计院和南泥湾农场合资组建陕西中天香料有限公司，在南泥湾建设香紫苏浸膏生产线项目。

1998年　3月13日　农业部农垦局曾毓庄（副部级）一行12人来南泥湾农场考察。

6月20—23日　新疆生产建设兵团三五九旅老战士重返南泥湾。

1999年　8月6日　中共中央政治局常委、国务院总理朱镕基，中央政治局委员、中央书记处书记、国务院副总理温家宝，在省市领导陪同下，考察宝塔区流域治理和生态农业建设情况。朱镕基总理提出"退耕还林（草）、封山绿化、个体承包、以粮代赈"的治理总体思路。

2000年　9月3日　国家环保总局在延安召开全国部分城市大气污染综合防治工作座谈会，对延安大气污染治理工作给予高度评价。

2001年　5月25日　宝塔区政府召开中小学"四制"（校长聘任制、教师聘用制、任期岗位目标责任制、结构工资制）改革工作会议。

2002年　7月17日　中共陕西省委书记李建国在省委常委、延安市委书记王侠，市委副书记、市长张社年的陪同下实地考察延安市宝塔区南泥湾镇，提出要把恢复旧址景点与小城镇建设通盘考虑、一起规划，将资源优势转化为经济优势。

2003年　8月12日　南泥湾农场在阳湾开工建设农场居民小区（1号、2号、3号楼）工程项目，2004年12月竣工，2019年拆除。

本年　在北京、西安和延安3地"北京知青联谊会"的共同倡议下，原插队知青捐资150万元，在南泥湾修建北京知青林。

2004年　4月19日　在南泥湾农场举行中国农垦纪念林建设启动仪式，农业部农垦局以及全国各垦区领导出席了启动仪式。2006年冬，项目完工通过验收，农业部副部长刘成果为纪念林题字。

本年　南泥湾被列为全国爱国主义教育示范基地，在阳湾建设南泥湾大生产广场，刻立"自己动手，丰衣足食"的大生产运动纪念碑。

2006年　5月25日　南泥湾革命旧址、阳湾毛泽东旧居、中共中央管理局干部休养所（红楼）旧址、延安炮校旧址、南泥湾垦区政府旧址被国务院认定为全国重点文物保护单位。

2009年　6月23日　南泥湾农场子弟学校及教职工39人移交宝塔区教育局管理。

7月31日　南泥湾农场与新疆兵团农八师石河子总场结为"友好农场"。

● **2010年**　9月15日　省委常委、市委书记李希及副市长张西林到南泥湾调研景区开发建设情况。

本年　经陕西省农垦局报国家农垦局批准，国家支持南泥湾农场扶贫资金50万元，实施农场人畜饮水工程项目。新疆生产建设兵团农八师石河子总场援建中国农垦纪念林节水灌溉工程，总投资45万元。

● **2011年**　3月28日　纪念南泥湾大生产运动70周年座谈会在延安市召开。

本年　南泥湾农场软盘育秧技术和机械插秧技术试验成功，水稻种植实现机械化生产。撤销松树林乡并入南泥湾镇，原松树林乡改为松树林中心社区。

● **2012年**　8月4日　南泥湾农场和南泥湾战友联谊会共同举办南泥湾"老兵回家"活动，1500多名老战士从全国各地回到南泥湾，参观了南泥湾大生产展览馆和中国农垦纪念林，并举行南泥湾兵团纪念碑揭碑仪式。

本年　南泥湾农场在阳湾修建温馨小区。至2019年，完成工程总量的90％。后期农场垫资完成尾留工程。

● **2013年**　7月　延安发生自1945年有气象记录以来过程最长、强度最大、暴雨日最多且间隔时间最短的"百年一遇"持续强降水。南泥湾农场多处山体滑坡，90％的农作物和房屋受损，倒塌房屋287间，水、电、路、信全部中断。全场经济损失701.9万元。

本年　国家林业局副局长张永利在南泥湾调研工作时提出，南泥湾生态区在陕北地区属于稀缺的湿地资源，建议申报国家湿地公园，把现有的湿地资源保护起来。

本年　南泥湾农场启动农二队设施农业示范园建设项目，增加水稻的种植面积，恢复南泥湾"好江南"景观。

● **2014年**　4月20日　农业部党组副书记余欣荣来南泥湾农场调研。

12月16日　国家林业局下发《关于同意北京房山长沟泉水等140处湿地开展国家湿地公园试点工作的通知》，批准建设陕西延安南泥湾国家湿地公园（试点）。

● **2016年**　7月29日　全国双拥模范城（县）命名暨双拥模范单位和个人表彰大会在京举行，延安市第八次蝉联"全国双拥模范城"称号。

10月26日　省委常委、延安市委书记徐新荣来南泥湾农场调研。

11 月 15 日　经延安市机构编制委员会 10 月 21 日研究，并报经市委审定，决定成立延安市南泥湾景区管理委员会（简称南泥湾景区管委会），县级建制，为市政府派出机构，财政全额拨款。景区管委会下设南泥湾景区投资开发总公司（2017 年 1 月 12 日实际成立时的机构名称为延安南泥湾景区投资开发建设有限公司），承担南泥湾景区旅游项目的投融资及开发建设工作。

同日　南泥湾农场由延安市农业局划转南泥湾景区管委会管理。

12 月 13 日　中共延安市委成立南泥湾生态景区开发建设领导小组，办公室设在南泥湾景区管委会，高威评兼任办公室主任。南泥湾农场为其中成员单位。

12 月　"南泥湾李冲家香菇面"被中央电视台（CCTV - 2）《生财有道》栏目组授予"味蕾上的记忆"荣誉称号。

● **2017 年**　3 月 8 日　拆除南泥湾农场场部办公楼。

6 月 12 日　在南泥湾二连驻地举行南泥湾红色文化小镇项目建设启动仪式。省委常委、市委书记徐新荣，市委副书记、市长薛占海出席仪式并讲话。

6 月 29 日　延安市土地统征办公室制定《南泥湾红色文化小镇项目征迁补偿安置实施草案》。

● **2018 年**　4 月 16 日　驻陕西省农业农村厅纪检监察组组长、省农业农村厅党组成员丁东华，省农垦集团总经理马青奇率省政府农垦督查组一行来延安督促农垦改革工作。

7 月 3 日　金盆湾八路军三五九旅旅部旧址、石村八路军三五九旅旧址、延安保卫战金盆湾卧牛山战斗遗址被认定为省级第七批重点文物保护单位。

7 月 17 日　延安南泥湾景区投资开发建设有限公司更名为延安南泥湾开发区发展（集团）有限公司。

8 月 1 日　中共延安市委办公室、市人民政府办公室印发《延安市南泥湾农场改革发展实施方案》，推行农垦集团化、企业化管理运营模式。

8 月 6 日　陕西省农垦改革发展领导小组办公室印发《关于移交农垦改革问题清单的函》，要求延安市人民政府抓好整改落实。

8 月 20 日　开工建设南泥湾开发区商业设施（一期）项目，2020 年 5 月 1 日完工。

9 月 19 日　成立延安市南泥湾农场有限责任公司。

9 月　延安市南泥湾景区管理委员会更名为延安市南泥湾开发区管理委员会（简称南泥湾开发区管委会），党工委书记高威评，党工委副书记、管委会主任李鉴君，副主任折克银、张斌、赵建军。

10 月 16 日　延安市人民政府给陕西省国土资源局、陕西省农垦改革领导小组办公室发函呈送《关于南泥湾农场国有土地面积核查情况的函》。

10 月 30 日　开工建设居住商品房 A 区项目（亦称 A 组团）。

本年　动工修建南泥湾农垦大酒店，2020 年 5 月建成投运。动工修建桃宝峪水厂工程（A 组团住宅区安全饮水项目），2020 年投用。南泥湾农场与北大荒集团建立合作关系，共同种植景观稻田。

● **2019 年**　3 月 28 日　开工建设南泥湾 359 创业基地项目，2020 年 4 月底建成投用。

3 月 16 日　延安市南泥湾开发区管委会发布《延安市南泥湾开发区总体规划（2018—2035）》。

4 月 27—28 日　农业农村部农垦局局长邓庆海在全国农垦贫困农场脱贫攻坚工作推进会结束后，赴延安市南泥湾农场和榆林市垦区调研。省农业农村厅副巡视员郑芸瑄、省农垦集团党委书记董事长郭剑等陪同调研。

6 月　开工建设华润希望小镇项目。项目位于南泥湾镇马坊村，规划面积约 270 亩，是华润集团在国内捐建的第 11 座希望小镇，计划总投资 1.2 亿元。

8 月 21 日　延安南泥湾农场有限责任公司召开职工代表大会。

8 月　开工建设南泥湾污水处理厂及其配套工程，2020 年 5 月完工投运。

9 月 3 日　延安市市属国有企业改革领导小组下发《延安南泥湾农场（集团）有限公司重组整合方案》，同意延安南泥湾开发区发展（集团）有限公司、陕西省延安市南泥湾农场、延安市南泥湾农场有限责任公司三户企业采取"新设合并"的方式，组建成立延安南泥湾农场（集团）有限公司。12 月 12 日，更名为延安南泥湾（集团）有限责任公司〔简称南泥湾（集团）公司〕。

12 月 17 日　延安南泥湾景区被评定为国家 AAA 级旅游景区。

12月25日　陕西延安南泥湾国家湿地公园通过国家林业和草原局验收。

本年　农业农村部副部长余欣荣一行来南泥湾农场考察调研。

本年　南泥湾农场国有土地确权发证面积 27881 亩，其中，农用地 27028 亩，建设用地 853 亩。

● 2020年　3月20日　军垦大酒店开工建设。

6月2日　南泥湾（集团）公司召开全体党员大会，选举产生中共延安南泥湾（集团）有限责任公司第一届委员会。

7月8日　夜间，南泥湾突遭强降雨侵袭，强降水持续3小时左右，降水量约 52.5 毫米。作物受灾面积 1069 亩，其中，积水面积 689 亩，冲毁面积 380 亩，造成直接经济损失 131 万元，间接经济损失 254 万元。

8月5日　开工建设南泥湾商业综合中心项目。

9月25日　国家发展和改革委员会下发《关于公布红色旅游发展典型案例遴选结果的通知》，《延安南泥湾红色旅游发展典型案例》荣列全国红色旅游发展典型案例榜单，系陕西省唯一入选案例。

10月20日　全国双拥模范城（县）命名暨双拥模范单位和个人表彰大会在京举行，延安市第九次蝉联"全国双拥模范城"称号。

11月19日　农业农村部农垦局副局长王润雷一行到南泥湾农场调研农场志编纂工作情况。陕西省农业农村厅、陕西农垦集团有限责任公司、延安市农业农村局、南泥湾开发区管委会、南泥湾（集团）公司相关负责人陪同。

11月28日　南泥湾（集团）公司开工建设南泥湾湖羊基地项目。

12月2日　延安市委宣传部拟命名南泥湾革命旧址、延安炮兵学校旧址、中央管理局干部休养所旧址、垦区政府旧址、毛泽东南泥湾旧居、九龙泉烈士陵园、九龙泉、马坊抗日阵亡将士纪念碑为市级爱国主义教育基地。

12月14—16日　南泥湾（集团）公司党委书记、董事长刘一民带队赴京，与农业农村部农垦局就"纪念南泥湾大生产运动80周年暨中国农垦发展80周年"系列活动工作方案进行汇报和探讨。

本年　南泥湾开发区与移动、联通、电信、广电、铁塔五大通信运营商联合推进杆线迁移，完成39千米迁移任务，新建5G信号基站17个。

本年　南泥湾（集团）公司成功申报省级现代农业示范园。

● 2021 年 1 月 14 日　南泥湾（集团）公司发布《〈陕西南泥湾农场志〉面向南泥湾农场各界征集资料》的公告。

2 月 19 日　南泥湾开发区管委会召开南泥湾开发区 110 千伏变电站项目开工协调会。

3 月 8 日　南泥湾（集团）公司一届一次职工代表大会暨 2021 年度工作会议在农垦大酒店召开。

3 月 25 日　国家发展和改革委员会等 7 部委同意延安南泥湾入选第三批农村产业融合发展示范园创建名单。

4 月 15 日　南泥湾被联合国评为首批国际可持续发展示范城镇（SUC）银奖。

10 月 11—13 日　由农业农村部农垦局、陕西省农业农村厅、延安市人民政府主办，中国农垦经济发展中心、延安市南泥湾开发区管委会、延安市农业农村局、延安南泥湾（集团）有限责任公司、北京歌华文化发展集团有限公司承办，北京歌华文化科技创新中心有限公司执行，中国农业出版社、陕西省农垦集团有限责任公司、北京国际设计周有限公司、鲁艺文化基金会、郭兰英艺术教育基金会、北京国际品牌周筹委会、北京国信品牌评价科学研究院协办的"南泥湾大生产 80 周年纪念大会"在南泥湾召开。200 余名各省、自治区、直辖市农业农村部门、农垦集团及有关部门和单位的人员参会。同时，还举办了南泥湾大生产大会暨中国品牌南泥湾计划高峰论坛和 2021 年中国农垦经济研究会年会，以及《中国农垦农场志丛》首发仪式。《陕西南泥湾农场志》《北京双桥农场志》《黑龙江绥滨农场志》等全国农垦第一批 20 家重点农场志正式对外发布。北大荒农垦集团、新疆生产建设兵团第一师代表全国农垦系统致辞。

第一编

地　理

中国农垦农场志

第一章　区域　建制

　　南泥湾是中国共产党领导的军垦、农垦事业的发祥地。抗日战争时期，延安是中共中央和陕甘宁边区政府所在地。由于国民党的经济封锁，陕甘宁边区财政经济发生极大困难，毛泽东发出"自己动手，丰衣足食"的号召。1941年3月，由王震旅长率领三五九旅进驻南泥湾，实行军垦屯田，开展大生产运动。当时的南泥湾属延安县（今延安市宝塔区）境内，是延安金盆湾区的一个乡。南泥湾1984年建镇，东邻麻洞川乡，西连甘泉县劳山乡，南接富县牛武乡，北与柳林镇毗邻，镇域面积503平方千米，镇政府驻地阳湾社区，距陕西省会西安305千米，距宝塔城区45千米。至2020年，全镇辖12个行政村（29个村民小组）和1个社区，有18个驻镇单位，户籍人口4480户、13241人，流动人口3200人。

第一节　建制沿革

　　南泥湾农场所在地南泥湾镇属延安市宝塔区建制，最早设立于1935年，时为南泥湾乡，属红泉县战三区（红泉县苏维埃政府下设6个战区）。1937年，红宜县金盆湾区设四乡；1944年为南泥湾垦区（县制）驻地；1948年，金盆湾区设二乡；1950年改称南泥湾乡。1955年，麻洞川区设南泥湾乡，1958—1961年，麻洞川公社设南泥湾管区。1961年设南泥湾人民公社。1983年设南泥湾区公所（副县级），驻南泥湾镇，辖南泥湾、松树林、麻洞川、临镇、官庄5个乡镇。1984年，南泥湾人民公社改称南泥湾镇，时为全市最小的镇。1996年，南泥湾镇辖南盘龙村、樊庄、高坊、桃宝峪、南泥湾、三台庄、前九龙泉、后九龙泉、红土窑、金家砭、南阳府、马坊、金庄、张家沟14个行政村。2004年，撤销南泥湾区公所。2011年，南泥湾被确定为市级重点镇，撤销松树林乡，并入南泥湾镇，原松树林乡改为松树林中心社区。松树林中心社区辖郭台、陈子沟、高尧、后新窑、前新窑、大南沟、松树林、杨家峪、米庄、孙家砭、后马坪、前马坪、芦子沟、邓屯、赵家河15个行政村。

　　2020年，南泥湾镇辖12个村委会（29个村民小组）、1个社区、18个驻镇单位。镇政府驻地阳湾社区。有户籍人口 4480 户、13241 人、流动人口 3200 人。

【南泥湾村】 位于南泥湾镇政府东南 1 千米处。清朝道光初年建村，有石碑刻"村南有块潮湿的泥湾地"，故名。

【红土窑村】 位于南泥湾镇政府以南 4.5 千米处。清朝同治初年建村，因红土窑洞得名。

【南阳府村】 南泥湾镇政府所在地。清朝道光年间建村，传说村里原有崖窑，故名崖窑府。1941 年八路军三五九旅部队驻扎，改为现名。

【南盘龙村】 位于南泥湾镇政府西北 10 千米处。清朝同治初年建村于山下，因山形似龙蟠之状，故名。

【高坊村】 位于南泥湾镇政府西北 4 千米处。清朝同治年间建村，以姓氏、宅型得名。

【樊庄村】 位于南泥湾镇政府西北 6 千米处。清朝同治初年建村，以姓氏得名。

【桃宝峪村】 位于南泥湾镇政府西南 4 千米处。清朝同治年间建村。境内有炮兵学校、红楼旧址。

【三台庄村】 位于南泥湾镇政府以南 3 千米处。清朝同治年间建村。村边建有三五九旅烈士纪念碑。

【金家砭村】 位于南泥湾镇政府以北 5 千米处。清朝同治年间建村，以姓氏、地形得名。

【金庄村】 位于南泥湾镇政府东北 10 千米处。清朝同治初年，金姓建庄得名。

【马坊村】 位于南泥湾镇政府东北 6 千米处。清同治初年建村，因附近有雕刻石马的牌坊，故名。

【前九龙泉村】 位于南泥湾镇政府西南 8 千米处。因沟内有九泉奔放，似龙眼流水，故名。

【后九龙泉村】 位于南泥湾镇政府西南 10 千米处。为与前九龙区别得现名。

【张家沟村】 位于南泥湾镇政府以南 7 千米处。建于 1987 年。以承包部队土地耕种为主。

第二节　场域　区位

一、农场边界

南泥湾农场土地和南泥湾镇 13 个自然村相互交叉，东起金盆湾，南至九龙泉，西与南泥湾镇的高坊村相邻，北与松树林乡接壤。东面南阳府川、南面九龙泉川、西面盘龙川，三川交汇，形成南泥湾中心区——阳湾。农场场部设在阳湾。1966 年，全场总土地面积 44615 亩，其中，农用地 43835 亩。2020 年，国有土地确权发证 27881 亩。

二、天文地理位置

南泥湾农场所在地延安市宝塔区位于陕西省北部、延安市中部，地理坐标为北纬 36°10′35″—37°02′21″，东经 109°14′11″—110°05′29″。东西长 77.1 千米，南北长 95.3 千米，总面积 3537.6 平方千米。东临延长县，西靠安塞区，南与甘泉县、富县、宜川县毗邻，北与子长县、延川县接壤。

南泥湾农场位于宝塔区南泥湾镇，汾川河上游，地理坐标为北纬 36°19′52″—36°21′53″，东经 109°32′36″—109°44′52″。所在南泥湾镇总面积 503 平方千米，东邻麻洞川乡，西连甘泉县劳山乡，南接富县牛武乡，北与柳林镇毗邻。

三、政治地理位置

南泥湾农场所在地宝塔区为延安市政府所在地，是革命圣地、历史名城。1937 年 1 月，中共中央机关迁驻延安城，延安成为中国革命的指导中心和中国人民解放战争的总后方。

南泥湾农场为中国共产党军垦事业的发祥地，其前身为 1941 年抗日战争时期八路军一二〇师三五九旅在南泥湾大生产运动中创建的军垦农场。距陕西省会西安市 305 千米，北距宝塔城区 45 千米，西距甘泉县 47 千米，南距富县 66 千米，东南距宜川县 105 千米。

四、军事地理位置

延安素有"秦地要区""塞上咽喉"之称，战略地位十分重要。延安东去延长、宜川渡黄河可达山西，西北接安塞可达银川、兰州，北上子长、延川可到榆林、包头，南下甘泉、富县直达陕西省省会西安。境内山大沟深，川谷纵横，地势复杂，适宜大部队隐蔽集结，小部队分散出击。

南泥湾农场位于延安市宝塔区东南，距延安城区 45 千米，为延安的"南大门"，军事地位非常重要。1941 年八路军三五九旅进驻南泥湾时，东南方向的茶坊镇与国民党占领的洛川县连接，时洛川驻有胡宗南部1个军部和1个师的部队，茶坊是国民党进犯延安的必经之路。因此，三五九旅在南泥湾开展大生产运动的同时，肩负着保卫延安、保卫党中央、防止国民党部队从南面进攻边区的任务。南泥湾地区也是延安地区森林分布的重点地区之一，林区地形复杂，海拔高度为1100～1400米。山上无水，植物生长全靠雨水，大部分山沟有泉水，但由于泉水流经枯枝烂叶之中，水质较劣，若长期饮用需改良。林区交通便利，延宜公路横贯东西，林间主要山梁有小道。从红土沟可通甘泉，从九龙泉可通富县茶坊，从思德沟有公路可达瓦渣河，接西延高速公路。林间树木丛生，百米之远便难以发现，进入林中只能通视几十米，隐蔽条件好。

南泥湾军事防区东西长43千米，南北长11千米，总面积约43平方千米。1971年，兰州军区建设兵团第40团曾把盘龙山地区划为一号防空降区，南泥湾地区划为二号防空降区，并做出预警方案。

第二章　自然地理

南泥湾农场所在地延安市宝塔区为陕北黄土高原丘陵沟壑区，地势东北、东南高，中部隆起，呈两个环状向东倾斜的丘陵河谷地形，平均海拔1166米左右。该地属于温带半干旱气候区，全年气候变化受制于季风环流影响，日照年平均2566.8小时，年平均降水量489.0毫米。区内有延河、汾川河2条干流，延河以南以落叶阔叶林为主，延河以北地带则以森林灌丛草原为主，全区植被覆盖率较低，且分布极不均匀。进入21世纪，实行"退耕还林还草"政策后，宝塔区天然植被得到很好的恢复，生态环境较以前有明显改善。至2020年，森林覆盖率提高到53.07%，植被覆盖度达到81.3%，荣获"中国十佳绿色城市"。主要矿藏以煤炭、石油、天然气、紫砂陶土为主。

南泥湾农场境内为汾川河起源地，水资源丰富。平均海拔1060米，全年无霜期120～140天，年降水量为530～600毫米，平均气温较延安市区低2～3℃，年平均气温8.8℃。森林覆盖率为87%，由于森林覆盖率过高及小气候等原因，不适合发展苹果产业。农场主要物产有黑木耳、沙棘、羊肚菌以及近百种天然名贵中药材，主要农作物以玉米、水稻、香紫苏、薯类、豆类等为主。

第一节　自然环境

一、地质

1. 区域构造格局与岩层节理　南泥湾农场地处华北陆块鄂尔多斯地块中东部，属岩石圈厚度最大（>200千米）的地区之一，相邻地区除在二叠纪末和三叠纪末遭受区域隆升外，始终保持着稳定沉积盆地特征，无显著构造作用改造，褶皱构造总体表现为轴向近南北的大型宽缓向斜，次级褶皱以短轴背斜、鼻状背斜等平缓拱形隆起为主；断裂构造不发育，地球物理资料显示存在两组北东向、一组北西向隐伏断裂。

第四纪黄土中节理十分发育。一般在未变形的斜坡地带，黄土原生节理发育，节理间距几十厘米至两米，将黄土切割成直立的菱形或柱状体。节理面一般粗糙，沿走向多呈锯齿状，剖面上节理面较为平直。节理的发育受土体性质制约，马兰黄土中的节理一般密集，离石黄土中的节理一般稀疏；在变形斜坡地带，土体扰动明显，黄土构造节理十分发育，一般成群按一定方向分布，力学性质清楚（挤压型、压扭型、张型、张扭型），具有区域性特征，贯通性较强（不受土体性质限制）。

基岩产状近于水平，无明显褶皱和断裂，而节理裂隙构造较为发育，主要有两种类型：一种与黄土高原整体隆升相关联的张型节理，规模较大，延伸深度较大（多数深度＞5米），节理面粗糙；另一种为高陡边坡的卸荷裂隙，主要是由于岩石差异风化所引起。耐风化程度较差的泥岩易于风化，剖面明显下凹；耐风化程度较高的砂岩不容易风化，剖面明显外凸，凌空面显著增大，坡面部分的砂岩层极易发育卸荷裂隙，这类裂隙规模较小，延伸深度数十厘米至数米，走向多数与坡面平行，裂隙面粗糙弯曲，极易发生基岩崩塌。

2. 新构造运动 南泥湾境内的新构造运动主要为地壳间歇性的抬升运动，表现为汾川河及其支流的强烈下切，在河流两侧形成1～2级侵蚀堆积阶地，河谷两侧出露大片基岩。陕北黄土高原在新构造运动期间整体表现为间歇性缓慢抬升，中、新生代地壳垂直形变不明显，褶皱、断裂不发育，地震活动水平低。南泥湾地处陕北黄土高原腹地，地壳变形速率在1～2毫米/年，地壳比较稳定，无4级以上地震发生。

二、地貌

延安南泥湾为陕北黄土高原丘陵沟壑区，属华北陆台鄂尔多斯地台的一部分。地层以中生代和新生代为主。中生代地层包括三叠纪、侏罗纪和白垩纪砂岩、页岩及泥岩，以侏罗纪砂页岩分布最广；新生代地层以晚第三纪红土层和第四纪黄土为主，黄土一般厚度10～100米。沟谷及坡面时有第三纪红土和中生代基岩出露。中生代及新生代晚第三纪红土层所形成的古地形是现代地貌形成的基础，经中更新世地壳的强烈抬升，形成900～1500多米的古黄土高原。第四纪新老黄土的广泛堆积，经长期水蚀和其他外营力的剥蚀，发展成今天的黄土丘陵沟壑地貌，具有沟壑纵横、地形破碎的特点。区内以汾川河为骨干，其支流与支沟纵横交错，水系较密，沟壑面积比沟间地面积略大。地势起伏频率较大，坡度较陡，绝大部分地域梁峁坡的斜度变化在10°～35°。

1. 地貌分区 南泥湾地貌分区按地形特征划分，为南部梁峁丘陵河谷区。海拔高度860～1463米，梁峁起伏，以梁为主，沟谷密度3～3.5千米/平方千米，切割深度一般为110～200米，植被覆盖度为87%，是宝塔区水土流失最少的地区。

2. 地貌类型 南泥湾地貌类型根据地貌成因划分，为黄土侵蚀地貌和河流地貌。区内河流地貌是新构造运动不断抬升，汾川河及其支流下切的结果。其间伴随着多次间歇性升降运动，河流经历下切、侧蚀与堆积，形成两级河流阶地。由堆积的冲积层可知，二级阶地和一级阶地分别形成于晚更新世晚期和全新世早期，全新世中晚期至今，处于相对稳定阶段，在流水作用下形成河漫滩和现代河床冲积物。河道比降一般为 0.2‰～1.1‰。汾川河河谷宽 120～540 米，最宽可达 800 米。其中，一级阶地呈断续条带状展布汾川河及其支流河谷区，以内叠堆积阶地为主。阶面平坦，微向河床及下游方向倾斜，宽 200～300 米，最宽达 800 米，阶地前缘多为陡坎，高出河水位 3～6 米，具二元结构，上部为粉土，下部为含泥砾石层；二级阶地沿汾川河及其部分一级支流零星分布，阶面宽 100～300 米，多遭破坏或被坡积物掩盖，前缘高出一级阶地 4～8 米。其表层岩性为黄土状粉质黏土、粉土，下部为含泥砾石层。

南泥湾农场位于南部梁峁丘陵河谷区，在中生代基岩和和新生代红土层所构成的地形上覆盖有深厚的风成黄土。土壤类型主要有三大类，即黄绵土、普通黑垆土和灰褐土。

三、气象

（一）气候特征

延安南泥湾属暖温带半干旱大陆性季风气候区，全年气候变化受制于季风环流影响，气候特点为四季分明。冬季（12月至次年2月）干冷，少雨雪，多刮西北风；春季（3—5月）干旱少雨，升温快，冷暖空气交汇频繁，风沙大，气温急升剧降；夏季（6—8月）炎热，多阵性天气且有伏旱；秋季（9—11月）降温迅速，湿润，多阴雨大雾天气。

（二）气象要素

1. 气温 南泥湾年平均气温较延安市区低2～3℃，年平均气温8.8℃。一年中7月气温最高，平均气温24℃；1月气温最低，平均气温−4.7℃。一日中（阴天除外）最高气温出现在14～15时，最低气温出现在日出前。3—4月升温快，10—11月降温迅速。

2. 降水 南泥湾年平均降水量530～600毫米。降水主要集中在7—8月，2个月降水占全年总降水量的44%；降水最少的月是12月至次年2月，3个月的降水量仅占全年总降水量的2%。极端最少值整月无降水，大多出现在冬季3个月内。夏季多阵性雷雨天气，秋季多连阴雨天气。

3. 日照 南泥湾年平均日照时数2566.8小时。日照最长月份为5月，历年平均值为261.6小时；最短月份为9月，历年平均值为180.9小时。

4. 湿度 南泥湾每年 8 月、9 月湿度最大，相对湿度为 74％，其次是 7 月、10 月；湿度最小的月份是 4 月，相对湿度为 48％。一日中湿度最大值（阴天除外）出现在早晨日出前，最小值出现在 14—15 时。

5. 冻土与无霜期 南泥湾每年 10 月下旬至次年 3 月为土壤封冻期，1—2 月最大冻土深为 79 厘米。无霜期 120～140 天。

6. 风 南泥湾季节变化明显，春季风最大，依次为冬季、秋季、夏季。年平均风速 1.5 米/秒。4 月风最大，月平均 1.8 米/秒；8 月最小，月平均 1.3 米/秒。夏季多西南风，冬季多西北风。风速日变化为午后最大，入夜后显著减小。

四、水文

（一）地表水

延安南泥湾地处汾川河流域。汾川河发源于崂山东麓南泥湾镇九龙泉，流经南泥湾—麻洞川—官庄等乡（镇），于东缘官庄乡新窑村流出，经宜川县，在高柏乡小河口处注入黄河。全长 112.5 千米，流域面积 1781.4 平方千米，河道比降 0.43％～0.89％，平均比降 0.721％。1975 年最大含沙量为 750 千克/立方米，2000 年平均含沙量为 94.2 千克/立方米，呈明显下降趋势。

南泥湾农场地处汾川河上游，境内流域面积 365 平方千米，为农场生产灌溉提供了可靠的水源保障，适合发展农、林、牧业。汾川河流域多年平均实测径流量 2504.2 万立方米，经还原计算，多年平均天然径流量 2935.7 万立方米，年平均可利用水资源量为 1027.5 万立方米。水质属微碱性软水或适度硬水，总硬度 74～177 德国度，pH 为 7.5～8.8。

南泥湾区域内有较大溪流 10 条，其主流为云岩河的发源地，最长 20 余千米，在阳湾汇合盘龙和九龙泉的 4 条溪流后东流，依次汇合孟家沟、王庄沟、松树林沟等几条溪流后注入云岩河。此 10 条溪流最宽 6 米，最窄 2 米；洪水时最深 4 米，一般为 0.3～0.8 米，最浅 0.1 米；其流量洪水期达每秒 8 立方米，平时每秒 0.3～0.5 立方米，最小为每秒 0.002 立方米。一般洪期在每年的 7 月中旬至 9 月中旬；溪流冻结期在每年 11 月至次年 3 月，冰厚 0.3～0.5 米。

（二）地下水

延安南泥湾地貌类型多样，地层岩性组合复杂，决定了地下水条件的特殊性和复杂性。其主要表现在两个方面：一是含水介质的多样性，既有孔隙和裂隙含水介质，也有孔隙-裂隙双重含水介质；二是水流系统的复杂性，受密集的水网和分水岭控制，区域上没有统一、连续的地下水流场，地下水顺地势向附近沟谷排泄，形成相互独立的地下水流系统。地下水类型按含水介质空隙特征划分，境内可划分为冲积砾石层孔隙水、黄土裂隙孔隙水、碎屑岩裂隙水 3 类；按水力特征，可划分为上层滞水、潜水和承压水 3 类。水资源评价属山区类型。地下水资源量采用基流分割法计算，依据水文资料，汾川河流域地下水资源量为 1083.6 万立方米，总量 3428.3 万立方米。

南泥湾农场地下水资源比较丰富，潜水位埋深 50～100 米，单井出水量 60 立方米/小时，大多属三叠系、侏罗系、白垩系砂质页岩孔隙水，承压水分布也较广泛。

境内泉水较多，地下水位较高。低川地 0.5～1 米，高川台地 4～9 米。水质亦好，无有害物质，符合国家饮水和灌溉用水标准。泉水、库水、小溪均为淡水，水井大部分为淡水，少数为咸水。潜水以泉水形式出露，高出河水面 0～30 米，泉水动态稳定。域内 249 处泉水，年丰水期 198.7 万立方米，除人畜饮用，少数泉水还可以灌溉，但开采价值不大。25 米以内浅层地下水水质，中性偏碱，pH 7.2～8.4，矿化度每升 0.5～4 克；深度在 25～40 米时，矿化度提高，每升高达 31.06 克，随着地下水深度增加，总硬度提高，达 99.5 德国度。

五、土壤

延安宝塔区土壤类型主要有黄绵土、黑垆土、淤土、褐土、水稻土、草甸土、红土、潮土、沼泽土 9 个土类，12 个亚类，20 个土属，45 个土种。

黄绵土是在黄土母质上形成的一种土壤，质地松、软、绵，透水性强，易耕，有利于作物幼苗发育，易受侵蚀，土壤抗逆性弱，养分贫瘠。

黑垆土是黄土高原地带性土壤，分布以南部残塬和北部各乡镇的台地、沟谷高阶地为主，山间鞍部亦有零星残存。黑垆土以其深厚的腐殖质层而得名，腐殖质层厚 74 厘米。经长期耕种熟化，上覆盖 30～40 厘米厚的熟化层，质地轻壤，疏松多孔，强石灰性反应，耕性良好，耐旱耐涝，适耕期长，宜种多种农作物。

淤土主要分布在延河、汾川河两岸及沟谷里，宜种高粱、谷子等农作物。

褐土主要分布在南泥湾等乡镇，占土壤总面积的 27.75%，是森林植被下土壤，淋溶与淀积作用强，黏化层明显，全氮含量较高，是较好的宜林地。

水稻土颜色灰褐或青灰，栽培以稻谷为主。耕作层厚 21 厘米，有机质含量 1.79%，耕层 pH 低于 8.4，孔隙度 46%，能防止水分过快渗漏，利于水稻根系发育。

潮土分布在河流两岸一级阶地和低平沟滩地，耕种历史悠久。耕层下有 7～8 厘米犁底层，氧化-还原层距地表面 70 厘米以下，其母质层多为黄土冲积物。

沼泽土是在水分长期处于饱和状态下形成的，分布于低凹沟地。腐殖质多，分解度差，经改良可辟为稻田。根据腐殖质层的深厚及含量高低，分为沼泽土、腐质沼泽土、草甸沼泽土 3 个亚类。

南泥湾农场土壤以黄绵土、黑垆土和水稻土为主，有机质含量在 1.21% 以上，较延河以北地区高出一倍以上，氮磷比例为 7：1，属极度缺磷土壤。

六、植被

据史料记载，秦汉以前，南泥湾是一片茂密的森林，秦汉时期为解决边关将士粮草供应，从中原迁入大批汉人在西北进行屯垦，南泥湾的人口逐渐增多，森林植被遭到破坏，原本茂密的森林逐渐消失。清同治六年（1867），陕甘之变中，3000 余人的回民队伍在此 6 年之久，后被左宗棠所派清军围剿退走后，南泥湾变成了荒无人烟、荆棘遍地、莽草丛生、野兽出没、土匪强盗藏匿的地方，森林植被快速恢复。此地植被为天然次生林植被，具有暖温带落叶阔叶林向森林灌丛和灌丛草原过渡的特点，落叶阔叶林占主导地位，主要以栎类、侧柏、阔杂和杨类为主，林相复杂，森林生态系统相对稳定。

1940 年 9 月，朱德总司令在前期乐天宇考察报告的基础上，亲赴南泥湾踏勘调查了 3 天，认为南泥湾虽没人烟，土地荒芜，但土质肥沃、水源丰富、森林密布，是个屯垦的好地方。

1965 年，农建师 141 团成立之初，南泥湾林区南北宽 17 千米，东西长 24 千米，总面积为 323 平方千米。随着南泥湾镇区人口增加，烧柴建房用量过大，加之国家用材，靠近川地两侧树木被砍伐较多。1999 年秋季，朱镕基总理考察陕北水土流失与生态环境治理情况时指出："治理水土流失，要采取退耕还林（草）、封山绿化、以粮代赈、个体承包的措施。"2000 年 9 月，国务院发布《关于进一步做好退耕还林还草试点的若干意见》。按照党中央、国务院部署，南泥湾境内施行封山禁牧、退耕还林政策，森林覆盖率达 87%，林草覆盖率达 93%。

七、野生动物

延安南泥湾地处黄土高原沟壑区，有丰富的森林资源和种类繁多的生物物种。野生动物多生长在林区，少数栖息在川道坡塬及海拔 800～2000 米的山岭地带植被茂密的地方。其中有国家Ⅰ级保护野生动物金雕、黑鹳、大鸨等，Ⅱ级保护野生动物石貂、豺、红角鸮、纵纹腹小鸮、水獭、鸳鸯等。

南泥湾境内鸟类多生长在林区，按居留特征可分为留鸟、夏候鸟、旅鸟和冬候鸟 4 类，雉类、鸠鸽类、杜鹃、啄木鸟、燕鸦、画眉类、鹛山雀多见。在海拔 1100～2000 米的山塬上，出没赤胸啄木鸟、星头啄木鸟、环颈雉、寒鸦、松鸦等，其中食谷鸟类有环颈雉、石鸡、岩鸽、灰斑鸠、山斑鸠、大嘴乌鸦、灰喜鹊、寒鸦、麻雀等。南泥湾湿地公园经常出没草鹭（别名紫鹭、草当）、苍鹭、白鹳、黑鹳、金雕等国家级保护动物。

南泥湾兽类多出没于黄土丘陵沟壑中，以啮齿类动物松鼠和野兔最多，对农作物危害很大；森林区有野猪、豹、豹猫、豺狼、狐、青鼬、狗獾、棕背鼠、大林姬鼠、黑线姬鼠、洮州绒鼠、褐家绒鼠、大仓鼠、鼢鼠、麝鼹、普通刺猬、大灵猫（山猫）等。国家保护动物有鸳鸯、天鹅等；爬行类动物主要有甲鱼、壁虎、密点麻蜥、蛇、短尾蝮等；昆虫类有蝴蝶、蜻蜓、蟋蟀、七星瓢虫、蚱、蝉、蚊、蝇、麦蛾、菜蛾、螟蛾、牛虻、斑蝥、飞蝗、蝈蝈儿、蜜蜂、胡蜂等。

第二节　自然资源

一、土地资源

南泥湾镇土地总面积 503 平方千米（75.5 万亩），其中南泥湾镇政府 22.84 万亩，南泥湾林场 49.21 万亩（林地面积 48.74 万亩）。

1966 年 2 月 12 日，南泥湾劳改农场移交农建师 141 团总土地面积 44615 亩，其中，居民建设用地 780 亩、耕地面积 43049 亩、果园面积 786 亩。耕地包括水稻田 3171 亩、水浇地 243 亩、川地 2326 亩、台地 9401 亩、山地 27908 亩。

20 世纪 70 年代，响应毛泽东主席"农业大学要统统搬到农村"的指示，先后有北京农业大学、西安市五七干校、省五七干校、延安军分区、8134 部队、5337 部队、陕西省 141 师预备役某团、柳林林场等单位借用南泥湾农场土地耕种。至 1973 年 5 月，兰州军区建设兵团第 40 团移交、外借农场土地总面积 20829 亩。后因农场历经多次体制改革，土地权属争议时间久、面积大等诸多历史原因，外借土地大多没有收回。至 21 世纪初，南泥湾农场每年按劳改农场移交数据上报国有土地面积 44615 亩，其中包括外借、调拨、有权属争议土地 19279 亩（调拨柳林林场 1613 亩；陕西省 141 师预备役某团外借 10804 亩；西安市五七干校借用 2689 亩；农场与南泥湾镇 9 个村委会耕种的有土地权属争议的 4173 亩）。

2017 年年底，延安市成立国有农场土地权属调查和土地测绘工作组，对南泥湾农场土地进行实地测绘工作。共实地测绘土地面积 29157 亩，其中无土地权属争议面积 15980 亩。2018 年 4 月 12 日，核发了《不动产权证书》；6 月，市国土局联合南泥湾景区管委会向省农业厅和省国土资源厅提出书面申请，建议将已调拨、外借、有权属争议的国有土地从南泥湾农场上报国有土地确权发证面积 44615 亩任务中进行核减。

至 2020 年，南泥湾农场国有土地确权发证面积 27881 亩，其中，农用地 27028 亩，建设用地 853 亩。有权属争议的 17477 亩，划拨 2296 亩，待解决 15181 亩。南泥湾（集团）公司与南泥湾镇 9 个村委会耕种的 4173 亩土地权属争议，经多方协商，已将 1190 亩国有土地确权登记予南泥湾农场，划拨村集体 683 亩，其余 2300 亩双方保留争议；1970 年 9 月外借西安市"五七干校"桃宝峪国有土地 2689 亩，交回集团公司 612 亩，尚有 2077 亩待协调解决；调拨柳林林场的 1613 亩土地按 1978 年划拨协议执行；农场外借陕西省 141 师延安市预备役某团 10804 亩国有土地，经市政府与预备役协商，同意待中央军委出台相关部队农场耕种土地移交地方政府文件后，将其管理耕种土地交延安市人民政府。

二、矿产资源

延安南泥湾境内已发现的矿产主要以煤炭、石油、天然气为主，其他的矿产规模较小。

1. 煤炭 南泥湾煤炭资源主要分布在姚家坡、麻洞川一带，含煤地层为三叠系瓦窑堡组，岩性以砂岩为主，夹泥岩、油页岩和煤层，含煤层多而薄，一般 6 层，煤层厚 0.2～0.8 米，全为烟煤。

2. 石油 南泥湾石油资源主要分布在松树林、麻洞川、临镇等地，含矿层位为三叠系延长组，其中，南泥湾油田东西长 40 千米，南北宽 30 千米，面积 1200 平方千米，储量 2883 万吨。

3. 天然气 南泥湾天然气资源主要分布在临镇、麻洞川区域。

4. 石英砾岩 主要分布在麻洞川，含矿层位为侏罗系延安组，资源储量 180 万吨。

第三节　自然灾害

一、气象灾害

延安南泥湾的气象灾害主要有干旱、冰雹、洪涝、低温冻害、霜冻等。

1. 干旱　南泥湾干旱形成的原因主要是降水不足或长期无降水。南泥湾地处华北地区，大陆气候特征明显。受西太平洋副热带高压位置的偏南和减弱，来自西太平洋的水汽向华北地区输送偏少，同时缺乏气压扰动、缺乏潮湿气流等因素的影响，华北地区干旱少雨，春旱和春夏连旱严重。干旱灾害危害面积大，持续时间长，出现次数多。

2. 冰雹　南泥湾域内基本地貌有梁、峁、沟等，加之山地地形影响，极易形成降雹的强对流云团。境内冰雹发生频繁，几乎年年都有冰雹灾害。出现的时间一般在夏季，最早在4月，最晚在11月，最多年份十几次，少的年份出现次数不同。

3. 暴雨　南泥湾暴雨的形成主要原因是西太平洋副热带高压稳定少动，外围西南暖湿气流与贝加尔湖低压西风气流交汇至陕北地区，系统移速减慢。暴雨出现时间一般在5—9月，集中于7—9月，其中7月最多。由于短时间内降水强度大，加之土壤疏松，使得水土流失严重，表现为河水陡涨、山洪暴发、良田被毁、庄稼被淹。

4. 低温冻害　南泥湾低温冻害的主要成因是来自西伯利亚的冷空气，当冷气团积累到一定程度时，就向气压较低的南方泛滥、倾泻，形成寒潮。由于降温通常超过农作物的耐寒能力，会造成农作物冻伤、冻死等危害。境内冻害一般发生在春季或秋末。

5. 历年灾害　1986年8月4日，南泥湾农场遭受持续40分钟的雹灾。9月20日，遭受早霜，霜冻面积3610亩，农作物平均减产七成左右，折价损失24.5万元。

1987年9月21日，南泥湾农场遭受持续20多分钟的雹雨，受灾面积达3000多亩，其中水稻600亩、秋杂粮2600亩，因灾减产10万千克左右，直接经济损失7万元。

1991年7月19日，南泥湾农场遭遇50分钟（降雨量53毫米）特大暴雨，夹杂冰雹、大风。渠堤被毁，秧苗倒伏，稻田大面积淤泥，造成1000亩水稻减产。

1993年8月4日，南泥湾农场遭受特大暴雨。农业基础设施及职工住房严重破坏，桥梁、公路冲毁中断，渠系、坝堤溢岸翻梁，房屋倒塌，农作物减产。全场直接经济损失累计达54.27万元。

1998年8月23日，南泥湾地区遭受大暴雨袭击，致山洪暴发，水坝决堤，大面积农田被淹，路桥断裂，交通中断。水稻受灾面积500亩，成灾面积493亩；玉米受灾面积

1200 亩，成灾面积 800 亩；香紫苏受灾面积 800 亩，成灾面积 600 亩；杂粮受灾面积 1700 亩，成灾面积 918 亩，500 亩粮食作物几乎绝产。冲毁库坝 2 座、生产桥 2 座、生产道路 12 千米、排灌渠道 4300 米。3000 亩果园条带遭大面积破坏，20 亩鱼池被淹。倒塌房屋 3 间，庭院围墙 5 处、600 米，出现危房 218 间，直接经济损失在 300 万元以上。

2009 年 6 月，南泥湾境内持续干旱 30 多天，降水量仅为常年的六分之一，形成 4 厘米厚的干土层，0～10 厘米土壤相对湿度 36％。干旱对农场大部分农作物造成影响，玉米、香紫苏减产。8 月下旬至 9 月上旬，阴雨连绵，各种农作物生长迟缓。9 月 23 日突降早霜，致使玉米、豆类、红薯等作物遭受冻害而减产。总受灾面积 3675 亩，直接经济损失近 100 万元。

2013 年 7 月，延安发生自 1945 年有气象记录以来，过程最长、强度最大、暴雨日最多且间隔时间最短的"百年一遇"持续强降水。南泥湾农场经济损失 701.9 万元，其中，全场 920 间（孔）房屋全部受损，直接经济损失 298.9 万元；5100 亩农作物成灾面积 2050 亩，占 40％，绝收面积 622 亩，占 12％，直接经济损失 123 万元；损坏生产道路 38 千米、桥涵 5 处、水坝 4 座，直接经济损失 280 万元。

2018 年 8 月 11 日，南泥湾遭遇暴风雨天气。农场农作物受灾主要为玉米，集中在十连七道沟，受灾面积 130 多亩，农作物几乎绝收。五连排洪渠损毁长 60 米，高 1.8 米，宽 0.6 米，导致洪水直接进入稻田，影响了 100 多亩水稻的产量。

2020 年 7 月 8 日夜间，南泥湾突遭强降雨侵袭，强降水持续 3 小时左右，降水量约达 52.5 毫米，导致南泥湾（集团）公司作物受灾面积 1069 亩，其中，积水面积 689 亩，冲毁面积 380 亩。造成直接经济损失 131 万元，间接经济损失 254 万元；造成项目建设直接经济损失约 168 万元，间接经济损失约 215 万元。

二、生物灾害

南泥湾农场生物灾害主要为鼠害、虫害、病害、鸟害。虫害主要有蝼蛄、蛴螬、麦蚜、黏虫、玉米螟、地老虎、粟灰螟、二十八星瓢虫、芫菁（斑蝥虫）、山楂叶螨、苹果黄蚜、食花金龟甲、桃小食心虫、灰象甲螟等；鼠害主要为中华鼠、松鼠、地老鼠；病害主要为水稻稻瘟、玉米黑粉病、黄叶病、大小斑病；鸟害主要为野鸡、灰喜鹊、麻雀等。此外，还有野猪、野兔、獾等动物灾害。

三、地质灾害

南泥湾农场地处陕北黄土高原中部，地形破碎，沟壑纵横，地质环境条件差。黄土分布广泛，结构疏松，易发生滑坡、崩塌、泥石流、水土流失等地质灾害。地质灾害主要发生在6—9月，每年的融冻季节（3—4月）也是冻融型崩塌滑坡多发期。地质灾害的主要类型有滑坡、崩塌、泥石流等，其中，以滑坡和崩塌灾害为主；泥石流多以洪水泥流的形式出现，一般无典型堆积区。1999年退耕还林之后，水土流失现象得到遏制。

第四节　环境状况

一、大气环境质量

南泥湾境内森林覆盖率达87%，林草覆盖率93%，植被茂密，加之工业污染较少，空气质量优于市区。2020年，南泥湾空气质量优良天数在330天以上。

二、水环境质量

南泥湾农场所在地地表水水质达到亚类。南泥湾湿地公园几处监测数据显示，九龙泉、三台庄水库、水围沟水库、一连沟水库的水质大部分监测指标都能达到地表水水质3类以上标准，通过社区整治，周边没有固体废弃物排放，没有工业污染排放，水质及环境质量良好。

三、固体废弃物污染

南泥湾的固体废弃物主要为居民生活垃圾。2008年前，南泥湾农场生活垃圾的处置主要采用集中倾倒、卫生填埋的方式。2008年，南泥湾镇红土窑村麻燕沟垃圾填埋场投用。2020年，南泥湾农场境内垃圾清运机械化程度和生活垃圾无害化处理率均达到100%。

中国农垦农场志丛

第二编

经 济

中国农垦农场志丛

第一章　经济概况

1966 年，中国人民解放军生产建设兵团农业建设师第十四师一四一团（简称农建师141 团）接收陕西省公安厅劳改局下属的陕西省地方国营南泥湾农场（简称劳改农场）土地总面积 44615 亩，其中居民建设用地 780 亩，耕地面积 43049 亩，果园面积 786 亩；固定资产原值 134.87 万元。1966 年，总产值 18.02 万元。"文化大革命"期间，因开办五七干校、部队借用土地耕种原因，南泥湾农场耕地面积由 1966 年的 3 万亩减至 1.27 万亩，总产值 24 万元。1984 年，南泥湾农场实行经营体制改革，把土地承包给职工，取消工资制，建立了 279 个家庭农场。自 1965 年建场至 1988 年，农场一直属于亏损经营，累计亏损 1200 万元，上缴税金仅 6.93 万元。1989 年，实现总产值 114.6 万，首次实现扭亏为盈。2000—2019 年，农场再度为亏损经营。1965—2019 年，南泥湾农场 39 年亏损，16年盈利。

2019 年 12 月，陕西省延安市南泥湾农场、延安市南泥湾农场有限责任公司与延安南泥湾开发区发展（集团）有限公司重组为延安南泥湾（集团）有限责任公司［简称南泥湾（集团）公司］。2020 年，南泥湾（集团）公司主营业务收入 2453.13 万元，营业外收入 5000 万元，盈利 1686 万元，利润较 2019 年同比增长 2754 万元，一举扭转了"企业收入基本为无"的尴尬局面，各项生产经营指标稳中向好。实施重点项目 13 个，完成固定资产投资 7.62 亿元，长期股权投资 1.3 亿元，所有者权益 3.7 亿元，融资 6.3 亿元，资产总额达 18 亿元。先后与北大荒农垦集团、延安旅游集团、延安恒基盛农产品贸易有限公司、上海博宁资产管理公司及信达资本管理公司、陕西地电集团子公司陕西综合能源集团有限公司、中兵集团、美国瑞克·金伯利等签订合作协议，在农业生产、科技产业、国防教育等方面达成合作意向。

第一节　经济综合

1966 年 2 月，农建师 141 团初成立时，接收陕西省公安厅劳改局下属的陕西省地方国营南泥湾农场土地总面积 44615 亩，其中居民建设用地 780 亩，耕地面积 43049 亩，果园面积 786 亩。1966 年总产值 18.02 万元，1969 年总产值 24 万元，至 1976 年，耕地面积为 1 万～2 万亩，粮食亩产徘徊在 255 斤左右。年均产值 37 万元，产值最高为 1976 年 60.15 万元，最低为 1968 年 8.4 万元；自建场一直处于亏损经营状态，亏损最高为 1967 年 133.9 万元，最低为 1976 年 69.92 万元，累计亏损总额 976.44 万元，年均亏损 81.37 万元；职工人数保持在 1400 人以上。这一时期，利用兵团"大会战"，完成农田基建土石方 311.9 万方，打机井 24 眼，修建水坝 6 座，有效灌溉面积达到 1750 亩；改造稻田，并完成渠系配套，旱涝保收田达到 1236 亩。1972 年年底成立团科研组，先后引进推广玉米品种武单早、陕玉 683、白丹 4 号等杂交品种和水稻品种功糯、早丰以及香紫苏等优良品种 31 个；推广农业科学种植技术，大搞丰产田建设。引进塑料薄膜冷床育秧技术、小苗带土移栽、水田化学除草等栽培管理技术，水稻种植面积和产量逐年扩大提高。香紫苏种植及提炼技术填补了中国香料行业的空白，成为兵团农业生产的一项主导产业。同时，修建了场部、医院、子校及职工住房，并建成场区方圆 3 里内的自来水供应工程，为职工生活创造了基础条件。

1977 年，农场大部分职工随农建师 5 团大荔库区生产点调往渭南垦区，在场职工由 1401 人减少到 480 人，产值和经济收入 22.70 万元，亏损 42.17 万元。1978 年，改善经营管理，南泥湾农场生产和经济效益逐年上升。至 1980 年，粮食总产分别为 21.5 万千克、35 万千克、37.5 万千克，产值和经济收入分别为 20.1 万元、24.87 万元、29 万元，亏损逐年下降为 31.2 万元、20.67 万元、19.85 万元。1983 年，首次盈利 0.79 万元。

1984 年，南泥湾农场开始进行经营体制改革，全面实行类似农村联产承包责任制（即家庭农场）的经营方式。农工根据工龄分给土地，小型农机具和耕牛作价卖给职工，实行以田代资，取消供给制（工资、口粮），仅保留档案工资；实行独立核算，自主经营，自负盈亏。当年，建立了 279 个家庭农场，成立了工业、商业、经销、建筑、工副业 5 个实体经营公司。1985 年，产业结构初步形成一、二、三产并进的发展势头，当年农场工农业总产值为 82.52 万元。1986 年，因遭受 8 月冰雹、9 月霜冻，工农业总产值下降为 48.5 万元。1987 年，农场加大工业投入，实现总产值 75.75 万元，其中，农业总产值 41.05 万元，工业总产值 26 万元，商业总产值 8.7 万元。至 1988 年，年平均亏损额为 17.56 万元。

1989 年，实现总产值 114.6 万，盈利 0.11 万元。1990 年实现总产值 150 万元，利润 2 万元；利税总额 10 万元，较 1989 年翻一番；职工平均产值 4373 元，较 1989 年的 3174 元增长 37.8%；下属的 5 个经营单位全部实现盈利，其中，农垦综合服务公司实现利润 6 万元，较 1989 年翻一番。1991 年完成利税 12 万元，其中利润 3.6 万元。1992 年全场社会总产值 185 万元，经营性利润 4.3 万元。

1993 年，农业部将南泥湾农场列入 1993—1995 年扶贫开发建设项目单位，总投资 800 万元，至 1995 年，项目建设基本完成，经济效益逐年提高。1994 年，全场实现社会总产值 189 万元，粮食总产 64 万千克，完成利税 10.5 万元，其中利润 5.5 万元，职工人均收入 4400 元。1995—1997 年，社会总产值分别为 500 万元、550 万元、800 万元，经营性利润分别为 30 万元、37 万元、60 万元，全场人均收入 1600 元。

2000 年，南泥湾农场因所办工业企业和服务业经济效益下滑，经营亏损 1 万元。后期，农场在农、林、牧、商业、旅游等第一产业、第二产业和第三产业方面做了多种尝试。规划实施银杏、仁用杏、中草药、香菇、大棚菜、秸秆综合利用、饲料加工、香料厂、石油开发、商业、建筑业、红色旅游等项目，兴办经营性公司。2001—2006 年，总产值为 270 万～380 万元。至 2007 年，所办工业企业全部由于多种原因停产或停办，工业总产值收入为零，产业工人或失业下岗，或转化为农业工人。因没有产业支撑企业发展，农场仍以农业生产为主，产品结构单一。2009 年，粮食播种面积由 2008 年的 2300 亩扩大到 4000 亩，增加了 74％，全年实现生产总值 350 万元，粮食总产 165 万公斤。其中，农业产值 231 万元，第三产业 119 万元，人均收入 2160 元。2011 年左右，农场停止种植香紫苏，生产总值 550 万元，粮食总产 180 万公斤，职工人均收入 17000 元，全场人均纯收入 3300 元。2013 年，生产总值 600 万元，经营性减亏 80 万元，职工人均年纯收入 18000 元，全场人均纯收入 3800 元。至 2016 年，由于自然条件、体制、经营管理等原因，加之城镇建设拆迁商业公司、劳动服务公司、光华木器厂销售门市等经营场所，南泥湾农场场属企业全部关停，职工收入来源主要是种植业和外出务工，远低于全市农民收入水平。农场处于连年亏损、负债经营的状态，负债 2610.93 万元，其中拖欠银行贷款本息 1352.25 万元，借市财政局、资金局 158.68 万元，拖欠职工养老金 1100 万元。

2017 年，南泥湾农场由市农业局划转延安市南泥湾景区管理委员会管理后（2016 年 11 月划转），实行企业改制，推行农垦集团化、企业化管理运营模式。实际虽完成延安市南泥湾农场有限责任公司企业工商注册，仍按原南泥湾农场制度执行。2017 年亏损 207 万元，2018 年亏损 284 万元，2019 年亏损 616 万元。1965—2019 年，南泥湾农场经营效益为 39 年亏损，16 年盈利。

2019 年 12 月，陕西省延安市南泥湾农场、延安市南泥湾农场有限责任公司与延安南泥湾开发区发展（集团）有限公司重组为延安南泥湾（集团）有限责任公司［简称南泥湾（集团）公司］。2020 年，南泥湾（集团）公司主营业务收入 2453.13 万元，其中包括建设收入 1404 万元，农业收入 276.67 万元，培训收入 195.7 万元；营业外收入 5000 万元，盈利 1686 万元，利润较 2019 年同比增长 2754 万元。

南泥湾农场1965—2020年主要经济指标见表2-1-1。

表2-1-1　南泥湾农场1965—2020年主要经济指标一览表

单位：万元

年份	农业总产值	工业总产值	服务业总产值	经营盈亏
1965				−14.13
1966	18.02			−102.76
1967	15.52			−133.90
1968	8.40			−90.83
1969	24.00			−107.51
1970	15.78			−74.55
1971	23.30			−80.12
1972	37.56			−77.26
1973	34.12	10.75		−72.64
1974	28.42			−79.17
1975	58.31			−73.65
1976	60.15			−69.92
1977	22.70			−42.17
1978	20.10			−31.20
1979	24.87			−20.67
1980	29.00			−19.85
1981	28.27			−31.73
1982				−17.85
1983				0.79
1984				−9.47
1985	82.52			0.18
1986	30.71	2.50	15.29	−16.4
1987	41.05	26.00	8.70	−23.7
1988	45.10	3.30	6.10	−12.37
1989	81.60	3.35	15.00	0.11
1990	121.3	6.37	21.30	2
1991	185.63	12.01	55.70	3.6
1992	103.00	2.00	4.00	4.3
1993	100.00	34.00	3.00	4.5
1994	100.00	114.00	12.00	5.5
1995	180.00	102.00	34.00	30
1996	190.00	19.60	32.00	37
1997	206.00	417.00	43.00	60
1998	240.00	478.00	42.00	82
1999	194.00	121.00	66.00	81
2000	174.00	96.00	16.00	−1

（续）

年份	农业总产值	工业总产值	服务业总产值	经营盈亏
2001	204.00	87.00	27.00	−0.23
2002	180.00	51.00	33.00	−0.25
2003	170.00	64.00	40.00	28
2004	200.00	35.00	45.00	7
2005	260.00	30.00	50.00	−9
2006	300.00	30.00	50.00	−14
2007	250.00	—	135.00	7
2008	240.00	—	128.00	−4
2009	231.00	—	119.00	−33
2010	360.00	—	160.00	−22
2011	380.00	—	170.00	−80.00
2012	430.00	—	190.00	−15
2013	450.00	—	200.00	−67
2014	539.00	—	210.00	−117
2015	590.00	—	210.00	−165
2016	—	—	—	−185
2017	—	—	—	−207
2018	—	—	—	−284
2019	—	—	—	−616
2020	276.67			1686

第二节 固定资产

1965 年，国家投资农建师 141 团固定资产 42.64 万元，年末固定资产原值 8.36 万元。1966 年 1 月 1 日，农建师 141 团接收南泥湾劳改农场移交固定资产原值 134.87 万元，已提折旧 27.19 万元后，固定资产净值 107.68 万元；当年投资 234.71 万元，年末固定资产原值 112.8 万元。此后，国家每年拨付投资款资助农场建设。至 1981 年，年末固定资产原值 177 万元，其间，国家累计投资南泥湾农场 4649.94 万元（其中，基建拨款累计 173.67 万元）；每年投资额均在 200 万元以上，最高为 1981 年 404.88 万元。

1978 年，延安市林业局在市区南关体育场左侧修建 8 间砖瓦结构房作为南泥湾农场办事处（以农场仁台 1613 亩土地划拨柳林林场为条件）。7 月 1 日，南泥湾农场在延安市区征购宝塔公社延河居委赵小明、李萍、马胜利瓦房 10 间（建筑面积 195 平方米）惠延芳石板房 3 间（建筑面积 63 平方米）修建房屋，成立南泥湾办事处（简称东关办事处，1999 年，延安东关大桥至嘉岭桥沿河堤公路建设时被征迁）。1986 年，农场在临镇购买市民徐有成房屋 4 间（1987 年改为收购门市），东西长 7.7 米，南北长 16.8 米，占地面积 131.67 平方米；投资 8 万元，购买延安南关体育场农场办事处相邻延安市搬运社社址 1.8 亩，将办事处改建为商业公司农垦综合服务楼，总投资 90.74 万元。1987 年 3 月，农场向省农垦局申请投资 5.1 万元，扩建延安农垦食品厂、临镇收购门市，其中，临镇收购门市扩建投资 3.5 万元，总面积 248 平方米。在延安市区购买延安市房屋开发公司开发的七里铺小区住宅 6 号楼三单元 5 套住宅楼房，作为农垦商业公司办公所用。

南泥湾农场 1965—1981 年固定资产投资见表 2-1-2。

表 2-1-2　南泥湾农场 1965—1981 年固定资产投资一览表

年份	投资总额（万元）	基建拨款（万元）	年末固定资产原值（万元）
1965	42.64		8.36
1966	234.71		112.80
1967	251.21	16.50	112.80
1968	267.81	10.00	112.80
1969	252.12	5.78	145.22
1970	253.25	2.31	98.68
1971	258.26	3.25	105.17
1972	263.53	3.75	106.75
1973	234.73		106.75
1974	246.45	13.08	104.37
1975	271.95	24.10	122.87
1976	290.88	17.90	124.67
1977	296.88	6.00	116.91
1978	298.88		123.65
1979	390.88	57.00	172.27
1980	390.88		177.00
1981	404.88	14.00	177.00

1993—1995 年，南泥湾农场被列入扶贫开发建设项目单位。第一期投资开发建设资金 800 万元，其中，农业部拨款 300 万元，陕西省政府、延安地区行署各拨款 150 万元，农场自筹资金 200 万元。利用扶贫开发项目，完成光华木器厂改扩建项目，改造厂房 1900 平方米，购买大中型机械，形成年加工木材 3000 立方米的生产能力；建设渔业基地，修建鱼塘 374.3 亩，形成年产鲜鱼 100 吨以上的生产能力；为子弟学校投资 108 万元，新建和改造校舍 5269.7 平方米，增添桌凳、图书仪器，教学班次达到 12 个，可容纳 500 多名学生就读。农场投资近百万元改造水库，修建 20 千米简易公路，购置变压器 2 台，新架线路 10 千米，解决了 2 个农队的用电问题。至 1994 年，累计完成投资 494.55

万元，其中非经营性投资 161.1 万元，经营性投资 333.45 万元。

1995 年，农场固定资产原值 279.88 万元。1996 年，土地估价 179.56 万元。

1998—2017 年，南泥湾农场发展第一、第二、第三产业，开办龙泉石油开发公司、中天香料有限公司；实施南泥湾大生产广场、中国农垦纪念林、南泥湾温馨小区等项目建设，固定资产逐年增多，净值保持在 700 万～1000 万元。2018 年，南泥湾农场固定资产原值 965.38 万元，其中，累计折旧 243.76 万元，实际净值 721.63 万元，包括农田机械设备 93.69 万元，通勤车辆 47.30 万元。

2019 年，南泥湾农场固定资产净值 752.95 万元。根据南泥湾开发区总体规划，南泥湾农场及其资源资产全部纳入南泥湾开发区产业发展、土地利用、城市建设等各类发展规划之中。2020 年，南泥湾（集团）公司实施重点项目 13 个，完成固定资产投资 7.62 亿元。至 2020 年年底，固定资产原值达 842.74 万元，其中，累计折旧 246.81 万元，实际净值 595.94 万元。

南泥湾农场 1995—2020 年固定资产见表 2-1-3。

表 2-1-3　南泥湾农场 1995—2020 年固定资产一览表

单位：万元

年份	固定资产原值	累计折旧	固定资产净值	固定资产清理
1995	279.88	63.07	216.81	0.13
1996	553.16	71.75	481.41	0.13
1997	764.04	79.6	684.44	0.13
1998	870.14	97.43	772.71	0.13
1999	876.55	97.92	778.63	3.10
2000	1152.45	111.21	1041.24	3.10
2001	1152.45	111.21	1041.24	3.10
2002	1089.97	128.48	961.49	11.43
2003	1089.59	142.79	946.80	19.13
2004	1095.38	159.93	935.45	19.13
2005	1096.35	178.27	918.08	19.13
2006	1096.35	196.75	899.60	19.13
2007	1096.73	201.53	895.20	19.13
2008	1096.73	201.53	895.20	19.13
2009	1111.09	211.29	899.80	15.03
2010	915.84	199.95	715.89	15.03
2011	917.90	204.54	713.36	15.03
2012	918.91	209.06	709.85	15.03
2013	821.78	214.39	607.39	15.03

（续）

年份	固定资产原值	累计折旧	固定资产净值	固定资产清理
2014	938.72	214.40	724.32	13.53
2015	941.91	225.30	716.61	13.53
2016	943.98	230.59	713.39	13.53
2017	943.97	235.88	708.09	13.53
2018	965.38	243.75	721.63	19.13
2019	1005.00	252.05	752.95	13.53
2020	842.74	246.81	595.94	23.24

第三节 经济开放与合作

一、招商引资政策

2019年，为共建"红色南泥湾、陕北好江南"，南泥湾开发区管委会围绕电子商务、现代物流、红色旅游、教育培训等产业出台招商引资"黄金七条"优惠政策，在总部经济、土地及税收、人才引进、投资保障等方面给予减免与扶持补助。

电子商务入驻企业在物流基础和配套设施建设项目贷款时，开发区向企业提供基准利率50%（最高100万元）的贴息补助；对新入驻企业年度销售额达到500万元的，前两年税收贡献留存部分全额返还，第三年返还80%，并减免3年房租。

现代物流设施建设项目给予最高500万元的资金补助，按照基准利率的30%提供贷款贴息补助；对首次被评定为陕西省1A级及以上的物流企业，最高给予50万元的奖励；对新建物流信息化项目给予最高30万元补助。

旅游及教育培训项目固定资产投资按照实际投资额给予5%（800万元）的最高奖励；对新建酒店及住宿业等相关项目给予10%（500万元）的最高奖励；对企业按照基准利率的30%提供贷款贴息补助。

对总部企业前两年税收贡献留存部分全额返还，第三年返还80%，并减免3年房租。对入驻企业给予实际缴纳土地费用最高50%的扶持和缴纳税收最高80%的返还；对企业实行长期租赁、先租后让、租让结合等方式供应土地；有困难企业可分期缴纳，首次缴纳土地出让金的50%，后期可在两年内分批付清。对与开发区企业签订不少于3年工作合同的高级人才和中级人才，分别一次性给予6万元和4万元的安家补助；对与开发区企业签订2年以上工作合同的博士研究生、硕士研究生，连续3年每年分别给予2万元、1万元的生活津贴。对新建项目提供"九通一平"建设保障和水、电、气等生产要素价格补贴，同时为企业提供全程代办服务。

二、经济协作

1984 年冬，南泥湾农场建立延安地区农垦石油化工厂，投资近 10 万元。1986 年 3 月，与河南焦作市油毡厂商定后初步达成协议，合资经营炼油厂。由该厂提供资金和技术，计划投资 100 万元；由农场提供场地和每年 1 万吨原油指标。投资后，焦作油毡厂首先拿回投资，之后利润全归农场；农场以优惠价格每年向焦作油毡厂提供渣油 2000 吨。后因多种原因，合作失败。

1993 年，南泥湾农场与延安地区商贸公司等单位联营开发建设百亩鱼池和百亩中药材试验基地，吸引投资上百万元。

1996 年，南泥湾农场与子长县余家坪乡石家沟行政村联合开办禾草沟煤矿，2004 年因国家政策原因关闭。

1997 年 9 月，陕西省节能开发投资有限公司、陕西省轻工研究设计院和南泥湾农场合资组建陕西香料公司，在南泥湾建设香紫苏浸膏生产线项目。1998 年 6 月 9 日，在陕西省工商局注册成立陕西中天香料有限公司，注册资本 130 万元，董事长朱希祯（陕西省节能开发公司董事长兼总经理）。1999 年 11 月 4 日，与西安光华食品厂副厂长刘伯光达成合作协议，由其承包经营南泥湾香料加工厂；11 月 10 日，陕西省节能开发投资有限公司退出合资，将 54％的股权转让给南泥湾农场。2000 年，南泥湾农场与陕西省轻工研究院日化所在延安注册成立陕西中天香料有限责任公司，注册资本 150 万元，董事长郭守斌。2001 年 7 月，农场与西安金诺公司签订承包经营合同，每年保底上交 85 万元，当年生产香紫苏浸膏 15 吨。后因管理经营及各种原因，2007 年，中天香料公司及加工厂关停。

2010 年，三五九旅群体代表与延安市政府签约，计划建设国家级南泥湾森林公园、休闲旅游度假区、红色旅游景区，恢复建设三五九旅旅部旧址、南泥湾三五九旅军垦农场、南泥湾有机杂粮生产加工等项目，计划总投资 100 亿元；10 月 26 日，在南泥湾举行开工奠基仪式。后因多种原因，该计划未实施。

2015 年，南泥湾农场与陕西金果生态农业科技开发有限公司合作建立南泥湾大樱桃培育基地。

2018 年 4 月，南泥湾开发区发展（集团）有限公司与青岛袁策集团有限公司合作实施南泥湾水稻改良项目；5 月 30 日，与青岛袁策土地整理有限公司签订土壤"四维改良"法技术服务合作协议，出资 295 万元。

2019年，南泥湾农场与北大荒农垦集团合作引进优良水稻品种和先进的种植管理技术，种植水稻650亩；与延安鸿图文化合作建设大棚22座，种植露地蔬菜200亩，农业产业实现经济收入470.3万元；与联勤保障部队第五储备资产管理局完成南泥湾农副业基地3216.46亩土地置换并联合生产耕种；与延安旅游集团签订南泥湾大生产风貌街区合作协议以及综合文旅基地建设项目，利用三台庄210亩部队旧址，建设军营、种植、养殖基地。

2020年4月13日，南泥湾（集团）公司与延安沁泉纯净水有限公司合资投资生产南泥湾大生产天然山泉水项目，厂址位于延安市甘泉县麻子街工业园区。4月17日，集团农业公司与延安恒基盛农产品贸易有限公司合作，成立延安南泥湾恒基盛农业发展有限公司，注册资本1000万元，主要包括养殖、种植、农产品加工、农业科研、中医药研究、电商云平台等业务。4月30日，集团公司与上海博宁资产管理公司及信达资本管理公司签订延安南泥湾信宁基金企业合伙协议；与美国瑞克·金伯利签订金伯利农场品牌战略合作协议。11月2日，南泥湾（集团）公司与陕西地电集团子公司陕西综合能源集团有限公司签署合作协议。同时与中兵集团陕西北方星河实业有限公司合作开发建设中兵南泥湾军民融合产业园项目。项目位于南泥湾桃宝峪，规划总用地约885亩，总投资6.67亿元，打造基于北斗技术应用的产业集群综合服务平台，建设北斗应用示范基地。项目主要为建设国防教育基地、智慧康养社区、北斗服务平台、无人机飞行学院等内容，2021年4月正式启动，建成后将推动北斗应用产业化融合发展，带动乡村振兴及就业。与航天十二院合资成立的南泥湾创汇科技公司已开展业务；与延安军分区达成共建民兵训练基地合作意向，建成桃宝峪拓展训练基地，打造集国防教育、民兵训练、应急训练等功能于一体的综合性实训基地。

第四节　开发区建设

2002年7月17日，陕西省委书记李建国实地考察宝塔区南泥湾镇后指出，南泥湾是发展延安圣地旅游业的重要组成部分，希望把恢复旧址景点与小城镇建设通盘考虑、一起规划，把资源优势转化为经济优势。延安市政府随后制定《南泥湾组团控制性详细规划》，并组织评审。南泥湾小城镇建设方针为保护与新建并重，既要突出南泥湾大生产传统革命特色，又要有明显的现代化文明气息。2003年，南泥湾改建规划方案通过验收，延安市政府投资3150万元进行南泥湾组团阳湾中心区改建工程。

2016年年底，中共延安市委、市政府做出开发建设南泥湾的决策，确定南泥湾开发区辖南泥湾镇、麻洞川镇、临镇镇 3 个乡镇，规划控制面积 1347 平方千米。开发区建设以"农业现代先锋"和"陕北好江南"为目标，突出现代种植业、农产品加工、文化旅游特色优势，构建三产融合现代体系，建设现代农业发展示范区。

2017 年 6 月 12 日，在南泥湾农场二连驻地启动南泥湾红色文化小镇项目建设仪式，省委常委、市委书记徐新荣，市委副书记、市长薛占海出席仪式并讲话。项目由陕西建工集团建设。南泥湾开发区管委会启动棚户区改造，水、电、气、暖等市政设施建设和教育、医疗、养老等公共服务体系项目建设。完成棚户区改造 655 户、26.5 万平方米，配套建设停车场、农贸市场等公共服务设施。至 2020 年，南泥湾开发区建成群众安置房 46 栋、789 套，改造农家院落 345 户，改厕 267 户，完成高坊、桃宝峪试点村水电气暖等基础设施配套。环卫、绿化一体化全覆盖，人居环境综合整治成效显著。

2019 年发布的《延安市南泥湾开发区总体规划（2018—2035）》以"红色南泥湾、陕北好江南"为总体定位，发展体系为文化旅游产业、教育培训产业、现代农业产业、健康休闲产业、文化创意产业、配套产业，构建"5＋1"产业。根据总体规划，南泥湾农场及其资源资产全部纳入南泥湾开发区产业发展、土地利用、城市建设等各类发展规划之中，计划通过实施乡村振兴战略，促进垦地融合、一体发展。先后对炮兵学校旧址、中央管理局干部休养所旧址、三五九旅旅部、中央垦区旧址、毛泽东视察南泥湾旧址、松树林战役遗址等景点进行高标准保护及修复。2019 年，建成稻香门景观、党徽广场等一批文旅项目和陕西南泥湾国家湿地公园、延安国家应急产业示范基地南泥湾培训基地、中国农垦培训基地、省级现代农业示范园等一批重点项目。南泥湾景区被评定为国家 AAA 级旅游景区，在"2019 中国文旅品牌影响力大会"上获"2019 年红色旅游创新发展典范"荣誉。

至 2020 年年底，开发区旅游项目建设优先启动 11 个旅游项目，完成固定资产投资 24.54 亿元、重点项目投资 22.5 亿元。

1. 特色旅游小镇建设　重点打造南泥湾红色旅游小镇，建设大生产纪念广场及纪念馆、大生产旧址展示、大生产文化街区、农垦教育基地等 15 个项目；营造稻田特色景观；完善游客中心、餐饮、购物、文化及娱乐设施，发展农家乐、乡村民宿等实体经济百余户，旅游接待服务能力明显提升。

2. 道路设施配套项目建设　初步形成旅游交通骨架。新建"桃宝峪—三台庄—红土窑"旅游—环线；在原省道 303 线基础上，优化升级红色旅游公路南泥湾过境段，提前 10 个月建成通车；完善规划区慢行游览系统，建设沿汾川河的滨水田园慢行系统；增设特色线路，建设南泥湾红色小镇东翼、西翼组团的户外拓展线路；建设南泥湾核心景区内 T 形游览主路（电瓶车路）。

3. 旅游服务设施建设 规划建设 3 个游客服务中心，分别位于南泥湾核心景区的东、西、南三大入口，即桃宝峪、马坊、三台庄。形成星级饭店、普通非星级饭店、精品民宿相结合的接待体系。其中，桃宝峪西游客服务中心 2019 年建成，二连农垦教育培训中心农垦大酒店 2020 年 5 月建成投运。

4. 基础设施建设 与移动、联通、电信、广电、铁塔五大运营商联合推进杆线迁移，完成 39 千米迁移任务，新建 5G 信号基站 17 个。110 千伏电网 2021 年年初已开工建设。

开发区规划了商业设施、文创组团 2 个大型商务中心，商业设施（一期）项目即将全部建成，总占地 27 亩，总建筑面积 1.8 万平方米。

相关品牌申报：以南泥湾开发区为主体，申报国家军民融合创新示范区、国家 AAAAA 级旅游景区。南泥湾镇申报特色景观旅游名镇，九龙泉村申报特色景观旅游名村。

科技示范镇建设：南泥湾开发区先后引进应急装备、果业气象监测平台、无人机展示中心等数字产业。2019 年 11 月，延安农泽科技公司在南泥湾建起农业大数据中心。2020 年 11 月，南泥湾镇被陕西省科技厅认定为省级科技示范镇。开发区规划建设占地 300 亩的绿色科技双创平台，实施大数据、互联网、区块链、人工智能等新基建项目，建设平台经济、共享经济、飞地经济等创新科技项目。2021 年 1 月 13 日，中兵南泥湾军民融合产业园概念性规划通过专家评审，在南泥湾形成"北斗＋产业"数字经济新模式。

2020 年 9 月 25 日，国家发展和改革委员会下发《关于公布红色旅游发展典型案例遴选结果的通知》，《延安南泥湾红色旅游发展典型案例》荣列全国红色旅游发展典型案例榜单，系陕西省唯一入选案例。2021 年 4 月 15 日，南泥湾镇被联合国评为首批国际可持续发展示范城镇（SUC）银奖；经国家发展改革委员会等 7 部委同意，延安市南泥湾农村产品融合发展示范园入选第三批农村产业融合发展示范园创建名单；南泥湾开发区、延安干部学院被延安市列为十大社会科学普及基地。

第二章　基础设施

南泥湾农场所在地南泥湾镇原为宝塔区最小的镇。1995年，延安市（宝塔区）编制第三次城市总体规划时将南泥湾镇纳入城市规划区范围。2006年，宝塔区第四次城市总体规划在外围组团中将南泥湾组团规划为生态农业科技示范区，以保护好"陕北好江南"风貌，发展生态农业。2019年3月16日，延安市南泥湾开发区管委会发布《延安市南泥湾开发区总体规划（2018—2035）》，其中规划南泥湾镇为：延安革命圣地重要组成部分，南泥湾开发区核心，延安市宝塔区重要的中心城镇，以红色文化旅游、红色教育培训、生态休闲度假为主要功能的文化旅游型特色小镇。

1941年3月，八路军一二〇师三五九旅初到南泥湾时，几十里内渺无人烟、树木参天、荆棘横生、野兽群游，生产、生活条件非常艰苦。交通道路除部分大车道外，仅为林间小道；水源为地表"柳根水"，大骨节病流行。1941年，修建延安至南泥湾公路，这是陕甘宁边区政府主持修建的第一条公路。三五九旅战士们初到南泥湾时用树枝搭建简陋的帐篷露营，后在当地老百姓帮助下修建窑洞。至1944年，全旅挖窑洞1300多孔，建平房600多间。生活用水方面，经朱德总司令安排采集地表水、地下水水样送重庆国统区化验后，验明地下水为可饮用水，随即打井解决生活用水。1972年，中国人民解放军兰州军区生产建设兵团第40团（兰字961部队）建成南泥湾农场供水系统。2020年，南泥湾新建桃宝峪水厂（A组团住宅区安全饮水项目）投入使用。

至2020年年底，南泥湾农场域内有303省道（S303），新建榆商高速与303省道连接线，盘龙至金砭线，1—5号景观路全线贯通；所在的宝塔区内有公路、铁路、航空等交通设施。通讯业有程控远端模块1000门，移动通信网络全覆盖。农村4G网络覆盖率达到98.48%，实现农村城市"同网同速"。与移动、联通、电信、广电、铁塔等5大运营商联合推进杆线迁移，完成39千米迁移任务，新建5G信号基站17个；邮政快递服务建制村覆盖率达到40%以上，乡镇每周平均投递5次；区域内开始采用天然气供暖、独栋锅炉房供暖以及中央空调供暖，其中，温馨小区、乐湾·云海居小区（居住组团A区）采用天然气取暖，农垦大酒店采用独栋锅炉房供暖以及中央空调取暖；10月1日，南泥湾（集团）公司与延安锦诚新能源科技有限公司签订点供项目燃气业务服务合同。12月居住组团A区、南泥湾农垦大酒店片区通气。

第一节　建设规划

一、宝塔区城市总体规划

南泥湾农场所在地延安市（宝塔区）政府分别于 1979 年、1988 年、1995 年、2006年、2017 年进行 5 次延安城区总体规划编制和修编。

1979 年，延安市政府编制完成第一次规划。确定本区性质为：延安承担着对中国人民和世界人民宣传毛泽东思想的光荣任务，是一个革命纪念性城市。1979 年，中心城区人口为 5.31 万人，规划至 1985 年城市规模达到 6.5 万人，1988 年达到 10 万人。

1988 年，编制完成第二次规划。确定本区性质为：中国革命历史文化名城，是延安市的政治、经济、文化中心。规划至 1995 年中心城区规模达到 13 万人，2000 年达到 23万人。规划提出中心城区加外围工业组团的城市结构形态。

1995 年，编制完成第三次规划。确定城市性质为：延安是中国革命圣地，国家级历史文化名城，面向全国的"三大教育"基地，以发展生态农业、旅游、石化、能源产业为主的陕北现代化中心城市之一。规划至 2000 年中心城区规模达到 23 万人，2010 年达到30 万人。规划延续中心城区、外围组团、轴带分区发展的城市结构形态，将南泥湾纳入城市规划区范围。2004 年，因规划确定的社会经济、人口发展等目标至 2000 年已超过总体规划预测的增长速度，延安市人民政府委托中国城市规划设计研究院对延安市城市总体规划进行修编。2005 年 11 月，陕西省建设厅在延安主持召开《延安市城市总体规划纲要（2003—2020）》评审会，原则同意该规划纲要。后因本次规划不适应延安市城市发展的需求而重新编制。

2006 年，宝塔区编制完成第四次规划。确定城市性质为：延安是中国革命圣地，国家历史文化名城，黄土风情文化特色鲜明的红色旅游城市，陕北能源化工服务基地。规划确定延安中心城区人口发展规模 2010 年为 30 万人，2020 年控制在 50 万人以内。空间布局采取"两环、两心、多片区"的总体空间布局结构。在外围组团中将南泥湾组团规划为生态农业科技示范区，以保护好"陕北的好江南"风貌，发展生态农业。规划确定宝塔区行政辖区为城市总体规划的郊区范围，近郊区范围包括李渠、姚店、柳林、万花山、枣园、桥沟、河庄坪、南泥湾共 8 个乡镇行政辖区，其中，将李渠、姚店、南泥湾镇及河庄坪乡、万花山乡花园头村作为市区外围组团。

2017 年 7 月，《延安市城市总体规划（2015—2030）》获省政府批准。确定城市性质为"革命圣地、历史名城"。规划到 2030 年，延安市中心城区常住人口预计在 80 万人以内。城市建设用地控制在 80 平方千米以内，引导城市发展重心向新区转移。保护革命旧址，改善旧址及文物古迹周边环境，控制"三山"地区中心城区建筑高度，保护"三山"（宝塔山、清凉山、凤凰山）互相眺望的景观视廊。以山水城的景观格局，以丰富的革命旧址、特色地方民居建筑和淳厚的黄土风情文化构成延安的城市特色。

二、南泥湾开发区总体规划（2018—2035）

2017 年 9 月 2 日，延安市城乡规划委员会召开第 27 次会议，原则同意由中国城市规划设计研究院编制的《延安市南泥湾景区总体规划（2017—2030）》，要求进一步修改完善。中规院项目组在研究吸收专家意见后，调整规划名称及规划期限，将规划年限由 2030 年调整至 2035 年。2018 年 6 月 29 日，延安市城乡规划委员会第 39 次会议原则同意《延安市南泥湾景区总体规划（2018—2035）》，同意项目名称更改为《延安市南泥湾开发区总体规划（2018—2035）》。

2019 年 3 月 16 日，延安市南泥湾开发区管委会发布《延安市南泥湾开发区总体规划（2018—2035）》。规划范围包括"两镇一乡"，即南泥湾镇、临镇镇、麻洞川乡 3 个乡镇全域，总面积 1347 平方千米，涉及总人口 4.17 万人。

总体规划按照"精神为魂、红色为本、旅游引领、全面发展"的原则，围绕"红色南泥湾、陕北好江南"的总体定位，以十大引擎、二十大重点项目引领景区发展，推进新型城镇化与乡村振兴发展。景区空间规划以南泥湾红色文化小镇为核心，以生态旅游发展带和特色产业发展带串联起西部红色旅游板块、南部森林生态板块等五大板块，形成"一心三镇、两带五区"的空间结构。

开发区核心特色为红色文化——"红色南泥湾"，绿色生态——"黄土大绿洲"和金色农业——"陕北好江南"。以全域旅游为发展理念，以大生产运动、军垦、农垦文化和自然生态资源为依托，以红色教育、文化旅游、生态农业和特色小镇为主导，建设集红色文化游、自然生态游、乡村农业游等功能于一体的南泥湾旅游经济区。将南泥湾开发区打造成为全国著名的红色旅游目的地、国家级红色教育培训基地、国家生态文化旅游目的地和国家 AAAAA 级景区。规模目标为：到 2025 年，年游客接待量 540 万人次，培训学员 5 万人次，综合收入 56 亿元；到 2035 年，年游客接待量 1000 万人次，培训学员 10 万人次，综合收入 200 亿元。

项目构建围绕三大核心特色，形成南泥湾红色小镇（位于阳湾区域）、南泥湾山水史诗秀（位于三台庄区域）、南泥湾红色教育培训基地（位于三台庄三连沟—阳岔沟—桃宝峪区域）、"炮兵之源"中国炮兵文化博览园（位于桃宝峪炮兵学校旧址）、"军垦之源"中国军垦文化体验园（位于金盆湾区域）、"饮水思源"九龙泉泉水文化村（位于前后九龙泉村区域）、森林湖畔运动小镇（位于姚家坡水库及周边区域）、姚家坡田园养生综合体（位于姚家坡农场区域）、麻洞川农业物联网小镇（位于麻洞川乡集镇）、临镇苹果产业小镇（位于临镇镇区）10大项目；围绕"三主导、三辅助、三配套"的旅游产品体系，打造20大重点旅游建设项目，构成南泥湾开发区的旅游吸引物体系。

空间发展结构规划为"一心三镇"（红色旅游核心，麻洞川农业小镇、临镇果业小镇、姚家坡森林小镇）、"两带五区"（特色产业发展带、生态旅游发展带，全域五大功能版块）。至规划期末，规划区人口总规模约7万人，其中城镇人口约5万人（含游客量折算旅游人口约2.3万人）。规划区建设用地总规模1476公顷，其中，城乡居民点建设用地总规模为1106公顷，区域交通设施用地308公顷，区域公共设施用地62公顷；非建设用地133839公顷，包括水域与农林用地。集约高效利用土地资源，控制村庄新增用地，规划期末人均城镇建设用地标准控制在120平方米，农村人均建设用地标准降低至250平方米，规划区城乡建设用地规模控制在1100公顷左右。

基础设施配置规划。对接航空、铁路、高速交通设施。在延安南泥湾机场设置游客服务站，前置游客中心，并开通新机场至规划区的旅游专线；在樊村区域设置蒙华铁路货运站场及仓储物流中心，促进区内农副产品对外运输；新建包茂高速甘泉下线口至三台庄连接线，连接榆商高速觉德村下线口与303省道。规划区整体交通结构为"一带两环"。一带是红色旅游公路，以延壶红色旅游公路（303省道优化升级）为主体，是规划区的主要交通骨架，对接延安市区及壶口两大客源地。两环是两条休闲旅游外环线，串接沟谷、联通外部，实现自驾游客的规划区内绕行，兼顾管理与通达。

生态环保目标。水质100％达到水环境功能目标要求；采油井场100％达到延安市油田清洁文明井场建设标准；石油开采、加工和选油站废水处理100％达到地标，回注率达到95％；核心景区空气质量指数（AQI值）≤100的天数频率大于90％；大气环境质量达到一级标准；核心景区环境噪声和交通噪声优于0类标准。构建"三片、六块、多廊、多点"的综合生态空间格局。"三片"指川道农田片区、山体林地片区及塬梁果林田综合片区；"六块"指丘陵山地上处于生长成熟阶段，郁闭度较高的六大块核心林地斑块；"多廊"指连接多块林斑的潜在生物迁徙通道及河流水系生态廊道；"多点"指重要的水库、湿地、森林公园生态节点。将规划区划分为5片生态功能分区，分别为汾川河上游山林水源涵养功能区、松树林川生态修复功能区、森林资源及生物多样性保持功能区、黄土梁状丘陵水土保持功能区和黄土塬梁沟壑旱作农业生态功能区。水系蓝线划定及管控：划定汾川河堤脚线外侧各 15 米、主要支流常水面两侧各 5 米为蓝线保护范围；九龙泉为圆心，周边半径 30 米范围内为蓝线保护范围；胜利水库及其他湖库常水位线周边 15 米为蓝线保护范围。水源保护区的划定和管控：规划 9 处乡镇集中式饮用水源地，包括 3 处地表水水源地，分别为南泥湾、一连沟以及姚家坡水库；6 处浅层地下水水源地：南泥湾镇地下水取水井、麻洞川乡 2 个地下水取水井，以及临镇 3 处地下水取水井。

城乡发展。规划南泥湾镇城镇性质为：延安革命圣地重要组成部分，南泥湾开发区核心，延安市宝塔区重要的中心城镇，以红色文化旅游、红色教育培训、生态休闲度假为主要功能的文化旅游型特色小镇。临镇镇城镇性质为：延安南川区域的中心镇，延壶旅游线上重要节点和特色小镇，以苹果产业、现代农业、商贸物流、特色旅游为支撑的农贸型小城镇。麻洞川乡城镇性质为：推动麻洞川乡撤乡设镇，成为延安南川区域的中心镇，延壶旅游线上重要节点，以现代农业、特色农业、商贸物流、休闲旅游为支撑的农贸型小城镇。

第二节 农场建设

一、房屋建筑

1941 年，三五九旅初到南泥湾时，没有住的地方，战士们就在树林里露营，用树枝搭建简陋的帐篷。后在当地老百姓帮助下修建窑洞。1942 年，干部、战士都住上了平整、光洁、宽敞的窑洞。至 1944 年，全旅挖窑洞 1300 多孔、建平房 600 多间。

1966 年 1 月，陕西省地方国营南泥湾农场（劳改农场）移交中国人民解放军生产建设兵团农业建设第十四师 141 团房屋 2286 间、石砖窑洞 60 孔，建筑面积 49867 平方米。其中，场部房屋 55 间、石窑洞 44 孔、面积 13545 平方米。"文化大革命"期间，一些部队、单位等到南泥湾办农场，借用南泥湾农场土地、房屋；加之劳改农场移交的一部分危旧房屋报废后，国家投资基金大多用在农业生产基础设施建设中，农场一直未进行过大的房屋基建项目。至 1973 年，兰州军区建设兵团第 40 团移交、暂借给外单位房屋 451 间 9830 平方米、石窑洞 26 孔、土窑洞 136 孔。全团房屋建筑面积一直为 28296 平方米。

1978 年 4 月，南泥湾农场所属仁台 1613 亩国有土地由延安市柳林林场接管后，市林业局在延安城区南关体育场左侧为农场修建办事处，有砖木结构房子 8 间，院内可停汽车

2辆。农场自1977年交由地方政府管理后至1984年经营体制改革期间，因一直处于亏损经营，投资在房屋基础建设中的资金占比很少，仅限于房屋维修。

1985年以前，农场职工住房均为国有资产，由农场统一分配、管理、维修。随着房屋使用年代的增加，维修资金也随之增加，农场负重累累。周万龙任场长期间，鼓励职工自建房屋，并制定有关奖励政策：建一处房屋农场奖励职工300元，并免除建房各种手续费用。但仅有鱼振海为唯一的自建房职工，建5孔砖窑（奖励其300元）。1987年，农场在延安市区购买延安市房屋开发公司开发的七里铺小区住宅6号楼三单元5套住宅楼房，作为农垦商业公司办公所用（1996年出售给职工）。7月，将延安南关体育场农场办事处改建为商业公司综合服务楼，有楼房10套，建筑面积620平方米。1995年12月，职工个人集资55万元，再次加修15套住宅楼房，面积1173.6平方米（1996年出售给职工）。

1989年，李树人仼场长期间，继续推行住房改革，将旧房屋折价卖给职工。时农场共有住房871间（孔），其中危房686间（属劳改农场修建的土木、砖木结构瓦房），比较好的房屋有薄壳154间，石窑31孔（均为1953—1972年建设）。1990年，农场向9个农队、86个职工出卖住房256间，给部分职工划拨了宅基地。

1993年，南泥湾农场房产公司对全场（南泥湾区域）住房情况进行摸底调查，共有住房802间（不含子校、农场招待所）。其中，平板房28间，薄壳95间（孔），砖石窑49孔，土窑洞116孔，接口砖窑6孔，砖瓦房195间，土木房313间；包括危房624间（孔），占比78%，已出售房屋250间（孔）。职工、家属、安户农民共222户，平均每户住房3.15间（孔），面积66.15平方米。为解决职工修建住房和营业性用房问题，农场制定优惠政策，鼓励职工自建房屋。规定每户修建3间（标准间），最多不超过4间，占地面积不超过4分①，阳湾一般为2～3分。街面统一标准，临时建筑为一层平板房；永久性建筑二层以上，水刷石或瓷砖壁面；街面以外的地方修建建筑，因地制宜可建"薄壳"窑洞，一般要求二层以上；所有职工均可申请在公路边修建营业性房屋。每户只批一次一处地基修建住房，限期内修好迁入，并将原住公房交回农场；住房地基审批优先现住户，其次为本队职工住户，再次为本场职工住户。凡批给本场职工修建的地基，如需场内转让则另办手续；场外转让则收回地基，5年内不再给其审批地基。实行抵押金制度，每户交抵押金1000～1500元，住房修好验收合格并交回原住房后，抵押金全部退还，否则扣减抵押金。建房一切费用全部自理，手续自办。当年，60间居民点（职工居住点，因房屋数量而得名）修平板房36间（前排两层24间，后排一层12间）。

---

① 分为非法定计量单位，1分≈66.7平方米。——编者注

1994 年，在 1961 年修建的石窑洞 14 孔（俗称军管楼，建筑面积 475 平方米，为场部住宅区）上翻修平板房 14 间，建筑面积为 476 平方米（1996 年出售给职工）。

1993—1995 年，南泥湾农场被列入扶贫开发建设项目单位。第一期投资开发建设资金 800 万元，其中，农业部拨款 300 万元。利用扶贫资金，农场投资 108 万元，新建和改造子弟学校校舍 5269.7 平方米；投资 34.65 万元（其中农业部投资 25 万元），实施骨干教师住房建设，修建两层平房共 50 间，面积 1155 平方米。

1995 年，南泥湾农场按照国务院城镇住房制度改革文件精神（1994 年），实施房改工作。坚持"售、租、赁、建并举，以租促售，以售促建，滚动发展"的方针，农场各单位实施住房出售、租金制度。实施国家、集体、个人三方面投资政策，在南泥湾镇街道修建临时建筑平板房 30 间，面积 600 平方米。1995 年年底，南泥湾农场房屋建筑面积扩大到40850 平方米。

1996 年，为 29 户职工安排了住房，审批宅基地 23 户，动工修建的 8 户中有 7 户竣工乔迁。南泥湾农场 1967—1996 年房屋建筑面积情况见表 2-2-1。

表 2-2-1 南泥湾农场 1967—1996 年房屋建筑面积统计表

年份	实有房屋建筑面积（平方米）	年份	实有房屋建筑面积（平方米）
1967	28296	1982	28500
1968	28296	1983	28700
1969	28296	1984	29100
1970	28296	1985	32100
1971	28296	1986	33300
1972	28296	1987	34900
1973	28296	1988	35260
1974	30296	1989	35860
1975	25784	1990	36260
1976	27493	1991	36260
1977	27493	1992	36260
1978	27493	1993	39180
1979	27700	1994	39450
1980	28500	1995	40850
1981	28500	1996	40850

2003 年 8 月 12 日，南泥湾农场在阳湾开工建设农场中心区居民小区 1 号、2 号、3 号楼工程项目。2004 年 12 月竣工。

2004年，农场推进住房制度改革，将公房出售给职工个人，鼓励职工自修自建。审批宅基地7处，建房（窑）28间（孔）。

2008年，农场实施5连80间居民区危房改造项目，对80间居民区现有砖木结构瓦房进行改造。凡拥有房屋产权证明并参加80间危房改造的现住户，均享受农场自建公助办法补助。住户自行搬迁、拆除、投资，自找工队施工。场部给予资金补助和公用设施建设，统一规划、放线、开工建设，统一建筑规格、标准、风格和公用设施。场部给每户补助9000元，房屋全部拆除后，每户发放4500元；房屋主体竣工后每户再发放4500元。房屋统一规划为3排、6栋、120间的二层砖混结构平板房。每户4间，上下各2间，每间房屋长8米、宽3.6米，建筑面积115.2平方米。独门独院，单元式结构；硬化道路、化粪池、垃圾台等公用设施统一由农场投资安排建设。

2012年6月，对南泥湾农场大礼堂实施改造工程，总投资67万余元。当年动工新建南泥湾农场温馨小区，至2019年，完成工程总量的90%。后期农场垫资完成尾留工程，为职工搬迁居住创造了条件。

2017年，启动南泥湾红色文化小镇建设项目。至2019年，南泥湾农场场部、中心区居民小区1号、2号、3号楼，木器厂，大礼堂，粮库等房屋设施均因开发区整体建设规划和重建南泥湾大生产纪念馆而拆除。2019年12月，南泥湾农场重组为延安南泥湾（集团）有限责任公司后，迁入南泥湾综合行政服务中心办公楼办公。

（一）住宅小区建设

1. 七里铺农垦住宅楼　1987年，南泥湾农场在延安市区购买延安市房屋开发公司开发的七里铺小区住宅6号楼三单元5套住宅楼房（位于七里铺南区供销社对面），初期作为农垦商业公司办公所用，后改为农垦住宅楼，1996年出售给职工。

2. 延安二庄科商住楼　延安二庄科商住楼是场内职工集资建设的居民住宅楼。商住楼总建筑面积4000平方米，单元房36套，门面房14间，总投资440万元。后拆除。

3. 延安市南关街住宅楼　1978年4月，南泥湾农场所属仁台1613亩国有土地划拨延安市柳林林场后，市林业局在延安城区南关体育场左侧为农场修建办事处，有砖木结构房子8间，院内可停汽车2辆。1987年农场投资8万元，购买办事处相邻延安搬运社社址。同年7月，改建为商业公司综合服务楼，有楼房10套，建筑面积620平方米。1995年12月，农场集资55万元，再次加修15套住宅楼房，面积1173.6平方米，至此，共有新旧楼房共25套。1996年出售给职工。2004年，该楼因延安体育场扩建拆除。

4. 南泥湾场部住宅区　原为1961年劳改农场修建的石窑洞14孔（俗称军管楼），建筑面积475平方米。1994年，农场在旧窑洞上翻修平板房14间，建筑面积为476平方米。

另有 1985 年修建的 12 间平板房，建筑面积 336 平方米。1996 年出售给职工。2017 年该住宅区因南泥湾开发区建设拆除。

5. 南泥湾农场中心区居民小区（1 号、2 号、3 号楼工程）　2003 年 5 月 8 日，延安市宝塔区测绘管理中心勘测定界南泥湾农场住宅楼的土地面积和使用土地的界址，实测面积为 2142.56 平方米，埋设界址桩 16 个。8 月 12 日，南泥湾农场开工建设 1 号、2 号、3 号住宅楼工程项目。项目位于南泥湾农场团部和大生产展览室门前，砖混结构，总建筑面积 5941 平方米。有单元房 56 套，门面房 20 间（700 平方米）。由延安市建筑设计院、陕西省现代建筑设计研究院设计，延安市建筑工程地质勘测院勘测，延安市建兴监理公司监理，延安市建设工程质量安全监督中心监督，延安市建筑总公司第三公司承建。2004 年 12 月竣工。2018 年该小区因重建南泥湾大生产纪念馆而拆除。

6. 南泥湾农场温馨小区　2012 年，为解决南泥湾农场职工、安户农民和周边村民住房困难，南泥湾农场决定新建农场温馨小区。项目位于南泥湾核心区阳湾，占地面积 39.25 亩，总建筑面积 53883.5 平方米。其中，住宅用房 464 套，建筑面积 46540.84 平方米；商业用房 72 套，建筑面积 7283.34 平方米。计划总投资 4710 万元。9 月 10 日，与陕西裕丰华恒建设工程有限公司（后更名为陕西华恒投资有限公司）签订《项目建设合作协议书》。12 月 13 日，经延安市发改委批复立项。按照协议约定，农场提供项目建设用地，开发商陕西华恒投资有限公司投资建设。农场和南泥湾镇政府根据工程进度，按照协议约定分批拨付安置房价款，项目建成后开发商将安置房 364 套交农场，100 套交南泥湾镇政府。至 2019 年，完成工程总量的 90%。同年 8 月，南泥湾农场筹资施工为住户通水、通电；10 月底水电气暖全部接通，464 户业主入住。

7. 南泥湾农垦安置小区（又称 A 组团）　2018 年 10 月 30 日，开工建设居住商品房 A 区项目。项目位于南泥湾镇区西侧 2.3 千米，主要建筑为住宅，以满足南泥湾拆迁安置需要及棚户区改造需要。占地 12.5 万平方米，总建筑面积 12.6 万平方米。其中，住宅建筑面积 12 万平方米，沿街商业及服务用房建筑面积 0.6 万平方米。小区共 51 栋楼，其中 5 栋商业楼、46 栋住宅楼，户型面积 80～150 平方米，容积率 1.01，建筑密度 21.1%，绿化率 30.6%。至 2020 年年底，居住 A 组团一期（46 栋 789 套）已全部完成并具备交房条件。

（二）商业设施基础建设

1. 南泥湾农场农垦服务楼　1986 年，南泥湾农场在延安市区体育场南泥湾农场办事处地址动工修建农垦服务楼，7 月完成主体建设。总建筑面积 2290 平方米，总投资 90.74 万元。开办百货批发、零售、农副产品收购、招待所等营业项目。2004 年，因延安体育场改造建设，农垦服务楼被拆。

2. 南泥湾商业综合中心　2020 年 8 月 5 日，开工建设南泥湾商业综合中心项目。项目位于南泥湾农场二连棚户改造区，用地面积 11844 平方米，建筑面积 18000 平方米，包括农贸市场办公区、便民服务中心、自由贸易区、自由交易区等内容，预算总投资为 8100 万元。至 2020 年年底，商业综合中心完成主体及二次结构施工。

3. 商业设施（一期）项目（现为集团公司办公楼区域）　2018 年 8 月 20 日，开工建设南泥湾开发区商业设施（一期）项目。项目位于南泥湾镇区西侧 2 千米，依山而建，占地 2.3 万平方米，建筑面积 17086 平方米。其中，1 号、2 号楼共 3423 平方米，3 号、4 号楼共 3710 平方米，5 号楼 4653 平方米，6 号楼 5300 平方米，容积率 0.72，绿化率 35%，停车位 100 个。2020 年 5 月 1 日完工。

4. 商业设施（三期）项目　商业设施（三期）项目为基础设施项目，该项目位于南泥湾农场二连区域，建筑面积约 1.16 万平方米，主要建设写字楼及农商行业务用房。总投资约 4868 万元。

（三）南泥湾 359 创业基地

南泥湾 359 创业基地位于开发区红色文化小镇综合行政服务中心区域，项目于 2019 年 3 月 28 日开工建设，2020 年 4 月底建成投入使用，总投资 2000 万元。建筑面积 4777 平方米。其中，主楼面积 2400 平方米，拥有 300 个工位、8 间独立办公室。至 2020 年年底，入驻企业 15 家，分别为：延安市南泥湾九谷农业科技有限公司、延安稼穑源企业管理咨询合伙企业（延安农泽科技股份有限公司）、延安南泥湾开发区恒基盛农业发展有限公司、延安向新农业科技有限公司、时创科技南泥湾金伯利农场、延安华播科技公司、延安南泥湾开发区创慧信息技术有限公司、陕西汉中东方养老投资集团有限公司、延安创视科技有限公司、延安市南泥湾中宸农业有限公司、陕西普阙信息科技有限公司、延安九州通医疗器械有限公司、延安市南泥湾福华纸业有限公司、中国中铁一局、中兵南泥湾军民融合产业园项目部。

（四）南泥湾大礼堂

1966 年 6 月，农建师 141 团基建工程部设计并动工修建南泥湾大礼堂，礼堂位于南泥湾大生产展览馆右侧。占地面积 6000 平方米，建筑总高度为 11 米，其中礼堂高 8 米，可容纳观众 600 人。大礼堂采用陕北风格的建筑特色，外观设计为窑洞形状，内部整体框架结构为长方体形状，1968 年 4 月建成。1981 年在原基础上实施翻新改造工程（图 2-2-1）。2012 年 6 月，为迎接"老兵回家"活动，对大礼堂实施维修改造。处理屋顶、更换门窗、粉刷外墙、维修排水渠道、更换电路和照明设备等，总投资 67 万余元。2017 年 12 月，大礼堂因重建大生产纪念馆拆除。

图 2-2-1　1981 年翻修建设的南泥湾农场大礼堂（已于 2017 年 12 月拆除）

二、生活设施

（一）供水设施

20 世纪 40 年代初，八路军三五九旅进驻南泥湾初期，由于当地梢林水不符合饮用水卫生标准，大骨节病流行。为寻找合格的饮用水，朱德总司令安排人员采集地表水、地下水水样，送重庆国统区化验后，确定地下水为可饮用水。随即挖井解决生活用水，要求每个连队最少挖 3 口井。驻九龙泉的三五九旅 719 团利用九龙泉水作为灌溉水源，在泉旁修建水渠，引水浇灌开垦土地。

1966 年，农建师 141 团接收南泥湾劳改农场水井 32 口。1971 年，南泥湾境内有水井51 口，其中淡水井 39 口、咸水井 12 口，井深最深为 57 米，最浅为 1 米。主要集中在前、后九龙泉和阳岔沟，可供 22000 人饮用。

南泥湾供水工程始建于 1972 年，由中国人民解放军原兰州军区生产建设兵团第 40 团（兰字 961 部队）所建。供水系统由机井（位于农场子弟学校院内，井深 100 米，日产水量约 500 立方米）、高位水塔（容积 180 立方米，浆砌石结构）、输配水管网组成。可供 2个自然村、3 个农队和各企事业单位近 2000 人的生活用水，保证 400 亩稻田的灌溉。1975 年，自来水费每月每人（包括家属、小孩）收费 0.05 元。

1979 年，在南泥湾农场场部住宅区新建手压式真空泵井 1 口，解决停电或机器发生故障造成职工吃水困难的问题。

1995年，南泥湾农场实施自来水维修改造工程，总投资12万元。改变了因管理混乱，多年无人维修，地下管道布局无规则，多处管道漏水、渗水出现的水资源浪费现象。提高水塔，增大蓄水量；检修地下管道及地表面设施；更换检修机井泵及机井管道。2001年，农场取消家属楼无偿供水制，实行按人收费。

2005年，实施南泥湾农场基础设施供水工程建设项目（农五队供水工程），为国家财政专项扶贫资金项目。解决南泥湾镇区农五队400多名职工和600多名居民生活用水。项目总投资42万元，资金来源为国家专项资金与农场自筹（供水工程和道路建设共申请国家专项资金100万元，农场自筹25万元），其中，打机电井1口，井深150米，投资10万元；在农五队脑畔山建蓄水塔1座，容量300立方米，直径9米，高5米，投资22万元；铺设供水管网5000米。3月动工修建，12月竣工验收。

2011年，南泥湾农场实施安全饮水项目工程，在利用原有部分供水设施基础上新建农场供水系统，新旧水源联合运用向南泥湾镇供水，以解决3个自然村490户、农场450户以及驻镇单位共5900余人饮水问题。新增机井2口，深120米，井径315毫米，单井日产水量约500立方米；新修200立方米钢筋砼高位水池1个，增设二氧化氯发生器消毒设施3套；新建及改造10.19千米输配水管道，管径200～500毫米。总投资400多万元。工程设计基准年为2010年，水平年为2020年。

2018年，动工修建桃宝峪水厂工程（即A组团住宅区安全饮水项目），2020年投入使用。

（二）电力设施

1966年，农建师141团成立初期，接收南泥湾劳改农场移交的48千瓦发电机1部（西安电机厂制造）、苏制48千瓦柴油发电机组1部（1966年11月报废）、自制配电盘1套，采用柴油发电机供电。

1977年，由西北电管局投资67万元，建成从牛武电厂出线至南泥湾35千伏输变电工程。牛南线路长30.8千米，南泥湾变电站主变为1×1800千伏安。10月17日正式投运供电。

1987年，陕北建设委员会投资58.5万元，建设临镇变电站。从南泥湾变电站出线，南临线长33.4千米。由延安市电力局施工，4月2日投运。

1994年5月，西北电管局拨款100万元，扶持南泥湾通电工程，加快实现延安市村村通电。南泥湾农场投资27万元，架设线路10千米，新安装变压器2台，解决农一队、农三队用电问题。同时，在果树示范园安装变压器1台。1995年6月，陕西省省长程安东曾批示副省长王双锡对南泥湾仍未通电的农八队、农九队、农十一队整体安排解决。

2001 年，利用省农垦协调的 100 万元项目资金，3 个农队架设高压线路 15 千米、安装变压器 3 台，投资 122 万元。2003 年南泥湾农场各农队电力情况见表 2-2-2。

表 2-2-2 2003 年南泥湾农场各农队电力情况表

农队名称	用电户数	高压距离（米）	低压距离（米）	变压器（千伏安）	备注
农一队	15	1100	600	30	
农二队	31	200	2000	50	
农三队	22	500	1500	30	
农四队	18	0	700	0	与南阳府村共用变压器
农五队	30	100	2000	0	机耕队变压器为木器厂
农六队	45	0	3000	50	
农七队	33	800	3000	30	
农八队	16	0	0	10	
农九队	4	0	700	0	与张家沟共用变压器
农十队	0	0	0	0	与马坊村共用，已改造
合计	214	2700	13500	—	

2004 年秋，南泥湾农场架设高低压线 800 米，购置安装变压器 1 台。2005 年，南泥湾农场与延安市区电力局协商，用土地房产置换办法改造电网。2009 年，电力局对农一队、农二队、农三队、农四队、农六队、农七队及原机耕地的电网进行全面改造，农电网改造 165 户，400 多人安全用电。

2017 年，北京智中能研规划设计有限公司编制《南泥湾片区电力专项规划》。规划范围：南泥湾红色文化小镇规划控制面积约 21 平方千米，其中核心区规划面积约 4.8 平方千米，东北至金砭西，西北至桃宝峪，西至干部休养所，北至山体脊线，南至鱼嘴山，包含小镇核心景区、新建镇区及远期建设区域。规划电压等级：110 千伏及 10 千伏电网。规划年限：2017 年为规划基准年，2020 年为规划水平年、展望远景年。

截至 2017 年年底，南泥湾开发区内高压电网有 35 千伏变电站 1 座，总容量为 6.3 兆瓦（2×3.15 兆瓦），以 110 千伏麻洞川变为上级电源，采用单辐射接线方式。2016 年最大负荷为 1.46 兆瓦；中压电网有 3 回 10 千伏线路为南泥湾镇供电，其中 2 回为单辐射接线、1 回为单联络接线，均为公用线路。线路总长 44.1 千米，其中架空线路长度 43.4 千米、电缆线路长度为 0.7 千米。公用中压线路装接配变 65 台，总容量 7240 千伏安。其中公用配变 35 台，配变总容量 2600 千伏安；专用配变 30 台，配变总容量 4640 千伏安。

2018 年 6 月 14 日，宝塔区南泥湾胜利水库 19.9 兆瓦分布式光伏发电项目（松林光伏电站）通过验收，并网发电。光伏电站引黄河水而建，项目分为 10 个发电方阵，由陕煤建设设备租赁中心承建。8—11 月发电 965 万千瓦时，实现产值 685 万元。10 月 30 日，延安市南泥湾景区管理委员会开工建设电力电讯管沟综合项目，沿省道 303、南泥湾景区5 号路、3 号路、2 号路建设电力电讯管沟，总长约 10 千米。至 2020 年年底，完成 6.7 千米施工任务。

2019 年 4 月 23 日，延安市南泥湾开发区发展（集团）有限公司为满足阳湾湿地公园及生态农庄项目施工临时用电需求以及 2 个项目建成后运营用电需求，投资 50 万元，安装 1 台 630 千伏变压器。

2020 年，南泥湾（集团）公司完成高坊、桃宝峪试点村水电气暖等基础设施配套工程。随着南泥湾红色文化小镇的开发及建设，35 千伏变电站的容量及高压网架将无法满足负荷增长的需求。依据电力专项规划，南泥湾开发区规划新建 110 千伏变电站，站址位于延壶路南泥湾段南阳府村北侧。2021 年 2 月 19 日，延安市南泥湾开发区管理委员会召开开发区 110 千伏变电站项目开工协调会，协调开工建设 110 千伏变电站及输变电线路。

（三）供气工程设施

20 世纪 60 年代，南泥湾农场职工做饭、取暖主要以烧柴为主。

延安宝塔区液化气供应始于 1982 年，延安市液化气石油供应站成立，小部分居民开始使用液化气。1998 年，动工修建天然气配输一期工程。2000 年后，随着天然气配输系统修建，液化石油气用户逐步转移为山体居民、城乡接合部及周边乡镇居民，设乡镇供气点。2001 年，南泥湾农场综合服务公司为职工安装使用液化石油气。2006 年，南泥湾农场帮助 72 户职工修建沼气池，其中 58 户建成使用。

2017 年 6 月 21 日，因长庆油田靖边至咸阳输油管线段内临镇至富县输油管线横穿南泥湾红色文化小镇规划范围，影响小镇后续开发建设用地的完整性，延安市政府决定实施靖边至咸阳输油管线南泥湾段改迁工程。将原管线改迁为由南泥湾镇农垦林起沿山脊线至红土窑村石庙滩桥，全长 4.1 千米。2018 年 9 月 3 日，管线改迁进入动火连头阶段，改迁工程基本完成。

2018 年，宝塔区能源办和延安燃气总公司制定《延安市宝塔区南泥湾等乡镇天然气气化工程规划方案》。2019 年，南泥湾开发区气源规划为：南泥湾镇、麻洞川乡为在建的临镇—富县天然气输气管道项目；临镇镇选用延长集团的 128 号气井作为气源。年底南泥湾温馨小区通气。

2020 年，南泥湾（集团）公司实施"宝塔区南泥湾镇天然气项目"工程。项目位于南泥湾景区及南泥湾镇，新建管道起点为 303 省道高坊村，终点为马坊村，沿线经过 3 号、4 号、5 号观景路，阳九路。管道输送介质为天然气，设计压力 0.4 兆帕。管道长度约 17 千米，阀门井 23 座，设计运输量为 13000 立方米/小时，全线采用聚乙烯管材。项目总投资 1500 万元人民币。3 月 23 日，宝塔区人民政府对项目进行环境影响评价报告表拟审批公示，环评单位为陕西航清环科环保有限公司。5 月 14 日，延安燃气有限责任公司中标。10 月 1 日，南泥湾（集团）公司与延安锦诚新能源科技有限公司签订点供项目燃气业务服务合同。12 月居住 A 组区、南泥湾农垦大酒店片区通气。11 月 4 日，完成桃宝峪村天然气管网新建项目。同时南泥湾（集团）公司与延长石油集团合作开展南泥湾区域供气项目；与延安市公交公司达成合作协议，成立合资公司，共同建设气电一体加油站项目。

油气电混合加油站。2020 年，南泥湾（集团）公司与延安市公交公司达成合作协议，成立合资公司，共同建设气电一体加油站。拟建南泥湾稻香门油电混合加油站、南泥湾七连沟油气电混合加油站和公交首末站项目。

南泥湾稻香门油电混合加油站位于延安市南泥湾开发区高坊村，距延壶路以北约 81 米处，站区东、西两侧均为山体，北侧为空地，站区南侧为 303 省道，东南和西南有民居。项目为三级加油站，设计加汽油规模 5.15 吨/天。

规划用地面积 2404 平方米（约 3.606 亩），总建筑面积 404.66 平方米，绿化面积 250.5 平方米，绿地率 10.4%，设充电停车位 5 个。站内主要建筑物为一层站房 1 座、螺栓球网架罩棚 1 座、卫生间 1 座。工艺设施主要配置 3 台 30 立方米卧式内钢外玻璃纤维增强塑料双层汽油储罐，2 台汽油加油机及 5 台充电桩。

南泥湾七连沟油气电混合加油站及公交首末站位于南泥湾七连拟建国道南侧，站址北侧为拟建国道，东侧为拟建变电站，南侧、西侧均为空地。项目为二级加油加气站，设计加油规模：汽油 16.2 吨/天，柴油 8.9 吨/天；设计加气规模：20000 立方米/天。规划用地面积为 11846 平方米（约 17.769 亩），其中加油加气站用地面积 6466.7 平方米，公交首末站用地面积 5378.8 平方米，总建筑面积 1435.04 平方米，绿化面积 1804.2 平方米，绿地率 15.23%。设充电桩 18 个（小车充电位 9 个，大车充电位 9 个）。站内主要建构筑物有：一层站房 1 座、螺栓球网架罩棚 1 座、辅助站房 1 座（二层）。工艺设施主要配置 4 台 30 立方米（汽油、柴油各 2 台）卧式内钢外玻璃纤维增强塑料双层汽油、柴油储罐，4 台加油机（汽油、柴油各 2 台），1 台 60 立方米地上卧式 LNG 储罐，4 台 LNG 加气机，1 台潜液泵橇，1 台 BOG 回收橇，1 台天然气缓冲罐。至 2020 年年底，稻香门项目主体建设完成，七连沟油气电混合加油站正在进行项目建设用地预审工作。

（四）供热工程设施

20 世纪 60—70 年代，南泥湾农场兵团时期，冬季取暖借鉴新疆建设兵团的取暖方式，依靠烧火墙采暖，所用燃料主要以烧柴为主。20 世纪 80 年代后，南泥湾农场期间，冬季办公主要依靠火炉烧煤采暖。随着电力设施的发展和生活水平的提高，农场办公场所、南泥湾开发区管委会办公区域采暖方式多样化，通过烧锅炉、火炉、电暖器、空调等方式采暖。

2018 年 9 月 25 日，延安南泥湾开发区发展（集团）有限公司与陕西阳凯盛煤炭有限责任公司签订冬季供热承包合同，承包总价为 40.63 万元，其中煤价 37.53 万元、人工费 2.5 万元、锅炉检修费 0.6 万元。

2019 年，南泥湾开发区规划在南泥湾核心景区、临镇镇区各设置集中供热站 1 座。12 月，综合行政服务中心办公楼区域采取中央空调取暖。

2020 年，南泥湾（集团）公司与延安远大能源服务公司签订商业设施 A、B 区中央空调运营服务。完成高坊、桃宝峪试点村水电气暖等基础设施配套。10 月 1 日，与延安锦诚新能源科技有限公司签订点供项目燃气业务服务合同，南泥湾区域冬季采用天然气、独栋锅炉房以及中央空调供暖。其中，温馨小区、乐湾·云海居小区（居住组团 A 区）采用天然气供暖，农垦大酒店采用独栋锅炉房以及中央空调供暖。

（五）照明设施

1966 年，农建师 141 团接收南泥湾劳改农场 48 千瓦发电机 1 部，苏制柴油发电机 1 部，供团部照明用电；连队照明主要用煤油灯。1975 年，省农建师 5 团集体宿舍照明用电每人每月收费 0.1 元，后期改为 0.5 元。1979 年，南泥湾农场新架 3 千米高压线，安装 1 台发电机，全场除新建八队、九队、十队外，职工照明都用上了电。同年 5 月 1 日起，将全厂职工照明电费由包费制改为计费制。原来规定职工宿舍每间房 1 个灯，每灯不超过 25 瓦，每月交电费 0.5 元，实行定时供电限制用电量。包费制导致私自安装灯头、用灯超规定瓦数现象严重，用电量增大；改为计费制后用电量大幅减少，电费下降，至年底，节约电费 1000 多元。

1994 年 5 月，南泥湾农场投资 27 万元，架设线路 10 千米，新安装变压器 2 台，解决农一队、农三队职工照明用电问题。2001 年，利用省农垦协调的 100 万元项目资金，解决农八队、农九队、农十一队共 3 个农队照明用电问题。

2012 年，南泥湾镇实施山体点亮项目。2014 年，在盘龙村、桃宝峪村、南泥湾镇街区安装太阳能路灯 60 盏，为群众生活生产提供便利。

2017 年，南泥湾开发区改扩建延壶公路镇区段道路，完善照明设施系统，建设路灯照明和排水设施；新建南泥湾农垦大酒店到游客服中心周边的镇区支路及路灯照明和排水设施。

2020年，完成省道303道路改造项目、省道303道路支线改造项目、景观1—5号道路项目工程，安装照明路灯1109套。照明范围均为全段照明，路灯采用双侧对称布置，基本间距24米。2020年南泥湾道路照明设施情况见表2-2-3。

表2-2-3　2020年南泥湾道路照明设施一览表

道路名称	规格型号	数量（套）
303省道道路改造	双火路灯150瓦＋60瓦（LED灯）　H*＝8米	280
	三火路灯100瓦*3（LED灯）　　H＝14米	13
303省道道路支线改造	双火路灯150瓦＋60瓦（LED灯）H＝8米	176
景观2号道路	单火路灯150瓦（LED灯）　　　H＝8米	112
	三火路灯100瓦*3（LED灯）　　H＝14米	3
景观3号道路	双火路灯150瓦＋60瓦（LED灯）　H＝8米	343
	三火路灯100瓦*3（LED灯）　　H＝14米	1
景观4号道路	双火路灯150瓦＋60瓦（LED灯）　H＝8米	175
	三火路灯100瓦*3（LED灯）　　H＝14米	6

＊　H为灯杆高度。

三、园林绿化设施

1970年，兰州军区建设兵团第40团由现役军人管理后，按照毛泽东"三队"（中国人民解放军既是战斗队，也是生产队和工作队）建设思想，团党委把奋斗目标总结为"八化四新"（思想革命化、行动军事化、劳动机械化、土地田园化、种养品种良种化、灌溉自流化、道路柏油化、路旁林荫化，人新、地新、产量新、房屋新）。在进出南泥湾主干道道路两旁，有规划地栽种风景树、风景林，春暖花开时，道路两旁绿树成荫、青山绿水，一派江南风光。

2003年，南泥湾农场规划建设中国农垦纪念林工程，2006年完成项目建设。纪念林占地1000亩，跨越南泥湾农场5个坡面，栽植常绿针叶乔灌木和名贵花草等十几个品种，实现四季常青、三季有花。其中，新疆建设兵团纪念景观林建设工程总投资46.24万元。铺砌石阶路163米，栽植各种景观树420株，种植草坪112平方米；农垦纪念林陕西亭工程，总投资10.12万元。铺砌石阶路120米，栽植各种景观树196株，种植草坪82平方米。

南泥湾绿地包括公共绿地和生产防护绿地。2017年，在阳湾老镇新建3处公园用地、街头绿地，2处防护绿地。在马坊组团增加1处公园用地，建设街头绿地，增加防护绿地4处。改造提升南泥湾大生产纪念广场。2019年，在南阳府40亩沼泽地种植荷花，成为南泥湾新的景观。

至2020年，完成桃宝峪、二连片区3个停车场及山体绿化工程。完成三山绿化、省道303公路沿线绿化、裸露山体补植等工作，累计绿化面积23000平方米。建成稻香门广场、党徽广场、南泥湾国家湿地公园等项目，其中，南泥湾国家湿地公园是陕北黄土高原上第一个国家级湿地公园。

四、环境卫生设施

（一）环境卫生公共设施

1995年，利用城镇配套建设资助10万元费用，实施80间（农场职工居住地，因有80间房而得名）、公共厕所、垃圾台改建工程。砌墙帮畔120米，投资1.2万元；修厕所2个，总面积100平方米，投资1.2万元；修垃圾台2个，面积50平方米，投资0.5万元。项目由农垦房地产开发公司组织及管理。

2008年，南泥湾镇红土窑村麻燕沟垃圾填埋场投用，占地5亩，日处理垃圾3吨，配套道路为土路。利用河道边的自然沟道进行垃圾倾倒，转运形式主要采用垃圾屋、垃圾台（分地坑式及地上式，无人工防渗、渗沥液的处理设施）收集，利用后装式压缩车、钩臂式垃圾车进行转运，未实现封闭化运作，给周边和下游群众的生产生活带来污染和威胁及不利影响。2013年，对农场各队基础设施建设进行维修，修建厕所3个、水电房2个及一些辅助设施。2017年，新建南泥湾垃圾处理厂工程，工程位于南泥湾镇桃宝峪村四号沟，填埋场长300米、宽50米；道路全长2.5千米，设计标准为四级砂石路。

2018年8月，在桃宝峪兵工厂南侧修建三星级公厕1所，建筑面积110平方米，内设残疾人卫生间、母婴卫生间等，风貌接近兵工厂外墙风貌。在党徽广场区域修建卫生间，项目投资约100万元。

2019年，南泥湾开发区规划期末本区垃圾排放总量约75吨/日。规划垃圾环卫站设置在麻洞川乡片区，用地0.5公顷，为规划区乡镇提供服务；配置垃圾转运、清扫、散水车辆8～10台；垃圾箱服务半径50～80米；南泥湾核心区设置小型垃圾转运站点2处，临镇镇设置小型垃圾转运站点1处，麻铜川镇设置垃圾转运站点1处；生活垃圾逐步实现分类收集、封闭运输，外运至延安市垃圾处理场无害化处理。2020年，垃圾清运机械化程度达到100%；南泥湾镇生活垃圾无害化处理率100%。

（二）污水处理厂

2018 年，南泥湾开发区规划在区内设置污水处理厂（站）3 座，污水处理设施总规模不低于 5800 吨/日。其中，金盆湾设置规模 3400 吨/日污水处理厂（1 号）1 座，用于南泥湾镇核心区的污水收集和处理，处理深度为生化二级处理；临镇官庄组团设置规模 2000 吨/日污水处理厂（2 号）1 座；森林峡谷景区设置处理能力 400 吨/日污水处理站 1 座。在红色小镇建设中配套一体化污水处理设备。处理设施出水排放标准应达到一级 A，为保障出水不影响汾川河水质，设置尾水湿地，净化污水厂尾水。

2019 年 8 月，开工建设污水处理厂及其配套工程。项目位于南泥湾开发区石庙滩，东临规划景观道路，北临三号道路工程，占地 1855 平方米（约 2.78 亩）。污水处理厂建设规模 500 立方米/天，垃圾分拣站建设规模 30 吨/天，主要建设地下为清水池、污泥池、调节池、格栅池；地上一体化污水处理设备、垃圾中转站厂房、值班室及其附属构筑物。2020 年 5 月完工投运。

第三节　公共设施建设

一、公共道路建设

南泥湾镇依省道 303 线北（延壶路）而建，故没有大的街区道路建设。南泥湾农场自建场后，公共道路建设多根据各连队生产旅游所需而建。

1970 年，南泥湾农场兵团时期，团党委根据总任务把奋斗目标定为"八化四新"。其中围绕"道路柏油化"从团部到各连队开展消灭土泥路，加宽改直，铺筑沙石、柏油路建设。截至 1973 年，连队到劳作区全部修好机耕道，修整了部分道路，修建阳湾到九龙泉主干柏油路。通往各连队的道路由于经济原因，未实现柏油化，仍为修整好的泥土路。

1994 年，南泥湾农场利用扶贫开发建设项目资金修通农一队、农十队简易公路 20 千米。1998 年，利用春、夏、冬农闲时间安排"我为农场添力量"义务建场活动，全场铺垫公路石子 3.4 千米，维护道路 50 多千米。

2000 年，对农八队、农九队、农十一队 3 个农业连队原有的简易公路进行拓宽整修，铺石子路面 15 千米，修桥涵 5 座。

2005 年，申请国家财政专项扶贫资金 100 万元，农场自筹 25 万元，新建供水工程和道路建设项目。其中投资 83 万元，新建农一队 3 千米石子路，路面宽 7 米，建设桥涵 5 座。方便了农一队、农五队生产以及开发旅游景点。

2013年，实施农一队、农七队、农八队道路砂石化建设项目，新修宽3.5米的砂石生产路16千米，建设桥涵4座。拓宽农二队、农七队、农八队生产生活道路；对阳九路到农一队生产道路进行维修、农二队道路进行硬化，解决了3个农队800余名职工群众行路难问题。

2017年6月，随着南泥湾红色文化小镇的开发建设，延安市南泥湾开发区管理委员会启动交通道路建设项目。其中休闲旅游环线项目包括：旅游一环线。由红色旅游公路向南接入南泥湾核心景区，自西向东连接桃宝峪沟、三连沟、三台庄、九龙泉川、一连沟、孟家沟、水围沟、红土沟。其中，西段（桃宝峪—三台庄）采用三级公路技术标准，路基宽度不小于7.5米，设计时速30千米；东段（三台庄—红土窑）采用四级公路技术标准，路基宽度不小于6.5米，设计时速20千米。旅游二环线。由红色旅游公路和包茂高速甘泉下线口进入规划区，依次连接三台庄、九龙泉川、姚家坡川、固县沟、炭窑沟。其中，西段（三台庄—九龙泉）和东段（姚家坡水库—临镇）采用二级公路技术标准，路基宽度10米，设计时速40～60千米；中段（九龙泉—姚家坡水库）采用三级公路技术标准，路基宽度不小于7.5米，设计时速30千米。

城镇道路系统结合川道地形与主要景点，形成"T"型游览线路，主路入口景观段红线宽度24米，景区内道路红线宽度12米，往复通行景区环保巴士。麻洞川、临镇以原303省道镇区段为主干路，结合现状道路和条件组织内部路。其中，麻洞川镇区主干路红线宽度24米，设计时速30千米，支路10米，设计车速20千米；临镇镇区主干路红线宽度16～24米，设计时速30千米，支路10～14米，设计时速20千米。

省道303道路改建（一期）工程：东起石庙滩，西至南泥湾景区入口（高坊村），全长4.34千米，双向双车道，主干道两侧设有绿化带、非机动车道及人行道等。道路等级为城市主干路，设计时速40千米。工程包括交通、照明、排水、给水、桥涵、景观绿化及其他附属工程等项目。2018年10月30日开工建设，2020年完工。

省道303道路改建支线工程：全长1.8千米，北起南泥湾学院北区，与省道303连接，南至桃宝峪村红楼处，路基宽12米，主路宽7米，双向两车道。道路等级为景区主干路，设计时速30千米。工程包括给水排水、照明、景观绿化等项目。2018年10月30日开工建设，2020年完工。

1号道路工程项目：西起金砭村与省道303连接，东至金庄村生产路，全长4.48千米，路宽6米，双向两车道，主要用于电瓶车和非机动车辆行驶。等级为景区主干路，设计时速20千米。工程包括给排水、景观绿化等项目。2018年10月30日开工建设，至2020年年底，完成下面层沥青摊铺。

2号道路工程项目：西起石庙滩桥，东至原曹家砭村（农四队），全长约5.9千米，路宽7米，双向两车道，主要用于电瓶车和非机动车辆行驶。道路等级为景区主干路，设计时速20千米，工程包括给排水、桥涵等项目。2019年3月开工建设，至2020年年底，完成总体施工95％。

3号道路工程项目：西起展示中心西侧，与省道303连接，东至石庙滩桥，与2号路相接，全长3.81千米，双向两车道，路宽7米，人行道4米。道路等级为镇区次干路，设计时速30千米。工程包括给排水、照明、景观绿化等项目。2019年3月开工，2020年5月完工。

4号道路工程项目：西起商品房A区西南侧，与景观3号路相接，东至3号路东段，全长1.83千米，双向两车道，路宽6.5米，人行道4米。道路等级为景区主干路，设计时速30千米。道路工程包括天然气、给排水、照明、景观绿化等项目。2019年3月开工，2020年5月完工。

5号道路工程项目：原为桃（宝峪）岔（口）公路。初期由延安林校修建，全长400米，为延安林校专用线。现连接省道303，为桃宝峪旅游线路。2020年11月，修复拓宽桃宝峪村庄主干路2千米，修复拓宽村庄次干路2.15千米。

二、公共交通设施

南泥湾镇距延安市区45千米。1965年南泥湾农场建场时，仅姚家坡有一趟班车（卡车）途经南泥湾，当地群众交通出行不便。从省会西安到南泥湾中途要在铜川倒车或住一晚，铜川至延安需要6个多小时车程到达。当时从延安至南泥湾的交通工具均为卡车，盘山的道路很容易出交通事故。据兵团老职工回忆，1965年初来南泥湾时过了延安三十里铺，上盘龙山后，在经过一个大转弯时，车侧翻，一车人险些丧命。

1978年，南泥湾镇开通延安—南泥湾客运车。随着交通事业的发展和客运线路的增加，后期出行多利用客车延安—云岩、延安—高柏等途经线路，和乡镇客运车、旅游客运、定制包车、旅游一日游租车等方式至南泥湾。1998年，延安市宝塔区100％的行政村、90％以上的自然村通了公路。2018年，宝塔区被评为全国"四好农村路"示范县，建制村通车率达96.7％。驻镇机关单位多有专车接送职工上下班。

2020年6月26日，经市交通运输局批准，市公交总公司开通了市区到南泥湾开发区的旅游公交线路。

线路一：南泥湾旅游公交：火车站⟷南泥湾，首班7：00火车站发车，末班18：00

温馨小区发车。单程约 40 千米，票价 10 元（人/次）。上下行站点为：火车站—柳林—育英中学（经包茂高速 G6522）—盘龙村—樊庄村—稻香门—党徽广场—南泥湾管委会—南泥湾镇政府—温馨小区。

线路二：K303 路公交：火车站⇌临镇，首班 7:00 火车站发车，末班 18:00 临镇发车。单程约 61 千米，票价 10 元（人/次）。上下行站点为：火车站—柳林—康圪崂—南庄河村—稍远梁村—松树林—米庄村—马坪村—邓屯村—金盆湾村—麻洞川—临镇。

试运行期间每日恒定首、末班发车时间。开发区根据实际客流情况，与市公交总公司对接微调，逐步实现了定时定点发车。

三、水利设施

（一）水库设施建设

1971 年，南泥湾农场境内有三台庄、新窑子沟、阳岔沟、樊庄、金盆湾、孟家沟 6 座小型水库，堤坝均为土坝，闸门用条石水泥勾缝。一般蓄水量最大为 60 万立方米，可灌溉农田 4000 余亩。2006 年 8 月 10 日开工建设南泥湾水库，2007 年 11 月底主体工程竣工。

至 2020 年，南泥湾农场境内有南泥湾水库又称水围（磨）沟水库、新窑子沟水库（一连水库）、三台庄水库，其中，南泥湾水库水质达到地表水二类标准，为开发区供水主要水源；其他 2 个水库水质基本可达到地表水四类标准，主要用于农业灌溉。

1. 新窑子沟水库（又称一连沟水库）　位于南泥湾农场一连沟内，所属河系为新窑子沟小涧系，1956 年 6 月建成，为劳改农场生产所用。是一座以灌溉为主的小（2）型水库。建成初期最大库容 35 万立方米，蓄水量 30 万立方米，水深 7 米。坝高 8 米，坝长 80 米，顶宽 6 米。可灌溉面积 800 亩。1994 年，农场利用扶贫开发建设项目资金，加固改造水库。水库枢纽工程由坝体、输水卧管 2 部分组成。设计库容 50 万立方米，兴利库容 22 万立方米，调洪库容 18 万立方米。洪水标准按 20 年一遇洪水设计，200 年一遇洪水校核。坝高 20 米，坝长 164 米、顶宽 5 米。可灌溉面积 5000 亩（图 2-2-2）。

新窑子沟水库只有坝体、输水道，未设溢洪道。2013 年，连续强降雨导致新窑子沟水库水位急速上升，最险时水面至坝顶仅 30 厘米，水库存水量达 40 万立方米，严重威胁下游机关单位和村庄万亩农田。农场组织抢险队伍冒雨抢修，开挖临时排洪渠，泄空坝内蓄水，保证了安全度汛。2014 年新修了溢洪道，并对输水卧管等设施进行维修。

图 2-2-2　1956 年 6 月建成的南泥湾新窑子沟水库（2016 年摄）

2. 三台庄水库　所属河系为九龙泉沟小涧系，1970 年建成。总库容 55 万立方米，蓄水量 35 万立方米，水深 6 米。坝高 10 米，坝顶宽 6 米，坝底宽 60 米，坝长 100 米。可灌溉面积 800 亩。

3. 阳岔沟水库　所属河系为阳岔沟小涧系，1970 年建成。总库容 11 万立方米，蓄水量 7 万立方米，水深 4 米。坝高 9 米，坝顶宽 6 米，坝底宽 30 米，坝长 60 米。可灌溉面积 150 亩。

4. 樊庄水库　所属河系为盘龙沟小涧系，1971 年建成。总库容 9 万立方米，蓄水量 7 万立方米，水深 4 米。坝高 6 米，坝顶宽 4 米，坝底宽 20 米，坝长 80 米。可灌溉面积 700 亩。

5. 孟家沟水库　所属河系为孟家沟天然水库。最大库容 100 万立方米，蓄量 25 万立方米，水深 3 米。

6. 金盆湾水库（又名金星水库）　位于延安宝塔区麻洞川乡金盆湾村后，所属河系为松树林沟小涧系。该库由延安市水利局（今宝塔区）设计。松树林、麻洞川、临镇、官庄 4 个乡（镇）动员民工于 1958 年 4 月采用在水中倾倒黄土筑坝法施工，因资金不足暂停。1970 年 6 月再次动工修建，投劳 38 万个，1972 年 6 月竣工。总工程量为 59 万立方米，水库控制流域面积 137.5 平方千米，库容量 582 万立方米，有效库容量 398 万立方米，可灌溉松树林、麻洞川、临镇、官庄 4 个乡镇，17 个村庄的 12500 亩土地。

该库由土坝、输水洞、溢洪洞 3 部分组成。土坝为黄土均质坝，坝底宽 14.8 米，坝高 22.6 米，坝顶长 240 米，顶宽 3.5 米，坝后排水采用爬坡式过滤设备。迎水坡用干砌石，背水坡采用草皮护坡；输水洞位于坝的左端，为卧管放水结构，由卧管涵洞组成，涵洞高程 1061.7 米，全长 206 米，泄水量 1.5 立方米/秒；溢洪道位于坝的右端，为河岸开闭式，进口高程 1070.4 米，全长 115 米，由宽顶堰、平流断、陡坡断、消力池组成，最大泄洪能力 160 立方米/秒。

7. 南泥湾水库 ［又名水围（磨）沟水库］ 位于云岩河一级支流水围（磨）沟（金庄村），水库下游涉及南泥湾、麻洞川、临镇、官庄 4 个乡镇。水库 2005 年立项，2006 年 8 月 10 日开工建设。2007 年 11 月底主体工程竣工，输水管道、抽水站、鱼池 2008 年年底完工，道路硬化 2009 年完工，排水工程 2010 年完工，总投资 1300 万元。

南泥湾水库控制流域面积 16.14 平方千米，库区森林覆盖率达 90％以上，是一座以灌溉为主的小（Ⅰ）型水库。总库容 155.8 万立方米，有效库容 114 万立方米。死库容 16 万立方米，滞洪库容 25.8 万立方米。水库由大坝、溢洪道、放水设施 3 大部分组成。水库大坝为碾压式均质土坝，最大坝高为 19.60 米，坝顶高程 1086 米，坝顶长 262 米、宽 5 米。水库正常蓄水位 1082.12 米，设计水位 1083.4 米，校核水位 1083.89 米，淤积库容 16.16 万立方米，调节库容 103.84 万立方米。由南泥湾水库管理处负责日常管理和调度运用。

（二）农田水利设施

20 世纪 60 年代，农建师 141 团成立之初，在大搞平整土地的同时，建设渠系灌溉系统。1970 年，兰州军区建设兵团第 40 团党委根据总任务把奋斗目标定为"八化四新"。其中围绕"灌溉自流化"根据地形和南泥湾的水资源，结合田园化建设，新修、整修渠道，至 1974 年，基本实现灌溉自流化无死角。

1979 年，南泥湾农场修砌水渠 1350 米。1984 年，争取省农垦资金 14 万元，挖排洪渠 5300 米，砌石渠 610 米，建小水库 2 座。

1994 年，南泥湾农场利用扶贫开发建设项目资金，加固改造一连沟水库；新挖和维修排水渠系 1500 米，保证全场千亩稻田灌溉、200 亩鱼池用水以及雨季排涝问题。1995 年，新建库容 10 万立方米蓄水坝 1 座。投资 5.5 万，修排洪渠 150 米、清水渠 500 米。1997 年，组织职工开挖排水渠系 4400 米，加固二级蓄水坝 1 个；一连水库蓄水量比往年增加 1 倍多。1998 年，利用农闲时间安排"我为农场添力量"义务建场活动，全场清理开挖排水渠系 3500 多米。利用省农垦协调的 100 万元项目资金，新修防洪渠 5000 米，投资 40 万元；新修灌渠 420 米，砌石方 185 立方米，投资 38 万元。

2003 年 7 月，以工代赈完成西红土沟淤地坝项目建设。其中淤地坝完成碾压土方 4300 立方米，排水渠完成浆砌石方 570 立方米，总投资 16.78 万元。其中，以工代赈投资 9 万元，农场自筹 7.78 万元。同年 8 月，南泥湾农场实施水利基础设施建设项目。项目总投资 142.32 万元，其中，国家扶贫资金 100 万元，南泥湾农场自筹 42.32 万元。新修稻田灌渠 2000 米（断面面积 1.24 平方米），新建倒虹水利设施 1 座、稻田排洪渠 1200 米（断面面积 3.6 平方米）；维修稻田灌渠 800 米、灌渠总拦水闸门 1 座；清理河床挖淤泥 4800 立方米。2003 年 8 月 12 日动工，2004 年 6 月竣工。项目建设由农垦建筑工程公司实施；农垦农业公司提供劳务、石头和沙；场部提供水泥、炸药等材料、工具。

2006 年，农场组织全场干部职工义务投劳投工 3200 多个，灌渠清淤 1920 米，修缮稻田供水渠 160 米。2009 年，灌渠清淤 1500 米，维修库坝 1 座，修缮稻田供水石渠 160 米。

2012 年，南泥湾农场被农业部农垦局确定为贫困农场，给予扶贫支持。实施农田水利基础设施建设项目，至 2012 年年底，完成 3 条石砌支渠的全部建设任务，总长 4376 米，完成投资 99.3 万元，完成总投资的 79.48%。为农五队开挖排洪渠 1500 米，解决土地水灾问题。

2015 年，实施南泥湾农场泵站维修养护项目，该项目为中央补助县级国有公益性水利工程，中央补助资金 8 万元。建设内容为泄水池工程、管道工程、庭院工程、泵房工程、围墙工程和蓄水池工程等项目。同年 7 月 5 日开工建设，8 月 20 日竣工。总投资 8.06 万元。

2020 年，南泥湾（集团）公司实施灌区节水配套改造项目，完成新修上下游护堤 190 米，改造干渠 3 条长 18.51 千米，改造骨干渠系建筑物 97 座。至年底，南泥湾（集团）公司农田水利设施有水稻灌渠 7176 米。

附：汾川渠简介

汾川渠位于延安城南，因渠位于汾川故得名。该渠由延安市水利局（今宝塔区）设计，松树林、麻洞川、临镇、官庄 4 个乡（镇）动员民工修建。1958 年 4 月动工，因水源、资金等问题，分期分段进行，1973 年 6 月竣工。从麻洞川乡金盆湾至官庄乡王家沟村，渠长 75.2 千米，可灌溉松树林、麻洞川、临镇、官庄 4 个乡（镇）17 个村民委员会的 12500 亩土地。

该渠渠道为多首制引水，分布于云岩河南北，顺川道东西走向贯穿，主要靠金盆湾水库调供水量，引用汇入云岩河各支河流水供给各渠，供水流量 3.3 立方米/秒。由 7 条渠组成渠道。全灌区有各种建筑物共 452 座，其中，渡槽 92 座、排洪桥 109 座、跌水 84 个、涵洞 14 个、闸门 121 处、退水 30 处、倒虹 2 座。

第四节　交通通信及仓储设施

一、交通设施

（一）公路

延安南泥湾地处陕北黄土高原中部，山峦起伏，沟壑纵横道路崎岖，通行艰难，素为"地瘠民贫、交通不便"之地。先民出于生存需求，"践草为径""履窄为宽"，形成原始出行通道。在漫长的历史演变过程中，延安的道路修筑从单纯的狩猎、生产需要而发展为迁徙及军事需要，形式亦由羊肠小道而开通为驿道、大车道、驮道、公路等，道路等级随社会经济的发展渐次提高。

延安市内驿道始于西周的战争通道——周宣王北伐的东方大道。周王朝致力开辟镐京通向关中北部的交通干道，通过驿道用兵北伐，并将各地与王室联系起来。境内驿道最为称著者为唐代已告完善的延州道，是长安通往朔方的重要驿道。宋、元、明、清各代均致力修筑境内道路，延安遂形成"五路襟喉"的重要地位。

民国时期，延安与相邻省、县来往通道主要有：由延安经清涧、绥德出山西碛口与晋、冀等省相通；由延安经洛川、同官（今铜川）、西安与豫、鄂、川等省相通；由延安南行，经陇东庆阳通甘、青等省；由延安经定边、固原与宁夏等地相通。其中南通西安和东出碛口是与外界相通的主要道路。1923 年，延安始修咸（阳）榆（林）公路，1935 年粗通至延安。1936 年，国共两党二次合作，为支援华北抗日前线，陕西省建设厅开始补修咸榆公路，咸榆路延安以南和延川以北两大部分基本修成，可勉强通车。1937 年，边区政府动员群众，整修延安至咸榆公路。边测设边施工，修建了延川至永坪、永坪经青化砭、姚店至延安道路，当年咸榆公路全线修通。

1938 年，陕甘宁边区政府将修筑大车道作为发展边区经济的重要任务之一，并在大生产运动中形成高潮。至 1940 年，在延安境内修建延（安）真（武洞）路、延（安）沟（槽渠）路、延（安）靖（边）路等大车道共 6 条 229 千米。

1941 年，为了开发南泥湾，建立粮食基地，开始修建延安至南泥湾公路，这是陕甘宁边区政府主持修建的第一条公路。由延安沿咸榆公路南行至三十里铺，偏东南经红寺、仁台、盘龙、高坊抵南泥湾农场事务所驻地阳湾，全长 43.4 千米。初期拟按大车路标准修建，后改为按汽车路标准修筑：弯道半径不小于 10 米，最大纵坡 10%，路面宽度山地 4 米、平地 5 米，桥涵修建为半永久式。朱德总司令指示这条路"必须筑成良好路基"，并派员监修。秋收后动员延安群众 5000 余人参加施工，1943 年竣工。延南公路修成后，在大生产运动和反击国民党胡宗南部进犯延安的自卫作战中，成为主要补给、联络线。同时开始修建的还有延安经金盆湾至临镇的大车路（一般宽 3 米），全长 131 里，1946 年改由南泥湾到金盆湾与原路相接。1942—1946 年，边区政府在改善原有大车道基础上，还修筑大量的驮运道路（道宽 1~2 米）。至 1944 年，补修汽车路 691 千米，大车路约 1000 千米，改善和新修的驮运道 8 条共长 1365 千米。这些道路为发展边区生产，特别是食盐运输，发挥了重要作用。1965 年，陕西省委转发"关于加速建设南泥湾农场问题会议纪要"，9 月 30 日开工南泥湾公路改建工程，投资 70 余万元。道路全长 41.5 千米，其中干线（三十里铺至阳湾）32.3 千米，支线（阳湾至九龙泉、高坊至桃宝峪）9.2 千米；石拱桥 2 座，涵洞 66 道。采取边测设、边施工的办法，依靠民工建勤和组织生产队修路搞副业，承担部分路基土方和石子采集、加工任务修建完成。截至 2020 年，延安宝塔区境内有公路、铁路、航空等交通设施；南泥湾农场境内有 303 省道，新建榆商高速与 303 省道连接线，盘龙至金砭过境路，1—5 号景观路全线贯通。

1. 黄（陵）延（安）高速公路 黄延高速公路是国家规划的西部大通道包头（内蒙古）至茂名（广东）线在陕西省内的重要一段，也是陕西省"米"字形公路主骨架的重要组成部分。南接铜（川）黄（陵）高速公路，起自黄陵县康崖底村，经洛川、富县、甘泉，终于宝塔区河庄坪与延塞高速公路相接，全长 143.21 千米，路基宽度 24.5 米，双向四车道，最大纵坡 5.0%，最小平曲线半径 250 米。全线共建设桥梁 142 座（其中特大桥 12 座），隧道 22 座，立交 11 处，总投资 63.70 亿元。2002 年 12 月 6 日开工建设，2006 年 9 月 30 日通车。黄延高速公路宝塔区段由甘泉县清泉沟与宝塔区界的山神庙隧道相接进入宝塔区，沿经宝塔区南泥湾、南盘龙设置的半互通式立交、南秋台 1 号隧道和 2 号隧道、牛庄沟大桥、南三十里铺、南二十里铺、高坡、山狼岔隧道、万花山乡的罗崖、肖林、杜甫大桥、枣园镇的新窑洞隧道、杨崖、枣园隧道至河庄坪镇的石圪塔村（延安北站），与宝塔区内的靖（边）安（塞）高速公路相接，区内辖长 47.20 千米。南泥湾农场距高速公路 12 千米。

2. 宜（川）定（边）省道（S303）（简称宜定线） 宜定线原为延定、延宜 2 条公路，经 1990—2010 年公路改建整合后，2 条公路合并连通，易名宜定公路。宜定线自宜川县十里坪起，经云岩、南泥湾、延安、志丹、吴起县、杨井至定边县，全长 343.62 千米（不含重复路段）。宝塔区内辖长 93.67 千米，自宜川县界经官庄乡、临镇镇、樊村、西村、麻洞川、金盆湾、南泥湾镇、南盘龙、后仁台、三十里铺、宝塔区城区、杨家岭、枣园至安塞区界。其中，1999 年，投资 350 万元，完成省道 303 线南泥湾 5 千米三级整治工程。2003 年，完成省道 303 延安经南泥湾至云岩三级路改造项目。2007 年，开工建设省道 303 西线，经河庄坪镇石圪塔村、枣园镇莫家湾，接延安北过界公路，全长 4.7 千米，2009 年建成通车；路基宽度 8.50～14.50 米，路面宽 6～14 米，次高级路面、国家二级路面，双车道，晴雨通车。

3. 延安至壶口二级公路 2006 年 10 月开工建设，2008 年 10 月建成通车。路线起于宝塔区南盘龙与黄延高速相接，沿省道 303 向东，经南泥湾、麻洞川、临镇、官庄、云岩、新市河、高柏，止于壶口与国道 309 黄河大桥西桥头相连，全长 113.17 千米。资金来源：省配套 60%，地方自筹 40%。

4. 延壶红色旅游公路南泥湾过境段 红色旅游公路南泥湾过境段全长 15.78 千米，在原省道 303 基础上，优化升级为红色旅游公路。采用一级公路技术标准，路基宽度 20 米，设计时速 60 千米。东起南泥湾镇马坊村，西止黄延高速南泥湾出口连接线终点。占地 550 亩，总投资 3.03 亿元。2019 年 10 月正式开工建设，2020 年 11 月 10 日，举行南泥湾红色旅游道路通车仪式。过境路打通了南泥湾开发区交通环线，促进文化旅游、教育培训、现代农业、健康养老等业态融合发展。

5. 专用公路

（1）阳湾至瓦渣河公路。自阳湾起，经由瓦渣河、姚家坡至临镇，与延宜路相接。1968 年由姚家坡农场修建，初建时境内长约 15 千米。路宽 4～5 米，无砾石铺设，桥涵皆为土木结构，汽车通行困难。20 世纪 70 年代，陕西省在南泥湾境内开办农场，经整修后，道路全长 21 千米，为省办农场服务专线。

（2）阳九路。自南泥湾镇阳湾起，经三台庄、南泥湾村至九龙泉，1980 年修建，全长 10.80 千米，初建时为黄土路基，砾石铺设，路面宽 6 米。原规划为省道，后为九龙泉游览专线。1990—1991 年以民工建勤形式各普修一次。1996 年，桥涵配套建设一次。2003 年，全线改造为四级路面，沥青渣油表处。路基宽度 6.5 米，路面宽度 5 米，中级路面，双车道，晴雨通车。

6. 乡镇公路 20 世纪 70 年代，南泥湾境内各村庄之间大小道路交错、交通方便，但翻山越沟较多，可分人行、驮运、马车、简易公路几种类型。其中，有 3 条可通汽车的马车路，路宽均为 4～5 米，分别为：自马坊至七道沟，长 5 千米；自金家砭至王庄，长 7 千米；自阳湾至新窑子沟，长 7 千米。有马车路 2 条，路宽均为 3～4 米，分别为：自金盆湾至松树林，长 10 千米；自三台庄至阳岔沟，长 7 千米。有驮运路 1 条，自前九龙泉至富县，长 50 千米，路宽 2～3 米。

20 世纪 90 年代初，延安市政府实施交通道路建设工程，至 1998 年，宝塔区 100% 的行政村、90% 以上的自然村通了公路。2018 年，宝塔区被评为全国"四好农村路"示范县，建制村通车率达 96.7%。

至 2020 年，南泥湾有燕沟—金盆湾、姚店—麻洞川、九龙泉—牛武、姚家坡—牛武
等县乡公路。宝塔区南泥湾镇乡镇公路情况见表 2-2-4。

表 2-2-4 宝塔区南泥湾镇乡镇公路一览表

所在乡镇	公路名称	起止地点	里程（千米）	建设年代	通往村庄
松树林乡	松南路	松树林—大南沟	2.4	2004	大南沟
	杨松路	杨家峁—松树林	2.6	2005	杨家峁
	陈赵路	陈子沟—赵家河	5.9	2005	赵家河
南泥湾镇	纸王路	纸坊—王庄	10	2002	金家砭、桃树湾、朱家渠
	三张路	三台庄—张家沟	4	2004	三台庄、张家沟
	南牛路	九龙泉—牛武	6	2005	九龙泉、富县牛武镇
	省金路	省道—金庄	1.7	2009	金庄
	延七路	延壶路—七道窑子	3.5	2010	马坊、七道窑子

（二）铁路

南泥湾农场所在地宝塔区境内有西延、神延线铁路，是国家铁路网"八纵八横"布局
中"包柳通道"的组成部分和铁路十大煤运通道之一。火车站距农场 40 千米。

1. 西（安）延（安）铁路 该线路于 1972 年修筑，由临潼新丰镇沿洛河左岸，经蒲
城县坡底村、白水、宜君、黄陵、洛川、富县、甘泉县至延安，全长 315 千米。1990 年
10 月建成，总投资 12.2 亿元。1991 年 12 月 26 日，在延安南站举行西延铁路全线开通庆
典。1992 年 8 月 1 日，西（安）延（安）线路客运列车通车。

2. 神（木）延（安）铁路 该铁路是西（安）包（头）铁路的重要组成部分，与西
康铁路相连，由铁道部和陕西省合资修建。1998 年 5 月 28 日正式开工建设。2001 年 4 月
15 日全线铺通，2004 年 1 月正式交付运营。

3. 包（头）西（安）铁路复线 包（头）西（安）铁路是一条以煤运为主、客货兼
顾、承东启西、连接南北的快速大通道，北起内蒙古包头，途经鄂尔多斯、榆林、延安、
渭南至西安，全长 800.9 千米，总投资 209.5 亿元。2007 年 12 月 25 日，开工建设包西线
从张桥到延安 260 千米、延安到大保当 301 千米共 561 千米复线建设。2010 年 12 月 21
日，宝塔区与甘泉县交界处的新九燕山隧道贯通，年底全线通车。

（三）航空

南泥湾农场所在的延安市宝塔区的航空事业始于 1935 年 9 月修建的简易飞机场，当
时延安为国民党东北军王以哲部所占，为便于张学良私人飞机降落，在延安东关修建简
易土石跑道飞机场一处。1936 年 12 月 18 日，延安飞机场被红军接管。1938 年，整修
飞机场，加宽跑道。1944 年，边区政府对飞机场跑道又进行了大规模整修。1963 年，

陕西省政府拨款 100 万元改建旧跑道，能满足伊尔 14 以下各型飞机、安 24 型飞机起飞和降落。

1970 年，为满足战备工作需要，中央军委批准空军在延安市东二十里铺沿东西走向修建拥有 1 条长 2800 米、宽 45 米、厚 0.22 米的水泥混凝土跑道，并设有滑行道、停机坪的新机场。要求可供"三叉戟"、伊尔 18 中型运输机起降。1980 年，延安民航站迁至东二十里铺新机场。新机场为军民合用国家二级机场，等级为 4C，可保证 B737、B146、A320 系列等承载 100 吨以下中小型飞机起降。

2006 年 12 月，中共延安市第三次党代会确定将延安机场迁建，以拓宽城市发展空间，增强飞行安全和空中运输保障能力。2009 年 6 月 30 日，国务院、中央军委正式批复延安机场迁建工程立项。2017 年延安新机场被命名为延安南泥湾机场。新机场位于宝塔区南二十里铺尚家沟山顶，距延安市中心 13 千米，距南泥湾镇 40 千米。按军用二级、民航 4C 级标准设计。机场跑道长 3000 米、宽 45 米，共有 7 个停机位，具备夜航保障条件，可保障 A321-200、B737-900 及以下机型运行。航站楼面积 1.3 万平方米。2018 年 7 月 29 日，延安南泥湾机场顺利通过投产校飞。11 月 8 日，机场正式投运。至 2020 年，运营航线 22 条，通航城市 16 个。

二、通信设施

南泥湾农场所在地延安市宝塔区的通信基础设施建设，始于 1916 年 12 月竣工建成的三原至肤施电报线路工程；通信业务最早始于 1917 年肤施电报局所开办的电报业务；长途电话始于 1934 年；市话始于 1937 年中共中央迁到延安后，先后在王家坪、杨家岭、枣园、抗大、三局、中央党校、边区政府等处设立的总机，1939 年有电话 172 部。1947 年 3 月，国民党胡宗南部进犯延安，边区市内电话业务中止。1953 年，延安市（今宝塔区）初步开办市话业务时，用户仅 15 户。城郊农话业务始于 1956 年，1958 年实现乡乡通电话。1993 年 2 月 13 日，开通无线寻呼台（2006 年取消无线寻呼业务）；同年 11 月 12 日，开通分组交换网实现数据资源共享。1995 年 12 月 26 日，延安地区邮电局开通 GSM 数字移动电话。1996 年年底，开通中国公用计算机互联网。1999 年，延安移动分公司推出 137（本地通）移动电话。至 2015 年，电信、联通、移动共建成 G 网基站 4800 多座。2015 年后，由中国铁塔股份有限公司延安分公司承担三大运营商的铁塔共建共享任务。至 2019 年，累计投资 3.96 亿元，完成 3853 个 4G 基站的建设开通。至年底，全市累计 4G 基站总数 8600 个，站址共享率 80.3%；其中农村 4G 基站 2900 个，网络覆盖面逐步由行政村向自然村延伸，农村 4G 网络覆盖率达到 98.48％，实现农村城市"同网同速"。

南泥湾农场所在地南泥湾邮政所 20 世纪 70 年代初通信设施主要有：中天型 30 门总机 1 部、电话单机 1 部。线路多沿川道展布，杆路总长 18 千米，线路总长为双线 18 千米；兰州军区建设兵团第 40 团设有中天型 50 门总机 1 部、磁石式电话单机 28 部。电话杆路长 43 千米，线路总长为单线 43 千米，主要担负 40 团内部电话的通信任务。团机关（14 部）、团部 9 个连部、卫生队以及干部队均通电话，各队无电话。时广播和电话同用一线，有通往盘龙、后九龙泉、金庄公社的 3 条广播线。1979 年，南泥湾农场架设 13 千米电话线，10 个单位和连队开通了电话。1981 年，架 30 千米电话线，除新建的 2 个连队外，其余连队和单位都通了电话。

2020 年，南泥湾镇有程控远端模块 1000 门，移动通信网络全覆盖。至年底，南泥湾（集团）公司与移动、联通、电信、广电、铁塔等 5 大运营商联合推进杆线迁移，完成 39 千米迁移任务，新建 5G 信号基站 17 个。

按照南泥湾开发区建设规划，将在南泥湾镇设置通讯中心局站一座，与延安市通讯中心局连接，固话总规模配置 30000 门；利用现状光缆网络并增加 24 芯光缆，为规划区两镇一乡统一服务；临镇、麻铜川各设置通信机房 1～2 座；完成多网合一，移动、电信、联通、有线电视等数据信号传输光缆共用，配置相应 4G 无线基站。

三、邮政设施

关于延安宝塔区的通信事业，据《延安府志》记载：邮驿通信早在西周时即设官邮，汉时驿道五里一邮、十里一亭、三十里一驿。宋时，随着抗金战事增多，延安邮驿通信达到鼎盛，不仅邮驿实行军事化，而且在各军事要道每十里增设急递铺。明、清两代邮驿虽有衰落，但大多沿袭旧制。当时的延安府辖金明驿、抚安驿、园林驿、甘谷驿等 19 处驿站，并有 4 条驿道。

宝塔区近代邮电通信始于清光绪三十二年（1906）十一月所设立的延安府邮寄代办所，开办出售邮票和收寄信件、明信片等业务；同时开辟三原至延安邮差邮路，全程 366 千米。清宣统三年（1911）九月二十二日，创办"中华邮政肤施"二等乙级邮局，开办国内包裹业务。至此，延安邮政初具规模，时有邮路 6 条。1943 年，延安有邮路 11 条，全程 1396 千米。至 1947 年 3 月前，边区有邮路 3447 千米，其中昼夜班邮路 5 条，全程 570 千米；每日班邮路 885 千米；隔日班邮路 1882 千米。1947 年 3 月，国民党胡宗南部进犯延安，边区邮政局随着边区政府转战陕北，配合前线作战。1948 年 4 月，人民解放军光复延安后，5 月边区邮政管理局由绥德义和迁回延安。1949 年 6 月，边区邮政总局迁往西安，延安仅留陕北邮政管理局。1950 年 6 月，成立延安一等邮局，发展邮政业务。

20 世纪 70 年代初，南泥湾境内邮件传递业务主要依靠南泥湾邮政所。时有邮递员 3 人，自行车 1 辆。办理函件、包裹、汇兑及发行业务；机要函件设专人办理投递。有阳湾至九龙泉、阳湾至河北庄、阳湾至盘龙 3 条自行车邮路。1990 年，延安市（今宝塔区）有邮路 10 条，单程 2212 千米，邮运汽车 22 辆。1998 年年底，经过几次整合调整，宝塔区有邮路 7 条，单程 2004 千米，其中自办汽车邮路 1064 千米、农村投递路线 940 单程千米；邮运汽车增至 23 辆。2008 年 10 月，延安—西安快速汽车邮路开始试运行。同时调整延安—西安普通邮路，延安区内的特快邮件实现次日递，时限缩短 24 小时。

至 2018 年，全区建制村通邮率 100％，党报党刊当日见报率 100％。全市邮政快递行业邮路总条数 117 条。实施"快递下乡""快递进村"行动计划，快递服务建制村覆盖率达到 40％以上。邮政城区每日平均投递 1 次，乡镇每周平均投递 5 次。

四、仓储设施

20 世纪 70 年代初，南泥湾区域内共有农产品仓库 7 个。其中延安地区储备、购销仓库 1 个（金盆湾），5337 部队自用仓库 3 个（阳湾、三台庄、九龙泉），兰州军区建设兵团 40 团自用仓库 2 个（阳湾、马坊），西安市"五七干校"自用仓库 1 个（桃宝峪）。7 个仓库总面积 3947 平方米、总容量 248 万公斤（图 2-2-3）。

图 2-2-3　南泥湾农场阳湾仓库（2018 年拆除）

　　兰州军区建设兵团第 40 团自用的 2 个仓库均为石砌，其中阳湾仓库有石窑 22 孔，面积 1312 平方米，容积 95 万公斤；马坊六连（现为十连）仓库距团部 5 千米，为延安军分区移交，面积 306 平方米，容积 21 万公斤。1984 年，实行家庭农场经营体制，南泥湾农场再未增加仓储设施。后期，马坊 6 孔石窑仓库为职工所占用，阳湾仓库一直沿用，2018年，南泥湾农场阳湾仓库因南泥湾镇规划建设而拆除。曹庆贵（任期 1971.4—1972.10）、何应石（1972.10）、刘小平（1978）先后任南泥湾农场仓库主任。

第三章　第一产业

南泥湾镇位于延安市东南45千米，总面积为503平方千米，其中国有森林面积43.23万亩，耕地面积11787亩，人均耕地面积1.3亩。南泥湾农场东起金盆湾，南至九龙泉，西与南泥湾镇的高坊村相邻，北与松树林乡接壤。土地贯穿南泥湾镇全境，与13个自然村相互交叉。2020年，南泥湾农场国有土地确权发证面积27881亩，其中农用地27028亩，建设用地853亩。作物方面，水地以水稻为主，川台地以玉米、香紫苏为主。1986—2007年，南泥湾农场多次尝试调整产业结构，建立农工商综合经营、农林牧全面发展的经济结构。至2007年，所办经济实体均因管理和市政府对环境污染的要求等原因处于关、停、闭状态。企业职工分流转产为农业工人。21世纪初，延安市政府为南泥湾制定"依托资源，面向市场，突出特色，择优开发，以农奠基，强农兴牧"的发展目标。2012年，南泥湾农场启动农业示范园建设项目，以蔬菜基地、优化农产品生产基地、高标准农田、现代农业公共服务能力、休闲观光示范园、农业产业化水平提升为主要建设内容。2016年，在建好市级示范园基础上，争取省级示范园认定。

2019年12月，陕西省延安市南泥湾农场与延安南泥湾开发区发展（集团）有限公司重组成立延安南泥湾（集团）有限责任公司后，产业布局为农文旅康＋科技＋国防教育＋应急产业。

第一节　农业综合

一、第一产业综合情况

（一）耕地

南泥湾农场土地贯穿南泥湾镇，系丘陵沟壑区，与南泥湾镇13个自然村相互交叉。农场场部设在阳湾，下设10个农队（初期为11个）。作物方面，水地以水稻为主，川台地以玉米、香紫苏为主。

1940年11月，为粉碎国民党对陕北的经济封锁，毛泽东主席、朱德总司令向全党、全军提出军垦屯田的要求，开展大生产运动。1941 年 3 月，王震率八路军一二〇师三五九旅直属队、718 团、特务团、第四支队、骑兵大队进驻南泥湾，在随时保持战斗准备的情况下，以南泥湾为中心屯田开荒、发展生产。旅部和特务团驻金盆湾，717 团驻临真，718 团驻马坊，719 团驻九龙泉。

1941 年，全旅开荒种地 11200 亩，收细粮 1200 石（一石相当于 100 升）、蔬菜 164.8 万斤，粮食自给率 79.5％，肉、油、菜全部自给。1942 年种植面积 26800 亩，收细粮 3050 石、蔬菜 362 万斤，粮食自给率 96.3％，肉、油、菜全部自给。1943 年种植面积 10 万亩，收细粮 12000 石、蔬菜 595.5 万斤，粮、肉、油、菜全部自给。至 1944 年，在南泥湾、金盆湾、九龙泉、马坊、临镇一带，开垦荒地种植面积达 26 万余亩，收获细粮 36000 石，粮食自给率达 200％（耕一余一），肉、油、菜全部达到自给；上交公粮 1 万石，粉碎了国民党的经济封锁。

1952 年，陕西省公安厅第三劳改支队在南泥湾办劳改农场。至 1965 年，复垦土地 6 万余亩，人员由 1000 余人增加到 8000 余人，年产粮食 600 余万斤。

1966 年 2 月 12 日，南泥湾劳改农场移交农建师 141 团土地总面积 44615 亩，其中，居民建设用地 780 亩，耕地面积 43049 亩，果园面积 786 亩。耕地包括山地 27908 亩，川地 2326 亩，台地 9401 亩，水地 3171 亩，水浇地 243 亩。"文化大革命"期间，部队、北京农业大学等在南泥湾办农场暂借农场土地，至 1973 年 5 月，兰州军区建设兵团第 40 团移交、暂借给外单位耕种土地共计 20829 亩，其中，水田 1438 亩，水浇地 144 亩，川地 915 亩，台地 5126 亩，山地 13145 亩，果园 61 亩；农场仅余 2.3 万余亩土地，同时将 1.4 万余亩山地包括 390 亩水田和 200 多亩川台地全部弃耕，仅耕种水田、川台地。1977 年，农场大部分职工调往渭南垦区，人员由 1401 人减至 480 人，大部分土地无人耕种而撂荒，实际播种面积减至 3117 亩。1984 年，农场经营体制改革，建立家庭农场，将土地承包给农工。1985 年农场实有耕地面积 23813 亩，总播种面积 3980 亩，其中水地 900 亩。1991 年 10 月 27 日，南泥湾农场第二届职工代表大会第三次会议通过《关于"三田制"的决议》，将耕地按工资田、口粮田、承包田等分给职工。全场 180 名农工分配工资田 1376 亩，口粮田 419 亩，承包田 1566 亩；"三田"一律实行费用自理，经费自主，盈亏自负。此后，南泥湾农场生产中一直按总土地面积 2.3 万余亩、耕地 4100 亩统计；上报国家土地总面积数据则一直按劳改农场移交农建师 141 团时的 44615 亩上报。后期新垦土地 2000 余亩，耕地面积增加到 6000 余亩。至 2015 年，10 个农队占土地面积共 11029.4 亩，其中，工资田 1220 亩、口粮田 941.3 亩、林转耕 525 亩、新垦 566 亩、退耕还林 5138 亩。主要种植玉米、水稻、红薯和小杂粮，经济作物有香紫苏、水果、蔬菜等。

    2017 年年底，延安市国土局成立国有农场土地权属调查和土地测绘工作组，对农场土地进行实地测绘，共测绘土地面积 29157 亩。2018 年 4 月 12 日，市国土局组织召开农场国有土地确权登记发证现场会，确权发证面积 15980 亩。经调阅历史资料、实地勘测核查，南泥湾农场土地面积 24984 亩，与 2016 年上报土地面积 44615 亩相差 19631 亩，申请核减。至 2020 年，南泥湾农场国有土地确权发证面积 27881 亩，其中农用地 27028 亩、建设用地 853 亩。南泥湾农场 1966—1996 年土地面积及粮食产量见表 2-3-1。

表 2-3-1　南泥湾农场 1966—1996 年土地面积及粮食产量统计表

年份	土地面积		粮食生产		
	总耕地面积（亩）	总播种面积（亩）	播种面积（亩）	亩产（公斤）	总产量（万公斤）
1966	30000	26057	20237	41.50	83.98
1967	26000	12551	10052	10.00	10.05
1968	26000	1285	786	31.50	2.48
1969	12704	12704	11356	52.00	59.05
1970	7962	7962	6537	38.50	25.17
1971	10310	6310	4798	96.00	46.06
1972	10310	9308	7027	113.50	79.76
1973	9308	8776	6668	111.50	74.35
1974	9308	8926	7697	99.00	76.20
1975	20588	9606	7642	175.50	134.12
1976	20588	15858	12672	101.50	128.62
1977	23006	3117	2144	133.50	28.62
1978	23006	2833	1408	153.50	21.61
1979	23006	2900	2100	175.50	36.86
1980	23006	3300	2000	203.50	41.70
1981	23006	3700	2200	100.50	22.11
1982	23006	3600	1800	161.50	28.07
1983	23006	3300	1700	209.50	35.62
1984	23813	4000	3068	260.50	79.92
1985	23813	3980	2803	198.00	55.50
1986	23813	3500	3100	125.50	38.91
1987	23813	4500	3648	180.50	65.85
1988	23813	4967	3341	160.00	53.46
1989	23813	4100	3000	170.00	51.00
1990	23813	4100	2770	280.00	77.56
1991	23813	4100	2800	191.40	53.59
1992	23813	4100	2500	242.40	60.60
1993	23813	4095	2850	218.00	62.13
1994	23805	4421	2550	251.00	64.00
1995	23805	4067	3345	194.00	64.89
1996	23805	4695	3165	214.80	67.98

（二）农场农队土地分布

农一队位于九龙泉川的东南方向，距阳湾场部 3 千米，土地面积 572.5 亩，其中：工资地 73 亩、口粮地 52 亩、机动地 99 亩、开发地 10.5 亩、林转耕 34 亩、新垦地 29 亩、水转耕 1 亩、用材林 10 亩、水地 97 亩、沟条地 20 亩、零星地 15 亩、无水 85 亩、居民点 15 亩、道路 30 亩、厂矿 2 亩。

农二队位于南盘龙川阳面，距阳湾场部 3 千米，土地面积 1014.8 亩，其中：工资地 154.7 亩、口粮地 96 亩、林转耕 62 亩、新耕地 4 亩、退耕还林 424 亩、果园 30 亩、用材林 98 亩、水地 40 亩、居民点 40 亩、道路 17 亩、菜地 2.5 亩、零星地 46.6 亩。

农三队位于九龙泉川西南方向，距阳湾场部 5 千米，土地面积 754 亩，其中：工资地 49 亩、口粮地 109 亩、机动地 70 亩、林转耕 171 亩、退耕还林 125 亩、零星地 190 亩、居民点 15 亩、道路 25 亩。

农四队位于南阳府川东北方向，距阳湾场部 2 千米，土地面积 334.2 亩，其中：工资地 51.2 亩、口粮地 85 亩、林转耕 43 亩、退耕还林 3 亩、用材林 2 亩、水地 100 亩、无水地 20 亩、居民点 20 亩、道路 10 亩。

农五队位于南泥湾镇街区南北两侧，和场部相邻。土地面积 1598.6 亩，其中：工资地 245.6 亩、口粮地 96.5 亩、机动地 233 亩、开发地 5 亩、林转耕 50 亩、新耕地 46 亩、退耕还林 130 亩、用材林 20.5 亩、水地 172 亩、山地 200 亩、沟条地 100 亩、居民点 180 亩、道路 55 亩、广场 10 亩、厂矿 55 亩。

农六队位于南阳府川东北方向，距阳湾场部 12 千米，土地面积 1719.7 亩，其中：工资地 305 亩、口粮地 155 亩、机动地 24 亩、开发地 24 亩、林转地 84 亩、新垦地 373 亩、水转耕 20 亩、退耕还林 372 亩、用材林 5.7 亩、水地 10 亩、山地 200 亩、居民点 50 亩、道路 50 亩、厂矿 40 亩、菜地 7 亩。

农七队位于南阳府川东北方向桃树湾，距阳湾场部 4 千米。土地 1268.6 亩，其中：工资地 125.1 亩、口粮地 104 亩、机动地 64.5 亩、开发地 95 亩、林转耕 20 亩、新垦地 76 亩、退耕还林 373 亩、水地 50 亩、山地 300 亩、居民点 40 亩、道路 15 亩、广场 6 亩。

农八队位于南阳府川西北方向王庄前，与农七队接壤，距阳湾场部 6 千米。土地 2101.2 亩，其中：工资地 86.4 亩、口粮地 47 亩、机动地 217.8 亩、开发地 58 亩、林转耕 16 亩、新垦地 8 亩、退耕还林 494 亩、荒山造林地 1000 亩、水地 100 亩、居民点 34 亩、道路 40 亩。

农九队位于九龙泉川西南方向，距阳湾场部 8 千米。土地面积 520 亩，其中：工资地 8 亩、口粮地 46 亩、机动地 121 亩、开发地 25 亩、林转耕 15 亩、新垦地 21 亩、退耕还林 220 亩、川地 4 亩、山地 30 亩、沟条地 10 亩、居民点 10 亩、道路 10 亩。

农十队位于马坊，距阳湾场部 5 千米。土地面积 1145.8 亩，其中：工资地 122 亩、口粮地 150.8 亩、机动地 82 亩、林转耕 30 亩、新地 9 亩、果园 510 亩、用材地 75 亩、居民点 60 亩、道路 43 亩、厂矿 64 亩。

二、产业结构调整

1941 年，八路军一二〇师三五九旅进驻南泥湾军垦屯田，贯彻执行以农业为第一位，工业与运输业为第二位，商业为第三位的方针。除了开垦耕地、发展畜牧业之外，推行兵工制度，发展多种经营，全面发展。

1965—1977 年，南泥湾农场兵团时期为国民经济计划时期，兵团生产均按国家计划执行。

南泥湾农场 1984 年经营体制改革以前，产业结构单一。1983 年，产值构成中，农业产值占 91.7%，工商业产值仅占 8.3%。在种植业中粮食种植面积占 80%，经济作物占 20%。1984 年，根据中央指示精神，全面实行类似农村的联产承包责任制（即家庭农场）。建立了 279 个家庭农场，把土地承包给职工，取消工资制，小型农机具和耕牛作价卖给职工。1985 年开始实行产业结构大调整。

（一）因地制宜，布局调整产业结构

1984 年，确立林业、养殖业、加工业 3 项主导产业和香紫苏、水稻、玉米、木器品 4 个骨干产品为发展重点。以设在延安市区的农垦综合服务和工副业公司为基地发展壮大工商业。川道连队重点发展粮食和经济作物；拐沟连队发展林牧业；场部所在地阳湾重点发展第三产业，加快建设商业一条街。当年，279 个家庭农场中，从事种植业的 251 个，从事养殖业的 9 个，从事工副业的 19 个。参加职工 422 人。1985 年，实有家庭农场 202 个。通过办家庭农场，工农业总产值上升到 82.5 万元，较 1984 年增加 36.8%。产业经济结构发生了较大变化，其中，作物布局发生了变化，向着增值、创收方向调整。经济作物占总播种面积比 1984 年翻了一番。经济结构发生了变化，在总产值的构成中，农业产值由 1984 年的 91.7% 下降到 51.5%，工业产值由 1984 年的 8.3% 上升到 46.7%；利润构成中工业、商业、经销、建筑上缴利润占利润总额的 73%，农业仅占 27%。职工收入和经济效益均有提高。202 个家庭农场中，有 30% 收入超过工资标准，50% 达到工资标准。1986 年，南泥湾农场农业公司调整作物布局，使经济作物占总播种面积的 23%，培育水秋、山桃、杜梨苗 120 多万株，其中销售 50 余万株。1987 年初步形成农工商运建、产供销一

条龙的经济格局。由围绕农业办工业转变为围绕市场办工业，由单一国营办厂转变为全民、集体、个体一起上，至年底，有国营厂 15 个，个体厂、店共 12 个；全民商业及服务网点 10 个共 41 人，个体商贩及服务点共 7 个。同时大力发展林牧业，制定优惠政策，以农工为主体，发动干部、家属植树造林。1989 年一次营造用材林 1000 亩。

1994 年，南泥湾农场调整作物种植结构，总播种面积中，经济作物 2633 亩，种植比例较 1993 年提高 47%，占总面积的 59%。扩大杂豆、药材、香料种植面积；发展牲畜饲养产业；推行科学种田，引进推广辽优 73 号杂交水稻获得成功，百亩面积平均亩产 450公斤，其中 4 亩亩产达 725 公斤。1995 年，制定《鼓励职工发展自营经济的若干规定》。引进果业开发户 33 户，一次营造经济林 3000 亩，并建成生态型百亩示范园。年底有种植户 210 户；畜牧养殖户 34 户；渔业养殖户 8 户，建立家庭鱼塘 29 个，水域面积 247 亩，全部投放鱼苗。粮食作物与经济作物面积比例为 53：47。1996 年粮经作物面积比例为 50：50。

21 世纪初，延安市政府为南泥湾制定"依托资源，面向市场，突出特色，择优开发，以农奠基，强农兴牧"的发展目标。2004 年，粮食播种面积由 2003 年的 1500 亩扩展到2100 亩，增加 40%。随着温饱问题的初步解决，种植业结构向着增值、创收方向调整，逐步加大香紫苏和豆薯杂粮种植面积。2006 年粮经面积比例为 1.1：1，有粮食作物 2200亩、经济作物 2000 亩。粮食总产量 79.5 万公斤，创农业产值 300 万元。2007 年，南泥湾农场所办经济实体，均因管理和政策等原因处于关停状态，工业总产值收入为 0。农场复以种植业为主。2009 年，粮食播种面积由 2008 年的 2300 亩扩大到 4000 亩，增加 74%。

2012 年，南泥湾农场启动设施农业示范园建设项目，以蔬菜基地、优化农产品生产基地、高标准农田、现代农业公共服务能力、休闲观光示范园、农业产业化水平提升为主要建设内容。建设 14 座蔬菜大棚；整理稻田 300 亩，增加水稻的种植面积，恢复南泥湾"好江南"景观；农六队的苗木繁育基地初具规模。2014 年，农场停止种植香紫苏。

2016 年，延安市政府打破南泥湾政府、农场、林场几个机构分而治之的局面，组建延安市南泥湾景区管理委员会。2018 年 9 月，注册成立延安市南泥湾农场有限责任公司（保留"陕西省延安市南泥湾农场"牌子）。2019 年 12 月，南泥湾农场与延安南泥湾开发区发展（集团）有限公司重组成立延安南泥湾（集团）有限责任公司。全面负责南泥湾开发区的投资开发建设及后期管理运营等工作。公司产业布局为农文旅康＋科技＋国防教育＋应急产业。围绕"红色南泥湾、陕北好江南"的总体定位，以军垦、农垦文化和自然生态资源为依托，以红色教育、文化旅游、现代农业和特色小镇为主导，以南泥湾镇为核心，带动周边区域开发建设和经济社会发展，形成南泥湾大景区核心区、带动区和辐射区，将南泥湾开发区建设成为集红色旅游、教育培训、生态休闲、农耕体验为一体的一二三产业融合发展的旅游集聚区。

教育培训：成立教育培训中心，建成农垦、军垦培训基地，与市委党校、干部学院等机构合作教学，利用南泥湾品牌优势和丰富的红色旧址等资源优势开展培训，累计培训学员近万人。与中兵集团合作，以桃宝峪区域为核心，打造国防教育小镇。建设"一带两基地"，即应急食品研发及服务带，国家基层应急能力建设培训基地、国际应急安全体验基地。

旅游：成立旅游公司，对建成的游客服务中心等公共区域进行管理运营，开发南泥湾精品旅游项目。

（二）创办工商企业

1984年以前，南泥湾农场的主要农、牧产品属于国家统购统销范围，除自用外，按照国家规定交售给当地有关商业部门。农场生产的粮食除自用的口粮、种子和饲料以外，全部交售给当地国家粮库，粮食部门按国家统一牌价收购。1979年开始，实行超任务加价收购。陕西省农垦局对每个农场核定交售基数，超交部分加价50％。1985年取消交售基数，每交售1斤按1.35斤计价，即按倒三七的50％加价。商业方面农场此时仅有自给性的一些加工作坊、运输队、小商店，均为保本经营，亏损时由场里补贴。1985年，受无工不富、无商不活思想影响，创办工业、商业、经销、建筑、工副业5个经营性公司，构建农工商综合经营框架，工副业项目发展到23个。投资60多万元在延安建设农垦服务楼；投资12万元在延安七里铺建起农垦食品厂；投资11万元在阳湾和临镇设立百货及农副产品收购门市部。1989年在南泥湾兴办木器加工厂，投资65万元建起农垦机砖厂。至1989年工商业固定资产投资110万元，商业零售额69.5万元，较1983年翻了一番；工商业产值28万元，较1983年增长38.4％。1993年投资88万元建起水域面积127.8亩的水产养殖公司。1996年，创办龙泉石油开发有限责任公司。1998年，与省节能公司、省轻工研究院合资成立陕西省中天香料有限公司。至年底，农场有农业公司、农垦综合服务公司、农垦建筑公司、光华木器厂、劳动服务公司、龙泉石油开发有限责任公司等13个经济实体。工商业产值520万元，占总产值68.42％。南泥湾农场1996年工商业基本情况见表2-3-2。

表 2-3-2 南泥湾农场 1996 年工商业基本情况表

机构名称	注册资金（万元）	经营面积	从业人员（人）	经营方式	经营范围	年产值（万元）	备注
农垦光华木器厂	50	6000平方米	76	加工销售	主营：木器、木材、加工沙发、工艺品	182	产销门市部3个分厂

（续）

机构名称	注册资金（万元）	经营面积	从业人员（人）	经营方式	经营范围	年产值（万元）	备注
建筑工程公司	80	600平方米	40	个体承包	主营：修建住房、楼房、兼预制砖瓦	24	
农垦综合服务公司	90	2500平方米	25	收购、批发、零销、服务	农副产品购销、食品加工	39	厂址延安南关
农垦劳动服务公司	72		25	收购、零销、服务	综合产地购销、房地产管理	49	
龙泉石油开发公司	102	3平方千米	40	开发销售	石油产品开发、销售		新建
水产养殖业公司	20	127.5亩	8	销售	渔业养殖、销售	7	

注：表中部分数据缺失。

1986—2007年，南泥湾农场多次尝试调整产业结构，建立农工商综合经营、农林牧全面发展的经济结构。至2007年，所办经济实体，均因管理和政策要求等原因处于关停状态，工业总产值收入为0，企业职工分流转产为农业工人。

三、农业基础设施建设

南泥湾农场兵团时期，经常在冬季农闲时组织干部职工进行农田基本建设，开展大会战、平整土地、建设渠系等农业基础设施建设，其间，兵团战士数人因冬季冻土塌陷而不幸遇难，将他们的青春和热血永远留在了南泥湾这块土地。1970年11月至1971年共组织了8期全团性的大会战，出工6800个工日。完成土石方11.3万立方米，修建排灌渠道12.3千米，加修水坝2座，筑淤地坝1座，扩大稻田面积580亩，修水平梯田120亩。在阳湾区域搬掉3座大沙包，填平8亩左右的烂泥塘，平整出稻田66亩。实现稻田条田化，水利灌排自流化，兵团一连、二连、五连平整土地2000多亩。1974年冬季，省农建师5团开展大会战，485人参加会战，至1975年元月，完成土方28.9万立方米（图2-3-1）。

1990年，南泥湾农场农业综合开发实施新增耕地面积、改造中低产田计划，开垦农田3000亩，改造中低产田4000亩。1994年，加强农业基础设施建设。春秋两季组织2次大会战，全场总计上劳687人次，投工2198个，完成土方量12219立方米，平整土地120亩，开挖排水渠系6127米，改变多年来未进行农田基本建设的局面。

1999年，南泥湾农场实施八连沟生态环境建设项目。八连沟流域面积43.3平方千米，其中水土流失面积13.6平方千米，年侵蚀模数500吨/平方千米。流域内有农场2个

图 2-3-1　20 世纪 70 年代，兰州军区建设兵团第 40 团平整土地大会战现场

农队，人口 486 人。有农耕地 1300 亩，占总面积的 2.0％；林地 43250 亩，占总面积的 66.6％；山坡荒草地 20000 亩，占总面积的 30.8％；荒沟地 400 亩，占总面积的 0.6％。流域内有基本农田 105 亩，人工林 350 亩（其中经济林 99 亩），已治理面积 455 亩，治理程度 0.7％。项目规划建设农业用地 2555 亩，其中基本农田 1255 亩；在保护好现有林地基础上，新栽刺槐 1000 亩、仁用杏 300 亩；新增林地面积 1300 亩，占总面积的 2.0％；发展牧业用地 16495 亩，其中，人工种草 1000 亩，封山退耕还草 15495 亩。项目内容为修建水平梯田 1000 亩，建防洪淤地坝 4 座，可淤地 30 亩；在主沟道修建清水陂塘 1 座，蓄水量 3 万立方米，修建排洪渠 5 千米，新增沟台地 200 亩，山坡修反坡梯田 300 亩；流域内修复生产道路 10 千米，建桥涵 5 座。工程计划分两期完成。总投资 117 万元，其中，国家投资 70 万元，地方配套 30 万元，农场自筹 17 万元。8 月 18 日开工建设一期工程，12 月 19 日完工。完成投资 24.92 万元。流域治理土地总面积 423 亩，其中，新开发治理土地 127 亩，改造平整土地 296 亩；开挖排洪渠 473 米，打拦洪坝 6 座，动用土方 2415 立方米；修路 1213 米，推土峁 6643.35 立方米。2000 年，开始流域治理二期工程，累计治理面积 13.2 平方千米，治理程度 31.2％，整个流域治理面积达 97.8％（含原森林覆盖率 66.6％）。

2003 年，完成以工代赈淤地坝碾压土方 4300 立方米，排水渠浆砌石方 570 立方米。

2013 年 3 月，根据《国土资源部财政部〈关于支持陕西省延安市治沟造地土地整治重大工程的函〉》精神，经陕西省国土资源厅同意，延安市和陕西省土地工程建设集团达成战略合作协议，对南泥湾土地进行大规模综合整治。项目总建设规模为8800余亩，包括阳湾沟、九龙泉沟2个子项目。以"集中连片、配套齐全、稳产高产、持续高效"为设计理念，在注意生态保护的同时，结合南泥湾红色旅游特色，将该工程打造成生态民生工程、整治示范工程和治沟造地样板工程。实施土地平整工程、灌溉与排水工程、田间道路工程、农田防护与生态环境保护工程等。合理调整项目区种植结构，恢复核心区域稻田，打造景观农业基地，重现南泥湾"陕北好江南"风貌。2015年4月，土地整治项目完工。通过项目实施，有效增加耕地面积，改善农业生产条件和生产效率，提高了粮食产量（玉米产量从原来的亩产300公斤增至500公斤，水稻产量从原来的亩产200公斤增至400公斤），农民收入也大幅增加。增产增收的同时，有效带动了当地红色旅游业的发展。

第二节 种 植 业

1965年，农建师141团成立后，下设11个连队，机耕队在南泥湾主要种植玉米、水稻、谷子等农作物。1970年，落实兰州军区党委提出的粮、油、菜、肉自给有余任务，增强部队战斗力、加强战备。军区下发《农建师部队业余生产管理办法》，要求各部队养猪、种菜、种饲料，解决连队（机关）蔬菜、肉食问题，做到肉、菜自给。当年，兰州军区建设兵团14师第40团做到粮食自给。同时在大荔沙湾移民库区种植小麦、油菜，解决了农场吃细粮问题。1972年开始发展香料作物香紫苏种植，后期成为农场的主导产业之一。

1977年，南泥湾农场交由地方管理后，依托科学技术的不断进步，亩产和总产不断提高。1984年实行家庭农场制，农场对农业生产由行政指挥型转变为领导服务型，从管理转为指导协调，种植业品种结构随市场需求向着增值、创收方向调整。2017年，南泥湾农场与北大荒农垦集团绥滨农场共同打造现代农业示范基地。水稻种植的平整土地、插秧收割、脱粒全部采用机械化。2019年种植水稻1000亩，其中，与北大荒农垦集团合作种植水稻650亩。

一、谷物种植

（一）玉米

玉米是南泥湾农场的主要种植作物。1972年年底，兵团科研组、生产股建议引进推广玉米杂交品种，初期亦有人认为南泥湾森林多、气温低、无霜期短，不宜推广杂交种。1973年，生产股引进玉米武单早、陕玉683、白丹4号等杂交品种进行试种。全团玉米亩产由1972年的87公斤提高到114公斤，增产31％，其中九连70亩玉米丰产田亩产257公斤，团科研组10亩玉米亩产675公斤。1974年，在全团推广种植玉米杂交种，其中有25亩地亩产过500公斤，科研组85亩地亩产365公斤，证明杂交玉米在南泥湾农场具有高产优势。1975年，玉米播种面积1306亩，总产22.86万公斤，平均亩产175公斤。1976年，玉米播种面积1112亩，总产12.01万公斤，平均亩产108公斤。

1977—1981年，由于粗放式耕作管理，玉米亩产下降，徘徊在100公斤左右。1981年，农八队个别田块玉米出苗率仅有40％，亩产100余公斤。

1982年，农场推广"三肥垫底一炮轰"的玉米栽培技术，即农家肥、氮肥、磷肥配比做种肥，一次性施入垄沟后下种覆土镇压。同时大面积推广耕牛中耕技术，提高肥料利用率。在农六队首先推广大垄沟种植玉米，机械开沟、人工点种。行株距为80厘米×40厘米，每亩基本苗2000株左右，深开沟浅覆土，播后镇压，保证全苗。推广中单二号玉米杂交品种，亩产大面积500公斤以上。

1984年，南泥湾农场大面积实行玉米垄沟种植，全场生产玉米50多万公斤，亩产300公斤，占粮食总量的三分之二。1986年，播种粮食作物3064亩，其中，玉米1282亩；粮食总产量39.59万公斤，其中，玉米19.32万公斤。1987年，种植1200亩垄沟玉米，品种为中单2号和户单1号。1990年，南泥湾农场玉米、水稻等主要农作物实现良种化。种植垄沟玉米700亩，平均亩产419公斤；地膜玉米100亩，亩产达611公斤，其中农四队的7亩地膜玉米亩产达865公斤。1991年，开展创纪录田活动，种植15亩创纪录玉米田，亩产650公斤。

1990—2000年，由于玉米的经济比较效益低（1亩香紫苏可收入300元，1亩玉米仅收入160元左右），农工种植玉米的积极性不高，拐沟连队出现弃耕土地现象。2005年，南泥湾农场种植玉米1000亩。2006年，春季播种玉米1200亩，推行化学除草技术实验成功，实现耕翻、脱粒机械化。

2008年，推广单粒机械播种，每亩下种1.2公斤、4400粒左右，行株距60厘米×27厘米，保苗4000株左右。同时，采取"三肥垫底一炮轰"和化学除草技术，玉米平均亩产750～800公斤，最高亩产1050公斤。2010年，玉米耕作多数采取机耕、机播、机施肥，省种、省工、出苗齐；品种主要有先锋32D22，先玉335、252，户农406等。2012—2014年，全场种植玉米近4000亩，种植品种主要是强盛101、先玉335等，亩均产量500～700公斤。随着南泥湾城镇的建设开发，玉米种植面积逐年减少。2019—2020年，南泥湾农场玉米播种面积 2250 亩，平均亩产 650～750 公斤。南泥湾农场 1966—1978 年玉米播种面积及产量见表 2-3-3。

表 2-3-3　南泥湾农场 1966—1978 年玉米播种面积产量表

年份	面积（亩）	亩产（公斤）	总产（万公斤）
1966	7068	69.5	49.12
1967	4193	11.5	4.82
1968	475	35.5	1.69
1969	5207	82.5	42.96
1970	3536	45.5	16.07
1971	2622	82.0	21.50
1972	1061	87.0	9.23
1973	861	114.0	9.82
1974	1125	98.5	11.08
1975	1306	175.0	22.86
1976	1112	108.0	12.01
1977	694	109.0	7.56
1978	685	115.0	7.88

（二）水稻

南泥湾的水稻种植始于 20 世纪 40 年代。之前因南泥湾无霜期短，当地无人种过水稻。1942 年，三五九旅供给部主任罗章从江西引进稻种，在四支队和 719 团种植；三五九旅教导营营部炊事班四川籍战士李林、张全在金盆湾小金沟开 9 亩水田，试种水稻，至秋天获得丰收。1944 年，南泥湾水稻种植面积发展到 200 多亩，因此，被誉为"陕北的好江南"，稻田也成为"陕北好江南"的代表符号。

1965 年，南泥湾劳改农场迁场后，将所种植稻田移交农建师 141 团。1966 年，兵团沿用劳改农场直播或大苗移栽方式种植。水稻品种为当地冷水红，不耐肥，不适宜密植，抗稻瘟病能力差，丰产性能低。种植水稻 2911 亩，总产 11.94 万公斤，亩产 41 公斤。

1967—1968 年，受"文化大革命"影响，兵团职工大多外出串联或回家，农场正常生产无法进行，粮食作物种植面积减少。1968 年，仅种植水稻 45 亩，总产 0.19 万公斤，亩产 42 公斤。1969 年，农场实行军管后恢复正常生产。先后引进水稻塑料薄膜冷床育秧、小苗带土移栽、使用化学除草等栽培管理技术，水稻种植面积逐步扩大。

1971 年，兰州军区建设兵团第 40 团淘汰冷水红水稻品种，推广种植农垦 21 号、京越 1 号、金秋、公交 12 号等新优良品种和小株密植技术。当年种植水稻 1290 亩，总产 21.61 万公斤，平均亩产 167.5 公斤，比 1970 年亩产 81.5 公斤增长 1 倍多。其中，种植水稻丰产实验面积 65 亩，总产 2.4 万公斤，平均亩产 370.5 公斤。1972 年 8 月，兵团成立科研组。当年全团插秧面积 1228 亩，实收面积 1109 亩，亩产 197.5 公斤。1973 年，有地块实现亩产 400 公斤（图 2-3-2）。1974 年，兵团科研组引进东北早丰等水稻良种品系 82 个，同时在全团开展丰产田实验，提出水稻亩产"过黄河"（亩产 300 公斤）、"跨长江"（亩产 400 公斤）目标。农场技术员杜民生提出采用早种植（延长无霜期，生长期）、早除草（化学除草）、分蘖期排水晒田（控制分蘖，深扎根）、后期稻田水不低于 5 厘米（保持水温，护根）、生长期喷 3 次二钾肥等措施，当年，五连 75 亩水稻平均亩产 529.5 公斤，陕西农情以"发扬南泥湾精神，水稻亩产过千斤"为题对此报道。五连被评为全省"学习毛泽东思想先进单位"。

图 2-3-2　1973 年，兰州军区建设兵团第 40 团水稻亩产 400 公斤，水稻脱粒现场

1977 年，农建师 5 团大多数职工调往渭南垦区，职工人数由 1401 人减少至 480 人，水稻种植面积逐年下降，1978 年缩减至 500 亩左右。

1983 年，中共延安地委书记郝延寿、副专员薛志勇（主管农业）重视和支持水稻生产工作，在地区水稻会议上做出重要指示。农场从榆林聘请水稻种植技术员，引进水稻优良品种京引 39，引进推广旱育卷秧、三早一密（早育、早播、早追肥，合理密植）技术和化学除草剂杀草丹、扑草净、二甲四氯。旱育卷秧首次在农四队、农五队取得成果，每亩用种量 14 斤，较水育每亩用种 30 斤节省一半多，且旱育卷秧生根快，缓苗快，长势好，分蘖强，增产幅度 20% 以上。当年种植水稻 600 亩。1984 年，农场推广水稻化学除草，卷秧育苗。种植水稻 900 亩，总产 31.5 万公斤，亩产 350 公斤。为恢复稻田生产，鼓励户口不在农场的家属开垦稻田，实行"谁开垦谁管理谁受益"政策，发展水稻种植大户。凡种植稻田在 10 亩以上的农工，奖励手摇插秧机 1 台。当年出现鱼振海、张树德等种稻大户。1986 年，种植水稻 891 亩。1987 年 9 月 21 日，农场遭受持续 20 多分钟的雹灾袭击，受灾面积达 3000 多亩，其中水稻 600 亩、秋杂粮 2600 亩，因灾造成减产 10 万公斤左右。

1989 年 9 月，中共中央政治局常委、中共中央委员会总书记江泽民视察南泥湾时，曾亲自下到稻田观看水稻长势。

1990 年，延安地区在全区推广东北早播、旱育，稀播、稀植技术。南泥湾农场种植旱育稀植水稻 143 亩，平均亩产突破千斤。农四队队长兼农技员马合富，农五队郑进强、惠国林试种旱育稀植水稻，平均亩产 500 公斤以上，其中惠国林种植的旱育稀植水稻亩产达 600 公斤。1991 年，种植水稻 800 亩，其中，推广种植旱育稀植水稻 500 亩，在春遭低温冷害、秋遇暴发性虫害情况下，亩产 350 公斤；开展创纪录田活动，种植 15 亩创纪录水稻田，亩产 600 公斤；带动南泥湾全镇水稻种植面积扩大到 2000 亩，水稻种植成为南泥湾地区的主导产业。

1993 年种植水稻 708 亩。1994 年，农场引进推广辽优 73 号杂交水稻获得成功，平均亩产 450 公斤，其中 4 亩亩产达 725 公斤。1998 年，种植水稻 500 亩。此后，由于水稻种植生产多为手工操作，耗时费力，劳动强度大，与种旱地相比较，效益较低；加之稻田管理落后，田埂杂草丛生，水稻种植面积逐年萎缩，大面积改为旱地，种植玉米或其他旱地作物。

2004 年，农场重新引进优质水稻品种，改进耕作管理制度，建立"南泥湾牌"绿色大米生产基地。2005 年，种植水稻 300 亩。2009 年，稻田面积减少至 200 亩。10 月农场组团赴黑龙江北大荒和辽宁宝力农场考察水稻种植生产技术。2010 年，南泥湾农场被宝塔区确定为南泥湾小杂粮——绿色水稻生产基地。

2011 年，南泥湾农场从榆林引进试验成功软盘育秧技术和机械插秧技术，水稻种植实现机械化生产。原来人工插秧，每人每天只能插秧 0.4～0.5 亩，采用插秧机 1 天可插秧 30～40 亩。

2012 年，将稻田承包给高玉峰个体种植经营。2013 年，争取省市土地部门稻田整理项目，同时实施省农垦局批准的农田水利基础设施建设项目。农五队的 1000 亩稻田，通过土地平整改造，选用优良品种（榆林、宁夏调回 LQ-1），拱棚软盘育秧、使用有机肥等先进技术和机械插秧、机械收割等手段，统一技术措施，大幅度降低劳动强度，水稻生产周期较常年缩短 7～15 天。产量达到 500 公斤以上，恢复了南泥湾"好江南"景观。

2017 年，北大荒农垦集团绥滨农场在南泥湾农场种植水稻，平整土地、插秧收割、脱粒等全部采用机械化。2019 年，水稻种植面积恢复到 1000 多亩，其中，与北大荒农垦集团合作种植水稻 650 亩。

2020 年，沿汾川河两岸恢复、整理 280 亩水稻田，并将小块稻田改为大块稻田。夏季种植水稻、冬季改为稻田冰场，供游客溜冰游玩。南泥湾农场 1966—1978 年水稻播种面积产量见表 2-3-4。

表 2-3-4   南泥湾农场 1966—1978 年水稻播种面积产量表

年份	种植面积（亩）	亩产（公斤）	总产（万公斤）
1966	2911	41.0	11.94
1967	361	50.0	1.81
1968	45	42.0	0.19
1969	413	127.0	5.25
1970	765	81.5	6.23
1971	1290	167.5	21.61
1972	1228	197.5	24.25
1973	1184	271.0	32.09
1974	1073	283.0	30.37
1975	1056	247.0	26.08
1976	799	225.0	17.98
1977	664	261.0	17.33
1978	517	222.5	11.50

附：发扬南泥湾精神，水稻亩产过千斤

陕西省农建师 5 团五连从 1971 年开始，在乱石滩开垦稻田，第一年亩产 580 斤。1972 年，亩产提高到 650 斤。1973 年春，五连职工开展平整土地，大抓积肥，选育良种，科学管理。被群众誉为"钢铁大嫂班"的八班，克服年龄大、疾病多、拖累重等困难，坚持业余积肥。插秧后正值分枝期。南泥湾连续 1 个多月没有下雨，渠道断流，地皮干裂。五连职工上下动员，不分昼夜抽水灌溉，并将所有田块进行松土查苗补苗，保证每亩土地秧苗在万株以上。党支部书记唐天长，虽身患严重克山病，依然带头挑水抗旱，群众赞扬他："五连群众身上流多少汗，领导身上也流多少汗，群众身上有多少泥，领导身上也有多少泥。"当年，五连水稻平均亩产获得 800 斤的高产。1974 年，在无霜期 120 多天的气候条件下，五连 75 亩水稻平均亩产 1059 斤，比 1973 年增产 26％，其中干部试验田八亩五分，平均亩产 1211 斤，最高亩产达 1413 斤（小块测产）。陕西农情以"发扬南泥湾精神，水稻亩产过千斤"为题做了报道。

注：依据《陕西农情》资料及南泥湾农场场长助理邢丹东回忆整理。

（三）谷子

谷子是陕北地区的传统作物和主要粮食作物。南泥湾地区种植谷子的气象灾害主要是雨水多，谷子扬花灌浆季节易造成灌花，致使谷子空壳率高，造成减产；主要病害有黑穗病、白发病；虫害有粟灰螟（俗称黏虫）、地老虎和蝼蛄（俗称拉拉蛄）。扬花灌浆期时，麻雀成群，危害严重。南泥湾农场随着各年旱象程度不同，谷子种植面积时多时少不稳定。总的趋势是面积愈来愈小，产量逐年增加。

20 世纪 40 年代，由于战争年代的特殊需要，谷子曾因其耐旱、抗灾，适应性强，易于储藏等特点而成为主粮。当时的干部供给、补贴都是以"小米"来计算的。毛泽东主席的"我们所依靠的不过是小米加步枪"名言，使小米成为延安的一个象征。当时南泥湾大生产运动期间，三五九旅在南泥湾垦区主要种植谷子。由于初开垦的土地比较肥沃，亩产可达 50 公斤有余。

20 世纪 60 年代，农建师 141 团在南泥湾主要在山坡地带种植谷子，且广种薄收，平均亩产只有 10～25 公斤。产量最低为 1970 年，亩产仅 10.5 公斤。

1970 年后，全国风行种植"两杂"（杂交玉米、高粱）。谷子、小麦、豆类被冠以"低产"之名，杂交品种升为"主粮之重"，谷子种植面积大幅减少。1971 年种植面积由上年的 1186 亩减为 308 亩。1972 年，在川台地种植谷子 30 亩，平均亩产达 323.5 公斤。1973 年，山地种植谷子 683 亩，亩产 53.5 公斤。至 1977 年，种植面积逐年下降为 200 亩左右。1978 年后，因农场喂养骡马数量减少（谷杆为骡马的主要饲草），谷子种植面积相应减少。

1984 年，实行家庭农场后，推行山地水平沟耕作种植技术和晋汾 69 优良品种，山坡地谷子亩产提高 150～200 公斤。随着温饱问题的初步解决，种植业结构向着增值、创收方向调整，加之山地种植谷子效益低，南泥湾农场谷子种植面积逐年缩减，徘徊在 200～300 亩。主要种植品种为晋谷 21（香米），加工的"延安香米"，为延安地区小米走向全国市场的主打产品。1992 年曾获中国农博会银质奖；1993 年获省科技交易会金奖；1994 年获中国杨凌科技博览会"后稷金像奖"。2010 年后，农场谷子种植面积不足百亩。南泥湾农场 1966—1977 年谷子种植面积产量见表 2-3-5。

表 2-3-5 南泥湾农场 1966—1977 年谷子种植面积产量统计表

年份	种植面积（亩）	亩产（公斤）	总产（万公斤）
1966	3055	25.0	7.64
1967	1960		
1968	150	19.5	0.29
1969	2497	23.5	5.87
1970	1186	10.5	1.25
1971	308	11.5	0.35
1972	30（川台地）	323.5	0.97
1973	683	53.5	3.65
1974	506	15.5	0.78
1975	443	42.0	1.86
1976	253	39.5	1.00
1977	205	40.5	0.83

（四）小麦

1966 年，农建师 141 团在南泥湾种植小麦 4656 亩，总产 3.12 万公斤，平均亩产 6.5 公斤。1967 年种植小麦 2670 亩，当年，因受春旱和黄矮病流行影响，总产 3.33 万公斤，平均亩产 12.5 公斤。当时流行着"小麦不下川"的说法，农建师 141 团一度对小麦的生产前景感到茫然，1969 年，小麦播种面积大幅减少至 202 亩。

1971 年，兰州军区生产建设兵团向师部请求，获批在大荔沙苑建立一个小麦生产基地，在仁义湾分配给第 40 团 4000 亩耕地（后改称省农建师 5 团库区生产点），派遣职工种植小麦、油菜，以解决全团人员的面粉、食用油供给。基地耕、播、收全程机械化。1972 年，生产基地种植小麦 4000 亩，总产 40.2 万公斤，亩产 100.5 公斤。1973 年，种植小麦 3500 亩，亩产 73 公斤。1974 年，种植小麦 4700 亩，亩产 68.5 公斤。1975 年，种植小麦 4020 亩，亩产 193 公斤。1977 年 1 月，撤销陕西省农建师，2 月成立渭南地区农垦局，农建师 5 团库区生产点移交渭南地区农垦局管理，与南泥湾农场脱离关系。1977 年，南泥湾农场种植山地小麦 300 亩，总产 0.09 万公斤，亩产 3 公斤。此后，因产量过低，农场停止种植小麦。南泥湾农场 1966—1977 年部分年份小麦种植面积产量见表 2-3-6。

表 2-3-6 南泥湾农场 1966—1977 年部分年份小麦种植面积产量表

年份	种植面积（亩）	亩产（公斤）	总产（万公斤）
1966	4656	6.5	3.03
1967	2670	12.5	3.34

（续）

年份	种植面积（亩）	亩产（公斤）	总产（万公斤）
1969	202		
1972	4000	100.5	40.20
1973	3500	73.0	25.55
1974	4700	68.5	32.20
1975	4020	193.0	77.59
1977	300	3.0	0.09

注：表中 1969 年数据部分缺失。

（五）高粱

南泥湾农场种植高粱主要发生在建设兵团时期，除个别年份外，种植面积基本稳定在 140～200 亩，平均亩产为 75～125 公斤。1972 年为种植面积最大的一年，达 453 亩，1976 年为种植面积最小的一年，仅 2 亩。产品主要用于酿酒和牲口饲料。1977 年后，因农场喂养骡马数量减少，至 2019 年，农场再未种植高粱。2020 年，南泥湾（集团）公司农业公司在金砭、马坊及金庄等村种植高粱 2000 余亩，主要为山西酿酒企业提供原料。南泥湾农场 1966—1976 年部分年份高粱种植面积产量见表 2-3-7。

表 2-3-7　南泥湾农场 1966—1976 年部分年份高粱种植面积产量统计表

年份	种植面积（亩）	亩产（公斤）	总产（万公斤）
1966	140	10.71	0.15
1967	28		
1970	170	17.65	0.30
1971	170	132.50	2.25
1972	453	106.50	4.82
1973	195	118.00	2.30
1974	152	77.50	1.18
1976	2	150.00	0.03

注：表中 1967 年数据部分缺失。

二、薯类种植

（一）马铃薯

马铃薯是南泥湾农场的主要种植作物之一。从 1965 年建场后，主要在山地种植；川道种植的马铃薯，产量虽高，但水分大、淀粉含量少，不宜贮藏。因山地种植马铃薯运输困难，始终未能形成规模化生产，处于自给自足状态。

1975 年，南泥湾农场种植马铃薯 422 亩，总产 5.32 万公斤，亩产 126 公斤。1976 年种植 298 亩，总产 3.52 万公斤，亩产 118 公斤。至 1987 年逐年减少至 120 亩。此后，种植面积减少，亩产量提高，由 2000 年的近百亩减至 2012 年的 30 亩；2011 年，南泥湾农场从榆林引进马铃薯新品种，年亩产一直保持在 1500 公斤左右。

2013 年，在农场二连、六连发展红薯、马铃薯、辣椒等露地菜 760 亩。2014 年春，农场实施千亩露田蔬菜项目基地建设。2015 年，农场二连发展集中连片露地菜种植 1500 余亩，种植马铃薯等蔬菜。

后期，陕西种业公司在榆林毛乌素沙漠流转土地 2.2 万亩，建成 4 个大型农场，试种成功玉米、马铃薯。随着沙漠种植马铃薯的成功并进入延安市场，农场不再种植马铃薯，仅有农户个人零星种植，以自足为主。南泥湾农场 1975—2013 年部分年份马铃薯种植面积产量见表 2-3-8。

表 2-3-8　南泥湾农场 1975—2013 年部分年份马铃薯种植面积产量统计表

年份	种植面积（亩）	亩产（公斤）	总产（万公斤）
1975	422	126.0	5.32
1976	298	118.0	3.52
1977	210	132.5	2.78
1978	126	165.0	2.08
1984	110	600.0	6.60
1985	105	600.0	6.30
1986	115	700.0	8.05
1987	120	550.0	6.60
2000	80	1250.0	10.00
2001	60	1350.0	8.10
2002	60	1500.0	9.00
2003	60	1550.0	9.30
2011	40	1500.0	6.00
2012	30	1500.0	4.50
2013	50	1500.0	7.50

（二）红薯

2001 年前，南泥湾地区很少栽植红薯，仅为个人零星种植；且因产量低、口感差以及栽培技术等原因，被认为不适宜栽植红薯。

2002 年，南泥湾农场农六队职工霍晓斌从延长县买回种薯，改进耕作管理办法。他自己育苗，用鸡粪和猪粪等农家肥做底肥（鸡粪 500 公斤，猪粪 1000 公斤），试种 1 亩地，亩产达 2000 公斤，收入 2000 多元（每公斤 1 元），相当于种植 5～6 亩玉米。

2003 年，农六队有 24 户职工栽植红薯，种植面积扩大到 80 亩。为弥补农家肥的不足，每亩增施 15~20 公斤复合肥。当年总产近 19.2 万公斤，亩产 2400 公斤。南泥湾红薯因糖分含量高、水分适中，在延安红薯销售市场占有了一定的份额。

2004 年，南泥湾农场为支持红薯产业发展，拨款 3000 元，从省农科院引进番薯 6 号。农六队栽植面积达 100 亩，并扩大到宝塔区麻洞川乡胡屯、金盆湾等村。当年虽受伏旱，经农工采取抽水浇灌措施，红薯总产达到 20 万公斤，亩产保持在 2000 公斤左右，基本占领延安烤红薯市场。2006 年红薯栽植面积扩大到 150 亩。

2007 年，农场推进红薯产业化进程，红薯产业初步形成规模。红薯栽植以农场农六队为中心，辐射到周边南泥湾镇、麻洞川乡、柳林镇、川口等乡镇。栽植面积扩大到 1000 多亩，总产量达 200 多万公斤，出现市场饱和、红薯滞销问题。从 2008 年起，农场逐年减少红薯栽植面积，2010 年，南泥湾农场红薯栽植面积缩小到 100 亩，亩产 2350 公斤。至 2020 年，仅有农户个人零星栽植红薯，以自食为主。南泥湾农场 2002—2010 年红薯种植面积产量见表 2-3-9。

表 2-3-9　南泥湾农场 2002—2010 年红薯种植面积产量统计表

年份	种植面积（亩）	亩产（公斤）	总产（万公斤）
2002	1	2000	0.2
2003	80	2400	19.2
2004	100	2000	20.0
2005	100	2050	20.5
2006	150	1900	28.5
2007	450	2000	90.0
2008	400	2250	90.0
2009	200	2400	48.0
2010	100	2350	23.5

三、油料作物种植

延安地区传统油料作物主要是大麻（俗称小麻籽）、黄芥、芝麻等，产量低而不稳，遇有灾年，几乎绝收。南泥湾农场种植的油料作物主要为油菜籽、花生、大麻。1966—1983 年，油料作物种植主要是为农场职工按标准提供食用油。1984 年实行家庭农场改革后，油料作物种植为农户自给自足。

1966 年，农建师 141 团初建场时，因油菜籽不属当地传统油料作物，种植面积仅为 6 亩，亩产 67 斤；种植花生 8 亩，亩产 13 斤；种植大麻 1491 亩，亩产 1.27 斤。1966 年后，延安地区大力推广油菜籽种植。1970 年，兰州军区建设兵团第 40 团在南泥湾种植油菜籽 105 亩，亩产仅 12 斤；种植大麻 207 亩，亩产 8.7 斤。1972 年，兵团向师部请求获批在大荔沙湾建立一个小麦生产基地（后改称省农建师 5 团库区生产点），派遣职工种植小麦、油菜籽。南泥湾境域基本不再种植油料作物，仅个别年份种植花生共计 250 亩。1977 年大荔库区生产点交渭南农垦局管理后，1978 年，南泥湾农场种植油菜籽 177 亩，亩产仅为 2 斤。后期油料作物种植仅限自给自足。2010 年后，农业专业分工逐渐明确，农场没有生产油料作物的优势，很少有人种植。南泥湾农场 1966—1978 年油料作物种植面积产量见表 2-3-10。

表 2-3-10　南泥湾农场 1966—1978 年油料作物种植面积产量统计表

年份	油料种植面积（亩）	其中油菜籽种植		
		面积（亩）	亩产（斤）	总产（担）
1966	1542	6	67	4
1967	598	8		
1968	3			
1969	456			
1970	105	105	12	13
1971	667	314		
1972	234	134	9	12
1973	546	500	35	173
1974	20			
1975	970	700	167	1168
1976	1771	1521	27	412
1977	115			
1978	431	177	2	4

注：表中部分数据缺失。

四、豆类种植

大豆是南泥湾农场的主要种植作物，主要品种为黑豆和黄豆两大类。与其他粮食作物比较，种植面积起伏较大。因南泥湾属森林地区，野兔对大豆的危害严重，容易造成缺苗，成为制约南泥湾大豆生产的重要因素。兵团时期主要种植黑豆，用以保证骡马的饲料和生产豆制品。1966 年种植 1332 亩，总产 9.92 万公斤，亩产 74.5 公斤。1967 年，因"文化大革命"期间疏于田间管理，平均亩产仅有 3 公斤。1970 年后，强调种植高产作物，豆类种植面积逐年下降。1977—1983 年，农场大豆种植面积下降至百亩以内，加之在传统农业中，把豆类作为恢复地力的换茬作物，广种薄收，在产量上没有较高追求，平均亩产只有 15 公斤左右。

1984 年实行家庭农场改革后，引进大豆新品种，改进耕作技术，亩产达到 150 多公斤。1993年，种植豆类作物100亩。1995年，扩大豆类种植面积，以种植杂豆为主。1998年，种植豆类作物400亩。2005年，种植面积300亩。后期种植面积逐渐减少，2010—2018年，种植面积保持在40～60亩。南泥湾农场1966—1978年豆类种植面积产量见表2-3-11。

表2-3-11　南泥湾农场1966—1978年豆类种植面积产量统计表

年份	种植面积（亩）	亩产（公斤）	总产（万公斤）
1966	1332	74.5	9.93
1967	618	3.0	0.19
1968	108	21.0	0.23
1969	2381	16.5	3.93
1970	760	16.5	1.25
1971	408	6.5	0.27
1972	255	13.5	0.34
1973	217	19.5	0.42
1974	141	20.5	0.29
1975	395	10.0	0.40
1976	160	10.5	0.17
1977	65	12.5	0.08
1978	80	19.5	0.16

五、烟草种植

烟草原产于中、南美洲，栽培历史有四五百年。16世纪中叶（明万历年间），由南洋群岛传入中国。到清代已有较多种植，当时都是晒烟。20世纪初，日本、美国、英国烟商先后在中国山东威海、潍坊，河南襄城，安徽凤阳等地陆续种植烤烟。延安引入烟叶种植时间较长，俗称旱烟。据史料记载，当时种植的旱烟品种有"千斤塔""兰花烟"等，全为群众自用。陕甘宁边区政府时期，曾号召机关单位种植烟叶。据1943年11月24日《解放日报》报道，中直机关和军委机关收获烟叶30750斤；南泥湾三五九旅收获烟叶17700斤。

中华人民共和国成立后，延安地区种植烤烟600亩，亩产仅16斤，总产值只有1900元；加之当时粮食生产尚未过关，烟粮比价偏低，故全区种植面积到1972年下滑到100亩，产值1.39万元，上缴税金0.6万元。1973年，延安地区农副公司科技人员杨成桩重新引进烤烟品种，在洛川、富县、宜川、延长等县大面积种植成功。烟叶品质被专家评定为"高不及云、贵，优于河南、山东"，并出口美国和意大利；加之1970年建成的延安卷烟厂需求量增大等原因，全区烤烟发展以每年2.36%的速度递增（年均增加11700亩）；

1986 年上缴税金首次突破千万元大关，达 1170 万元。1987 年，延安地区行署把烤烟列为四大主导产业之首（烟、果、羊、薯），发展烤烟生产。南泥湾农场在 1987 年开始种植烤烟。因与种植香紫苏比较，经济效益比价低，1989 年后停止种植。20 世纪 90 年代，延安卷烟厂实施定点种植烤烟，南泥湾附近村民种植收益较高。1997 年，农场发展烤烟 130 多亩。后期因种植面积扩大、收购等级要求高、利润下降等原因，南泥湾农场不再种植烤烟。

六、香紫苏种植

1970 年，中国从苏联引进香紫苏，将种子分配到兰州军区建设兵团第 40 团（南泥湾农场）、大荔农场（第 44 团）以及浙江省金华农场 3 个农场。1971 年初冬，兰州军区建设兵团第 40 团用分配的 5 斤种子试种 2 亩香紫苏。1972 年，香紫苏种植得到陕西省轻工研究所指导，产品质量好、产量高，被省轻工业厅上报为省轻工业部定点生产基地之一（时香紫苏生产点全国仅有 2 家，即南泥湾农场和大荔农场），开始发展香紫苏生产。1973 年种植面积 116 亩。始建蒸馏锅炉，提炼香紫苏精油。当年提炼香紫苏精油 33 公斤，交陕西省轻工业研究所代销。此后，香紫苏种植、生产加工成为兵团农业生产一项主导产业，销售渠道由陕西省轻工研究所计划把控。1974—1978 年，南泥湾农场香紫苏种植面积分别为 210 亩、500 亩、540 亩、511 亩、400 亩。1982 年，农场香紫苏种植面积突破 1000 亩，产油 1065 公斤，产值 30 多万元。

1983 年以后，农场经营体制改革，家庭农场建立，因个体加工香紫苏精油困难等原因，香紫苏种植面积回落，单位面积产量徘徊在 0.6～0.7 公斤。

1989 年，根据南泥湾农场土地严重缺磷状况，采取每亩增施磷肥 50 斤措施，种植面积 230 亩，产油 250 公斤，平均亩产精油 1.1 公斤；总产值 10.9 万元，亩产值 473 元。1990 年，种植香紫苏 1100 亩，其中，丰产香紫苏田 300 亩。生产精油 1910 公斤，平均亩产 1.91 公斤，个别田块亩产超过 3 公斤，致使香紫苏精油产能过剩，出现短时间滞销。

1992 年，南泥湾农场制定禁止对外扩张香紫苏生产、销售种子、提供香紫苏生产技术服务等规定，以保证香紫苏生产实现农场专营。1993—1994 年，香紫苏种植面积分别为 1580 亩、1085 亩。1995 年，紫苏种植面积下降为 328 亩。1996 年，种植面积为 823 亩。此后，香紫苏种植生产逐渐恢复正常。1997 年，调整作物布局，在稳定粮食作物种植面积基础上，指导职工扩大香紫苏种植，种植面积增加到 1400 多亩。1998 年，南泥湾农场与省节能公司、陕西省轻工业研究所合资注册成立陕西中天香料有限公司，开发利用香紫苏残渣萃取香紫苏浸膏。1998 年，作物总播种面积 4700 亩，其中香紫苏 2100 亩，粮经作物面积比例为1：1.2。不少职工到周边富县、宜川、洛川等地大面积承包土地种植香紫苏，职工收入大幅增加。其中，农六队有农工31户种植香紫苏，收入达26万元，户均收入8000多元；职工郝振军种植香紫苏30余亩，收入2.8万元。随着种植香紫苏经济效益的再次提高，南泥湾农场在60％的旱川地亦种植香紫苏。

2001年，农场经营科负责与职工和周边农民签订香紫苏种植合同；与南泥湾及周边县（区），包括洛川、甘泉、富县、宜川、黄龙等县乡种植户签订合同250份，种植面积达5000多亩。据统计，实际种植面积在万亩以上，年产香紫苏精油10吨以上，香紫苏残渣1000多吨。2003年，南泥湾农场香紫苏播种面积2200亩，平均亩产精油1公斤，最高产量2公斤。2004年，香紫苏播种面积1000亩，产精油1800公斤、花渣13万公斤，总产值78万元。其中，农六队30户人，仅香紫苏一项收入30万元，户均1万元，最高户收入4万元。2005年，种植香紫苏2500亩。后期，因香紫苏种植经济效益可观，南泥湾农场周边农民开始大面积种植，农场的香紫苏产业失去垄断专营地位；加之继南泥湾农场香料加工厂之后，南泥湾区域又办起3个香紫苏浸膏厂，香紫苏种植、加工业迅猛发展。受市场调节因素影响，种植香紫苏经济效益急剧下滑，农场逐渐减少香紫苏种植面积。2006年，种植香紫苏2000亩，产鲜花100万公斤，总产值120万元。2007年，因管理和加工、销售市场等原因，中天香料公司加工厂处于关停状态。2014年，南泥湾农场停止种植香紫苏。南泥湾农场1971—2006年部分年份香紫苏种植面积见表2-3-12。

表2-3-12 南泥湾农场1971—2006年部分年份香紫苏种植面积统计表

年份	种植面积（亩）	年份	种植面积（亩）
1971	2	1993	1580
1973	116	1994	1085
1974	210	1995	328
1975	500	1996	823
1976	540	1997	1400
1977	400	1998	2100
1978	511	2003	2200
1982	1000	2004	1000
1989	230	2005	2500
1990	1100	2006	2000

七、蔬菜种植

1965年，农建师141团建立后，各连队、单位都有蔬菜班或专人种植蔬菜，解决内部吃菜问题，种植蔬菜面积在百亩左右。1970年，落实兰州军区党委提出的粮、油、菜、肉自给有余任务，各连队建立养猪场、蔬菜组、畜牧班保证职工生活所需。1977年，交由地方管理后，南泥湾农场蔬菜种植面积稳定在70亩左右。1984年，改革为家庭农场后，职工依据个人喜好种植蔬菜，自产自足，种植面积50亩左右。1996年，南泥湾农场种菜120亩，其中大棚菜1.3亩。

2011年，南泥湾农场实施现代化农业示范园建设项目。2012年，建设14座蔬菜大棚；农场农二队发展集中连片露地菜种植610亩。2013年，扩大露地菜种植规模，在农二队、农六队发展红薯、马铃薯、辣椒等露地菜760亩。在农二队新建温室大棚40座，大弓棚15座。2014年春，农场实施千亩露田蔬菜项目基地建设，与种植大户签订南泥湾农场国有农用地承包合同。6月9日，延安市蔬菜机械化生产现场演示会在南泥湾农场召开。2015年，农二队发展集中连片露地菜种植1500余亩。2019年，与延安鸿图文化合作建设大棚22座，种植露地蔬菜200亩。

2020年，南泥湾（集团）公司推进产业化发展，在南泥湾三台庄租用土地建设大棚226座，种植贝贝南瓜、水果西红柿、圣女番茄果、小乳瓜、秋葵和水果玉米等蔬菜水果。南泥湾农场1966—1989年蔬菜种植面积见表2-3-13。

表 2-3-13　南泥湾农场 1966—1989 年蔬菜种植面积统计表

年份	种植面积（亩）	年份	种植面积（亩）
1966	80	1978	70
1967	100	1979	70
1968	110	1980	80
1969	110	1981	70
1970	110	1982	70
1971	110	1983	70
1972	100	1984	50
1973	100	1985	50
1974	100	1986	60
1975	90	1987	60
1976	90	1988	60
1977	70	1989	60

甜菜：南泥湾农场在建设兵团时期，计划建设糖厂。1966—1976年，利用南泥湾大面积盐碱地种植甜菜，后因糖厂未建成，不再种植甜菜。南泥湾农场1966—1976年部分年份甜菜种植面积产量见表2-3-14。

表 2-3-14　南泥湾农场 1966—1976 年部分年份甜菜种植面积产量统计表

年份	种植面积（亩）	亩产（斤）
1966	8	75
1970	2	4000
1971	18	244
1972	5	
1976	2	400

注：表中 1972 年部分数据缺失。

八、中药材种植

南泥湾地区有 100 多种野生中药材资源。1966 年，农建师 141 团种植药材 181 亩。之后种植面积减少至不足百亩，1976 年和 1977 年种植药材分别仅为 4 亩和 3 亩。先后种植了党参、乌药、生地、黄芪、黄芩、半夏、甘草、板蓝根、牛蒡子、枸杞、大黄、金银花、冬花等 30 多个品种。1984 年、1985 年，卫生院医生张清源先后种植黄芪 5 亩、生地 10 亩，之后农场长期无人种植药材。

1992 年，延安地区农业局对南泥湾农场中药材生产基地建设做项目可行性研究报告，根据南泥湾农场自然条件与中药材的适应性，拟建立 5500 亩中药材生产基地，计划投资 184 万元。当年农场种植牛蒡子 80 亩，年净收入 12 万元。

1993 年，南泥湾农场与地区商贸公司等单位联营开发建设百亩中药材试验基地，吸引投资上百万元。当年投资 29.5 万元，建成红花、桔梗、党参、牛蒡子等 5 个品种的百亩中药材试验基地。1994 年，农场投资 62.2 万元，开展近 10 个品种中药材的试验和种苗繁育；种植甘草 800 余亩，所生产的甘草用于农场甘草酸厂加工所需。形成以发展中药材为主体的产业格局。1995 年，种植中药材 2000 多亩，主要以甘草为主。后期因延安地区甘草种植管理粗放，全区甘草种植面积减少；加之受制于市场需求影响，农场甘草酸厂产品价格低迷，无利润空间，1996 年甘草酸厂停办后，农场再未种植中药材。

九、果业种植

1952 年，陕西省公安厅第三劳改支队到南泥湾办劳改农场。劳改农场在山坡地栽植苹果、梨、桃、核桃等树种。1966 年 2 月，移交农建师 141 团果园面积 786 亩、果树 23546 株。其中，阳湾场部果园面积 515 亩、果树 10971 株（苹果树 9818 株，桃树 558 株，梨树 118 株，核桃树 305 株，葡萄 167 架，杏树 5 株）；三台庄、九龙泉、桃宝峪、马坊等 9 个站点 271 亩。兵团组建园林队，队长陈学文、政治指导员雷其林，何仕孝为代理副队长，并配有 3 名园艺技术员管理果园。所生产水果供内部食用。1971 年，因病虫害蔓延、苹果腐烂病等原因，果园面积下降到 80 亩。1972 年进行补植，面积增加到 214 亩。但因无法扭转病虫蔓延的趋势，1978 年，果园只剩 38 亩，园林队撤销。

1987 年，南泥湾农场作出《关于开展植树造林的决定》，承包造林 16 户，其中，营造果木林 10 亩。1989 年，制定优惠政策，以农工为主体，发动干部、职工家属房屋四旁植树、零星荒地植树，谁栽谁受益。职工张树德、白尚江和王富宝，在农场阳湾种植苹果、梨、桃等果树。苹果挂果后，因南泥湾地区森林覆盖率高，气候湿润、雾气大，苹果容易形成锈斑，小气候不适合苹果生长，加之腐烂病的蔓延，果园废弃。

1993 年，南泥湾农场组织中层以上干部到临镇任家园则参观果园，受到启发后制定"下川苹果上川梨，七沟八岔牛羊鱼，川台变粮仓，山坡变银行"的农业发展战略目标。1994 年 12 月 9 日，制定《南泥湾农场关于果业开发的实施办法（试行）》，在对原果园进行改造的同时，实施新建千亩果园项目。在农业部支持下（投资 50 万元），农二队种植梨树 500 亩，农六队种植苹果园 1000 亩，农七队和七道沟建仁用杏生产基地，并在凤凰台建百亩（实际 107 亩）果树示范园（图 2-3-3）。1995 年，聘请园艺技术人员，坚持开展果树的定栽、防虫、修剪等管理。至 1996 年，有果园 3450 亩，其中幼园占比较大。共修整边坡 3000 亩，修梯田 240 亩，挖育林坑 70 亩，补苗 13000 株，铺膜 60 亩；加强肥水管理，为 3000 亩果树追肥一次，浇灌 108 亩；对幼树进行以摘心、扭梢为主的夏季修剪；加强病虫害防治，打地老鼠（俗称瞎狯）956 只；举办 4 次培训班，提高果农管理水平。修通果园的环山公路。栽植全部为义务劳动，引进果业开发专业户 33 户，90% 的栽植都是由安户农民完成。1998 年，农场利用农闲时间安排"我为农场添力量"义务建场活动，全场修整果树条带 3210 亩。同时，发展仁用杏 1000 亩，银杏育苗 5 亩。场园艺服务站配合农业局举办 3 期果农技术培训班，培训 100 多人次。

2004 年，果树管理示范园实行夯实基数、全奖全赔的承包经营。后期，因气候条件及其他原因，果园建设未成功，改种农作物。南泥湾农场 1966—1978 年果树种植面积见表 2-3-15。

表 2-3-15　南泥湾农场 1966—1978 年果树种植面积统计表

年份	果树面积（亩）	年份	果树面积（亩）
1966	725	1973	100
1967	725	1974	166
1968	725	1975	137
1969	691	1976	200
1970	671	1977	48
1971	80	1978	38
1972	214		

图 2-3-3　果园示范园（1995 年摄）

第三节　林　　业

一、森林分布

延安地处黄土高原沟壑区，主要山脉有黄龙山、桥山、白于山、子午岭等，有丰富的森林资源和种类繁多的生物物种。宝塔区有林地资源 180 多万亩，70％以上为天然次生林，主要分布在南泥湾—麻洞川—临镇一带。天然林树种主要有侧柏、栎类、杨树、白桦和其他阔叶杂木；灌木有狼牙刺、荆条、文冠果、黄刺玫、杠柳、虎榛子、沙棘、连翘等；人工林以侧柏、杨树、枣、梨、杏、桃和苹果等为主。

南泥湾地区是延安地区森林分布的重点地区之一，早期森林遍布、水草丰茂。随着人口增加、烧柴建房以及国家用材，靠近川地两侧被砍伐量较大。1970 年，南泥湾林区主要树种阔叶林为山杨、白桦，多分布为块状形，辽东栎零星生长。此外有很少的针叶树，如侧柏、松树多生长在陡坡上。灌木较多，生长在山梁顶和阳坡上。主要分布在南盘龙、王庄、九龙泉、思德沟、任台 5 个地区。全林区南北宽 17 千米，东西长 24 千米，总面积为 323 平方千米，其中，森林面积 277 平方千米，林间空地面积 46 平方千米。木材积蓄量 50 万立方米，年采伐量 800 立方米。5 个林区中，山杨和白桦在南盘龙主要分布于桃宝峪、樊庄两侧山梁，面积 58 平方千米；王庄区主要分布于王庄、桃树湾、马坊以北，面积 77 平方千米；九龙泉区主要分布于红土沟、阳岔沟、九龙泉西南，面积 52 平方千米；思德沟区主要分布在两侧山梁，面积 67 平方千米；仁台区主要分布于东南，面积 23 平方千米。

二、植树造林

20 世纪 60 年代，南泥湾农场兵团时期，每年春季在营房周边和道路两旁义务植树。在进出南泥湾的主干道道路两旁，有规划地栽种风景树、风景林，实现路旁林荫化。1970 年在山坡上造林 30 亩。

1982 年 3 月，为贯彻第五届全国人民代表大会第四次会议关于开展全民义务植树运动的决议，南泥湾农场建立 3 个专业林业班，制定植树造林制度，全面开展群众性的植树造林运动。决定凡年满 11 周岁公民，除老弱病残者外，每人每年植树 5 棵以上，并保栽保活。各单位统一规划，指定地点，选好树种。以住房、院落、路道、渠道旁绿化为主，开展义务植树。义务植树所需树苗费用由农场统一投资，树权归公。每年义务植树之后及时验收，建立档案，逾期完不成任务，按少栽树苗数量罚交绿化费，每棵树 1 元。

1983 年 5 月，南泥湾农场根据中共延安地委、地区行署《关于立即制止毁林毁草开荒的紧急通知》精神，宣传《森林法》《水土保持工作条例》，限期自报毁林开荒地、陡坡开荒的位置、面积，由各队、各单位逐块丈量登记，并限期整修为高标准返坡梯田，秋后栽树。对不作为者每亩罚款 30～50 元。同年 8 月，中共中央总书记胡耀邦视察延安时，做出把延安建成全国第一个绿化城市的指示。延安市政府组织动员各单位开展全民义务植树活动。南泥湾农场制定政策鼓励职工植树造林。农场免费提供树苗，凡在荒山上栽植成活 1 棵树，奖励 0.3 元。各农队积极响应，五连成立造林班，栽植洋槐 7 万株，面积 300 亩。1984 年，南泥湾农场体制改革为家庭农场后，鼓励职工个人在四荒地栽树，与农场共享收益。山坡地 1∶9 分成，沟台地 3∶7 分成，个人拿大头，农场拿小头。先后出现常明增、张树德、丁秀芳、白尚江等造林大户，其中常明增栽杨树 60 亩。

1987 年，南泥湾农场制定《关于开展植树造林的决定》，将农场土地面积内的荒山荒沟和部分未耕地，以集体、联营、户营形式承包给职工造林，以户营为主，扶持发展家庭林场。同时允许农场非农业工人、干部和家属承包造林。地权归场，树权归承包者，允许继承。川、台、沟地和田边造林，按 3：7 分成；山坡陡洼按 1：9 分成，承包者得大头。鼓励职工在自己房前屋后植树，采伐自主收益归己。共 16 户承包造林，营造用材林 200 亩和果木林 10 亩。当年，农场人工林累计面积 500 亩。1989 年，以农工为主体，发动干部、职工家属房屋四旁植树、零星荒地植树，谁栽谁受益。春季，一次营造用材林 1000 亩，62 户职工户均植树 2542 株，最多达 9200 株。涌现出刘广清、郝振军、许树林等造林大户。1990 年，农场植树造林 200 亩。1995 年春，一次营造经济林 3000 亩，并投资 10 万元，义务投劳 5090 个，初步建成加工、养殖、肥地、育树的生态型百亩示范园。1996 年，庭院经济稳步发展，农场职工利用房前房后植树 60 亩。实施仁用杏、银杏项目开发建设，发展仁用杏 1000 亩。

1999 年秋季，朱镕基总理考察陕北水土流失与生态环境治理情况时，提出："治理水土流失，要采取退耕还林（草）、封山绿化、以粮代赈、个体承包的措施。"2000 年 9 月，国务院发布《关于进一步做好退耕还林还草试点的若干意见》。南泥湾农场按照政策规定，逐步对 25 度以上坡耕地实施退耕还林（草），全面推行封山禁牧、舍饲养畜。种苗由国家提供，工程措施和养护由种树者负责。每亩地粮食直补款 90 元。2001 年，按照延安市《山川秀美工程建设规划纲要》要求，南泥湾农场全面落实谁栽植、谁受益政策，确保退耕一块，治理一块，达标一块，验收一块。因地制宜，树（草）种主要为刺槐、柠条、苜蓿。当年栽补植刺槐 913 亩，种柠条 300 亩、苜蓿 100 亩，成活率 70%；落实个体承包，以粮代赈政策。将栽植任务一次性全部分解到户，落实承包合同 27 户，面积 1200 亩。

2003 年，在北京、西安和延安三地"北京知青联谊会"的共同倡议下，在南泥湾镇桃宝峪村修建 200 亩北京知青林。2004 年，退耕还林还草 1919 亩，荒山造林 500 亩，经初验全部合格，每年可为农工增加收入 20 万。在农业部农垦局的倡议和全国农垦系统干部职工的响应支持下，陕西省农垦局和南泥湾农场共同启动创建中国农垦纪念林，2006 年完工验收。2010 年春，农场对已退耕还林地进行补植、管护、验收、兑现工作。补植刺槐、侧柏、榆树共计 10.2 万株，并为中国农垦纪念林所有的刺柏、侧柏追肥、除草。在场党委的带领下，自 1986 年开始，全场干部职工在各农队周边山头上义务植树造林 1200 亩；绿化场区 4000 平方米；绿化职工家属区 2000 平方米。至 2020 年，南泥湾镇退耕地 40547 亩，森林覆盖率达 87%。

三、仁用杏基地建设项目

1997—1999 年，根据省农垦总公司《陕垦发〔1997〕186 号》文件精神，将南泥湾农场 5000 亩仁用杏基地建设列入 1997 年基本建设第三批投资计划。项目于 1996 年论证立项实施。1999 年完成项目全部建设任务，总投资 218 万元（含义务投工工资 56.5 万元）。其中，农业部投资 50 万元，省市配套 100 万元，自筹解决 68 万元。该项目共修反坡梯田 5000 亩，修田间道路 18 千米，机械动用土方 73 万立方米，栽植坑挖填土共计 28.2 万立方米，施底肥 92 吨，栽植仁用杏苗 38 万株。义务投劳 3000 多个。经农场项目小组检查验收，确定为优良工程。

仁用杏基地建设项目 2001—2008 年为初果期，农场成立技术服务站，对 30 名产业技术人员和种植户进行培训，苗木成活率 90%，确保基地管理现代化、规范化和高效益。同时治理了农场七道沟流域和一连沟流域的水土流失。后期因疏于管理，仁用杏经济效益不佳。南泥湾农场仁用杏基地建设投资概况见表 2-3-16。

表 2-3-16 南泥湾农场仁用杏基地建设投资概况表

建设内容	完成工程量	年度实施情况			年度投资情况（万元）			投资来源
		1997 年	1998 年	1999 年	1997 年	1998 年	1999 年	
合计					97.5	112.7	7.8	
修反坡梯田（亩），动用土方（万立方米）	5000，73	3000，43	2000，30		55.5	45		拨款
项目区道路（千米），动用土方（万立方米）	18，10	10，6	10，4		9	6		拨款
挖填栽植坑（万立方米）	28.2	15	13.2		15	19.8		拨款 9.5 万元，自筹 25.3 万元
施底肥（吨）	92	26	66		5	13.2		自筹
苗木（万株）	38	13	19.7	5.3	13	19.7	5.3	拨款

四、纪念林

（一）北京知青林

北京知青林位于桃宝峪村后山坡梯田上。知识青年上山下乡，发端于 20 世纪 50 年代，20 世纪 60 年代成为席卷全国的浩大运动。南泥湾农场成立初期，招收汉中、西安、宝鸡、延安等地知识青年来场劳动生产。1969—1975 年，有 28000 多名北京知青响应毛泽东"知识青年到农村去，接受贫下中农的再教育，很有必要""农村是一个广阔的天地，到那里是可以大有作为的"的号召，先后于 1969 年 1 月 8 日、1974 年和 1975 年分三批来到延安插队。2003 年，在北京、西安和延安 3 地"北京知青联谊会"的共同倡议下，捐资 150 万元，在南泥湾修建北京知青林，面积约 200 亩。

（二）中国农垦纪念林

延安南泥湾是中国共产党领导的军垦、农垦事业发祥地。20 世纪 30 年代末 40 年代初，为粉碎国民党对陕甘宁边区的经济封锁，中共中央和毛泽东主席向全党、全军提出军垦屯田的要求，号召部队边战斗、边训练、边生产，自己动手、丰衣足食。1941 年年初，王震率领八路军一二〇师三五九旅开赴延安南泥湾地区，在随时保持战斗准备的情况下，以南泥湾为中心屯田开荒、发展生产。至 1944 年，在南泥湾、金盆湾、九龙泉、马坊、临镇一带，开垦荒地 26 万余亩。把昔日没有人烟，到处是荒山的"烂泥湾"变成"陕北的好江南"。

中华人民共和国成立后，20 世纪 50 年代，开始创建和发展新中国的农业垦殖事业。在全国 31 个省、自治区和直辖市建成 36 个垦区、3000 多个团场，建成农林牧副渔全面发展、农工商一体化经营的国有企业集群和经济社会系统。承担了屯垦戍边、人员安置、社会发展等方面的重要任务。在开发边疆、建设边疆、保卫边疆和维护民族团结等方面发挥重要作用。

2002 年，南泥湾农场为弘扬"自力更生、艰苦奋斗"的南泥湾精神，提出建设中国农垦纪念林项目倡议。2003 年 8 月，延安市发展计划委员会批复同意项目建设。建设内容包括整地 1000 亩，栽植各种树木 20 万株，打机井 1 口，建三级抽水站 1 处，修 1000 平方米中国农垦展览馆 1 个，以及环山公路和电力等配套设施。

2004 年，在农业部农垦局的倡议和全国农垦系统干部职工的响应支持下，陕西省农垦局和南泥湾农场共同创建中国农垦纪念林，用绿色生命传承"艰苦奋斗、勇于开拓"的农垦精神，激发新一代农垦人与时俱进、再创佳绩。4 月 19 日，在南泥湾农场举行中国农垦林建设启动仪式，农业部农垦局以及全国各垦区领导出席了启动仪式。2005 年 4 月底，完成土壤改良 268 亩，育苗 18.87 万株，修生产线路 1200 米以及"中国农垦林"5 个字的设计、栽植等工作。输水工程于 2004 年秋启动实施，2006 年春全部项目竣工。先后完成水源工程：打机井 1 眼，井深 153 米，修泵房、井台，安装潜水泵；供电工程：架设高低压线 800 米，安装变压器 1 台；蓄水工程：建 200 立方米封闭式石砌蓄水池一个，简易蓄水池 4 个；管道工程：铺设 13000 米上、下水主管道及支管线。完成投资 117.03 万元，其中完成中央财政投资 98 万元。2005 年 4 月至 2006 年 4 月，完成农垦林园区基础设施建设工程。整地改土 489 亩，栽植树木 10.3 万株。

中国农垦纪念林占地 1000 亩，跨越延安南泥湾农场 5 个坡面，以不同色调的林木分别凸显出"中国农垦林"5 个大字。整个农垦林由常绿针叶乔灌木和名贵花草共十几个品种组成，实现四季常青、三季有花。具有独立的灌溉系统，并修建 8 千米环山路和 3 座 7

米高的纪念亭（陕西亭、新疆兵团亭、南泥湾亭）。2006年冬通过验收。农业部副部长刘成果为纪念林题字。

纪念林的修建得到农业部农垦局和全国其他省市农垦单位与个人的赞助，农业部农垦局先后筹措项目资金298万元；至2007年4月，全国各垦区及广大干部职工捐款284.21万元。其中：农业部农垦局捐款10万元，陕西省农垦局捐款50万元，南泥湾农场捐款67万元。捐款30万元的有云南农垦集团公司、黑龙江省农垦局、海南农垦总局；捐款10万元的有北京三元集团公司、上海市农场管理局；捐款5万元的有湖南省农垦局、湖北省农垦管理局；捐款3万元的有南泥湾林场、南泥湾镇政府和南泥湾派出所；捐款2万元的有江苏省农垦管理办公室、海拉尔农垦管理局办公室、沙苑农场；捐款1万元的有新疆维吾尔自治区农场管理局、天津农垦总公司、山西省农垦局、内蒙古农管局、内蒙古大兴安岭农垦集团公司、河南省农场管理局、广西农垦局、贵州省农垦局、福建省农垦局、朝邑农场；捐献5000元的有渭南农垦管理局、渭南光华饭店、光华纺织厂、光华食品厂、华阴农场、华山床单厂、骊山床单厂、大荔农场、骊山棉织厂以及延安市、宝塔区的20个单位。2007年5月1日，南泥湾农场立黑青石纪念碑1通，碑高5.69米，碑座长7.7米，高2.1米，厚1.5米。正面刻有农业部副部长刘成果亲笔题写的"中国农垦纪念林"；背面刻有中国农垦纪念林简介和捐款名单（图2-3-4）。

2009年10月，启动中国农垦林二期项目建设工程。以一条洞沟、营湾一线的缓坡为土地资源，建成新疆建设兵团、宁夏农垦、陕西农垦精品园区。其中，新疆建设兵团精品园区位于农垦林西北部，占地7.7亩。投资100万元，铺砌石阶路248.6米；铺砌砖道394.2米；栽植各种树木620株。新修专用公路158米；新建兵团纪念亭、纪念碑各一座，其中，纪念碑高185厘米，意指兵团共有185个团场（包括11个建工团）；厚14厘米（意指兵团有14个师，包括1个建工师），宽80厘米（意指八路军）。碑座高30厘米，宽50厘米，长90厘米（意指三五九旅）。2011年4月，兵团司令员华世飞亲自撰写"新疆兵团碑"碑文并提供兵团亭楹联"生在井冈山，长在南泥湾，转战数万里，扎根在天山"书法真迹（图2-3-5）。

2010年，新疆建设兵团农八师石河子总厂援建中国农垦纪念林节水灌溉工程。新装过滤器、施肥罐一套，铺输水主管道3500米、支管3700米、滴灌管网94000米，做观察井30个；安装"中国农垦林"5个大字和游园区喷灌50套。总投资45万元。南泥湾农场投工投劳1000余个，折合人民币8万余元。使农垦林与南泥湾红色旅游结合起来，成为中国农垦事业纪念基地、爱国主义教育基地和南泥湾黄土风情体验的景点之一。

2012年8月4日，南泥湾兵团1500余名官兵及子弟，从天南地北再聚南泥湾，在农垦纪念林举行了"南泥湾兵团纪念碑"揭碑典礼（图 2-3-6）。百余名战友慷慨赞助，其中，郑军、刘凯博各赞助 5 万元，张玉龙 3 万元，张永军 2 万元，高海军 1 万元，贾如军、张迎春各赞助 5000 元，陈永欣、田建良、杨浩民各赞助 3000 元，罗玉瑾、杜维均、代宏成、白安生各赞助 2000 元。南泥湾农场刻立荣誉碑以示纪念。

图 2-3-4　中国农垦纪念林纪念碑（2020 年 8 月摄）

图 2-3-5　新疆兵团纪念亭、纪念碑（2020 年 8 月摄）

图 2-3-6　南泥湾兵团纪念碑（2020 年 8 月摄）

第四节 畜 牧 业

1941 年，八路军一二〇师三五九旅进驻南泥湾屯垦初期，建了 1 个规模很小的牧场。饲养 58 匹母马、20 头母驴、2 头公驴、200 只羊、34 头猪以及一些鸡和兔，目的是加快牲畜繁殖。由于经费困难，部队每个单位只能饲养 10～30 头猪，其中包括 1～2 头母猪。1942 年，百人以上单位，饲养 3～4 头母猪，以繁殖小猪。鸡、鸭、鹅、兔等饲养数量不加限制。每天按时喂 3 次，保证猪不瘟、不病。

随着部队养殖业的发展，增加肉食、油类食物后，战士们的粮食用量减少了。初到陕北，吃饭没油，少盐，基本没有肉（杀 1 头猪，要保证 100 人以上的伙食单位吃 5 餐），每人每天定量 2 斤小米还有人不够吃。1942 年前，部队每天吃 2 餐（春耕、秋收时例外）杂合饭（用南瓜、马铃薯、蔬菜拌上小米做成），1943 年起改为每天 3 餐。后来肉食和油增多，每人每月按规定可吃到 3 斤肉（大秤，每斤 24 两），不包括各单位养殖的鸡、鸭、鹅、兔等。部队的食粮量大为减少，有些单位平均每人每天 1 斤 4 两小米。从这个意义上来说，饲养牲畜不但没浪费粮食，而且大大节省了粮食。

畜牧业发展不仅改善了部队的生活，而且牲畜的粪便污水，成为主要的肥料来源。牲畜的皮毛，既可制作皮鞋、皮带、马装具等供部队使用，又可换取军队的需用品。据统计：1942 年，三五九旅饲养牲畜年末存栏牛 520 头、羊 1373 只、猪 1983 头、鸡 2839 只、鸭 928 只。1944 年，全旅达到 2 人 1 头猪，1 人 1 只羊，10 人 1 头牛。除食用外，牲畜存栏：猪 5624 头，牛 1240 头，羊 12000 多只。鸡鸭达数万只，另外还有鹅、兔、蜜蜂等。八路军一二〇师三五九旅饲养牲畜家禽见表 2-3-17。

表 2-3-17   八路军一二〇师三五九旅饲养牲畜家禽统计表

种类	1942 年存栏	1943 年繁殖	宰杀	损伤	1943 年存栏
牛（头）	520	110	75	29	526
羊（只）	1373	10602	1722	1469	8784
猪（头）	1983	6427	2749	1157	4504
鸡（只）	2839	23820	12990	3669	10000
鸭（只）	928	1111	1030	36	973

一、牲畜饲养

（一）马、牛饲养

1966 年初，农建师 141 团接收南泥湾劳改农场马 32 匹、骡 15 匹、种公牛 1 头、奶牛

3 头。兵团设立种畜队，队长张建功，指导员何应石、王墨印，有兽医 1 人，畜牧助理技术员 1 人。年末，存栏马 92 匹、牛 346 头。因当时骡马大车是兵团的主要交通工具，牛是战士耕田的重要帮手，所以兵团非常重视骡马和牛的养殖。从外地引进优种马，改良品种；有耕地任务的连队和单位都有专业养牛班组。

1974 年后，南泥湾农场马的饲养数量逐年减少，1978 年仅为 14 头。1980 年，有骡马 17 头。1982 年后农场不再养马；牛的饲养数量 1971 年前一直保持在 300 头以上，随着农业机械化，牛的存栏数逐年下降。1979 年为 168 头，年内产牛犊 30 头，成活 28 头，成活率 99.3%。

1978—1980 年，农场从内蒙古购买牛，农场兽医站和省畜牧总站共同研究，在牛体胆内手术种植人工牛黄，实验成功。1984 年，因农场集体的牛出售给职工个人饲养，实验停止。

1983 年，南泥湾农场从西安市草滩农场购买奶牛 6 头，计划兴办奶牛场。当年底南泥湾农场牛存栏 357 头。1984 年，农场经营体制改革，将集体的牛承包给职工个人饲养，或出售给家庭农户。1987 年，南泥湾农场牛存栏 100 头。1989 年后，职工个人购置农机具，加入农机具服务队伍，牛的功能性减弱，存栏数逐年下降。1990 年末，家庭农场大牲畜存栏 181 头，1992 年饲养 162 头（其中母牛 70 头），1993 年存栏 79 头。

1993—1995 年，南泥湾农场被列入扶贫开发建设项目单位，总投资 800 万元。农场立项建设商品牛羊基地。包括草场、基础牛群、肉牛育肥厂、畜牧兽医站等项目，计划总投资 351 万元；饲料加工厂建设，为商品牛羊基地建设配套工程，计划总投资 79 万元。1994 年，投资 5 万元，农场分别在农一队、农三队、农八队开展安哥拉山羊改良和牛催肥实验试点，为规模化开发摸索经验。至 1998 年，肉牛养殖场项目投资 70 万元，其中财政资金 50 万元、自筹 20 万元。牛存栏 300 头。后期没有形成规模化饲养。

2011—2020 年，南泥湾农场职工个体养牛专业户逐步发展，2020 年，农场一连沟个体户养牛 40 余头。南泥湾农场 1966—1979 年马、牛存栏情况见表 2-3-18。

表 2-3-18　南泥湾农场 1966—1979 年马、牛存栏统计表

年份	年末马存栏数（匹）	年末牛存栏数（头）
1966	92	346
1967	89	366
1968	75	356
1969	36	321
1970	36	317
1971	75	322

（续）

年份	年末马存栏数（匹）	年末牛存栏数（头）
1972	102	294
1973	107	262
1974	94	243
1975	71	212
1976	39	197
1977	25	188
1978	14	153
1979		168

（二）羊

南泥湾地区森林植被茂密、水草丰厚，适合发展养殖业，尤其是养羊。三五九旅在南泥湾大生产运动期间，为解决纺织厂原料紧缺问题，旅长王震带领战士们养羊。到 1943 年初，全旅基本上实现 2 人 1 只羊，每人发羊毛 4 公斤，自己动手捻线。1944 年达到 1 人 1 只羊，存栏数 12000 多只。

1966 年，农建师 141 团以牧养山羊为主，养羊 104 只。"文化大革命"期间，羊的存栏数随管理水平增减较大，1967—1969 年，羊的饲养数量不足百只。1970 年，从新疆调绵羊到南泥湾推广放养，因饲养习惯不同，成活率低，南泥湾境内仍以放养山羊为主，饲养数量逐年上升。1971 年存栏由上年的 105 只上升到 649 只，1972 年存栏达 953 只。1972—1978 年，羊的存栏数量逐年减少，至 1978 年，羊年末存栏下降到 503 只。

1983 年，南泥湾农场养羊 775 只。1984 年，农场经营体制改革，羊的饲养以家庭农场为主。1985 年，南泥湾农场羊存栏 298 只，产羊毛 160 斤。1990 年，羊存栏 720 只。1992 年，饲养羊 950 只，其中母羊 600 多只。

1993—1995 年，南泥湾农场利用扶贫开发建设资金，实施商品牛羊基地建设项目，逐步调整思路向规模化方向转变。1994 年，开展安哥拉山羊改良实验，1995 年，饲养安哥拉山羊 300 只，羊的饲养逐步规模化。1996 年年末，羊存栏 3000 只。1998 年，存栏 3100 只。

2000 年 9 月，国务院发布《关于进一步做好退耕还林还草试点工作的若干意见》。按照中共中央、国务院的部署，南泥湾农场实行封山禁牧、退耕还林政策，实行舍饲养羊，羊的存栏数下降，仅为个人少量饲养。

2011 年，农场有舍饲养羊专业户 2 户。2013 年，南泥湾镇政府推进草畜业发展，强制免费防疫；新建三台庄、盘龙千只舍饲养羊场 2 个，存栏 2400 只。2014 年，南泥湾农场羊存栏 1800 只。

2018 年，宝塔区开展"羊只清零"行动，解决羊对绿色植被造成破坏的问题。南泥湾镇清理放羊户 83 户，羊 4999 只。2020 年，南泥湾镇个人舍饲养羊存栏 820 只。11 月 28 日，南泥湾（集团）公司开工建设南泥湾湖羊养殖基地项目。项目位于南泥湾开发区麻洞川乡姚家坡村，总占地面积 709 亩，总投资 2.3 亿元。基地划分为 7 个板块区，分别为：科研综合区、扩繁养殖区、育肥养殖区、饲草加工区、水培鲜草加工区、饲草种植区、有机肥加工区。至 2020 年年底，湖羊养殖基地已完成 35 个羊舍基础施工及正负零砖墙砌筑。南泥湾农场 1966—1998 年部分年份羊存栏情况见表 2-3-19。

表 2-3-19　南泥湾农场 1966—1998 年部分年份羊存栏统计表

年份	年末存栏数（只）	年份	年末存栏数（只）
1966	104	1977	599
1967	87	1978	503
1968	83	1985	298
1969	96	1987	554
1970	105	1990	720
1971	649	1991	954
1972	953	1993	975
1973	893	1995	2400
1974	856	1996	3000
1975	776	1997	3100
1976	683	1998	3100

二、生猪饲养

1966 年，农建师 141 团为改善职工生活，各伙食单位都有小型养猪场，全年饲养生猪 1594 头，年末存栏 605 头。1967—1969 年，人员外流，饲养放牧等许多农活都是雇人完成，养殖业受到影响，生猪饲养量在 500 头左右，年末存栏 300 头左右。

1970 年，落实兰州军区党委提出的粮、油、菜、肉、自给有余任务，各连队建立养猪场、蔬菜组、畜牧班保证职工生活所需。同年 10 月，兰州军区后勤部转发《全区养猪工作座谈会议纪要》，要求各部队实现 3 人 1 头猪。要求组织好养猪队伍，开展饲料采集运动，推广普及发酵饲料。选好猪种，自繁自养，不能采取代养、代牧方式发展养猪。猪的饲养数量逐年增加，至 1974 年，饲养量稳定在 1100 头以上，存栏稳定在 400 头左右，其中，1971 年饲养 1452 头、存栏 534 头。当时五连为全团养猪最多的连队，利用所开办的豆腐坊、水稻加工厂所产稻糠、加工玉米面所剩结余等综合副产品养猪，不仅保证了连队生活所需，还调拨保证机关食堂 300 余人的猪肉供应。兰州军区建设兵团撤离后，1975—1979 年，省农建师 5 团养猪业呈下降趋势，饲养与存栏量逐年减少，年末存栏由 300 多头减至 200 头左右。1983 年，农场集体养猪 80 头。

1984 年，农场经营体制改革，实行家庭农场制后，家庭农户养猪业受市场经济和人民生活需求的影响，养殖专业户发展迅猛。1990 年，年末猪存栏 259 头。

2000 年后，专业化分工明确，农场农户家庭养猪效益低，且价格受市场影响因素较大，故养猪户较少。2011 年南泥湾农场农工饲养森林猪 117 头。2014 年农工饲养猪年末存栏 300 只。2018 年后，仅有个别农工养殖生猪。南泥湾农场 1966—1996 年部分年份猪存栏情况见表 2-3-20。

表 2-3-20　南泥湾农场 1966—1996 年部分年份猪存栏统计表

年份	年末存栏数（头）	年份	年末存栏数（头）
1966	605	1976	354
1967	225	1977	333
1968	194	1978	350
1969	298	1979	240
1970	446	1986	117
1971	534	1987	173
1972	462	1990	259
1973	404	1993	192
1974	450	1996	150
1975	391		

三、家禽饲养

南泥湾农场兵团时期鸡的饲养主要为集体养殖。1966 年，农建师 141 团养鸡 162 只。1967—1970 年，每年养鸡数量不足百只。1971 年后职工家属养鸡（鸭）数量逐年增加。1975 年，省农建师 5 团规定双职工有小孩的最多可养鸡（鸭）3 只，户口在本单位的家属最多可养鸡（鸭）5 只。

1983 年，农牧渔业部给南泥湾农场拨款 10 万元，建设厂房、购买育雏设备，办起种鸡场。由北京市畜牧局、北京市华都公司、北京市种鸡场提供技术和星杂 579 种鸡进行孵化繁殖。11 月从北京市种鸡场引进星杂 579（生长快、产蛋率高）雏鸡 1500 只，采用密闭式网上散养实验。至 1984 年 2 月，雏鸡成活 1362 只，成活率为 90.8%。当年老区建设专款投资 5 万元支持农场养鸡事业。1985 年因鸡的产蛋率下降淘汰停养。农场经营体制改革后，初期家庭每户养鸡 10～20 只，仅限于自给自足。后期受市场经济和人民生活需求的影响，家禽养殖专业户增多。1993 年，家庭农场饲养鸡鸭存栏 5000 余只；1996 年，饲养鸡鸭存栏 2000 只。

2005 年，农场免费为职工提供鸡苗 1000 只，分配给 10 户职工饲养，成活率 80％以上；为全场畜禽普遍接种了疫苗，全场鸡存栏 2800 只。2010 年，农场农七队办起家庭养鸡场，养鸡 5000 只左右。2011 年，农场农工饲养鸡 1000 只。随着养鸡业逐步向专业化方向转化，2018 年后，南泥湾农场农工除办家庭养鸡场外，个人基本不养鸡。2020 年，农场安户农民高明饲养鸡 1 万余只，职工子女薛延勤养鸡 5000 余只。南泥湾农场 1966—1978 年鸡存栏见表 2-3-21。

表 2-3-21　南泥湾农场 1966—1978 年鸡存栏统计表

年份	年末存栏数（只）	年份	年末存栏数（只）
1966	162	1973	131
1967	52	1974	162
1968	31	1975	198
1969	47	1976	243
1970	89	1977	317
1971	104	1978	400
1972	123		

四、特色养殖业

（一）鹿

1972 年，兰州军区建设兵团第 40 团现役干部从兰州引进 2 只梅花鹿饲养，年终存栏 3 只，向国家交售鹿茸 0.5 斤。1973 年、1974 年，鹿的存栏分别为 3 只、6 只，交售鹿茸分别为 0.1 斤、0.3 斤。1975 年后再无饲养。

（二）蜜蜂

中华蜜蜂，属中国独有蜜蜂品种，体躯较小，嗅觉灵敏，耐寒勤劳。南泥湾境内为中蜂养殖保护地。南泥湾开发区与中国质量万里行促进会，共同打造南泥湾品牌蜂蜜，逐步引进数字化硬件装备体系、云计算区块链等数字化生态蜂业技术。中蜂养殖规划为南泥湾镇、松树林社区、麻洞川乡、姚家坡区域、临镇镇、官庄社区 6 个养殖地点，可养殖 10970 箱。其中，南泥湾镇规划可养殖数量为 2393 箱、松树林社区为 1905 箱。

南泥湾境内蜜源植物达 270 余种，主要有海棠、杏树、野山楂、五倍子、五味子、刺槐、金银花、荞麦、野菊、荆条等。2019 年，南泥湾农场与延安市非物质文化遗产项目中蜂养殖代表性传承人刘超签订养殖蜜蜂合作协议。依托南泥湾生态优势，养殖野生蜜蜂。因南泥湾森林植被覆盖率达 87%，且无污染，生产的百花蜜为高品质生态蜂蜜。2020 年，养殖中蜂 300 箱，平均箱产 30 斤，年产值 72 万元。

第五节　渔　　业

1952 年，南泥湾劳改农场成立后，利用水坝、鱼池养鱼，渔业生产处于自给自足状态。

1966 年，南泥湾劳改农场移交农建师 141 团水坝 16 座、鱼池 6 个，其中阳湾 2 个，三台庄、马坊、桃树湾、清泉沟各 1 个。据 1966 年 9 月移交 8088 部队清泉沟土地、房屋、鱼池等设施时资料显示，鱼池基本没有鱼。1970 年，农场有水面面积 80 亩，水产养殖面积仅 10 亩。1973 年扩大为 50 亩。

1993 年，南泥湾农场与地区商贸公司等单位联营开发建设百亩鱼池，吸引外资上百万元。农场建立水产养殖公司，注册资金 20 万元。投资 88 万元，建成水域面积 127.8 亩，其中虹鳟鱼池 300 平方米，放鱼苗 15 万尾。1995 年，采取"集体个人一起上"的办法，鼓励和支持职工开展养殖业，8 户职工投资 50 多万元，建设家庭鱼塘 29 个、水域面积 247 亩。1996 年，农场职工郭胜利、任田、郑军、刘宏胜等养殖户共有养殖水面 146 亩，主要养殖鲤鱼和草鱼，年销售鲜鱼 2 吨，实现销售收入 2.4 万元。1998 年，农场制定《鼓励职工发展自营经济的若干规定》，发展渔业养殖户 8 户，其中个人鱼塘 146 亩。后期，因南泥湾地区水温低、鱼生长缓慢、养殖技术不过关等原因，开挖鱼池几乎全部报废；库坝养鱼经济效益亦不高。

2010 年，农场养鱼水面为 100 亩。2013 年水灾淹没冲垮鱼池 20 个。

2018 年，农场有养殖水面 200 亩。2019 年，养殖小龙虾 15 亩。

2020 年 8 月，开工建设南泥湾生态养殖示范园项目，为南泥湾生态农业标准化产业园项目的一部分。利用水围（磨）沟和一连沟较好的自然小环境和良好的水资源，通过"以水养鱼、以稻净水、鱼稻共生、综合利用"的生态理念，实现水肥资源的多级综合利用和生态环境保护。规划生态水产养殖总面积约 383 亩，其中，水围（磨）沟生态水产养殖总面积 43.7 亩；一连沟项目规划占地面积 239.2 亩。依据地势、地形自南向北规划分为 4 个养殖单元。一单元占地面积 53.5 亩，微流水生态水产养殖面积 17710 平方米（合 26.6 亩）；流水养殖面积（育苗育种）3180 平方米。二单元占地面积 95.6 亩，微流水生态水产养殖面积 24864 平方米（合 37.3 亩）；流水养殖面积 1500 平方米。三单元占地面积 45.5 亩，微流水生态水产养殖面积 15303 平方米（合 23 亩）；流水养殖面积 840 平方米。四单元占地面积 44.8 亩，均为稻田养殖。项目计划总投资 1.2 亿元。

第六节 农林牧服务业

一、农业机械化

1966年，农建师141团投资9285.72元，购买五铧犁、播种机等农机具。时有农业机械总动力625马力[①]，其中，有大中型拖拉机3台，152马力；手扶拖拉机4台，48马力；机引农具21台。有载重汽车3辆，挂车1辆等设备。实际机耕面积14391亩，机播面积12480亩。1971年，农业机械总动力增加至1055马力，其中，大中型拖拉机7台，364马力；手扶拖拉机9台，68马力；机引农具18台；排灌动力机械1台，40马力。增加联合收割机1台。实际机耕面积3500亩，机播面积2310亩。1974年，增加机动插秧机1部。

1978年，南泥湾农场有农业机械总动力1018马力，其中，大中型拖拉机5台，手扶拖拉机21台，联合收割机1台，载重汽车3辆，实际机耕面积2500亩，机播面积1723亩。南泥湾农场1966—1978年农业机械情况见表2-3-22。

表2-3-22 南泥湾农场1966—1978年农业机械一览表

年份	机械总动力（马力）	耕作机械				联合收割机（马力，台）	运输机械	
		大中型拖拉机（马力，台）	手扶拖拉机（马力，台）	机引农具（台）	机动插秧机（马力，台）		载重汽车（辆）	挂车（辆）
1966	625	152，3	48，4	21			3	1
1967	625	152，3	48，4	21			3	1
1968	825	152，3	48，4	21			5	1
1969	752	364，7	48，4	14			2	1
1970	792	304，6	58，7	9			2	1
1971	1055	364，7	68，9	18		45，1	2	2
1972	1041	385，7	172，18	29		45，1	3	2
1973	1264	385，7	172，18	29		110，2	3	2
1974	1142	440，8	172，18	33	4，1	110，2	3	3
1975	1651	644，11	172，18	45	4，1	110，2	3	4
1976	1934	699，12	218，20	38	4，1	185，3	3	5
1977	853	325，5	237，21	10	4，1	65，1	3	2
1978	1018	325，5	237，21	9	4，1	65，1	3	2

---

① 马力为非法定功率计量单位，1马力＝0.735千瓦。——编者注

1979年，南泥湾农场有农业机械总动力1324.6马力，其中，大中型拖拉机7台，红旗100推土机2台，60推土机3台，手扶拖拉机21台，水稻联合收割机1台，玉米联合收割机1台，烘干机1台，种子精选机1台，汽车6辆，实际机耕面积2450亩，机播面积1500亩。

1981年，南泥湾农场有农业机械总动力1861.2马力，其中，耕作机械总动力617马力。大中型机引农具15台；农用排灌动力机械4台；联合收割机2台。玉米联合收割机1台，种子精选机1台；有农用汽车6辆、大中型挂车6辆、手扶拖斗16辆以及机动喷雾器、机床等机械设备。南泥湾农场1981年农机设备情况见表2-3-23。

表 2-3-23　南泥湾农场 1981 年农机设备一览表

机械名称	数量（台）	机械动力（马力）	机械名称	数量（台、辆、部）
铁牛五十五型拖拉机	5		联合收割机	2
链轨七十五型拖拉机	2		玉米收割机	1
手扶拖拉机	16		种子精选机	1
			农用水泵	2
大中型机引农具	15		机动喷雾器	1
其中：犁	11		铡草机	5
大型播种机	1		饲料粉碎机	6
手扶机引播种机	2		碾米机	1
机动插秧机	1		磨面机	1
			推土机	5
农用排灌动力机械	4	290.2	机床设备	3
其中：柴油机	2		农用汽车	6
电动机	2		大中型挂车	6
			手扶拖斗	16
农副产品加工动力机械	32	734.2	人力脱粒机	1
其中：柴油机	1		人力插秧机	10
电动机	31		架子车	255

1984年，根据农垦经营体制改革精神，南泥湾农场建立279个家庭农场，把土地承包给职工，取消了工资制，小型农机具和耕牛作价卖给职工。撤销机务队，将拖拉机下放各农队，实行机农合一建制。农三队、农五队、农九队各分配1台东方红六十拖拉机。除承担本队农机作业外，分别由农三队负责农一队、试验站农机作业，农五队承担农二、农八、农四队机耕任务。农三队、农四队、农五队所分配的铁牛五十五机车，除承担本队农机生产作业外，分别由农三队负责农一队、农九队、科研站农机作业，农四队承担农七、农八队农机作业任务，农五队承担农二、农六队农机作业任务。农三队、综合厂的小四轮

拖拉机承担全场春、秋作物播种的一半任务。下放农机具采取由使用单位统一管理，单车核算，职工车辆承包的办法。按国家规定提取折旧费用，拖拉机按类型分别向农场上缴利润或毛收入提成，其中，铁牛五十五上缴利润1000元，小四轮上缴200元。

1985年，南泥湾农场有大中型农用拖拉机4台330马力，其中链轨机2台100马力；大中型拖拉机农具3台。1991年，农场有大型拖拉机4台，小型拖拉机17台，机引农具9台，载重汽车10辆。2006年，农场有大型铲车1台，推土机1台，大型拖拉机2台，小四轮拖拉机（三轮）12部。

1986—2015年，农场职工投资120万元，购买大型机械3台、中型机械3台、小型机械12台；农田排灌动力机械柴油机10台、农用水泵20台；农产品加工机械碾米机3台、磨面机3台、榨油机2台。2020年，南泥湾（集团）公司有价值90余万元的农业机械设备。

二、畜牧服务业

1966年年初，农建师141团设立种畜队，队长张建功，指导员何应石、王墨印，有兽医1人、畜牧助理技术员1人。

1980年12月5日，南泥湾农场成立兽医站，系连队编制。业务由生产科管理，编制3人，为独立核算单位，实行收支差额补贴。主要负责全场畜牧、家禽防疫、治疗；研究农场牲畜家禽的放牧、饲养及管理；推广先进科学技术及畜牧兽医员的培训工作。

1984年，南泥湾农场体制改革，设农垦农业公司，下辖农业队及农业科学试验站、畜牧兽医站。1985年，农场有各类技术职称19人，其中兽医技术员4人。1987年12月9日，撤销农垦农业公司，农场畜牧站业务归场部管理。1992年，农场畜牧站有兽医师、助理畜牧师4人。后期，因农场没有规模化的畜牧业养殖产业，畜牧站撤销；畜牧防疫工作重点改为依托配合宝塔区、南泥湾镇政府畜牧疫病防治检测机构提供的技术服务。

2005年，依托宝塔区畜牧疫病防治检测机构，年内组织防疫3次，对全场畜禽注射高致病禽流感疫苗。

三、农业服务业

1984年，南泥湾农场体制改革，建立家庭农场后，场部对农业生产由行政指挥转变为协调服务。对家庭农场给予产前生产资料、资金服务，产中的技术服务，产后的商品销售服务。1986 年，成立农业服务站，将农业与其他行业进行分离，实行产、供、销一体化。当年经营粮种 1373 斤、油料 60 多吨、面粉 62800 斤、药材种子 2100 斤，嫁接果苗 16 万株，实现利润 2682 元。

1990 年，延安地区农业局在南泥湾农场推广农业适用技术，提高科学种田水平，改变农业生产耕种粗放、科学种田水平低、产量低的状况。组织科技干部在重点农队蹲点包队，派鲁俊明、张忠义、党存安、刘德峰等 4 人指导农场工作。实行技术承包，举办科技培训班 4 期，并为每个农队培育 1 名不脱产的农业技术员。农场根据土地缺磷状况，确定增施农家肥和磷肥的施肥原则。氮、磷配施面积 2700 亩，使用磷肥 70 吨，产量普遍提高。1992—1997 年，场部每年派人外出，调回种子、化肥、农药等物资，满足农业生产需要。由生产科牵头，技术干部和科技户组成技术服务组，统一管理药物、器械，统一病、虫、草、鼠防治技术规范。对贫困户实行五优先（承包土地、技术服务、资金扶助、生产资料供应、产品推销）。1998 年，农业劳动服务公司提供化肥 40 吨、优良种子 3 吨、燃料 45 吨、各类农药 1 吨，在当年特大洪水灾害造成部分作物减产减收的情况下，粮食总产量仍保持 60 万公斤，农业总产值达到了 200 万元。

2000 年后，市场功能逐步健全，农业生产资料、信息、科技、产品等服务形成完善的市场体系，农场为农工服务的重点转为提供种植、销售信息服务和职工养老、医疗保险的缴纳、宅基地审批等各项社会化服务。2005 年，开展"了解民意、结对共进、办好实事"主题实践活动，组织 4 个小组，分别到各连队调查研究，提供致富信息，指导农业生产。

2010—2019 年，南泥湾农场把三农工作放在各项工作首位，加大惠农措施力度，推广先进实用新技术、新品种；组织技术培训班，提高农工栽培管理技术；组织调运化肥、良种、农膜、农药，满足农业生产需要；利用"南泥湾"品牌优势，扩大蔬菜、水稻、特色农产品、养殖等产业规模；培育家庭农场、龙头企业和农工专业合作社，推动产业升级。

2020 年，南泥湾（集团）公司实施农业产业化发展项目，成功申报省级现代农业示范园。在南泥湾三台庄租用土地建设大棚 226 座，指导农工种植贝贝南瓜、水果西红柿等果蔬。

第四章 第二产业

1984 年，南泥湾农场推行经济体制改革，成立 5 个经营性公司：农垦工副业公司、农垦商业公司、农垦建筑工程公司、农业公司、经销公司。农场实行联产承包责任制，先后兴办农垦食品厂、光华木器厂、农垦机砖厂、龙泉石油开发公司、子长禾草沟煤矿等 10 余个企业。2001 年，龙泉石油开发公司油井及设备资产有偿调拨延长油矿管理局南泥湾钻采总公司。1999 年，因国家制定森林禁伐政策，光华木器厂失去生产原料，于 2003 年关停。2004 年，延安体育场改造，关停延安农垦综合服务公司和光华木器厂延安门市部。截至 2007 年，场办企业全部处于关停状态，工人全部分流到农队。

第一节 开 采 业

一、煤炭开采

1996 年，南泥湾农场与子长县余家坪乡石家沟行政村联合开办禾草沟煤矿。煤矿地质储量 100 万吨，年实际生产能力 3 万吨。井田长 3000 米、宽 1000 米，面积 3 平方千米。煤层开采厚度平均为 0.9 米，矿井瓦斯含量低，煤种优质。农场先后投资 120 万元，购置发电机、吊车、换气扇等设备，拓宽煤场和防洪水渠。1997 年“七一”前正式投产，同时开挖第二口斜井。1998 年，综合服务公司在加强煤矿管理的同时，设法拓展销售市场，提高经济效益。1999 年，国家执行整顿、关停小煤矿政策，禾草沟煤矿停产待工。雇用当地农民看管，每年支出费用 0.4 万元，负担银行利息 4.5 万元。2001 年 7 月，按照子长县政府的通知要求，农场将矿井上的建筑物折价处理，设备拉回，辞退看管人员。2004 年，子长禾草沟煤矿停办。

二、石油化工开采业

（一）延安地区农垦石油化工厂

1984 年，南泥湾农场投资近 10 万元，筹办延安地区农垦石油化工厂，为全民所有制企业，由农场农业公司管理。1985年，累计投资12万元。计划年提炼原油1500～2000吨，编制生产工人20人左右，主要安置本场员工。后因技术问题未投产，于1986年关停。

1986年3月，南泥湾农场与河南焦作市油毡厂达成合作意向，合资经营炼油厂。由该厂提供资金和技术，计划投资100万元；农场提供场地和每年1万吨原油指标。投资后，油毡厂首先拿回投资，之后利润全归农场。农场以优惠价格每年向焦作油毡厂提供渣油2000吨。后因原料供应不足，合同终止。

（二）延安龙泉石油开发有限责任公司

1996年6月18日，南泥湾农场与延安石油天然气开发总公司达成合作意向，开发农场管辖范围内地下石油资源。组建延安石油天然气开发总公司龙泉石油开发公司（简称龙泉公司），隶属天然气开发总公司，国有企业性质，独立自主经营。同年7月3日，注册成立延安龙泉石油开发有限责任公司，注册资本102万元。法人代表贺玉林，副经理董发合、冯根库、张苏民。经营范围：石油开采及材料供应、运输、经销等。龙泉公司筹资200万元，引进2个钻井队，在八连沟开钻探井，总进尺2125米。

1997年9月，延安市矿产资源局界定南泥湾农场石油资源开发区域在南泥湾七道窑子沟内，面积为3平方千米。当年钻油井5口，总进尺3500多米，其中，2口油井投入生产，日产原油3吨。

1998年，龙泉公司健全各项规章制度，落实责任，企业经营管理步入正轨，至此，开发公司有生产井19口，年销售原油2479.1吨，销售收入223.12万元，上缴税金37.93万元。2000年，龙泉公司在八连沟及七道沟区域内有油井22口，形成固定资产1300多万元。实现产值1100万元，上缴税金163万元，实现利润385万元。

2000年5月，贯彻国务院1239号文件精神，陕西省对陕北石油开采秩序进行清理整顿。依法收回单位及个人油井的所有权、经营权和收益权，生产经营纳入各县区钻采公司。2001年10月18日，南泥湾农场将所属七道沟19口油井、八连沟3口油井、相关井场、道路及井下装置、井上设备等有偿调拨延长油矿管理局南泥湾钻采总公司，调拨价1150万元。延安龙泉石油开发有限责任公司科室领导见表2-4-1。

表2-4-1 延安龙泉石油开发有限责任公司科室领导名录

科室名称	姓名	职务	任职时间
行政办	呼海荣	副主任	1997.12—1998.6
		主任	1998.6—2002.1
	姬乃光	副主任	1998.6—2002.1

科室名称	姓名	职务	任职时间
财务科	崔永丰	副科长	1997.12—1998.6
财供科		科长	1998.6—2002.1
	冯耀	副科长	1998.6—2002.1
供应科	姬乃光	副科长	1997.12—1998.6
生产技术科	高振东	科长	1997.12—2002.1
	魏天才	副科长	1997.12—1998.6
	李晓红	副科长	1998.6—2002.1
采油队	张苏民	队长（兼）	1997.12—1998.6
	刘宏伟	副队长	1998.6—2002.1
企管科	张苏民	科长	1998.6—2002.1
机修车间	杨保	主任	1998.6—2002.1
	张怀玉	副主任	1998.6—2002.1

第二节　制造业

一、造纸业

1978 年 11 月，南泥湾农场党委会议决定建造纸厂、纸浆厂，其为农场兴办的第一个工业厂。白文龙（任期 1978.12—1980.4）、王万清（任期 1980.4—1980.10）先后任造纸厂党支部书记、厂长，冯志刚（1978）、惠治平（1980.4）先后任副厂长。

1979 年，陕北建设委员会支援 40 万元，其中 20 万元用于造纸厂厂房基础设施建设，15 万元投资机器设备。同时在七道沟种植芦苇，为纸厂提供原料。投产运营后，原设计生产能力为 2 吨/日，实际生产能力为 0.5 吨/日。1982 年，因产品质量低劣以及原材料问题停办。后期利用厂房先后办养鸡场、油脂化工厂、木器厂等。

二、食品医药加工

（一）酒厂

1981 年，南泥湾农场开办小酒厂，用饲料粮酿酒，年产量 1 万公斤左右。经地区防疫站检验，酒的质量和卫生要求都达到国家规定标准。1982 年 4 月，农场向市工商局申请印制商标"花儿香酒"。20 世纪 80 年代中期，花儿香酒厂停办。

（二）南泥湾农垦食品厂

1984 年，南泥湾农场成立农垦工副业公司（1986 年 11 月 12 日，经延安地区农委党委批准为科级建制）。1985 年，农场筹建腊味厂，生产广式香肠，1986 年停办。

1986 年，南泥湾农场投资 12 万元，在延安七里铺建立工业公司食品加工厂。建筑面积 626 平方米，占用资金 18484 元，其中固定资产总值 9702 元，流动资金 8782 元，员工 15 人。投资 8099 元购买食品加工厂主要设备，4 月 16 日投产。生产食品 30 余种，全年为市场提供食品 7 万多斤。总产值 7 万元，实现利润 4500 元。先后 2 次派人到西安红星食品厂学习糕点制作技术，从西安市红星乳品厂请 1 名师傅来厂指导 20 多天，传授各种礼品蛋糕制作技术，提高了工人的技术水平和食品厂的经济效益。食品厂产品花色品种增加到 30 多个，成为延安市食品行业的名牌产品，供不应求。销售点由延安市的 20 个食品门市、个体摊贩，扩展到志丹、吴旗、安塞等县城。1987 年，食品厂有职工 16 人，生产糕点 20 多种，年产量 5 万公斤，实现产值 10 万元。

农垦工副业公司对农垦食品厂实行定额承包全奖全赔管理制度。工副业公司副经理张根虎兼任厂长，规定全年上缴利润 4000 元，利润超亏全奖全赔；员工收益上不封顶，下不保底，评分记工，按劳取酬。

1992 年，撤销农垦工副业公司，农垦食品厂归综合服务公司管理，承包给职工个人经营。1998 年，光华木器厂改组为总厂管理下的 3 个分厂，农垦食品厂厂址改作木器分厂。食品厂先后迁址二庄科、宝塔区土地局楼下门面房、南关农垦综合服务大楼。2004 年因体育场扩建拆除综合服务楼，食品厂停办。

（三）甘草酸厂

1993 年，南泥湾农场投资 18 万元，建成年生产能力 300 吨的甘草酸厂，试产成功。厂长高怀恩，建厂时有工人 15 人。初期两年所生产的甘草酸产品销售价格比较高，营销获利颇丰。后期因延安甘草酸市场收益未达到地区中药材开发总公司（甘草酸销售业务主要经营单位）原定目标，甘草种植面积减少；受制于市场需求影响，产品价格低迷，无利润空间，1996 年南泥湾甘草酸厂停办。

（四）南泥湾农场香紫苏加工

1973 年，兰州军区生产建设兵团第 40 团始建蒸馏锅炉，提炼香紫苏精油，当年提炼出香紫苏精油 33 公斤，交陕西省轻工业研究所代销。此后，香紫苏种植、生产加工成为兵团农业生产一项主导产业，销售渠道由陕西省轻工研究所计划把控。1974—1978 年，提炼精油分别为 161 公斤、360 公斤、238 公斤、158 公斤、134 公斤。

1979 年，南泥湾农场香紫苏油产量 815.3 公斤。1982 年，种植面积突破 1000 亩，产油 1065 公斤，产值 30 多万元。产品销往北京、上海、天津、广州等各大城市化工厂，并为国家科研单位生产高级香料龙涎醚提供原料，为国家节省大量外汇。

1984 年，南泥湾农场建立家庭农场后，个体加工香紫苏精油困难，香紫苏种植面积回落。1987 年，南泥湾农场 2 次派员前往全国各地用户单位宣传，推销香紫苏油 555.7 公斤，收入 11.8 万元，并签订下年销售 500 多公斤、价值 14 万元的订货合同。

1990 年，南泥湾农场采取每亩增施磷肥措施，香紫苏平均亩产 1.91 公斤，个别田块亩产超过 3 公斤，生产精油 1910 公斤，致使香紫苏精油产能过剩，出现短时间滞销。

1991 年，投资 1.7 万元，维修香紫苏提炼锅炉，改善生产基本条件。1992 年，南泥湾农场制定《关于收购香紫苏油及残渣的意见》，以免收精油提炼费用换购香紫苏残渣，送往大荔香紫苏浸膏厂。1997 年后，香紫苏精油生产由南泥湾中天香料加工厂完成。

（五）延安南泥湾中天香料有限公司

1988 年，南泥湾农场曾向主管农业局提出拟建 8 吨香紫苏残渣粗膏厂的意向申请，因多种原因未实行。

1997 年 9 月 4 日，经陕西省计划委员会批准，陕西省节能开发投资有限公司、陕西省轻工业研究设计院和陕西省延安市南泥湾农场合资组建陕西香料有限公司。在南泥湾建设香紫苏浸膏生产线项目。采用固定式萃取工艺和设备，日处理香紫苏残渣 1 吨，年产香紫苏浸膏 8 吨。拟对南泥湾农场机修厂房进行改造，新建 550 平方米生产厂房和配套设施。供水、供电由农场现有设施解决；供气通过新建 2 吨工业锅炉解决。生产所需原料香紫苏残渣由农场负责在当地收购，保证供应。其他辅助材料由企业在市场采购解决；产品由省轻工研究院负责包销。同年 12 月 19 日，在南泥湾农场召开股东大会，确定省节能投资公司以现金出资 70 万元，占股 54%；省轻工业研究设计院以设备和技术作价出资 39 万元，占股 30%；南泥湾农场以土地、厂房等设施作价出资 21 万元，占股 16%。董事会组成：董事长朱希祯（省节能开发公司董事长兼总经理），副董事长周恒寅（省轻工研究院副院长），董事李占歧（省节能开发公司副总经理）、郭守彬、刘伯光（西安光华食品厂副厂长），监事姜在平（省轻工院日化所所长）、苏邵武。

1998 年 6 月 9 日，陕西中天香料有限公司在陕西省工商局注册成立，注册资本 130 万元。董事长朱希祯，副董事长周恒寅，经理刘伯光，南泥湾农场场长郭守斌为董事之一。1998 年公司实现销售利润 32 万元。

1999 年 11 月 4 日，与刘伯光达成合作协议，由其承包经营南泥湾香料加工厂，合作期为 3 年，从 1999 年 8 月 1 日起至 2002 年 7 月 30 日止。分年度向南泥湾农场（甲方）和陕西省轻工业研究设计院（简称省轻工院）日化所（乙方）交纳资产折旧费和承包费；为保证启动生产，南泥湾农场暂借刘伯光活动资金 10 万元（2000 年 3 月底前归还）。11 月 10 日，陕西省节能开发投资有限公司退出合资，将 54％股权转让给南泥湾农场。

2000 年 4 月 17 日，南泥湾农场与省轻工研究院日化所在延安工商局注册成立延安南泥湾中天香料有限公司（原注册成立的陕西中天香料有限公司未注销），注册资本为 130 万元。南泥湾农场控股 66％，省轻工院日化所姜在平占股 34％。董事会由 3 人组成，郭守斌任董事长，姜在平、刘伯光为董事。公司具有独立法人资格。主营香紫苏种植、收购、加工、销售。同年 9 月 20 日，因承包人未在合同要求规定时间交纳资产折旧费 10 万元和暂借 10 万元活动资金，加之销售未纳税，违反国家税法政策，决定对现有 3 吨浸膏全部封存保管，限期交清各项欠款；同时农场借给公司 10 万元，由丁明山负责收购原料开展生产。

2001 年 7 月，农场与西安金诺公司签订承包经营合同，每年保底上缴 85 万元，另据产量增加上缴费用。农场在 8—9 月组织 4 个收购小组，分赴各种植地现金收购原料。依据市场行情，精油 260 元/公斤，残渣 2.2～2.3 元/公斤。当年生产香紫苏浸膏 15 吨。2004 年，金诺公司合同到期退出，香料厂交南泥湾农场经营，对中天香料有限公司实行夯实基数、全奖全赔的承包经营政策。产精油 1800 公斤、花渣 13 万公斤，总产值 78 万元。后期，因香紫苏种植经济效益可观，南泥湾农场周边农民开始大面积种植；继南泥湾农场香料加工厂之后，南泥湾区域又办起 3 个香紫苏浸膏厂。香紫苏种植、加工业迅猛发展。受市场调节及无序竞争等因素影响，香紫苏经济效益急剧下滑。2007年，动员农场职工集资经营香料厂，当年亏损严重，南泥湾中天香料有限公司加工厂关停。

三、木器加工业

1987 年，南泥湾农场建立木器加工厂，时有职工 3 人，年上缴农场管理费 1500 元。1989 年，利用造纸厂厂房，扩大为延安地区农垦光华木器厂（简称光华木器厂）。根据市场需求生产工业包装材料、办公用具和民用木器，1991 年，聘任刘军为木器厂厂长，实现年产值 32.7 万元，创利润 8 万元。1992 年，主营业务有木材、木器加工，钢木家具、沙发工艺、办公用器、木器工艺品等，有职工 60 人。厂房面积 6000 平方米，注册资金 50 万元，固定资产 20 万元，流动资金 25 万元，年上缴利润 6.5 万元。7 月，南泥湾农场与南泥湾林场木器加工厂联营，对木器厂进行技术改造和规模扩建。扩大厂房面积 2000 平方米，增加设备及职工（11 人），以加工木地板条为主营项目，年加工原木 1500 立方米。

1993 年，利用扶贫开发建设项目资金，投资 16 万元，对光华木器厂进行改造扩建工程。改造平板房 14 间、窑洞 40 多间（孔），完成土建工程 800 平方米。当年实现销售总额 15.46 万元，利润近 3 万元，签订销售合同 20 余万元。1994 年投资 170.55 万元，完成改扩建厂房面积 2311.6 平方米；购置部分机械设备和运输车辆，其中购置大型加工机械 10 台，运输车辆 2 部；购变压器 1 台，新增电力 100 千瓦，解决动力不够的问题；在延安市区设立木器厂展销门市，产品由乡镇转向城市并增拨流动资金 50 万元。形成年加工木材 3000 立方米的生产能力。当年实现产值 147 万元，利税 30 万元。加工的木器产品被延安市评为优质产品。

1995 年，木器行业市场疲软，加之工人工资成倍增长，市场竞争激烈，仅南泥湾区域就有 9 个木器厂。光华木器厂实行多层次、多级独立核算制度，调动职工的积极性。节约压缩开支 1 万余元；增加倒模漆、大理石高档喷漆家具工艺；同时在延安临镇、安塞设立展销门市，开辟榆林、镇川、神木 3 个销售网点；组织人员先后到靖边、甘肃、神木、延长、榆林等地宣传营销，签订销售合同 30 多万元，实现产值 182 万元，比年计划 160 万元超额完成 11.5％，完成利税 25.3 万元。1997 年，光华木器厂派员到延长、麻洞川、官庄、南泥湾钻采公司等地上门订货，签订销售合同 90 余万元。1998 年，光华木器厂改组为总厂管理下的 3 个分厂，刘军兼任总厂厂长，杨小宁任总厂副厂长（正科级），白耀成（任期 1998—2002.1）、柴效禹任分厂厂长（副科级）。通过改组，层层落实目标责任，坚持以售定产、以产定酬的管理模式。当年实现产值 300 万元，实现销售收入 200 万元，完成利税 30 万元。

1999 年 2 月 24 日凌晨，光华木器厂发生火灾，烧毁工房 10 间，刨床、电钻数十部，成品课桌、凳子 480 套，造成直接经济损失 11.4 万元。

2000 年，国家实施退耕还林还草、森林禁伐政策，光华木器厂生产原料受限，加之南方木器家具逐步进入市场，价格款式均优于当地产品，木器厂产值逐年下降。2001 年总产值 50 万元，销售收入 40 万元，实现利税 10 万元。2003 年光华木器厂停业。后利用厂房转产试种香菇，亦因市场销路不畅停止种植。2004 年，光华木器厂加强内部管理，降低费用，处理积压产品，把原剩余的粗料加工成桌凳销售，经营收入 12 万元。当年，因延安体育场改造，光华木器厂延安门市部拆除关停。2010 年光华木器厂改设留守处，主要任务为看守厂房设备，处理库存积压产品。刘柱亮任副主任（主持工作）。2018 年，因南泥湾开发区建设规划需要，光华木器厂拆除（图 2-4-1）。

图 2-4-1 南泥湾农场光华木器厂（2015 年 4 月摄）

第三节 建 筑 业

一、建筑企业

（一）南泥湾农场建筑工程队

1981 年 2 月，南泥湾农场全场职工代表大会同意成立基建工程队，承担本场的基建工程。

1985 年，南泥湾农场成立建筑工程公司（乡镇级），全民性质，注册资金 80 万元，编制 50 人，有工程技术人员 3 人，其中助理工程师 1 人。公司下设工程队、预制厂、建材厂等。工程队主要承担场内的基础建设和房屋改造、维修等建筑工程，拥有部分建筑设备，能够承担构造简单的楼房工程。

1990 年，农场建筑工程队以质量赢信誉，靠竞争揽工程。全年完成 24 万的工程量，较计划 5 万元超额 380％。1997 年，农场建筑工程队修建职工住宅 5 套，495 平方米；修建营业房 9 间，207.9 平方米。1998 年，农垦房地产开发公司合并入劳动服务公司后，建筑队实行承包制，法人张克福。1999 年建筑队因工程资质原因不能正常运转经营而停办，印章资质一直由劳动服务公司保管，至 2017 年后上交农场。

（二）南泥湾农垦机砖厂

20世纪70年代，兰州军区生产建设兵团时期，工副业生产中即有砖瓦烧制产业，主要用于兵团基建所需，1973年烧制砖瓦57.94万块。

1985年5月，南泥湾农场筹建南泥湾农垦机砖厂，为农场下属工副业公司所办实体企业。厂址位于科研站西侧，占地面积20.85亩。购置1部350型砖机，形成生产能力。马亚雄（兼，任期1986.3—1986.6）、刘凤扬（1986.7）先后任厂长。

1986年，农场机砖厂因产品质量不达标、销路不畅，造成亏损，后期每年以所制机砖交农场建筑队顶替承包费用。1989年，投资65万元对砖厂进行改造扩建。

1995年，南泥湾农场房地产开发公司投资将原来的灌窑改为14门轮窑，容量由年产100万块砖提高到500万块，质量由50号以下提高到100号，生产成本每块砖降低0.01元，新增利润1.5万元。1996年，农垦机砖厂生产成品砖120万块，销售80万块。1997年上半年，机砖厂实行风险抵押成本的承包办法，初步形成责、权、利明确，风险共担的管理机制，产品质量得到提高。生产成品砖150万块，销售市场也从南川扩大到延安市区。1998年，生产成品砖350万块，销售150万块。2000年，生产350万块成品砖销售一空，2001年，劳动服务公司主抓砖厂经营管理，生产效率提高。年生产400万块砖全部出售。实现产值56万元，上缴农场利润7.2万元。

2004年，农垦机砖厂实行夯实基数、全奖全赔的承包经营。全年生产机砖400万块，年收入65万元。2006年3月，农垦机砖厂因南泥湾开发建设以及国家政策限制关停。2017年1月复垦为耕地。

（三）南泥湾商砼站

2017年6月7日，延安南泥湾景区投资开发建设有限公司租用南泥湾农场十连土地面积2.2亩，为南泥湾商砼站备用场地。租金每年500元/亩，租期5年，租金一次性付清。

2020年，由延安浩邦电力安装有限公司负责商混站10千伏高压供电施工；延安市宝塔区政泰祥测绘公司实施商混站项目测绘工作。年底建成，销售混凝土收入1639万元。

二、物业管理

2019年7月，延安市南泥湾农场有限责任公司成立延安市南泥湾开发区安馨物业服务有限责任公司，主要负责阳湾温馨小区物业管理。马月华任总经理（法人代表）。2020

年 6 月 11 日，撤销安馨物业服务有限责任公司，成立延安南泥湾（集团）物业服务有限公司，隶属南泥湾（集团）公司，注册资本 1 亿元。主要承担综合服务中心，温馨小区、乐湾·云海居小区，农垦酒店外围等区域的保洁、安保及工程抢修维护业务，有员工 65人。致力打造"三大特色"（特色的保安队伍、物业服务、社区文化）管理模式。

第五章　第三产业

20 世纪 30 年代，延安南泥湾位置偏僻，经济落后，交通闭塞，运输方式主要靠人背牲畜驮，驮运牲畜主要是驴、牛、马、骡等；运输的组织形式大多是自流的，主要靠长脚、短脚、农户脚和外来长脚。1941 年后，原有个体经营的运输方式不适应边区运输需要，边区政府动员一切公私运力进行运输。三五九旅所属七一七团（代号"亚洲"部）、七一八团（代号"欧洲"部）分别在 1942 年、1943 年成立军人合作社，下设 8 个分社。组织驮骡 600 匹（马、驴除外），从事运盐运货。同时在几条运输线上设立骡马店、运转站。沿交通线开设 10 个大光商店分店、11 个支店，运输业每年可获红利 1000 万元（边币），成为边区最强运输力量。

南泥湾农场 1965 年建场初期，有载重汽车 3 辆、挂车 1 辆。生产运输方式多为马车运输；场内设有商店。1984 年，农场成立农垦商业公司，设延安地区农垦商业公司批发部、农垦商业公司门市部。1986 年，农场工业公司汽车队有汽车 5 辆，主要以场内营运为主，后期由场内营运为主转为社会营运。1994 年，农垦汽车队撤销。1998 年，农场国有的 20 多个销售点和门市部全部转为私营租赁。2004 年，因延安体育场改造，延安农垦综合服务销售门市部和光华木器厂延安门市部列入拆迁范围而关停。

2020 年，延安市南泥湾开发区管理委员会、南泥湾（集团）公司在景区核心区域引导支持兴办农家乐、餐馆 8 家，改建民宿 10 户，新增个体商户 50 余户，第三产业收入在人均收入中占比 30%以上。

第一节　交通运输业

1965 年，农建师 141 团投资 3.69 万元，购解放牌汽车 2 辆、3.5 吨拖车 1 辆，共有载重汽车 3 辆、挂车 1 辆。至 1978 年，运输车辆除 1968 年为 5 辆外，其余年份均为 2～3 辆。1979 年，在陕北建委支持下，南泥湾农场新购置 3 辆汽车，至此，农场共有运输汽车 6 辆。

1980 年，汽车队实行经济承包，主要以场内营运为主，年利润 3 万元左右。1984 年，农场成立农垦工副业公司，汽车队划归公司管理，由场内营运转为社会营运，年实现利润 2.93 万元，队长贺清华（1983.2）。1986 年，农场投资 5.09 万元购买东风、解放牌汽车各 1 辆。1987 年，农垦汽车队有载重汽车 5 辆（近报废汽车 3 辆），驾驶员 9 名，队长 1 名。1980—1987 年汽车队累计收入 20 余万元。投资 4 万元，设立农垦汽车修理厂，在延安市七里铺租赁房间作为临时修理车间，基本设施齐备，有八级修理工 1 名。大修、中修各种社会车辆 100 多台，年实现利润近万元。1990 年，成立农垦个体联营汽车队，增加收入 3 万元。刘飞（兼，1990.2）、白世清（兼，1991.1）先后兼任队长。1994 年，因年亏损 7 万元，农垦汽车队撤销。

第二节　零　售　业

1965 年，农建师 141 团设商店，有职工 6 人，副经理黑光堂，副政指张珊珠。1970 年，兰州军区建设兵团第 40 团设服务社，有职工 24 人，政委、指导员王希圣，主任相寿银。

1978 年，南泥湾农场设有服务社，主任马良海，副主任姬乃胜。1984 年，南泥湾农场成立农垦商业公司，经理石义。下设延安地区农垦商业公司批发部、农垦商业公司门市部。1986 年，农场投资 2.95 万元，在阳湾建农副产品收购门市部，主任慕秋生。商业经销公司收购推销当地农副产品桃仁、杏仁、杏皮、红小豆、串地龙等 8 万多斤；投资 1.3 万元，在阳湾修建农贸市场门市 13 间 114.5 平方米，陆续出租营业。1987 年 5 月，农场向延安市土地管理局申请，在临镇购买的 4 间房屋原宅基地上建 2 层小楼，用以收购土特产。农场经销公司实行薄利多销、先找买主后找货的销售方式，实现利润 1.3 万元。8 月，延安地区农垦商业公司批发部变更为营业部、商业公司门市部变更为综合商店；新增延安地区农垦商业公司服务部。

1994 年，因农垦商业公司综合商店承包给个人经营后，连续几年未完成承包任务，且隐性亏损严重，农场收回经营权，将商品折价拍卖，抽回资金 15.5 万元，亏损 4.7 万元，同时将经营场地出租，年租赁费 5 万余元。南泥湾光华木器厂在延安设立木器厂展销门市，产品销售由乡镇转向城市。1996 年，光华木器厂在延安临镇、安塞设立展销门市，增加销售网点。1998 年，将农场国营的 20 多个销售点和门市部全部转为私营租赁，每年可收回费用 20 多万元。

2004 年，因延安体育场改造扩建，延安农垦综合服务销售门市部和光华木器厂延安门市部列入拆迁范围而关停。

第三节　住宿与餐饮业

一、招待所、酒店

（一）南泥湾农场招待所

南泥湾农场兵团时期，利用四合院 10 多间瓦房办招待所，接待来宾及职工亲属，第一任招待所负责人任秀琴。来客凭证件住宿，不收费，免费就餐。1977 年移交农场后，仍沿用原来的管理办法。1984 年实行家庭农场后，招待所改为承包经营。1994 年，因房屋破旧、无法接待客人而停办。

（二）延安东关办事处

1978 年 7 月 1 日，南泥湾农场在延安市区征购宝塔公社延河居委赵小明、李萍、马胜利瓦房 10 间，建筑面积 195 平方米；惠延芳石板房 3 间，建筑面积 63 平方米。在此基础上修建砖瓦房 10 多间，成立南泥湾东关办事处。负责人刘金慧，主要接待农场内部职工家属。由于收费低，且又多为熟人，故农场职工在延安停留时，大多喜欢在办事处居住。1984 年实行家庭农场后，办事处实行承包经营。1999 年，修建延安东关大桥至嘉岭桥沿河堤公路时办事处被征迁。

（三）延安南关商业综合服务楼客房

1978 年 4 月，延安市林业局在市区南关体育场左侧修建 8 间砖瓦结构房作为南泥湾农场办事处，院内可停汽车 2 辆（以农场仁台 1613 亩土地划拨柳林林场为条件）。后来，南泥湾农场以 8 万元价格收购相邻延安市搬运社社址。1987 年 7 月，在办事处基地动工修建商业公司综合服务楼，总投资 90.74 万元。改建后有楼房 10 套，建筑面积 620 平方米。为机关工作人员办事方便，将第五层（顶层）作为客房部。2004 年，因延安体育场扩建拆除。

（四）农垦大酒店

农垦大酒店（农垦教育基地）位于南泥湾农场二连，党徽广场以东 200 米。是集培训、客房、会议、餐饮、宴会为一体的酒店。由陕西建工集团有限公司建筑设计院设计。

酒店占地面积 3.8 万平方米，建筑面积 2.3 万平方米，容积率 0.62，绿化率 45.01%，建筑密度 25.53%。分为 10 个单体工程，包括会议培训楼（1642 平方米）、餐厅楼（1977 平方米）、健身房（140.7 平方米）、4 栋客房楼（每栋 2909 平方米）、咖啡书吧（131.4 平方米）、接待大厅（1101 平方米）等项目。客房 203 间（其中标间 151 间，单间32间，套间20间）；培训楼设有阶梯教室1间、小教室6间、中教室1间、座谈会场1间，可同时满足400人培训学习。酒店设有停车场、健身房等三星级酒店配套设施。

2018年10月30日开工建设，2019年9月完工，2020年5月投运。先后有14个单位挂牌农垦大酒店为教学基地，其中包括：延安干部培训学院南泥湾分院教学基地、延安国家应急产业示范基地南泥湾培训基地、中共延安市委党校教学基地、国防科技大学信息通信学院试验训练基地、延安精神抗大办学军政融合训练基地、黑龙江农垦管理干部学院南泥湾培训基地、中国通信集团陕西有限公司红色文化教育基地、延安南泥湾红色文化培训有限公司教学培训基地、延安南泥湾劳模工匠学院培训基地、延安国际旅行社南泥湾研学实践基地、延安红都红色文化培训有限公司培训基地、中共长安银行股份有限公司委员会党性教育基地、延安亲亲旅业研学基地、延安红色摇篮红色文化培训基地。

（五）军垦大酒店

军垦大酒店（南泥湾教育基地一期）项目位于南泥湾镇桃宝峪。项目总投资1.8亿元，规划用地面积20776.69平方米，总建筑面积23258.61平方米。共7栋单体建筑，主要功能包含接待、住宿、餐饮、教育培训设施等。1号、2号、5号、6号、7号楼均为住宿楼，其中2号楼首层为接待厅；3号楼为餐饮楼，三层承担部分住宿功能；4号楼为培训楼，一层、二层为培训教室，三层为320人的多功能厅。3号、6号、7号楼设地下室，主要为厨房、设备、储藏等辅助功能。干部培训客房有标间114间，单间56间；民兵训练基地有34间民兵宿舍、14间干部客房、2间套房，可容纳640余人入住。2020年3月20日开工建设，2021年6月投入使用。

（六）南泥湾民宿酒店

南泥湾民宿酒店位于南泥湾开发区桃宝峪村。是南泥湾管委会打造的样板项目，也是南泥湾发展旅游的一种特色方式。2020年，由南泥湾（集团）公司投资实施高坊、桃宝峪试点村改造项目，保留原有传统村落与景观风貌。维修改造桃宝峪60孔窑洞为民俗酒店，当年投运。

酒店利用陕北窑洞冬暖夏凉的地方特色和典型的陕北院子，以及院子里的空地、地窖吸引游客。在此小住，游客可以品尝特色农家饭菜或自己做饭，原汁原味地感受陕北普通居民生活和浓厚的陕北风土人情。

（七）华润希望小镇

华润希望小镇项目位于南泥湾镇马坊村，规划面积约270亩。是华润集团在国内捐建的第11座希望小镇，总投资1.2亿元。2019年6月全面开工建设，计划2021年6月竣工。项目以爱国主义教育和陕北民俗文化体验为核心，以米兰花酒店和精品窑洞民宿为龙头，着力发展红色乡村旅游、打造经济活力小镇。

二、餐饮业

南泥湾镇以前除了原居民，外来人口比较少。南泥湾农场建场初期，职工饮食大多以单位食堂或家庭为主，餐饮业发展比较缓慢。改革开放后，随着南泥湾旅游事业的发展，餐饮业也逐渐兴盛。各地风味小吃以及大众化餐饮在南泥湾镇门店寻常可觅，其中，香菇面是起源于南泥湾镇的一种陕北地方美食，因其独特的风味成为南泥湾红色旅游的一大标签。

（一）南泥湾香菇面

香菇面为南泥湾农场职工李冲 1988 年始创，因其独特的风味成为南泥湾的一道特色美食，带动了当地餐饮业的发展。当地戏称云："不到南泥湾，不食香菇面。"后经多年发展，"南泥湾香菇面"招牌店在延安境内各主要县区和西安北客站均可找到店面。其中比较著名的是以"正宗"为招牌的老李家香菇面，以"秘制新汤料"为卖点的老刘家香菇面等。至 2020 年，南泥湾湿地公园稻香门附近的饭馆大多以经营香菇面馆为主，其中，"南泥湾李冲家香菇面"为李冲始创，2015 年，共青团宝塔区委将该面店列为宝塔区青年创业见习基地。2016 年 12 月被中央电视台二套（CCTV - 2）《生财有道》栏目组授予"味蕾上的记忆"荣誉称号。2019 年，延安首届夜市文化节活动中被推选为"延安十大特色美食"。被宝塔区旅游局评为"四星级农家乐"。

传统的南泥湾香菇面以"肉美菇鲜，汤浓面好"为特色。油炸、水汆 2 种肉丸和木耳、香菇配以高汤，味道醇厚；面条制作突出陕北面食"筋道爽滑"的特点，手工刀削面一直是南泥湾香菇面的主打，如今很多规模较大的面馆使用机械削面。其主要配料香菇在民间素有"山珍"之称，味道鲜美，营养丰富，素有"植物皇后"美誉；木耳清肺养心，含蛋白质、脂肪、多糖和钙、磷、铁等元素以及胡萝卜素，维生素 B_1、维生素 B_2 等营养素；用猪骨熬制的大骨汤头除含蛋白质、脂肪、维生素外，还含有大量磷酸钙、骨胶原、骨黏蛋白等。配以糖蒜、小葱、香菜等佐料吃香菇面，别有一番滋味。

（二）南泥湾镇小江南农家院 （又名爱梅炖土鸡）

2014 年 12 月 5 日，邵延锋和李爱梅夫妇注册成立宝塔区南泥湾镇小江南农家院，法定代表人邵延锋。餐饮业特色为炖土鸡，原料多选用 4 斤左右的散养公鸡，现杀现炖。做法独特，以"一鸡两做""一鸡三做"最为著名，以肉鲜、汤浓、味美成为南泥湾饮食行业的一大特色品牌，其中，"一鸡两做"分为红烧和汤 2 种做法，"一鸡三做"分为肉、汤、汤肉混合 3 种做法，还可根据食客需要加炖羊肚菌。因其价廉实惠，味道鲜美，吸引了周边乡镇、单位及延安市区的许多食客慕名前来品尝，年利润 20 万元左右。曾被中央电视台农业农村频道《致富经》栏目进行报道。该农家院年需原料鸡3000 只左右，同时也带动了养鸡业的发展。当地群众习惯以邵延锋爱人的名字称农家院为"爱梅炖土鸡"。

第三编

管　理

中国农垦农场志

第一章 机构设置

　　延安南泥湾是中国共产党领导的军垦、农垦事业的发祥地。1938 年 10 月，日本军队占领武汉后，改变其侵华政策，逐步将主要军事力量转向中国共产党领导的抗日根据地，实行灭绝人性的烧光、杀光、抢光"三光"政策，抗日战争进入相持阶段。20 世纪 40 年代初，国民党调集军队包围陕甘宁边区，实行严密的军事包围和经济封锁。当时，边区地广人稀，土地贫瘠，仅有 140 万群众，要担负起几万干部、战士和学生的吃穿用，实非易事。正如毛泽东主席说的那样："我们曾经弄到几乎没有衣穿，没有油吃，没有纸，没有菜，战士没有鞋袜，工作人员在冬天没有被盖……我们的困难真是大极了。"面对日益困难的经济形势，中共中央、毛泽东主席在延安发动了大生产运动。

　　1941 年 3 月—1944 年 11 月，八路军一二〇师三五九旅响应毛泽东"自己动手，丰衣足食"的号召，在旅长兼政委王震率领下，奉命开进南泥湾军垦屯田，守卫边区南大门，开展大生产运动，为中共中央领导全国人民夺取抗日战争和解放战争的胜利奠定了坚实的物质基础，同时也创造了"自力更生、艰苦奋斗"的南泥湾精神。

　　1944 年 5 月 1 日，陕甘宁边区延属分区专员公署成立南泥湾垦区政府，负责管理所辖区域并协调指导各单位的生产。区长由三五九旅七一九团团长张仲瀚兼任。同年 9 月 1 日，中共六届七中全会决定派遣王震、王首道、谭余保等率第十八集团军独立第一游击支队（通称南下第一支队）约 5000 人挺进华南，建立抗日根据地，其中，三五九旅人数为 3800 人（包括后勤部队）。同年 11 月，南下一支队从延安出发转战。1945 年 6 月，以第三五九旅留守陕甘宁边区的部队，组成第十八集团军独立第二游击支队（南下第二支队），于 6 月 10 日南下。南泥湾农垦生产由陕甘宁边区垦区政府接管。1947 年春，国民党胡宗南部队进犯延安，农场生产被迫停止。

　　1965 年 10 月 15 日，在南泥湾组建中国人民解放军生产建设兵团农业建设第十四师 141 团（简称农建师 141 团）。1969 年 2 月，成立中国人民解放军兰州军区生产建设兵团，农建师 141 团改称为中国人民解放军兰州军区生产建设兵团第 40 团（简称兰州军区建设兵团第 40 团）。1973 年 12 月，中国人民解放军兰州军区生产建设兵团撤销。1974 年 1 月，成立陕西省农建师，兰州军区建设兵团第 40 团（兰字 961 部队）编为陕西省农建师第5团（简称省农建师第5团）。1977年1月19日，陕西省农建师撤销，省农建师5团移交延安市（今宝塔区）管理，改称国营陕西省延安南泥湾农场。1980年3月13日，南泥湾农场收归地区管理，属县、团级建制，由地区农业局代管，更名为国营陕西省延安地区南泥湾农场。1997年4月，更名为陕西省延安市南泥湾农场。2018年9月，成立延安市南泥湾农场有限责任公司。2019年9月，延安市南泥湾农场有限责任公司（陕西省延安市南泥湾农场）和延安南泥湾开发区发展（集团）有限公司重组成立延安南泥湾农场（集团）有限公司。同年12月，更名为延安南泥湾（集团）有限责任公司，简称南泥湾（集团）公司。

第一节　机构沿革

1952年，陕西省公安厅第三劳改支队到南泥湾办起劳改农场，名称为陕西省地方国营南泥湾农场（简称劳改农场）。

1965年3月27日、7月10日，中共陕西省委、陕西省人民委员会两次上报中共中央、国务院关于建立陕西省农业建设师的请示报告，7月15日，西北局批复同意建立。9月12日，中共中央、国务院批复同意陕西省建立农业师，采取军垦的形式，开垦荒地，建设农场，发展生产。并对各省农垦农业建设师进行统一编序，陕西省的番号为中国人民解放军生产建设兵团农业建设第十四师（简称农建14师），下辖141～146团。归农垦部和陕西省政府双重领导。10月15日，在南泥湾组建农建师141团，团长朱少清。将原在南泥湾的劳改农场迁至姚家坡，土地、房屋等基础设施交农建师141团办农场。1966年，农建师141团设政治处、行政办公室、生产股、经管股、组织股、干部股、宣教股、供销股、公安局、武装、基建科、畜牧兽医科、卫生队、11个连队、副业队、基建队、基建二队、机耕队、园林队、种畜队、子女学校、商店、托儿所等组织机构，有职工战士2438人，其中干部195人（多为新疆建设兵团分派干部和海军转业军人）。

1968年7月3日，周恩来总理指示兰州军区，要成立生产建设兵团，统管陕、甘、宁、青四省区的农建师。1969年1月21日，组建成立中国人民解放军兰州军区生产建设兵团，下辖6个农建师，57个团场，兵团分布在甘肃、青海、陕西、宁夏四省区，是唯一一个跨省区的生产建设兵团。同年3月，陕西农建第十四师移交兰州军区生产建设兵团管理，并对排序番号进行调整。陕西为第六师，下辖7个团（40～46团）。农建师141团改称兰州军区建设兵团第40团。团部设正副领导各2人。团长朱少清、秦凤仪；政委任辉、孙云魁。

1970年8月，原三五九旅老部队，中国人民解放第四十七军，由广州军区调防兰州军区，驻陕西。为加强兰州军区建设兵团第40团建设，兰州军区抽调38名干部到南泥湾（8月12日到达），各级领导开始逐步由现役干部担任，按部队的组织形式建制。

1971年10月，兰州军区决定对兵团团以上部队赋予部队代号，兰州军区建设兵团第40团代号"兰字961部队"。

1973年12月，撤销中国人民解放军兰州军区生产建设兵团，兵团第六师建制随之撤销。1974年1月5日，陕西省革命委员会成立陕西省农建师，受陕西省革命委员会农林局领导。并对原第六师下辖团场番号重新按序列编排，"兰字961部队"编为陕西省农建师第五团，闫吉庆任团长。兵团现役军人亦相继在8月底全部撤回部队或转业。南泥湾农场1965—1976年生产建设兵团时期领导更迭情况见表3-1-1。

表 3-1-1　南泥湾农场 1965—1976 年生产建设兵团时期领导更迭名录

机构名称	姓名	职务	任职时间	备注
中国人民解放军生产建设兵团农业建设第十四师141团	朱少清	团长	1966.10—1969.2	前任职务场长
	樊浩天	政委	1966.3—1966.10	
	任辉	政委	1966.10—1969.2	
	王建功	副政委	1965.10—1969	
	牛升全	副政委	1966.10—1969.2	
	荣月林	副团长	1965.10—1970.4	前任职务副场长
	高峰	副团长	1966.10—1970	前任职务副场长
中国人民解放军兰州军区生产建设兵团第40团（兰字961部队）	朱少清	团长	1969.2—1971.9	1971.9第51号命令
	秦凤仪	团长	1970.7—1974	现役军人
	任辉	政委	1969.2—1970.7	
	孙云魁	政委	1970.7—1973.9	现役军人
	荣月林	副团长	1970.4—1974	
	赵东锁	副团长	1970.3—1974.8	现役军人
	闫吉庆	副团长	1972.12—1974.1	现役军人
	牛升全	副政委	1969.2—1974	
	马俊廷	参谋长	1970.8—1974	现役军人
	陈永欣	副参谋长	1972.12—1974	现役军人
	于景文	政治处主任	1970.8—1974	现役军人
	李儒湘	政治处副主任	1973.10—1974	现役军人
陕西省农建师第5团	闫吉庆	团长	1974.1—1976	
	顾生杰	政委、党委书记	1974.12—1977.1	
	王承礼	副团长	1974.12—1977.1	
	李云	政治处副主任	1974.12—1977.1	

1977 年 1 月 19 日，陕西省革命委员会决定撤销陕西省农建师，2 月，成立渭南地区农垦局。省农建师 5 团移交延安市（今宝塔区）管理，改称为国营陕西省延安南泥湾农场（简称南泥湾农场）；其中 5 团大荔沙湾库区生产点移交渭南地区农垦局管理。1980 年 3 月 13 日，延安地区行政公署决定，将南泥湾农场收归地区管理，属县、团级建制，由地区农业局代管，更名为国营陕西省延安地区南泥湾农场。

1984 年，南泥湾农场机构改革，场部实行一套编制、两块牌子，即国营陕西省延安地区南泥湾农场、延安地区农垦农工商联合公司。撤销政秘科、生产科、计财科、武保科，成立党委办公室、场长办公室和农垦农业、工业、商业、经销、建筑 5 个经营性公司。5 个公司受场部直接管理，实行经营承包、独立核算，定额上交，自负盈亏。

1997 年 4 月 1 日，随着延安地区撤地设市，国营陕西省延安地区南泥湾农场改称为陕西省延安市南泥湾农场（简称南泥湾农场），由延安市农业局管理。

2016 年 7 月，延安市委书记徐新荣批示："同意成立南泥湾生态景区管委会，县级建制，以南泥湾农场为基础组建，与南泥湾的发展统筹考虑。"11 月 15 日，经中共延安市委、市政府同意，成立延安市南泥湾景区管委会，人员在全市有事业编制的人员中选拔；南泥湾农场改由景区管委会管理，是延安市唯一的国有农垦市财政补差单位，正县级建制。

2017 年 1 月 12 日，延安市委、市政府成立延安南泥湾景区投资开发建设有限公司，全面负责南泥湾景区的开发建设任务。2018 年 7 月 17 日，更名为延安南泥湾开发区发展（集团）有限公司，为国有独资企业，隶属于延安市南泥湾景区管委会。下设悦途文化旅游有限公司、万群农业开发有限公司、悦培文化公司以及参股公司南泥湾学院有限公司，有职工 60 人。注册资本 5 亿元，法定代表人薛延江。

2018 年 9 月，延安市南泥湾景区管委会更名为延安市南泥湾开发区管委会，党工委书记高威评，党工委副书记、管委会主任李鉴君，副主任折克银、张斌、赵建军。9 月 19 日，按照中央、省关于推进农垦改革发展的意见，推行农垦集团化、企业化管理运营模式。中共延安市委、市政府决定在原陕西省延安市南泥湾农场基础上组建注册成立延安市南泥湾农场有限责任公司，国有独资企业，正县级单位。注册资本 10 亿元，法人代表赵永峰；为便于保持与中央、省、市农垦部门及垦区的联系，继续保留陕西省延安市南泥湾农场牌子。

2019 年 9 月，延安市南泥湾农场有限责任公司（陕西省延安市南泥湾农场）和延安南泥湾开发区发展（集团）有限公司重组成立延安南泥湾农场（集团）有限公司。12 月，更名为延安南泥湾（集团）有限责任公司。是延安市人民政府批准设立的国有独资企业，隶属于延安市国有资产管理委员会，正县级建制，注册资本金 15 亿元。董事长刘一民，总经理刘小雄。为延安市委、市政府和南泥湾开发区管委会开发建设南泥湾的主要平台，全面负责南泥湾开发区的投资开发建设及后期管理运营等工作。集团公司设立经理层，由8名成员组成，其中总经理1人（兼任党委副书记）、副总经理5人、总会计师1人、总工程师1人；有在职职工325人（其中农工197人）；离退休249人；农场管理的安户农民及家属子女1356人。

经营范围包括：土地综合利用开发；房地产开发，物业服务；园林绿化，市政工程；设备及房产租赁；文化艺术交流策划，会展服务，广告设计、制作、发布、代理；文化旅游产品开发与销售；餐饮服务，住宿；农产品加工、销售；农业开发、农业种植、畜牧养殖、土地整理、农业休闲观光；工艺品加工、销售等。

2020年1月，按照企业重组整合要求，集团公司内设11个部门；下设农业公司、旅游公司等7个全资子公司。至当年年底调整为：农业公司、旅游公司、开发建设公司、后勤物业公司、资产运营公司、能源公司、培训公司，其中，农业公司下设4个子公司：种植公司、养殖公司、水管公司、中蜂公司。有职工430余人。南泥湾（集团）有限责任公司1977—2020年领导名录见表3-1-2。

表3-1-2 南泥湾（集团）有限责任公司1977—2020年领导名录

机构名称	姓名	职务	任职时间	备注
国营陕西省延安南泥湾农场	顾生杰	党委书记	1978.2—1978.11	
	闫吉庆	副场长	1977.2—1978.2	
	刘新民	副书记兼场长	1978.2—1984.1	
国营陕西省延安地区南泥湾农场	周万龙	场长	1984.1—1987.11	
	邓武森	党委书记	1981.4—1988.7	
		场长	1987.12—1988.9	
	方占敏	场长	1988.9—1989.12	
		党委副书记	1988.1—1993.12	
	李树人	场长	1989.12—1992.3	
		党委副书记、纪检委书记	1994.1—2000.6	
		协理员	2000.6—2002.12	
	贺玉林	党委书记、场长	1992.4—1997.8	1993.12任书记
	郭守斌	场长	1997.8—2008.8	聘任
		党委书记（兼）	2000.12—2008.8	
		副场长	1992.9—1997.8	
	杜民生	副场长	1984.1—1989.10	
	张明廷	副场长	1984.1—1988.9	
	薛文洲	副场长	1989.1—1992.12	聘任
	罗玉瑾	副场长	1989.1—2002.3	聘任

（续）

机构名称	姓名	职务	任职时间	备注
国营陕西省延安地区南泥湾农场	苏绍武	副场长	1992.9—1996.6	
	宋明富	工会主席	1986.6—1995	
	邢丹东	场长助理	1989.1—1992.3	
	贺清华	场长助理	1989.1—1992.3	
	刘荣强	场长助理	1994.1—1994.12	
	冯根库	场长助理	1994.1—1997.8	
陕西省延安市南泥湾农场	苏绍武	工会主席	1996.6—2002.10	
	薛东升	副场长、工会主席	1997.10—2011.3	2002.10 任工会主席
	刘军	场长助理	1994.1—1998.3	2017 年因病退居二线请假
		副场长	1998.3—2002.10	
		纪委书记	2002.10—2017	
	罗玉瑾	党委副书记兼副场长	2002.3—2010.9	2008 年 8 月始负责全盘工作
		场长	2010.10—2015.3	
	岳延平	副场长	2004.10—2010.10	
		党委书记	2010.10—2015.3	
		党委书记、场长	2015.3—2016.6	
	赵永峰	场长助理、工会副主席	2010.12—2017.11	2017.8—2018.11 主持全面工作
		副场长	2017.11—2018.9	
	呼海荣	场长助理、纪检副书记	2010.12—2017.11	
		副场长	2017.11—2018.9	
南泥湾景区（开发区）党工委	高威评	党委书记、场长	2016.6—2017.7	
		党工委书记	2016.12—2019.9	开发区党工委（任期 2018.9—2019.9）
南泥湾开发区发展（集团）有限公司	薛延江	党工委委员	2017.4—2019.12	
		总支书记、董事长	2017.4—2019.12	2018.9 任总支书记
	党德生	副总经理	2018.12—2019.12	
	薛虎	副总经理	2018.12—2019.12	
延安市南泥湾农场有限责任公司（南泥湾农场）	薛延江	党委书记、董事长	2018.11—2019.12	
	赵永峰	副总经理	2018.9—2019.12	
	呼海荣	副总经理	2018.9—2019.12	
	高勇	董事长助理	2019.7—2019.12	（正科级）
延安南泥湾（集团）有限责任公司	刘一民	党委书记、董事长	2019.12 至今	
	刘小雄	党委副书记、总经理	2019.12 至今	
	赵永峰	副书记	2019.12 至今	
	呼海荣	副总经理	2019.12 至今	
	党德生	副总经理	2019.9 至今	
	薛虎	副总经理	2019.12—2021.2	
	康淑娟	副总经理	2020.1 至今	
	崔彬	副总经理	2021.2 至今	
	祁海梅	总会计师	2020.1 至今	

附：南泥湾（集团）有限责任公司董事会成员

董事长：刘一民（任期 2019.12 至今）

董　事：刘小雄（任期 2019.12 至今）

赵永峰（任期 2019.12 至今）

呼海荣（任期 2019.12 至今）

党德生（任期 2019.12—2020.11）

祁海梅（任期 2020.1 至今）

职工董事：崔振荣（任期 2020.11 至今）

第二节　内设机构

一、南泥湾农场内设机构

1965 年 10 月，农建师 141 团成立之初，下设政治处、行政办公室、生产股、经管股、组织股、干部股、宣教股、供销股、公安局、武装、基建科、畜牧兽医科、卫生队、十一个连队、副业队、基建队、基建二队、机耕队、园林队、种畜队、子女学校、商店、托儿所等 33 个组织机构。农建师 141 团团部 1966 年内设机构领导名录及任职时间见表 3-1-3，连队领导名录及任职时间见表 3-1-4。

表 3-1-3　农建师 141 团团部 1966 年内设机构领导名录及任职时间

机构名称	姓名	职务	机构名称	姓名	职务
政治处	宁荣宝	副主任（1966.4）	卫生队	钟福林	队长（1965.10）
行政办	彭德彪	代主任（1965.10）		李才银	队长（1966.10）
	唐本立	副主任（1966.3）		丛培声	副队长（1966.10）
组织股	王玉洁	股长（1965.10）	副业队	陈春林	副政指（1966.6）
	毛允尧	股长（1966.10）		朱志真	队长（1966.10）
宣教股	宋董葳	副股长（1966.3）		邓国贵	政指（1965.10）
干部股	李怀璞	股长（1966.10）		杨寿银	政指（1966.10）
	金颢荣	副股长（1965.10）		罗克辉	副队长（1965.10）
经管股	吴居礼	股长（1965.11）		李仁杰	副队长（1966.3）
	赵高玺	副股长（1966.10）	基建队	靳福林	队长（1965.10）
生产股	王志俊	股长（1965.10）		牛永寿	政指（1965.12）
供销股	蒲祥高	股长（1966.10）		赵金荣	政指（1966.5）
	周自新	副股长（1966.7）	基建二队	彭德彪	队长（1966.7）
公安局	梁忠武	局长（1966.10）		杨承科	连长（1966.10）
武装	牟用厚	参谋（1966.3）		王玉洁	政指（1966.7）
	高春福	参谋（1966.4）		王生成	政指（1966.10）
基建科	宋立洋	副科长（1966.10）		刘中元	副连长（1965.12）

（续）

机构名称	姓名	职务	机构名称	姓名	职务
子校	沈锡熊	副校长（1966.3）	机耕队	杨世侠	政指（1966.10）
	唐聪玲	副政指（1966.10）		张振昌	副队长（1965.10）
商店	黑光堂	副经理（1965.11）	园林队	王齐齐	副政指（1965.10）
	张珊珠	副政指（1966.10）		陈学文	队长（1966.10）
种畜队	张建功	队长（1966.11）		雷其林	政指（1965.10）
	何应石	政指（1965.10）		徐顺志	政指（1966.10）
	王墨印	政指（1966.10）	托儿所	苏美芳	副所长（1966.12）

注：因资料短缺，本表内设机构领导名录仅录入有资料可查部分。

表 3-1-4　农建师 141 团 1966 年连队领导名录与任职时间

连队	连长	政治指导员	副连长	副政指
一连	曹庆贵（1965.10）		王享虎	
	王庚庆（1966.10）			
二连	张建功（1965.10）	张成祥（1965.10）	郭兆丰	
	李道兴（1966.10）	马瑞生（1966.4）		
		高万春（1966.10）		
三连	白永儒（1965.10）	刘开炎（1965.10）		马瑞生（1965.11）
	赵永勤（1966.8）	冯尊祥（1966.10）		
	王国安（1966.10）			
四连	项天瑞	常汝清（1965.11）	周光桂	何守普（1965.10）
		徐萝恩（1966.10）		
五连	马双武	张贵清	何守普（1966.11）	
六连	邱林寿	王墨印（1965.10）	陈茂林（1965.10）	韩墨贵
		周朝光（1966.10）	韩庚年（1966.6）	
七连	刘怀德（1965.10）	赵金荣（1965.11）	吴光祖	
	邓先富（1966.10）	范永福（1966.4）		
八连	赵永勤（1965.10）	史清江	马金山	
	沙如贵（1966.10）			
九连	赖金荣	杨德林	孟发龙	
十连	马金有	王希圣	薛宝启（1966.4）	
			谢洪云（1966.10）	
十一连	屈殿清	张成祥（1966.4）	乔振华	
		苑松昇（1966.10）		

注：因资料短缺，本表连队领导名录仅录入有资料可查部分。

　　1970 年，兰州军区建设兵团第 40 团团部机关设司令部（正副参谋长各 1 人），下设参谋股、生产科技股、管理股；政治处（正副主任各 1 人），下设组织股、宣传股、保卫股；后勤处（正副处长各 1 人），下设供给股、财务股，以及科研组、机耕队、营建队、9 个连队、修理厂、卫生队、招待所、理发店、照相馆、粮库、服务社、子弟学校和幼儿园等机构。司令部参谋股直管团部警卫排；政治处宣传股直管宣传队、广播室、展览室、报道组、绘画组、子弟学校；后勤处直管卫生队。1971 年，兰州军区生产建设兵团第 40 团在骑兵连沟口建立气象观测站，业务隶属延安气象站管理，观测站由农场职工李云新负责。1978 年，气象站迁移到农二队。南泥湾农场建设兵团时期连队领导名录及任职时间见表 3-1-5。

表 3-1-5 南泥湾农场建设兵团时期连队领导名录及任职时间

连队	连长	政治指导员	副连长	副政指
一连	曹庆贵（1970.3—1970.7） 刘志强（1970.7） 李松顺（1971.11） 惠华武（1976.3）	康祥元（1970.7—1971.11） 韩崇高（1971.11）	马建刚（1970.3） 刘晓平（1971.3—1976.3） 武忠平（1971.11—1972.11） 任田（1976.3）	惠华武（1971.2—1971.11） 迟新早（女，1971.11） 贾风宝（1976.3）
二连	陈学文（1970.3—1972.3） 邓先福（1971.5） 马双武（1972.3—1976.9） 朱志真（1972.12）	把荣儒（1970.7—1972.3） 康祥元（1972.3） 王万清（1976.3—1976.9） 高春福（1976.9）	何仕考（1970.3—1972.9） 罗克辉（1972.9）	伍竞惠（1970.3） 王万清（？—1976.3）
三连	邱林寿（1970.3）	徐萝恩（1966.10—1970.7） 李义浦（1970.7） 刘安山（1976.9）	王享虎（1970.3） 杨景发（1971.2）	谢洪云（1971.3） 刘志兰（1976.3）
四连	冯万祥（1970.3—1970.7） 吴光发（1970.7） 陈学文（1972.12） 刘文武（1976.3）	牛永寿（1970.3—1970.7） 黄尉林（1970.7—1971.3） 屈广印（1971.3） 高春福（1973.5—1976.9）	贺礼佑（1970.3） 张雨德（1972.11） 吕衍坤（1971.2） 薛永强（1976.3）	王怀珍（1971.9—1971.11） 刘志兰（1973.5—1976.3） 岳海林（1976.3—1976.4）
五连	邓先福（1970.3—1971.3） 朱志真（1971.3—1972.12）	雷琪林（1970.3—1970.7） 唐天长（1970.7）	李仁杰（1970.3） 陈茂林（1970.3） 杜民生（1971.2） 刘忠元（1976.4）	张珊珠（1970.3）
六连	马双武（1970.3—1972.3） 李业顺（1974.5—1976.3） 李振业（1976.3）	朱光荣（1970.3—1970.7） 陈绍优（1970.7）	屈文勇（1970.3） 屈均（1971.2） 罗克辉（1972.9） 白新金（1974.5） 乔振华（1974.5—1976.3） 李成凡（1976.3）	罗时珍（1970.3—1972.3） 白新金（1973.5—1974.5） 李方亭（1974.5） 岳海林（1976.4）
七连	刘怀德（1970.3—1970.7） 李宏文（1970.7）	徐俊（1970.3） 张建国（1976.3）	韩庚年（1970.3—1972.9） 张雨德（1971.11—1972.11） 曾锡华（1972.9） 薛生应（1972—1976.3） 孟昭壮（1976.3）	王怀珍（1971.11—1976.3）
八连	王国安（1970.3） 薛生应（1976.3）	段克明（1970.3）	张建国（1971.2—1976.3） 李振业（1972.9—1976.3） 韩庚年（1976.3）	赵登宏（1971.2—1976.3）
九连	张建功（1970.3—1971.5） 沙如贵（1971.5）	史靖江（1970.3—1970.7） 韩崇高（1970.7—1971.11） 文天明（1976.3）	陆定福（1970.3） 李振业（1971.9—1972.9） 韩庚年（1972.9—1976.3） 姬乃明（1976.3）	惠华武（1971.11） 胡石平（1973.5） 赵登宏（1976.3）
十连	马全友（1970.3） 曹庆贵（1976.3）	李业顺（1976.3）		

注：因资料短缺，本表连队领导名录仅录入有资料可查部分。

1979 年，国营陕西省延安南泥湾农场场部设党委办公室、政工科（包括宣传、组织、工会、青年、妇女）、计财科（总务科改称）、生产科、保卫科、武装部 6 个科室，下设 8 个农业作业队、1 个机务连、试验站、造林场、商店、职工医院、子弟学校等共 14 个单位。1981 年 3 月，合并机务连，成立基建工程队，归生产科领导，主要承担农场的基建工程。农场场部仍设 6 个科室，下设 8 个农业连队、子校、医院、综合厂、试验站、基建队、兽医站、商店等共 15 个单位。

1982 年，场部设政秘科、生产科、计财科、武保科 4 个科室，下属 8 个农业连及科研站、机耕队（队长杨景发）、基建队、汽车队（队长贺清华）、商店、兽医站、医院、子校、气象站等 17 个核算单位。

1983 年 2 月，撤销气象站，业务由科研站代管，人员仍归农二队，气象资料交生产科，仪器交试验站。撤销机关菜地，原菜地手扶拖拉机交农四队，人员、土地、资产交农五队；撤销机关托儿所，人员、住房和其他财产交农五队，各队托儿所按自负盈亏精神自行决定；机关电影队，包括人员、设备、业务交商业支部管理；新窑子沟水库交由农五队负责管理，水库附近的土地归农五队耕种。11 月 27 日，撤销机务队。

1984 年，南泥湾农场实行机构改革。场部为一套编制、两块牌子，即国营延安地区南泥湾农场、延安地区农垦农工商联合公司（公社级），撤销政秘科、生产科、计财科、武保科。成立党委办公室、经理（场长）办公室；场部下设农垦农业公司、农垦商业公司（阳湾商店、延安商店、电影队和办事处合并为农垦商业公司）、农垦工副业公司、农垦建筑工程公司、农垦经销公司 5 个经营性公司（公社级）。农业连改称为农业队。5 个公司受场部直接管理，实行经营承包、独立核算、定额上交、自负盈亏。其中，农业公司下辖 9 个农业队及农业科学试验站、畜牧兽医站、种鸡场；商业公司下辖延安商业服务大楼、南泥湾百货商店；工副业公司下辖汽车队、综合厂、食品厂；经销公司下辖粮站和生产资料库；建筑工程公司下辖 2 个工程队、机砖厂。场长办公室管理延安招待所、南泥湾招待所、子校、医院（升格为公社级）；医院、兽医站、试验站为事业编制，企业管理，经费承包，自负盈亏；子校实行定额补贴，节约留用，超支不补。场部管理人员由原来的 39 人减少到 19 人。

1986 年，南泥湾农场合并党委办公室和场长办公室，成立政工科和计财科。场部设生产科、计财科、政工科、办公室、纪律检查委员会和工会，直辖子校、医院 2 个事业单位以及 5 个公司。1987 年，下设 10 个农队（其中，阳岔沟军分区农场交回农场设立九连；马坊土地收回成立十连；七道沟土地收回成立十一连，后期并入十连）和 13 个场、站、店。同年 8 月，延安地区农垦商业公司批发部、商业公司门市部更名为延安地区农垦商业公司营业部、商业公司综合商店；新增延安地区农垦商业公司服务部、延安地区农垦商业公司食堂，皆属全民所有制，独立核算单位。同年 12 月 9 日，撤销农垦农业公司，其业务归场部管理。1989 年，撤销商业公司服务部。

1990 年，南泥湾农场设党委办公室，成立南泥湾农场劳动服务公司。2 月 20 日，将农垦商业公司、农垦经销公司合并为农垦商业综合服务公司。1991 年 12 月 9 日，成立延安地区农垦农业服务公司。1992 年，撤销农垦工副业公司；农垦商业综合服务公司更名为延安农垦综合服务公司。

1993 年，南泥湾农场设党委、工会。职能科室设办公室、经营开发科、武保科 3 个；所属事业单位有子校、职工医院；所属经济实体有农垦农业服务公司、农垦综合服务公司、劳动服务公司、房地产开发公司、建筑公司、木器厂、甘草酸厂、水产畜牧养殖公司（经理冯涛）、自行车翻新厂等 9 个，及其下属的 13 个厂站店和 10 个农业连队。1996 年底，南泥湾农场下属有农业服务公司、建筑工程公司、劳动服务公司、龙泉石油开发有限责任公司、光华木器厂、果树管理示范园等 13 个经济实体和子校、医院 2 个事业单位。1997 年，南泥湾农场与省节能公司、省轻工研究院合资成立陕西中天香料有限公司。1998 年，农垦房地产开发公司合并入劳动服务公司。1999 年 11 月 10 日，陕西省节能开发投资有限公司将 54％股权转让给南泥湾农场。同年 12 月，南泥湾农场与省轻工研究院日化所在延安注册陕西中天香料有限责任公司。

2004 年，农场场部设综合办公室（党办、工会、妇联、共青团、纪检）、经营开发科、计财科、保卫科等 4 个职能科室。下属农业公司（辖 10 个农队）、劳动服务公司、延安农垦综合服务公司、南泥湾生态农业有限责任公司、光华木器加工厂、陕西中天香料有限责任公司、果树管理示范园、子长禾草沟煤矿、农垦机砖厂等经济实体和子校、医院 2 个事业单位。其中，子长禾草沟煤矿、南泥湾生态农业有限责任公司因故停办；职工医院 2003 年停业。

2009 年 6 月 23 日，农场子弟学校及职工移交宝塔区教育局管理。

2010 年 12 月，农场行政机构设置变更为：场部设办公室、财务科、资源开发科、企业管理科、保卫科 5 个职能科室。撤销农业公司，成立农业服务中心，履行原农业公司职能；成立南泥湾农场社区服务中心，负责管理南泥湾农场延安、南泥湾小区，全场离退休职工管理工作，全场城镇居民及农业户口人员的社保管理；原劳动服务公司负责的全场房地产管理工作移交资源开发科管理。光华木器厂改设留守处。

2012 年，南泥湾农场成立延安南泥湾旅游开发有限公司。2014 年春，成立现代农业综合示范园管理办公室。

2016 年 4 月，成立延安市农垦南泥湾农业开发有限公司。11 月 15 日，南泥湾农场移交由延安市南泥湾景区管委会管理。农场场部设综合办公室、财务科、资源开发科、企业管理科兼园区办、保卫科 5 个职能科室以及农业服务中心（辖 11 个连队）、社区服务中心 2 个职能部门；下属延安南泥湾旅游开发有限公司、延安市农垦南泥湾农业开发有限公司和延安南泥湾农场劳动服务公司 3 个企业单位。

2018 年年初，南泥湾农场内设机构有党政办公室、财务科、资源管理科、产业发展科、保卫科（信访维稳办公室）。9 月 19 日，在原陕西省延安市南泥湾农场基础上组建注册成立延安市南泥湾农场有限责任公司。公司设办公室、产业发展部、人力资源部、财务部、资源管理部、安保部 5 部 1 室。下属南泥湾农场农业服务中心、社区服务中心、农垦农业开发有限公司、劳动服务公司、延安南泥湾旅游开发公司等单位。2020 年，南泥湾（集团）公司推动"空壳"公司清理，注销农垦南泥湾农业开发有限公司。南泥湾农场部分内设机构领导名录及任职时间见表 3-1-6，连队领导名录及任职时间见表 3-1-7。

表 3-1-6　南泥湾农场部分内设机构领导名录及任职时间

机构名称	正职	副职	备注
科学实验站	站长： 罗玉瑾（1983.2） 慕秋生（1984.12—1986.6）	副站长： 乔振华（1976.3） 刘忠元（1976.3） 李进省（1978.12—1980.12） 刘凤阳（1978.12） 张树民（1983.2） 惠相荣（1986.6）	
机务连	连长： 高文兴（1978.12—1981.3）	副连长： 赵巨培、曹登富（1978.12—1981.3）	1981.3 合并成立基建工程队
基建工程队	队长： 王怀珍（1981.5—1983.2） 王怀龙（1983.2） 马亚雄	副队长： 赵巨培、曹登富（1981.5） 刘凤扬（1983.3）	
子弟学校	校长： 薛义荣（1978.12—1980.4） 王维贤（1983.2—1987.10；1989） 周景龙（1987.10；1998.6，督导员，正科级） 薛志明（1993.2） 协理员：王维贤（1993.2）	副校长： 魏隆成（1978.12） 王荣宪（1983.12） 高雅琴（1986.8） 冯志祥（1989.9） 赵永峰（1989.8—1994.7）	2009.6 移交宝塔区教育局
职工医院	院长： 张志新（1978.12） 吴万民（1983.2） 白永亮（1991，负责） 高宜（1993，承包） 李伟（1997，承包）		2003 年歇业停办
增压站	站长：李俊义（1983.2）		

（续）

机构名称	正职	副职	备注
综合厂		副厂长： 赵登宏（1983.2）	
安质站		副站长： 刘宏胜（1983.2）	
场长办公室、办公室、政秘科	主任： 马昌业（1978.1） 李树人（1984—1989.8） 曹志业（1986.12） 郑进厚（1987.12） 张苏民（1989.9—1993.2） 刘荣强（1994.1—1994.12） 赵永峰（1994.12—2018.10）	副主任： 马光成（1978.1） 白文龙（1980.2—1984.10） 邢丹东、薛文洲（1984） 郑进厚、高亚琴（1993.2） 曹斌（2000.4—2010.12，正科级） 赵娜（2018.10）	
党政办公室、政工科、党委办公室	主任： 李富有（1978.1—1980.2） 白文龙（1984.10） 李树人（1986.12） 罗玉瑾（1988） 郑进厚（兼，1989.3）	副主任： 刘忠海（1989.9）	
生产科	科长： 杜民生（1978.1） 邢丹东（1986.12—1987.12） 赵树华（1987.12—1989.1） 邢丹东（兼，1989.1—1992.3）	副科长： 李树人（1978.1） 赵树华（？—1984.12） 邢丹东（1987.12—1989.1） 冯子祥（1989.1）	
武保科、人武部、保卫科、	科长： 马昌业（？—1984.12） 何延明（1993.2） 呼海荣（2000.4）	副部长： 刘忠海（兼，1987.12） 副科长： 张军（2010.12—2013.5，正科级） 刘宏伟（2013.5）	
计财科	科长： 王兴海（1978.1—1980.2，总务科） 李富有（1980.2） 薛文洲（1987.12） 薛兴旺（1998.6） 崔永丰（2002.1）	副科长： 石义（1978.1，总务科） 王怀珍（1986.6） 张有辅（1987.12） 白富强（1989.9）	1979年总务科改称计财科
经营开发科	科长： 罗玉瑾（1993.2） 张苏民（？—1998.6） 张苏民（2002.1—2010.12）	副科长： 薛兴旺（1993.2—1998.6） 邢丹东（1998.6—2010.12，正科级）	1993年设立
企业管理科	科长： 王向军（2013.5）	副科长： 王向军（2010—2013.5，主持工作）	2010年设立
资源开发科	科长： 崔振荣（2010.12—） 邢丹东（2010.12，协理员）		

（续）

机构名称	正职	副职	备注
农垦经销公司	经理： 李冲（1984.12） 白世清（1987.12—1990.2）	副经理： 白富强（1986.6） 白世清（1986.6—1987.12） 慕秋生（1987.12—1990.2）	1990.2与商业公司合并
农垦农业公司	经理： 王怀珍（1984.12） 苏绍武（?—1987.12）	副经理： 罗玉瑾（1984.12—1986） 闫光荣（1984.12—1987.12）	1987.12撤销
农垦工副业公司	经理： 贺清华（1984.12—1989.1） 贺清华（兼，1989.1—1992.3）	副经理： 马亚雄（1986.3—1987.12） 张根虎（1987.12） 刘飞（1989.9）	1992年撤销
农垦建筑工程公司	经理： 王怀龙（1984.12） 马亚雄（1987.12） 张克福（1998.6—2002.1）	副经理： 马亚雄（1984.12—1986.3）	
农垦商业公司	经理： 石义（1984.12—1987.12） 马良海（1987.12—1989.9） 宋明富（1989.9—1990.2）	副经理： 宋明富（1984.12—1989.9）	1990.2与经销公司合并
农垦商业综合服务公司（1992年更名综合服务公司）	经理： 宋明富（1990.2—1995.3） 申志祥（1995.3）	副经理： 慕秋生（1990.2） 马良海（1993.7） 刘志军（1998.6） 张永军（2002.10，主持工作）	1990.2经销公司与商业公司合并成立
农垦农业服务公司	经理： 苏绍武（1991.12—1993.1） 赵树华（1993.1） 慕秋生（1998.6） 呼海荣（2005.3—2010.12）	副经理： 刘宏胜（1998.6—2010.12） 杨加锋（2000.4—2010.12）	1991.12成立，2010年职能交农业服务中心
房地产开发公司	经理： 罗玉瑾（1993.1—1998.6）	副经理： 马亚雄（1993.1）	1993年成立，1998年并入劳动服务公司
劳动服务公司	经理： 苏绍武（兼，1993.2） 刘山岗（1998.6—2010.12）	副经理： 白岗（1993.2） 白世清（1998.6，正科级） 张兵（2018.10） 惠世雄（2018.10）	1993年成立
农场社区服务中心	主任： 刘山岗（2010.12）	副主任： 白峰（2010.12—2013.5，副科级） （2013.5，正科级） 惠世雄（2013.5—2018.10）	2010年成立
农业服务中心	主任： 呼海荣（兼，2010.12）	副主任： 杨加锋（2010.12—2013.5，正科级） 高宁（2010.12） 鱼宁（2013.5） 王成（2013.5—2018.10） 许亚雄（2018.10）	2010年成立

注：因资料短缺，本表领导名录仅录入有资料可查部分；实体企业领导在第二编第二产业中随内容记述。

表 3-1-7　南泥湾农场农业连队领导名录及任职时间

连队名称	连长、队长	副连长、副队长
一连	白世清（1978.12—1980.12）	姬乃明（1978.12） 郝庆合（1978.2—1980.12） 呼绍祖（1980.12）
农一队	呼绍祖（1983.2—1984） 武增耀（1984）	张成军（1983.3）
二连	王怀珍（1978.12）	杜林元、李成凡（1978.12）
农二队	马维荣、许树林	杜林元（1983.2）
三连	高立祥（1983.2）	贾如玉、李尚录、马维荣（1978.12） 呼绍祖、郝庆合（1980.12）
农三队	马文亮、柴保文、杨思功	赵登宏（1983.12）
四连	闫光荣（1978.12—1980.12） 任田（1983.2）	任田（1978.12—1980.10）
农四队	惠毕生、马合富	胡永彬、贺俊录　（1983.12）
五连	慕秋生（1978.12—1980.12） 李进省（1980.12—1983.2） 邢丹东（1983.2—1983.12）	武中平（1978.12—1981.11） 孙文珍（1978.12） 惠治平（1980.12—1981.11） 闫光荣（1983.2—1983.12）
农五队	闫光荣（1983.12） 李树金、李长治、刘永才、鱼振海	李进省（1983.2）
六连	叶凤英（1978.12） 李成凡（1983.2）	郝庆合、王怀龙（1978.12）
农六队	杨奎生、李成凡、郝振军、霍小兵	张存彪（1983.2）
七连	赵登宏（1978.12） 叶凤英（1983.2）	呼绍组（1978.12）
农七队	杨思功（1983.12） 薛连生、王国庆、王荣宪	白云章（1983.2） 叶凤英（1983.12）
八连	马维荣（1981.11—1983.2） 李宏军（1983.2）	马维荣（1983.2）
农八队	马维荣、李树祥	
农九队	张增正、折海有	
农十队	白云章、杨思功、叶凤英	
农十一队	常明增	

注：因资料短缺，本表连队领导名录仅录入有资料可查部分。

二、南泥湾（集团）公司内设机构

2020 年 1 月，按照企业重组整合要求，南泥湾（集团）公司内设 11 个部门：办公室、党委工作部、人力资源部、财务部、工程管理部、安质部、对外合作部、发展策划部、合同预算部、企业管理部、法律事务审计部以及工会、团委等组织；下设农业公司、文化旅游公司、开发建设公司、后勤服务公司、资产管理运营公司、配售电公司、品牌运营公司等 7 个全资子公司。至年底调整为：农业公司、旅游公司、开发建设公司、后勤物业公司、资产运营公司、能源公司、培训公司。其中农业公司下设 4 个子公司：种植公司、养殖公司、水管公司、中蜂公司。2020 年南泥湾（集团）公司内设机构领导名录及任职时间见表 3-1-8。

表 3-1-8　2020 年南泥湾（集团）公司内设部机构领导名录及任职时间

部室名称	姓名	职务	任职时间	备注
办公室	薛志罡	主任	2020.3—2021.1	
	赵　娜	副主任	2020.3 至今	
	王　波	副主任	2021.1 至今	
党委工作部	吕桂香	女工委主任（副科级）	2020.3 至今	（兼任）
	万佳佳	团委书记（副科级）	2020.11 至今	
工会	薛志罡	主席	2021.1 至今	
人力资源部	赵　培	部长	2020.3—2020.8	
	张　超	部长	2020.8 至今	
	孙建邦	副部长	2020.3 至今	
	霍晓斌	离退办主任	2020.3 至今	
财务部	郝　乐	部长	2020.3 至今	
	马　玥	副部长	2020.5 至今	
	刘正萍	副部长	2020.3 至今	
企业管理部	王向军	部长	2020.3 至今	
	王　波	副部长	2020.3—2021.1	
发展策划部	窦朗朗	副部长	2020.3 至今	
工程管理部	曹金牛	副部长	2020.3—2021.5	
	白彦明	副部长	2020.3 至今	
	葛　飞	建设项目指挥部负责人	2020.3 至今	
	古雄涛	乡村振兴指挥部负责人	2020.10 至今	
合同预算部	张　超	部长	2020.3—2020.8	
	徐晓锋	部长	2020.8 至今	
法律事务审计部	马航于	副部长	2020.8 至今	

（续）

部室名称	姓名	职务	任职时间	备注
安质部	崔振荣	部长	2020.6—2021.1	
	高 勇	部长	2021.1至今	
	徐晓锋	副部长	2020.6—2020.8	
	曹 杰	副部长	2020.3至今	
对外合作部	冯晓春	部长	2020.1—2020.5	
	马 玥	副部长	2020.3—2020.5	

三、南泥湾（集团）公司子公司

1. 延安南泥湾（集团）农业有限公司 延安南泥湾（集团）农业有限公司（简称农业公司）成立于2018年7月，注册资金1亿元，是南泥湾（集团）公司的全资子公司，主要负责南泥湾开发区现代农业产业发展，包括农业种植、农产品加工及销售、土地治理、仓储服务、生态农业项目的开发与利用、农业新技术及新品种的引进推广及应用、农业信息咨询等业务。延安南泥湾（集团）农业有限公司领导见表3-1-9。

表3-1-9 延安南泥湾（集团）农业有限公司领导名录

部室名称	职务	姓名	任职时间
延安南泥湾（集团）农业有限公司	总经理	崔振荣	2021.1至今
	副总经理	刘 浪	2020.1至今
	副总经理	高 勇	2020.1—2021.1
	副总经理	王学海	2020.3至今
	副总经理	冯 耀	2020.11至今
	资源管理部部长	王 成	2020.4至今
	资源管理部副部长	李 涛	2020.4至今
	资源管理部副部长	许亚雄	2020.4至今
	综合办公室副主任	徐 明	2020.4至今
	市场营销部副部长	刘宏卫	2020.4至今
	二级子公司养殖公司经理	闫建亭	2020.4至今
	二级子公司中蜂公司经理	惠延军	2020.4至今
	二级子公司种植公司经理	冯延河	2020.4至今
	二级子公司水管公司经理	张 兵	2020.4至今

2. 延安南泥湾红色文化培训中心 2020年6月，经延安市委、市人民政府批准，延安南泥湾（集团）有限责任公司出资成立国有红色文化培训机构——延安南泥湾红色文化培训中心。面向党政干部、青少年、企事业单位及社会团体开展教育培训，以延续三五九

旅"学习、生产、训练"相结合的方式,研发储备大批优质培训课程。可同时为400名学员提供培训服务,年培训接待能力2万人次以上。南泥湾教育培训基地二期、三期项目正在建设中。

总经理:曹靖(任期2020.11至今),副总经理:张海瑞(任期2020.7至今)。

3. 延安南泥湾(集团)文化旅游有限公司 延安南泥湾(集团)文化旅游有限公司成立于2017年8月30日,注册资本1亿元,是南泥湾(集团)公司的全资子公司,主要负责南泥湾景区运营管理以及文化和旅游有关产业开发经营。2020年,负责延安南泥湾2家酒店(军垦大酒店、农垦大酒店)、90间窑洞民宿、南泥湾红色拓展培训基地、游客服务集散中心、景区3个停车场、1家香菇面餐饮门店的管理以及桃宝峪、炮校书吧、兵工厂、大礼堂、湿地公园等多个景点区域的运营管理。

经理:曹靖(任期2020.11至今)、尚子义(任期2020.11至今),副总经理:樊建峰(任期2020.3至今)。

4. 延安南泥湾开发建设有限公司 延安南泥湾开发建设有限公司(原为延安南泥湾开发区发展(集团)有限公司)成立于2017年1月12日,隶属于南泥湾(集团)公司,注册资本金5亿元,有职工21人。公司经营范围包括一般项目和许可项目。

一般项目:物业管理;机械设备租赁;市场营销策划;广告制作;广告发布(非广播电台、电视台、报刊出版单位);广告设计、代理;会议及展览服务;园林绿化工程施工(除依法须经批准的项目外,凭营业执照依法自主开展经营活动)。

许可项目:房地产开发经营(依法须经批准的项目,经相关部门批准后开展经营活动,项目以审批结果为准)。

总经理:赵培(任期2020.5至今),副总经理:苏洋翔(任期2020.3至今)、曹金牛(任期2021.5至今)。

5. 延安南泥湾(集团)物业服务有限公司 延安南泥湾(集团)物业服务有限公司成立于2020年6月11日,隶属于南泥湾(集团)公司,注册资本1亿元。公司物业管理主要承担综合服务中心、2处住宅小区(温馨小区、乐湾·云海居小区)、农垦酒店外围等区域的保洁、安保及工程抢修维护业务。有管理人员和专业技术队伍65人。以"三大特色"(特色的保安队伍、物业服务、社区文化)打造特色管理模式。

副总经理:白峰(任期2020.3—2021.5)、吕桂香(2020.12退休)。

6. 延安南泥湾(集团)资产运营有限公司 延安南泥湾(集团)资产运营有限公司成立于2019年1月,隶属南泥湾(集团)公司,注册资本1亿元。公司主营业务包括:资产管理、品牌运营。

资产管理业务：经营和管理所持有的或受托管理的股权和经营性资产，确保国有资产的保值和增值；对集团公司办公、土地、建筑等固定资产进行管理，以资产运营活动实现固定资产增值。

品牌运营业务：打造南泥湾品牌，培育品牌价值、维护品牌形象以及品牌宣传推广；开展商标保护及品牌塑造，完成商标注册、续展、异议、撤立等业务，进行品牌发展规划、推广、形象设计等工作。

副总经理：马杰（任期2020.3至今）、刘帅（任期2020.3至今）、鱼宁（任期2020.4至今）。

7. 延安南泥湾综合能源有限公司　延安南泥湾综合能源有限公司成立于2019年12月12日，隶属南泥湾（集团）公司，注册资本1亿元。经营范围：售电业务，充电桩的建设运营，水电暖安装，新能源的开发、设计、建设及运营管理，停车服务。

总经理：张军（任期2020.5至今），副总经理：强世浩（任期2020.6至今）、崔凯（任期2020.8至今）

公司自成立以来，开拓新业务，成立两家合资公司。

（1）延安南泥湾龙钧环保科技有限公司。2020年5月28日，与克拉玛依科林环保科技有限公司、宁夏巨征投资管理有限公司、上海易勺网络科技有限公司成立的合资公司，注册资本3000万元。

经营范围：水污染治理、防治服务；技术服务、技术开发、技术咨询、技术交流、技术转让、技术推广。

许可项目：各类工程建设活动；矿产资源（非煤矿山）开采。

（2）延安市南泥湾开源实业有限公司。2020年6月24日，与延安市公共交通有限责任公司成立合资公司，占股51%，注册资本5000万元。

经营范围：污水处理及再生利用；新能源原动设备销售；先进电力电子装置销售；电车销售；燃料销售。

许可项目：成品油零售（不含危险化学品）；燃气经营。

第二章　经营机制

南泥湾农场为国有农垦单位，管理体制几经变化。兵团时期为军队建制。1977年交地方后由农业局管理，管理体制于1984年全国农垦改革时形成，即场部履行行政和社会管理职能，场属企业实行目标管理责任制，农业连队（包括农业工人和安户农民）实行类似农村联产承包责任制（即家庭农场）。2016年划归延安市南泥湾景区管委会管理。2018年成立延安市南泥湾农场有限责任公司。自建场以来，一直农、工、商、运、建并举，机关、医院、学校、武装、保卫并存，多年机制不顺，既没有事业登记，也没有企业注册，处于边缘化状态。2019年12月12日，延安市南泥湾农场有限责任公司（陕西省延安市南泥湾农场）与延安市南泥湾开发区发展（集团）有限公司重组，成立延安南泥湾（集团）有限责任公司。为国有独资企业，隶属于延安市国有资产管理委员会，正县级建制。实行企业化管理运营模式，建设集农垦纪念、红色旅游、教育培训、现代农业示范、生态农产品供应于一体的多功能现代化企业。

劳动用工管理体制方面，自1965年农建师141团组建至1977年兵团管理期间，实行两级管理一级核算的管理体制，生产连队根据农场计划开展生产经营活动。职工按时上下班，实行等级工资制。1979年，南泥湾农场实行"三级管理，两级核算，计划到连，任务到班，责任到人"的管理办法。1984年，实行机构改革，推广"两包到劳生产责任制"，家庭农场取消供给制（工资、口粮），只保留档案工资。实行独立核算，自主经营，自负盈亏。1994年，农场推行"四放开""劳动、人事、分配"3项制度改革，按照管理机构设置与任务相适应的原则，定岗定编，实行法人负责制，签订聘任合同。2020年，南泥湾（集团）公司制定《劳动合同管理办法》，规范员工劳动合同的签订、履行、变更、解除、终止等内容，保障员工合法权益。

第一节　农场企业化改革

南泥湾农场为国有农垦单位，属事业单位企业化管理，为正县级建制，一直按事业性质、企业管理对待。兵团时期人事先后由中国人民解放军生产建设兵团农业建设第十四师、中国人民解放军兰州军区生产建设兵团第六师、中共陕西省农建师委员会管理；1977年交地方管理后，先后由延安地区（市）农业局、南泥湾景区管委会、南泥湾开发区管委会、延安市国有资产管理委员会管理。经费由市财政实行定额补贴，补贴金额由最初的每年的8万元增加到246万元。2003年、2013年和2015年，南泥湾农场3次被延安市政府列为企业改制单位，均因农场特殊复杂的历史和现状而搁置。其原因之一为农场是延安市唯一的农垦企业，农、工、贸、建俱全，涉及政策多，仅土地清查登记一项便因历史原因，与南泥湾镇各村、部队、林场的地界纠纷众多，搞清地界十分困难，致使土地评估工作难以开展。其二是农场属市直单位，场部所在地阳湾城镇建设属延安市南泥湾组团，其他连队行政区划又属宝塔区管理，所以改制中遇到具体问题协调困难。其三为农场的资产主要是耕地，短时间内无法变现。职工补偿金，债务清偿，评估、审计费用难以落实，给改制带来自身难以解决的困难。其四为南泥湾农场是中国共产党领导的军垦、农垦事业的发祥地，改制后的农场能否发展壮大或性质功能是否有违农业部农垦局和省农垦改革发展实施意见精神等因素，使农场企业化改革未取得实效。

2016年7月11日，中共延安市委深化改革办公室、延安市机构编制委员会办公室印发的《关于南泥湾农场改革和发展的几点建议》中，考虑到南泥湾农场场属企业全部关停，急需改革和财政扶持，建议市编委会将南泥湾农场明确为事业单位性质，经费实行财政差额补助（2015年实际补助226万元）。同年11月15日，按照《中共中央国务院关于进一步推进农垦改革发展的意见》（中发〔2015〕33号文件）和《中共陕西省委陕西省人民政府关于进一步推进农垦改革发展的实施意见》精神，中共延安市委、市政府成立延安市南泥湾景区管委会，为正县级建制。负责全面推进南泥湾农场政企分离、产业化发展等改革政策的制定和落实。南泥湾农场由延安市农业局划转南泥湾景区管委会管理。

2018年8月，中共延安市委办公室、市人民政府办公室印发《延安市南泥湾农场改革发展实施方案》，对南泥湾农场实行事业转企业改制，推行农垦集团化、企业化管理运营模式。市财政给予一年过渡期支持，按照原有财政定补政策给予补助。同年9月，按照《延安市机构编制委员会关于延安市南泥湾景区管理委员会更名和职责、内设机构调整的通知》精神，延安市南泥湾景区管委会更名为延安市南泥湾开发区管委会。批准南泥湾农场整建制转为企业。按照"农垦集团化、农场企业化"的发展思路，改革延安市南泥湾农场组织体系，对现有资源资产进行优化重组，组建延安市南泥湾农场有限责任公司，下设南泥湾旅游公司、南泥湾农场劳动服务公司、农垦农业开发公司等子公司。依托开发区产业基础，优化产业布局，加快推进农场企业化、农业现代化、发展规模化进程。延安市南泥湾农场有限责任公司属国有独资企业，注册资本为10亿元，法人代表赵永峰。许可经营项目为：餐饮服务、住宿、农产品加工、销售；一般经营项目为：农业开发、农业种植、畜牧养殖、土地整理、农业休闲观光、物业服务、工艺品加工、销售等。因清产核资工作滞后、职工就业安置困难较大等原因，虽完成企业工商注册，实际仍按原南泥湾农场制度执行。

2019 年 9 月，延安市南泥湾农场有限责任公司、陕西省延安市南泥湾农场与延安市南泥湾开发区发展（集团）有限公司重组成立延安南泥湾农场（集团）有限公司。同年 12 月 12 日，更名为延安南泥湾（集团）有限责任公司。企业化管理运营模式为建设以产业化生产基地为主的子公司和以特色产业为支撑的专业性公司，培育规模化农业经济主体，把集团建成农垦纪念、红色旅游、教育培训、现代农业示范、生态农产品供应于一体的多功能现代化企业。

2020 年，南泥湾（集团）公司成立深化改革领导小组，党委书记刘一民任组长，党委副书记、总经理刘小雄任副组长。落实党组织在法人治理结构中的法定地位。健全完善董事会结构，制定《董事会议事规则》制度及流程，完成工商信息变更，明确董事会的权利和义务；推进国有经济布局优化和结构调整，推进内部产业整合。开展专业化整合，从追求规模扩张向注重质量效益转变，从粗放经营向集约经营转变，从占有更多资源向更好地优化配置资源转变；清理整顿低效无效投资，压缩管理层级，提高集团管控能力；谋划主业资产整体上市，以大力发展旅游产业、现代农业、红色教育为主，实现企业精细高效管理，提高企业产值能力；扩大对外开放合作，建立并推行互利共赢的开放战略。与民营资本合作，推动混合所有制企业从量到质的提升、从三四级企业向二级企业发展。

第二节　农场经营管理体制

南泥湾农场经营管理体制随着行政管理体制的改变而变动，1965 年 10 月成立至 1977 年 1 月生产建设兵团管理期间，为农场建场阶段，实行军事化管理。农场农垦业务由省农建师、中国人民解放军兰州军区生产建设兵团直属管理，兵团派现役军人参与农场各级领导，按部队的组织形式实行军事建制。以生产为主要任务，农闲搞军事训练，对外搞好南泥湾精神宣传。农场生产主要特点为：产量低、成本高、收入小、亏损大。但农田水利基本建设成绩比较显著。这一阶段农场实行两级管理一级核算的管理体制，生产连队根据农场计划开展生产经营活动。职工按时上下班，实行等级工资制，经济效益不高，连年亏损。1965—1976 年，累计亏损总额 976.44 万元，亏损最高为 1967 年 133.9 万元、最低为 1976 年 69.92 万元，年均亏损 81.37 万元。

　　1977年以后，农场下放由延安农业局管理。1979年，农场坚持"以粮为纲，全面发展"的建设方针，推行"定、包、奖"责任制，即实行场、连两级核算，场、连、班三级管理，计划到连、任务到班、责任到人的"五定一奖"制度（定人员、定产量、定产值、定投资、定利润，超奖短扣）。1980年，在完善"五定一奖"制度基础上，对农业工人实行超产部分加价一倍直接奖给职工个人。个别职工开始实行承包到户、定额上交、自负盈亏。改革使职工初步尝到了甜头，但因各连队自然条件有别，加之自然灾害等因素影响，"定、包、奖"制度兑现困难，使职工的生产积极性不能充分发挥，至1983年总体亏损情况未改变。亏损最多为1983年的31.7万元，人均529元；最少为1982年，亏损17.8万元，人均318元。

　　1984年，按照全国农垦改革精神，南泥湾农场形成家庭联产责任制管理体制，即场部履行行政和社会管理职能，场属企业（成立5个公司）实行目标管理责任制；农业连队（包括农业工人和安户农民）实行类似农村的联产承包责任制，全面推行"大农场套小农场"的家庭农场的经营管理体制。农工根据工龄分给土地，农场将小型农机具和牲畜作价卖给家庭农场。取消供给制（工资、口粮），只保留档案工资。实行独立核算、自主经营、自负盈亏，农工由生产者转变为生产经营者，场部对农工由行政指挥转变为经营服务。共建立家庭农场279个，实行三级核算（场部、公司、家庭农场）两级承包（家庭农场向公司承包，公司向场部承包）。坚持以农业生产为重点，农、工、商综合经营，"以资源优势为依托，农林牧全面发展，自力更生，挖掘潜力，提高效益"的生产建设方针，对工商企业坚持"定死基数，确保上交，超额留用，亏损自补"的原则；家庭农场制度的推行，扩大了职工生产经营自主权、收益分配权，调动了职工的生产积极性。但开始推行时大部分职工总认为家庭农场和农民没有两样，人心思走，千方百计往外调，直到1986年才基本稳定下来。1987年，南泥湾农场全面推行经营承包责任制，农牧渔业实行分户承包经营，自负盈亏，定额上交。林业实行收益分成的办法。工商运建的13个厂、站、店，有10个实行经营承包。炼油厂、砖厂、木器厂实行租赁经营。

　　1989年，确立"农林牧副渔全面发展，农工商运综合经营，在粮食自给的基础上，逐步转向林牧业"的生产建设方针，按照"巩固、落实、完善、配套"的原则，全面推行经营承包责任制。农工原本承包土地承包费不变，每亩地平均上交10元，低于全省农垦系统土地承包费标准。生产资料实行专营，农药、化肥、籽种、农地膜等一律平价供应。为鼓励农工发展水稻生产，确定1989年新开发的稻田2年内不上交承包费，不承担公购粮任务。机动土地优先农工承包，扶持种粮大户，承包面积在40亩以上的有8户，最多的达到65亩。

1991 年，南泥湾农场实行三田制，即以现行工资级别、市场价格及土地潜力为依据，农业实行分户承包经营的三田制（工资田、口粮田、承包田）。全场给 180 名农工分配工资田 1376 亩，口粮田 419 亩，承包田 1566 亩。"三田"一律实行费用自理、经费自主、盈亏自负；林业实行收益分成。南泥湾农场工资田分级标准见表 3-2-1。

表 3-2-1　南泥湾农场工资田分级标准

队别	级别分类	每人应分工资田			备注
		旱地（亩）	水＋旱		
			水田（亩）	旱地（亩）	
一、三、八队	一类	9.4			工资级别三正到五正为一类
	二类	11.5			六副、六正、七副为二类
	三类	13.0			七正以上为三类
二、六、十队	一类	7.0			
	二类	8.6			
	三类	9.4			
五队	一类		4.5	1.6	
	二类		4.5	3.1	
	三类		4.5	4.1	
四队	一类		5.0	2.3	
	二类		5.0	3.8	
	三类		5.0	4.8	
七队	一类	7.5			
	二类	9.1			
	三类	9.9			

1993 年，依照农场制定的"下川苹果上川梨，七沟八岔牛羊鱼"，山地建"银行"、川地变"粮仓"的总体规划，确立以市场为导向，依托资源优势，加速培育支柱产业，加快农业基础设施建设和项目工作，努力实现"粮食稳中有增，工商企业增效，职工提高素质，生产效益有新的增长"的整体建设方针。南泥湾农场坚持在自力更生的前提下优化外部环境，积极争取国家、省、地项目建设资金；实行开放政策，引进场外先进技术和人、财、物，共同开发建设南泥湾。到 1996 年年底，共争取中央、省、地扶贫项目资金 600 多万元，引进果业开发专业户 33 户、养牛大户 2 个；鼓励职工以农为主，多种经营；基层企业都转为独立法人，定死基数，确保上交，自主经营，自负盈亏。由于工作调动和产业结构调整等原因，到 1996 年年底实有家庭农场 256 个。

2000 年以后，南泥湾农场在农、林、牧、商业、旅游等第一产业、第二产业和第三产业等方面做了多种尝试。曾规划实施银杏、仁用杏、中草药、香菇、大棚菜、秸秆综合利用、饲料加工、香料厂、石油开发、商业、建筑业、红色旅游业等项目，兴办经营性公司。2007 年以后由于多种原因，厂矿、公司相继关停，产业工人失业下岗或转化为农业工人。因没有产业支撑企业发展，农场仍以农业生产为主，产品结构单一，管理人员工资及管理费用依靠市财政补贴维持。

2016 年 11 月 15 日，南泥湾农场由延安市农业局划转延安市南泥湾景区管委会管理。2018 年 8 月 1 日，南泥湾农场按照改革发展实施方案推行农垦集团化、企业化管理运营模式，组建延安市南泥湾农场有限责任公司，建设以产业化生产基地为主的子公司和以特色产业为支撑的专业性公司，培育规模化农业经济主体。根据南泥湾开发区总体规划，南泥湾农场及其资源资产全部纳入南泥湾开发区产业发展、土地利用、城市建设等各类发展规划之中，通过实施乡村振兴战略，全面促进垦地融合、一体发展。按照"建设一个小镇、打造特色产业、带动旅游发展、实现共同富裕"的发展思路，南泥湾开发区管委会于 2017 年 6 月启动南泥湾农场棚户区改造，水、电、路、气、暖等市政建设和教育、医疗、养老等公共服务体系项目建设。

2019 年 12 月 12 日，南泥湾农场重组成立延安南泥湾（集团）有限责任公司。按照"实操性、系统性、科学性"原则，制定完善公司各项管理制度，完成领导班子配备、机构设置和人员安置，解决了管理人员的工资问题。面对企业重组带来的不稳定因素、征地拆迁带来的信访矛盾、资金短缺带来的经营困难、产业项目匮乏带来的效益低下、人才短缺带来的管理短板以及新冠疫情影响、宏观经济下行等众多压力，重组后的南泥湾（集团）公司树立"发展产业是推动企业高质量发展，带动区域群众脱贫致富的关键途径"的发展理念，在创新发展"农文旅"等传统产业的同时，尝试科技、能源等产业。

2020 年度实施重点项目 13 个，完成固定资产投资 7.6 亿元，长期股权投资 1.3 亿元，所有者权益 3.7 亿元，融资 6.3 亿元（累计融资额 12.13 亿元），资产总额达 18 亿元。

现代农业：成功申报省级现代农业示范园。建成大棚 226 座，种植贝贝南瓜和其他蔬菜水果；与北大荒集团合作，种植水稻 1500 亩；与延安恒基盛开展合作，建设生态养殖基地。

旅游产业：西大门景观、党徽广场、阳湾湿地公园等多个景点建成开放；游客服务中心、农垦大酒店等服务实体对外开放；桃宝峪拓展培训基地等体验项目建成投运；全年餐饮住宿接待 2 万多人次，累计服务游客 30 万余人，景区客流量近 100 万人次。

教育培训：成立延安南泥湾红色文化培训有限公司。2000 年，与市委党校、干部培训学院等培训机构签订合作协议；承接山西移动、省教育厅、省农业厅、延安市委组织部等共 100 多个班次，累计培训近万人；延安国家应急产业培训南泥湾培训基地正式挂牌，开展应急产业培训工作；中国移动等企业培训基地挂牌南泥湾。

应急产业：南泥湾开发区获批延安国家应急产业"一带两基地"，即应急食品研发及服务带和国家基层应急能力建设培训基地、国际应急安全体验基地。基本完成应急产业策划方案，确定产业布局、重点实施项目及项目选址，并与中国兵器工业集团就应急体验基地建设达成合作意向。

能源产业：与陕西地电签订合作协议，就能源领域的开发利用进行合作；与市公交公司达成合作协议，成立合资公司，共同建设气电一体加油站。

康养产业、科技产业、国防教育、品牌效应等方面：与航天十二院合资成立的南泥湾创汇科技公司已开展业务。中兵集团在桃宝峪的国防教育基地项目已动工。利用"南泥湾"品牌无形资产在纯净水、纸业及陶瓷等方面投资入股，已投产见效。

项目建设：南泥湾（集团）公司承建的大生产纪念馆已完成东馆、西馆主体及安装工程；商业综合中心已完成主体及二次结构施工；居住 A 组团除 30％的供电工程未完成，其余均已完成；教育基地一期（南区，军垦大酒店）已完成 1 号、2 号、3 号、7 号楼装饰装修及安装工程的 95％，4 号、5 号、6 号楼装饰装修及安装工程的 70％，室外管网的 65％，室外铺装的 60％；省道 303、景观 1—5 号路全线贯通；桃宝峪、高坊 2 个村完成 9 个民俗院落改造，桃宝峪 60 孔窑洞民宿改造已具备运行条件；完成高坊、桃宝峪市政配套设施基础工程，桃宝峪、二连片区完成 3 个停车场及山体绿化；污水处理厂建成投运。

第三节　劳动用工制度

南泥湾农场自 1965 年 10 月农建师 141 团组建至 1977 年 1 月兵团管理期间，实行两级管理一级核算的管理体制，生产连队根据农场计划开展生产经营活动。职工按时上下班，实行等级工资制。

1979 年，南泥湾农场贯彻按劳分配政策，实行"三级管理，两级核算，计划到连，任务到班，责任到人"的管理办法，以班组为单位实行"五定一奖"制度。连队对职工实行定出勤、定任务、定质量、定报酬、定奖惩，按月考核。超额部分按 4：2：4 比例分配，即 40％上交场部，20％留连队，40％作为奖励基金。奖给职工个人部分则以连为单位，按照劳动态度、技术高低、出勤天数、贡献大小评定到人。为保证计划任务的完成和奖惩制度的贯彻，年初农场规定每月只发放职工工资的 95％，扣留 5％。待年终决算时，完成和超额完成任务的如数发给，完不成任务的则按照减产的幅度按比例予以扣除。

1983 年 2 月，南泥湾农场对各连队卫生员实行亦农亦医，承担全部生产任务，实行定额补贴，标准由各队自行决定；解雇各单位雇用的家属临时工，停发工资，停发劳动补助粮，只供标准口粮；允许职工停薪留职，其间不计算工龄，不供应口粮。

1984年，南泥湾农场实行机构改革，实行"两包到劳生产责任制"。场部规定：本场职工内部调动在不突破编制并有调出和调入单位许可证明的情况下，场部予以办理手续；非农业单位调人时，需由调入单位申请、主管科室审查、农场行政会议批准。场部因工作需要调动的人员，各单位应予服从。允许职工停薪留职，由停薪者和所在单位签订合同，场部监证后生效。停薪期限1～3年，其间不计算工龄，伤残病以及非正常死亡等一切费用自理。子校、医院、兽医站按人落实增收节支计划。农业队实行包产到劳、全奖全赔的大包干责任制。劳动定额为：每人5亩水稻或25亩旱地，根据不同地块、不同作物之间条件优劣、增产增收难易程度，参照前3～4年内产量、产值，制定承包产量指标、成本指标和利润指标。承包年限除因工作调动调整外，至少3年不变；畜牧业生产定额为：每个饲养员放牛30头、喂牛15头左右，放羊80～120只，养猪30头以上。根据健康率、繁殖率、成活率，实行包本增值分成办法，承包年限1～3年。役畜使用和肥料由管理者和使用者双方议价；育苗造林采取以活顶死、增值计价分成、损失短少赔偿的办法。每年年终结算时进行检查，实际成活株数比上年增加的每株付价0.3元，损失短少的每株赔款0.3元；商业、工副业单位，实行超利润分成，分成比例为超利润部分60%上交场部、40%奖励职工个人。完不成计划利润，由承包者全部赔偿。理发馆、照相馆、电影队等服务行业，因技术性强，收支不易计算，采取招聘或毛遂自荐办法，实行大包干。同时规定：每个职工每年有12个建勤工日（其中场部2个、本单位10个），每工日以1.5元计算，超过由用工单位付款，欠工由本人交纳。为扩大基层单位和职工个人的自主权，除水稻、油料、香紫苏必须完成种植计划外，其他作物由农队自行安排。产品完成上交任务后的超产部分（包括粮油），单位和职工个人可以按议价上交场部，也允许自由交易。为鼓励职工家属发展家庭副业，场部允许单位和职工个人请帮工和技术工；在不违反政策法令前提下，鼓励职工饲养大、小家畜和家禽；在不破坏国家集体建筑物前提下，允许职工开种场属荒滩、沟槽，一年不计承包地；鼓励职工在划定的苗圃地"四旁"和荒山荒坡上承包育苗造林，实行收益分成，树权归场。

1989年，中共延安地委、行署在南泥湾农场实行场长（经理）聘任制。劳动人事制度实行定编、定员、定经费。职工可以通过合同的形式，在场内合理流动，不办理调动手续，不迁转粮户，允许职工停薪留职、自谋职业。完善承包经营责任制，场部对下属公司坚持定死基数、超收留用、歉收自补和完成上交任务后再分配的原则。工人工资上不封顶、下不保底，超收的50%作为公司发展基金，50%作为公司职工的奖励基金和福利基金，完不成上交任务时扣减职工工资。对承包者实行风险抵押，按上交任务5%～10%的比例向场部预交风险抵押金。超收后在公司的奖励基金中，提取 20％的奖金奖励承包者；歉收按 10％处罚承包者。公司实行经理负责制，享有国家政策法律和农场规定范围内的经营管理自主权、职工优化组合权、奖罚权和工资奖金分配权。1990 年，南泥湾农场实行个体经济承包和家庭农场的职工收入明显增加，全场户均收入在万元以上的有 18 个，其中家庭农场中的万元户有 11 个，占家庭农场户数的 6.8％，较 1989 年的 4 户翻了一番；户均收入在万元以下 5000 元以上的 38 户，占总户数的 23.6％；户均产粮在 5000 公斤以上的有 20 户，占总户数的 12.4％；人均纯收入 807 元，较 1989 年的 500 元增加 61.4％，其中，人均纯收入在 1000 元以上的 32 户，在 2000 元以上的 9 户，在 3000 元以上的 2 户。农六队共 18 户 61 人，产量在 5000 公斤以上的 9 户，收入在万元以上的 4 户，5000 元以上的 4 户，人均纯收入达 1224 元。

1993 年，全面推行合同制用工制度，由企业法人代表根据企业具体情况制定用工条件和管理办法，实行双向选择、择优录用。打破干部工人界限，坚持能者上、平者让、庸者下的原则，定岗用人。1994 年，农场推行"四放开""劳动、人事、分配"等制度改革，逐步建立完善新的经营机制。建立"服务、监督、高效、精干"的管理体制，按照管理机构设置与任务相适应的原则，定岗定编后，管理人员实行一身数职、一专多能。推行干部聘任制，实行法人负责制，签订聘任合同、经济合同，进行公证，家产担保，年终考核。坚持全员合同制，职工与企业签订劳动合同，企业内部实行竞争上岗。建立风险机制，全员推行风险抵押制度。法人代表的风险抵押金，按照企业固定资产加流动资金占用量的比例抵押，不低于上交管理费的 10％；职工的风险抵押不低于全年工资的 50％。

20 世纪 90 年代初，因南泥湾农场职工大量流失，减少到 300 余人，大量土地撂荒。为解决劳力不足问题，农场实行安户农民政策。入户形式上，有以投资发展资金入户的，也有以安置果树户、甘草户（以当时承包项目为名）、家属户进入农场的，累计安置 403 户、1251 人。安户农民每户分土地 10 亩（按人均 1 亩分给口粮田）或每户管理 50 亩果树，形成了南泥湾农场独有的安户农民现象。

2007 年后，农场自办工业企业逐步关停，企业工人失业下岗或转化为农业工人。因没有产业支撑企业发展，农场仍以农业生产为主。管理人员工资及管理费用依靠市财政补贴维持；对家庭农场生产实行指导协调服务。

2020 年，南泥湾（集团）公司全面推进用工市场化。建立健全企业各类管理人员公开招聘、竞争上岗等制度，形成企业各类管理人员能上能下、员工能进能出的合理流动机制；完善市场化薪酬分配机制。建立与企业领导人员选任方式相匹配、与企业功能性质相适应、与经营业绩相挂钩的差异化薪酬分配办法；坚持激励与约束相结合，推进全员绩效考核，以业绩为导向，合理拉开收入分配差距，充分调动广大干部职工工作积极性。制定《劳动合同管理办法》，规范员工劳动合同的签订、履行、变更、解除、终止等内容，保障员工合法权益。压缩管理层级，提高集团管控能力。

第三章　财务管理

在 1978 年以前,南泥湾农场执行陕西农垦企业规定的财务管理制度,实行全面经济核算、独立核算盈亏,财政收支纳入各级财政预算。1978 年 6 月,陕西省革命委员会对国营农场实行"财务包干,一定一年,结余留用,短收不补"的办法。并规定包干结余资金的 80% 用于发展生产,20% 用于集体福利事业和奖励费用。1984 年,南泥湾农场实行家庭农场责任制,农业工人实行以田代资;管理人员工资经费由财政拨款,实行差额补助。农场开展公务消费、私设"小金库"、党员干部婚丧喜庆事宜大操大办、领导干部公费出国(出境)旅游等专项治理活动;实行"五笔会签"报账制度、财务公开民主监督制度、"三公"经费开支管理制度。2020 年,南泥湾(集团)公司设财务部,健全制度完善流程,对公司流动资金、费用报销、固定资产管理、对外合作、基建项目投资等资金进行严格把关,费用审批实行"一支笔"管理制度、"五笔会签"审核管理制度,规范公司各类经济行为。按照国家有关财经法规及会计制度,重点从负债规模和资产负债率两方面进行双重债务风险管控,将负债率控制在安全合理范围内;严控对外合资企业经营管理模式,确保对外投资有保障、有效益,国有资本保值增值,提高企业运营质量效益。加强对经济运行状态的跟踪监测,为集团公司科学决策、精准施策,提供真实可靠的参考依据。

第一节　财务管理体制

南泥湾农场在 1978 年以前,执行陕西农垦企业规定的财务管理制度。实行全面经济核算,独立计算盈亏,财政收支纳入各级财政预算。利润、固定资产折旧(应上缴 70%)和多余流动资金上缴财政,经批准的基本建设投资、增拨的定额流动资金、4 项费用(包括技术组织措施费、新品种作物试种和新品种动物试验费、劳动安全保护费、零星固定资产购置和零星土建工程费)、事业费和计划亏损由财政拨款,按照国家税法规定,如期足额地交纳农(牧)业税和销售税金,导致企业没有财务和经营自主权,形成了"大锅饭",造成长期亏损。

1978 年 6 月,陕西省革命委员会对国营农场实行"财务包干,一定一年,结余留用,短收不补"的办法,并规定包干结余资金的 80% 用于发展生产,20% 用于集体福利事业和奖励费用。1979 年,国务院批转财政部和国家农垦总局关于农垦企业实行财务包干的暂行规定:1979—1985 年,对农垦企业实行独立核算,自负盈亏,亏损不补,利润归单位发展生产,资金不足的可以贷款,实行财务包干。据此精神,陕西农垦系统对由于自然条件较差,暂时还亏损的延安南泥湾农场,在 1~2 年内,先实行"定额补贴,一年一定,结余留用,超亏不补"的办法,调动企业的积极性。

1984 年,南泥湾农场实行家庭农场责任制,农业工人实行以田代资;管理人员工资经费由财政拨款,实行差额补助。1991—1995 年,按照农牧渔业部规定,继续沿用对农垦企业实行财务包干制度。后期,市财政对农场一直按 65 名管理人员标准实行财政定额补助。2016 年 7 月,中共延安市委深化改革办公室、延安市机构编制委员会办公室印发的《关于南泥湾农场改革和发展的几点建议》中,考虑到南泥湾农场场属企业全部关停,急需改革和财政扶持,对南泥湾农场经费实行财政差额补助(2015 年实际补助 226 万元)。

2020 年,南泥湾农场重组为南泥湾(集团)公司后,完善国有资产监管体制,防止国有资产流失,形成现代企业制度和市场化经济机制。按照国家有关财经法规及会计制度重点从负债规模和资产负债率两方面进行双重债务风险管控,将负债率控制在安全合理范围内;严控对外合资企业经营管理模式,确保对外投资有保障、有效益,国有资本保值增值,提高企业运营质量效益。

第二节　财务管理制度

1965 年 10 月,农建师 141 团建场后,团部设经管股,股长吴居礼,副股长赵高玺,有会计 6 人、出纳 1 人、统计 1 人;下设连队均设会计和统计人员负责兵团劳动工资及财务管理工作。1975 年 1 月 29 日,陕西省农建师 5 团下发《关于印发师现行费用标准及团补充规定的通知》。规定办公费为:干部、团机关每人每月 3.5 元,连队 2 元,战士不分机关连队 0.4 元。烤火费:办公烤火,陕北地区按 4 个月计算,每人每天 5 斤煤。取暖补助:陕北地区 4 个月每人每月 2 元。自行车修理费:公用车辆每辆每月 2 元。开水补贴费:按职工在册人数每人每月补助 0.2 元。差旅费(包括探亲路费):农业连队每人全年 12 元,工副业连队 18 元,机务连队 25 元,团机关 50 元。差旅费的补助标准规定为:工作人员凡到青海省和新疆、西藏自治区出差的,每天补助 0.8 元;到辽宁、吉林、黑龙江、甘肃省和宁夏、内蒙古自治区出差的,每天补助 0.6 元。工作人员出差在职工食堂吃饭连续计算超过 1 个月的，其超过天数按出差费减半发给。出差夜间乘坐火车不买卧铺的，按白天标准予以补助。出差去延安，如当天去次日早回来，按一天半计算，发补助费 0.75 元。短途出差误饭，按餐补助，每误一餐补助 0.25 元。四级以上工程师出差，可以乘坐火车、软席、轮船二等位。地方县、市以上各级革命委员会科处级以上干部，部队营连职以上干部，以及其他凡是属于公干任务需要乘坐飞机者，均允许乘坐民航班机，不受过去职务和 13 级以上的级别限制。兵团还针对连队实际情况，补充规定：连队没有电灯的单位，办公费每班每月发煤油 2 斤，业务人员（会计、统计、出纳、司务长、卫生员）每月发煤油 2 斤；有电灯的牛、马号每月发煤油 3 斤，没有电灯的每月发煤油 6 斤。

1981 年 5 月，南泥湾农场进行全场性财务大检查，拟定会计考核奖励内容和办法。9 月，清理整顿财务管理漏洞，对凡在财务有借支的单位和连队，均按其连队借支总额的 25％从工资中扣还，至 12 月未全部还完借款的，从 1982 年 1 月开始，每月利息按 3.6‰ 计算，由欠款人负责利息，连队财务按月结算，从工资中扣除，并不准再以任何理由借支公款。采购人员和其他人员因公出差回来后，按规定在 3 日内报账，多退少补，未按时报账，满 1 个月后按规定利息加收费用。凡有借款的申请调动离场的干部职工，一律不予办理调动手续。以连为单位成立互助蓄金会，每个职工缴纳 5 元会费，蓄金会费用用于解决职工的临时性困难，当月借下月还，不累计。每月内借款金额不超过本人下月工资的 50％。对职工发生的突发性灾祸，及时给予适当的福利补助。

1984—1985 年，南泥湾农场财务由场长办公室管理。1986—1992 年，财务工作由计财科管理。1987 年，南泥湾农场总结财务管理中的合同不兑现、截流利润、套吃流动资金、盲目上新项目、乱开支等 10 个问题，决定坚持财务包干、一杆笔批钱；控制非生产性开支，履行对新上项目考察论证制度，分季度对各单位财务进行检查。1992 年机关支出各项费用 19 万元，其中，职工工资 4.8 万元，管理费用 4.8 万元，劳动保险 5.6 万元，其他房产税、贷款利息等 3.8 万元。

1993 年，南泥湾农场被农牧渔业部列为 1993—1995 年扶贫开发建设项目单位，总投资 800 万元，其中农业部投资 300 万元，陕西省、延安地区配套 300 万元，农场自筹 200 万元。农场成立经营开发科，制定《财务管理制度》，设立项目资金专户，逐项目进行预算决算，做到专款专用，实行"一支笔"审批办法。规定不准用公款外出观光旅游，加强固定资产、流动资金管理。控制职工个人借款，确因特殊情况需借款者，借款金额一般不超过本人 1 个月的基本工资；逾期不还按规定加收利息。

1995—2017 年，农场先后设计财科、财务科管理财务工作。加强成本核算、计划、资金、物资管理，严明财务纪律，堵塞漏洞，开源节流。执行开支呈报制，结算传票制，审批一支笔制度。开展公务消费、私设"小金库"、党员干部婚丧喜庆事宜大操大办、领导干部公费出国（出境）旅游等专项治理活动；实行"五笔会签"报账制度、财务公开民主监督制度、"三公"经费开支管理制度。农场成立财政领导小组，加强场内财务支出管理、财务公开，每月张榜公布财政收支情况，做到民主管理。在项目建设、资金使用管理上落实重大决策、重要工作和大额资金支出集体讨论制度，由领导班子集体做出决定，增加权力运行的透明度。2012年12月，按照中共中央规定，结合农场实际制定《南泥湾农场贯彻落实八项规定实施细则》，规范五笔会签、土地资产管理、固定资产管理、项目资金管理、现金管理、银行存款管理、原始凭证管理和内部审计等制度。

2018年，成立延安市南泥湾农场有限责任公司，财务工作由财务部管理。

2020年，南泥湾（集团）公司设财务部，健全制度完善流程，确保财务管控力度。对公司流动资金、费用报销、固定资产管理、对外合作、基建项目投资等资金进行严格把关，费用审批实行"一支笔"管理制度、"五笔会签"审核管理制度，规范公司各类经济行为。加强对经济运行状态的跟踪监测，为集团公司科学决策、精准施策，提供真实可靠的参考依据。

第三节　审　　计

1988年，对南泥湾农场经营状况进行审计，结果为：未列入财务决算的亏损挂账、固定资产报废损失等累计达51万元，流动资金发生赤字3.2万元，欠中央、省地周转资金130万元，借贷资金20万元。

2009年，延安市经济责任审计局审计报告显示：截至2008年8月底，农场亏损欠债1940余万元。

2013年12月，成立南泥湾农场经济责任审计工作领导小组，组长罗玉瑾。至2016年，农场负债2610.93万元。

2018年，对南泥湾农场进行清产核资审计，截至9月30日，资产总额7956.36万元（其中，货币资金3642万元，应收及预付款1885.17万元）；负债合计7888.75万元；所有者权益67.61万元。营业外收入329.10万元（农场无经营收入），扣除管理费用等当期利润总额6.87万元。

2020年，南泥湾（集团）公司设立法律事务审计部、合同预算部等管理部门，对公司对外合作、重大事项决策等事项定期实施内部审计，规范公司各类经济行为。

第四章　人力资源管理

　　1965 年，中国人民解放军生产建设兵团农业建设第十四师 141 团建立初期，团连各级干部都是非现役军人，绝大多数是从新疆生产兵团调任和北海舰队转业海军（100 多人），当年有职工 2420 人，其中安置城市知识青年 164 人。1969 年，兰州军区生产建设兵团成立后，团连各级主要领导由现役军人担任，按部队的组织形式建制。1976 年，农建师 5 团有职工 1401 人。1977 年，大多数职工调往渭南垦区，在场职工减少到 480 人。职工队伍规模大幅度下降，后期一直在 300～600 人。为解决土地撂荒问题，先后引进开发户、果业户、家属户等形式的安户农民，形成南泥湾农场特有的户籍现象。农场围绕体制改革、转产、企业改制等工作加大对职工教育培训力度，提高综合素质、职业技能和管理能力，开拓市场，争取政策维护农场稳定发展。2019 年 12 月，南泥湾农场重组之前，农场有总人口 1859 人，其中，管理人员 65 人（事业编制 45 人），农业工人 189 人；离退休职工 249 人；安户农民 1060 人；职工家属子女 296 人。

第一节　人事管理

一、职工队伍

　　1965 年，中国人民解放军生产建设兵团农业建设第十四师 141 团建立初期，团连各级干部都是非现役军人。绝大多数都是从新疆生产兵团调来，同时从新疆兵团农一师调工人 40 人；另有北海舰队海军转业军人 100 余人、陕西各垦区调南泥湾 161 人（干部 66 人、工人 95 人）和新招收战士。当年有职工 2420 人，其中，安置城市知识青年 164 人。至 1968 年，职工人数一直保持在 2000 人以上。1969 年 3 月，农建师 141 团 4 连 222 名全体干部职工调往定边。

　　1970 年 8 月，兰州军区生产建设兵团派现役干部参与农场管理，团连各级主要领导由现役军人担任，各连队指导员均为现役军人；除二连等少数连队外，连长都是现役军人，按部队的组织形式建制。兵团战士主要来源是：陕西省西安、汉中、宝鸡、延安的城市初、高中知识青年，以及一部分陕北的复员军人。年龄基本在 20 岁左右，性别男女各半。当年有职工 1918 人，待遇为工资制。至 1975 年，职工人数保持在 1500 人以上。

1976 年，农场有职工 1401 人。1977 年，陕西省农建师撤销，南泥湾农场下放地方管理。农建师 5 团职工大多数调往渭南垦区，在场职工减少到 480 人。1981 年，农场有职工 676 人，1985 年，农场有职工 459 人，其中中专以上学历人员 18 人（大学 1 人、专科 2 人、中专 15 人），初级技术人员 20 人。

1990 年，南泥湾农场总人口 1063 人，其中职工总数 344 人（干部 51 人），离退休职工 32 人。1996 年总人口 1020 人，其中职工总数 504 人。2000 年农场总人口 1580 人，其中职工 485 人。

2004 年，南泥湾农场职工总数 573 人，其中在岗 427 人（从事农业 366 人），离退休 146 人；在岗固定工 151 人（干部 32 人），其余为 1987 年后的合同工。大专以上学历 21 人。

2011 年 4 月，南泥湾农场首次通过人才网筛选、面试、笔试招聘 4 名大学生，试用期为三个月。2012 年，农场总人口 1879 人（由五部分组成，其中：复转军人 96 人；知青 118 人；军人及知青子弟招工 208 人；安户农民 1379 人；社会孤儿及黑户等 78 人），其中在职职工 313 人、离退休 207 人。

2016 年，农场总人口 1879 人，其中在职职工 310 人（管理人员 65 人、农业工人 245 人）；离退休职工 213 人；农场管理的农户及家属子女 1356 人，其中，安户农民 1060 人、职工家属子女 296 人。2018 年，农场总人口 1930 人，其中，在职职工 325 人（其中农工 197 人）；离退休 249 人；农场管理的安户农民及家属子女 1356 人。

2019 年，南泥湾农场总人口 1859 人，其中管理人员 65 人（事业编制 45 人）、农业工人 189 人；离退休职工 249 人；安户农民 1060 人；职工家属子女 296 人。2020 年，南泥湾（集团）公司有员工 430 余人。南泥湾农场 1965—2019 年部分年份职工人数见表 3-4-1。

表 3-4-1 南泥湾农场 1965—2019 年部分年份职工人数一览表

年份	总人口（人）	职工人数（人）	年份	总人口（人）	职工人数（人）
1965		2420	1973	2600	1700
1966	3000	2438	1974	2700	1613
1967	3000	2200	1975	2600	1538
1968	3100	2000	1976	2400	1401
1969	2500	1899	1977	800	480
1970	2200	1918	1978	1000	471
1971	2300	1704	1979	1108	584
1972	2500	1704	1980	1162	674

（续）

年份	总人口（人）	职工人数（人）	年份	总人口（人）	职工人数（人）
1981	1142	676	1994	735	335
1982	1128	633	1995	770	416
1983	1069	557	1996	1020	504
1984	942	517	1997	1578	438
1985	818	459	1998	1579	355（＋退休 75）
1986	910	413	1999	1579	355（＋退休 75）
1987	744	398	2000	1580	485
1988	644	383	2004		427（＋退休 146）
1989	1063	361	2010		306（＋退休 209）
1990	1063	344（＋退休 32）	2012	1879	313（＋退休 207）
1991	798	330	2016	1879	310（＋退休 213）
1992	869	315（＋退休 39）	2018	1930	325（＋退休 249）
1993	879	340	2019	1859	254（＋退休 249）

注：表中部分年份数据缺失。

二、干部管理制度

1965 年，农建师 141 团团连各级干部都是非现役军人，绝大多数是从新疆生产兵团调任或北海舰队转业的海军及其他复转军人，至 1966 年年底，农场有干部 197 人。1969 年，兰州军区建设兵团第 40 团团级主要领导由现役军人担任。1970 年，中国人民解放第四十七军由广州军区调防兰州军区，入驻陕西。同年 8 月 12 日，兰州军区抽调 38 名干部到南泥湾，时兰州军区建设兵团第 40 团共有军队现役干部 42 名（图 3-4-1）。全团各连队指导员均为现役军人；除二连等少数连队外，连长也都为现役军人。1974 年，随着兰州军区建设兵团撤销，现役军人干部于 8 月前逐步撤回部队。

1977 年，南泥湾农场交地方管理后，场长、副场长、科级干部均由中共延安（今宝塔区）市委组织部门任免。至 1980 年，南泥湾农场每年通过干部鉴定方法考核了解干部工作能力和技术水平。对干部（包括以工代干）年终鉴定内容主要侧重政策思想水平，熟悉业务程度和胜任本职工作的能力；专业技术干部侧重专业技术水平和科研成果。1980 年 3 月交由延安地区管理后，场级领导任免权归中共延安地委组织部门管理；科级干部由农场任命，报备地区农业局。

1984 年，南泥湾农场实行机构改革，贯彻"一把手组阁"精神，改革干部管理制度，实行场长（经理）负责制。场长（经理）享有 5 个方面的权力：一是组阁权，二是招聘

图3-4-1　1970年8月12日，兰州军区抽调建设兵团第40团干部徒步到南泥湾团部报到

权，三是生产经营计划权，四是工资奖金分配权，五是处罚权；场长办公室正副主任、所属各公司正副经理任期为4年，任期内每年民主评议一次，通过民主评议和考核，不称职者免除职务。任期满后根据需要考核合格者可以连任；凡有经济承包的公司和单位由公司和单位第一行政负责人签订承包合同，按合同兑现；行政"一把手"的奖惩由场里根据其完成任务情况决定，公司副职以下人员的奖惩办法由各公司自行决定。未组进领导班子的队干部和以工代干人员回到生产第一线从事生产劳动。压缩非生产人员，减轻农工负担，改革前全场有企业管理人员88人，平均每4个农工负担1个非生产人员，改革后直接由农工负担的只有场部19个管理人员。并通过考核由厂长提名提拔3名具有中专以上文凭的技术干部和懂业务、会经营、富有创新精神的3名工人担任公司和办公室领导职务。

1989年，中共延安地委、行署在南泥湾农场实行场长（经理）聘任制。行署副专员姚代明在农场主持职工大会，对农场领导班子实行公开招聘。聘用场长和2名副场长、2名场长助理以及部门领导和公司经理；行政干部实行聘用制。正科级由场长聘任，副职由科级正职提名、场长聘任；未被聘任的科级行政领导干部职务自行解除；股级干部由所在单位的科级正职聘任；一般干部的聘用，除场干部由主管科级提名、场长批准外，公司和单位的干部均由所在单位的科级正职聘用。当年提拔科级以上干部8人，未担任领导工作、仍按原职务待遇3人，压缩非生产人员26人，其中行政事业人员17人。

1995年11月，按照中共延安地区纪律检查委员会、中共延安地委组织部文件精神，在地区行署部门下属的县级事业单位和大、中型企业中，建立党委的纪委、监察室。纪委书记由主管部门党组（党委）提出人选，征得地区纪委同意后报地委任免。副书记由所在单位党委任免，抄报地区纪委。此后，南泥湾农场县处级领导干部任命又改为先由农业局提名聘用、再由中共延安市委组织部任命制度，中层干部由农场任命。2019 年任命 22 名中层干部。

2020 年，南泥湾（集团）公司县处级领导干部仍由中共延安市委组织部任命，中层干部由（集团）公司任命。公司加强企业领导班子建设和人才队伍建设，强化党组织在企业领导人员选拔任用、管理监督中的责任，支持董事会依法选择经营管理者；加强人才队伍建设，建立覆盖国有企业的各类专业人才信息库。

三、工资

南泥湾农场兵团时期实行等级工资制，其中兵团战士试用期工资 25 元，农一级为 29 元，农二级为 33 元，农三级为 37.70 元，农四级为 43 元；行政人员和技术人员工资数额按行政级别和技术级别等级规定执行。1977 年交由地方管理后，农垦职工工资逐渐有所增长，1977—1985 年进行过 4 次工资调整，调资比例按照 40% 进行调整。

1984 年，承包农牧业生产的农业工人实行以田代资，根据工龄分给土地，自主经营、自负盈亏，不发工资，只保留档案工资。后期与企业其他职工一样参加社会保险统筹，到法定退休年龄后，按月领取退休金；农队干部基本不发工资，多种一份土地作为工资补偿。改革初期每月预借本人工资的 80%，年底根据任务完成情况一次结算，完不成财务计划所亏部分，原则上由承包者当年补齐交清。确有困难的，经职工讨论、党支部审查、场部批准后，列为个人欠款挂账，次年 3 月底前交清，逾期未交按不执行合同处理；商业、工副业单位职工，在保证上缴利润的前提下，由所在单位根据收入发放工资，上缴利润每季末 5 日内结交。未交清下欠部分，按银行贷款利息的 3.6% 交滞纳金；技术干部实行技术联产、浮动工资责任制。与农业队或专业户、专业工签订技术联产合同，根据定额超产由受益队给予奖励，未完成计划的按照完成比例计发工资；行政管理人员建立工作岗位责任制。在全面完成经济指标的前提下，场部管理人员可得 1~2 个月工资额奖金；农队管理人员可得 2~3 个月工资额奖金。未完成任务者按照完成比例，实行浮动工资。1989—1992 年，农队干部均不脱产，实行年补贴制度。正式干部胡绍祖每年补贴 700 元，五队队长李长治（以工代干）每年补贴 600 元，其余各队队长（以工代干）每年补贴 500元。农场拟定的调资方案因职代会不健全无法审议而暂停。

1994 年，南泥湾农场建立风险机制，实行基本工资、岗位津贴加效益工资的分配形式。岗位津贴以基本工资为基础，按工作性质和工作量确定；效益工资根据目标任务的 3 项指标（保证指标、争取指标、奋斗指标）完成情况确定。效益工资、岗位工资的档次可拉开 1~5 倍。

1995 年 1 月，南泥湾农场根据陕西省劳动局工资套改文件精神，对 336 名职工的工资进行调整。套改后，停止发放物价补贴；未纳入补贴的洗理费 12 元，书报费 15 元，交通费 12 元，知识分子山区补贴 10 元，浮动一级干部工资继续发放；子校教师在新标准工资基础上提高 10%；未参加工资套改的职工，仅发放未纳入补贴的各项费用。对欠账挂账未清理职工，暂不执行新的工资标准。此次套改调整工资幅度较大，月增资额基本为100~200 元。

1999 年，南泥湾农场依照陕西省、延安市关于调整工资文件的精神，12 月 29 日，场行政会议研究同意调资。因农场支付工资困难，决定将 1999 年 7 月 1 日—12 月 31 日增加的工资暂时挂账，待后兑现；2000 年 1 月起按调整后标准工资的 80% 发放，预扣的 20% 部分待年终考评后兑现。执行套改工资后，未纳入补贴的交通费 12 元不再发放，其他补助津贴仍按原标准继续执行。

2000—2005 年，因企业效益不佳，南泥湾农场多年未调整职工工资。2006 年、2012 年、2015 年、2018 年对职工工资进行调整。南泥湾农场 1980—2016 年部分年份平均工资见表 3-4-2。

表 3-4-2 南泥湾农场 1980—2016 年部分年份平均工资一览表

年份	场级领导（元）	科级领导（元）	科员（元）
1980	56	49	38
1991	145	117	102
1995	366	242	228
1999	553	429	415
2006	1159	965	785
2012	3031	2426	1715
2016	3570	2520	2170

2020 年，南泥湾（集团）公司实行现代企业工资管理制度，处级以上领导实行年薪制，科级及以下职工实行岗位工资制度。

四、退休职工管理

南泥湾农场建场初期，职工多为招收的知识青年和部队复转军人，正值豆蔻年华。20

世纪初 90 年代，部分职工到了退休年龄（职工退休年龄按特殊工种男 55 岁，女 45 岁；干部男 60 岁，女 50 岁），1990 年有离退休职工 32 人。因南泥湾农场 1984 年实行家庭农场改革，推行"三田制"以及后期为解决土地弃耕曾尝试多种经营管理体制和劳动用工制度，尤其在农工管理方面推行过多种政策。形成了农场有农业工人、安户农民等独特现象。农场农工与企业其他职工一样参加社会保险统筹，到法定退休年龄后，按月领取退休金；安户农民按照农村养老保险政策缴费，享受养老保险待遇。改革过程中，由于管理粗放，职工建档不全，部分特殊工种职工未列入统计内。2002 年，有 69 名已到退休年龄职工不能享受政策规定待遇，其中瓦工、制砖装窑工 22 人；吊车工 1 人；砼手工搅拌工 7 人；电工、焊工、钳工、锻工、漆工共 14 人；从事面粉加工者 6 人，以及到退休年龄的其他职工 19 人。3 月 19 日，南泥湾农场呈延安市劳动局《关于南泥湾农场退休人员遗留问题的请示》，要求解决南泥湾农场退休职工待遇问题。2005 年有离退休职工 146 人。2009 年，南泥湾农场为 83 名职工办理离退休手续。2011 年，为 94 名"五七工""家属工"办理了退休手续，并为 14 名 60 岁以上人员办理养老金，发放了银行卡。2012 年，办理退休手续 6 名，时有离退休职工 207 人。2013 年，办理职工退休手续 11 名。2016 年农场有离退休职工 213 人。2020 年有离退休职工 249 人。

第二节　劳动社会保障管理

一、养老保险

南泥湾农场自 1984 年实行类似农村的家庭承包责任制后，根据工龄分给农工土地，自主经营、自负盈亏，不发工资，只保留档案工资。1993 年起农场为其缴纳养老金单位承缴部分，之前视同职工已足额缴纳养老金。到法定退休年龄后，按月领取退休金。

1988 年 6 月始，南泥湾农场全民合同制工人按政策规定，个人缴纳 2％养老保险基金，按年平均月工资 51 元基数缴纳。1989 年，农场有 60 名应缴纳退休养老基金的合同制工人。1990 年，个人缴纳月标准工资为 55.5 元，农场有 55 名合同制工人缴纳养老保险基金。

2001 年，职工养老保险费缴费比例为 27％，其中单位缴 20％、个人缴 7％；月最低缴费工资基数为 321 元。2006 年，职工基本养老保险费缴纳比例为工资基数的 28％，其中单位缴 20％、个人缴 8％；月最低缴费工资为 740 元。按照市级要求，农场实行全员参加社会基本养老保险制度政策，参保人数 541 人，参保费全年 97 万元。

2011年，为166人办理了新型农村养老保险，为89名"五七工""家属工"（曾参加过"五七连"、基建队、家属队劳动的家属）申请办理了养老保险相关手续。2012年，南泥湾农场共为121名"家属工"办理了基本养老保险；为195人办理了新型农村养老保险。2013年，为14名家属办理基本养老保险；为192人办理新型农村养老保险。

2018年，南泥湾农场完成1159名城镇居民、农业人口的参保续保工作。同时补交了拖欠职工养老金1200万元。

二、医疗保险

南泥湾农场建场初期，即建立卫生医疗单位，设立卫生队，配备医疗卫生人员。主要的服务对象是职工和家属，职工实行公费医疗，家属及未成年的子弟实行半价收费。

1981年，南泥湾农场出台《医疗费的使用和管理办法》。制定伤病诊疗制度，凡本场职工和在册家属伤病者一律在本场职工医院就诊和治疗。确需转延安治疗者，由场医院出具转院证明，单位领导批准。医疗费标准：全场按总工资额的5.5％计提，场部按2.5％计提，其中，2％交职工医院使用，0.5％留场部作为机动。各连队以本连职工工资总额2％计提。职工个人全年医疗费标准12元，在册家属子女全年6元；患重病住院职工药费全报，慢性病职工（由职工医院核定）药费超过规定标准的报销70％，自费30％。一般病治疗药费超过规定标准的报销50％，自费50％。在册家属子女药费超过规定标准的自付；经批准外诊就医者，路费、取暖费、车船费、住宿费、挂号费、救护车费、伙食费不报销，但因工致伤时由职工医院与计财科视伤情研究报销范围。奖惩办法：以单位计算，节约的药费70％奖给未超过规定标准的职工个人，30％结转下年使用。

1985年，陕西省将南泥湾认定为克山病病区，为干部职工每人每月发放5元的病区补助。1991年8月，经职代会审议通过，从1991年元月开始，给凡是行政关系在农队并直接在农队参加农业生产的180名职工发放医疗费补助。按参加工作年限分五个档次，补助金额分别为每人每月10元、9元、8元、6元、4元，年补助医疗费1.7万元左右。1995年工资套改调整后，继续执行病区补助5元及农场原规定的医疗补助费发放政策。至2004年，农业公司所辖10个农队，职工366人（占全场职工的86％）医疗费一直按工龄长短以4～10元/月标准实行定补，其他均不负担。

2005年1月12日，南泥湾农场行政会议讨论通过，医疗费补助仍按原规定执行；医疗保险采取个人自愿、全额参保、单位协调的原则解决。

2006年，在职职工基本医疗保险费缴纳比例为工资基数的9％。其中，单位缴7％、个人缴2％，月最低缴费工资为1034元；退休人员参加基本医疗保险费以本人养老金总额作为缴费基数，缴纳比例为4％，全额由单位补贴。收缴基本养老、医疗保险费采取职工自愿的原则。参保职工自2006年12月1日起停发原医疗补贴，不参保职工由所在单位每月发医疗补贴15元。全场参加医疗保险504人，其中在册职工365人、退休139人。

2009年，农场在册职工303人全部参加医疗保险，职工家属、城市居民大部分参加合疗。2011年，完成新型农村合作医疗保险参保526人。2012年，为11人办理了大病、慢性病救助。2013年，办理新型农村合作医疗保险623人；办理大病、慢性病救助16人。因农场自2005年起被认定为市直困难企业，2012—2019年均按困难企业享受医疗保险财政补贴。

至2020年，南泥湾（集团）公司参保职工437人，参保率达99％。医疗保险费为104.16万元，其中单位应缴纳84.52万元，个人缴纳19.64万元。

三、失业、工伤、生育社会统筹保险

2001年，失业保险费缴费比例为2.5％，其中，单位缴1.5％、个人缴1％。2006年，收缴失业保险费个人部分1％。通过争取政策，全场申报低保9户，年享受政策性补助1.7万余元。同时争取困难职工救助13户，解决部分职工生计问题。

2011年，农场全面完成城镇低保入户核查及立卡发放工作，并申报办理农业低保工作。2012年，办理城镇低保18人。2013年，办理农村低保4人。

至2019年，南泥湾（集团）公司员工全部参加了基本养老保险、医疗保险、失业、工伤、生育等社会统筹保险，实行住房公积金制度。

四、住房公积金

2020年，南泥湾（集团）公司职工缴纳比例为工资基数的17％，其中单位缴12％、个人缴5％。按上年度全省在岗职工月平均工资5201元计算，月最低缴费工资额按60％计为3120.6元。缴纳范围为集团在职正式职工，自愿申请缴纳；挂靠人员住房公积金全额由个人缴纳。

第三节　职工教育培训

1965 年，农建师 141 团成立之初，所招收职工大多为城市知识青年，对农业生产一无所知，加之农场多为山地，无法实现机械化，耕作困难，全靠用牛犁地和镢头挖地。农场技术人员和当地老百姓手把手教大家耕地、扶犁、插秧、锄草等基本农活。1966 年 2 月，举办农建师 141 团第一期农业技术训练班。20 世纪 70 年代，南泥湾农场聘请教师，对全场 179 名青年职工进行文化课补习，先后参加补课 99 人，仅有 6 名补考及格；农场给农业广播学校购买 1 台录音机、4 部收音机、30 多套书，引导职工学习农业技术，经多次动员仅 4 人报名，其中 2 人为中专以上文化程度的技术员（图 3-4-2）。

图 3-4-2　1966 年 2 月，农建师 141 团第一期农业技术训练班学员合影留念

1979 年，南泥湾农场招收 120 名新职工，大部分来自城市，农场党委举办新工人学习班，教育职工安心扎根农场、参加劳动。1981 年冬和 1982 年春，南泥湾农场各连队、各单位分别举办文化学习班 2～3 期，重点扫除文盲和半文盲，使每名职工的文化水平有所提高。

1986 年，农垦食品厂先后 2 次派人到西安红星食品厂学习糕点制作技术。从西安市红星乳品厂请 1 名师傅来农场，指导工人学习制作各种礼品蛋糕技术 20 多天，提高工人的技术水平。通过"走出去学，请进来教"，食品厂改进花色品种 10 余个，产品增加到 30 多个，成为延安市食品行业的名牌。

1991 年，延安地区劳动人事局批准同意南泥湾农场在本系统内招收待业及应届初中毕业生 50 名，举办一届农学技工定向班，按照国家有关技工学校招生规定录取新生。每个学生每年收取 600 元培训教育经费，由农场按政策自筹解决。由于农场无办学条件，委托延安农校办学。专业设置以农学专业为主，兼学园艺和部分畜牧课程，学制 3 年。1992 年招收 41 名学生，其中，农工子女 30 名。

1988—1992 年，南泥湾农场共举办农技培训班 11 期，培训职工 400 多人。组织干部职工到省内外参观学习 7 次，给农工赠送科技资料 2000 余册，选拔到农业技校脱产进修 4 人，参加函授教育 10 人。地区农业局在农场举办为期 30 天的财会培训班，由农场薛文洲负责主讲会计原理和会计核算两门课程。参加培训人员共 21 人，其中，农场各连队、职工医院、子弟学校、商业公司、场部的会计人员 16 人，通过培训均能胜任财会工作。

1994—1996 年，南泥湾农场加强财务队伍建设，加强财会人员职业道德教育和业务培训，组织学习新会计制度，提高财会人员的素质。1995 年，选送 2 名职工进修、短训，有 10 名职工参加专科函授教育。1998 年，与省农垦技校联系选送 35 名职工子弟参加培训，为就业奠定基础。

2006—2010 年，南泥湾农场引进推广先进实用新技术、新品种，加强对农工的科技培训和服务。同时组织 20 余次有关林果、草畜、作物栽培及病虫害防治、农作物灌溉等的技术培训班，培训职工 1400 余人次，使每户农工都有 1~2 项致富产业。农场还组织两批管理人员先后赴东北、"华东五市"学习考察，开阔眼界，增长见识，调动干部职工工作积极性。

2011 年，农场制定《南泥湾农场职工素质建设工程实施方案》（2011—2015 年），加强企业人才和职工队伍建设，培养符合农场发展实际要求的管理人才、专业技术人才和市场营销人才，提高企业的科学管理、技术开发和市场开拓能力。

2020 年，南泥湾（集团）公司制定《职工培训学习管理办法》，制订培训计划，采取公司培训、公司大讲堂、待岗培训、部门学习、聘请专家举行讲座会、选派员工外出学习等形式，对职工进行培训教育。同时鼓励员工参加各种学历培训、从业资格培训，并在费用上给予 1000~4000 元的支持。

第五章　土地管理

　　1966 年 2 月 12 日，国营南泥湾劳改农场移交农建师 141 团土地总面积 44615 亩，其中居民建设用地 780 亩，果园面积 786 亩，耕地面积 43049 亩。"文化大革命"期间，因北京农业大学在南泥湾办校，部队在南泥湾办农场，省、地、市办"五七干校"等原因，兰州军区建设兵团第 40 团移交、暂借给外单位耕种土地共计 20829 亩，后期大多未交回农场。此后，南泥湾农场上报土地总面积数据一直按劳改农场移交农建师 141 团时的 44615 亩上报；生产中总土地面积则一直按 2.3 万余亩、耕地 4100 亩统计。2017 年，根据南泥湾开发区总体规划，南泥湾农场及其资源资产全部纳入南泥湾开发区产业发展、土地利用、城市建设等各类发展规划之中，通过实施乡村振兴战略，全面促进垦地融合、一体发展。2019 年，南泥湾农场国有土地确权发证面积 27881 亩。其中：农用地 27028 亩，建设用地 853 亩。

第一节　土地权属管理

　　1966 年 2 月 12 日，国营南泥湾劳改农场移交农建师 141 团土地总面积 44615 亩，其中居民建设用地 780 亩，果园面积 786 亩，耕地面积 43049 亩；耕地包括水稻田 3171 亩，水浇地 243 亩，川地 2326 亩，台地 9401 亩，山地 27908 亩。"文化大革命"期间，北京农业大学在南泥湾办学、部队在南泥湾办农场，省、地、市办"五七干校"等，兰州军区建设兵团第 40 团移交、暂借给外单位耕种土地共计 20829 亩。其中水田 1438 亩，水浇地 144 亩，川地 915 亩，台地 5126 亩，山地 13145 亩，果园 61 亩。据 1973 年 5 月 29 日中国人民解放军兰州军区生产建设兵团第 40 团《关于外单位占用团耕地房屋情况的报告》记载，外借土地包括以下部分。

　　（1）清泉沟原有土地。其中包括水稻地 166 亩、水浇地 30 亩、台地 638 亩、山地 2939 亩、果园 23 亩，合计 3796 亩。1970 年 8 月，按照省革委会办事组来南泥湾开会研究的决定，全部移交北京农业大学。1973 年北京农业大学撤回北京后，清泉沟土地未交回第 40 团，由中共延安地委另作安排。

（2）羊岔沟原有土地。共 1672 亩，其中有水田 20 亩，水浇地 9 亩，台地 661 亩，山地 982 亩。1970 年 3 月经报师部批复同意，4 月借用给延安军分区。后延安军分区撤回后，转借延安电信局等单位耕种。

（3）桃宝峪原有土地。1970 年 9 月移交西安市"五七干校"土地 2689 亩，其中水田 87 亩，水浇地 30 亩，台地 657 亩，山地 1900 亩，果园 15 亩。

（4）阳湾（一连）部分土地。1970 年 1 月交省"五七干校"土地 1105 亩，其中水田 285 亩，水浇地 20 亩，台地 300 亩，山地 500 亩。省"五七干校"撤离时，将全部土地房屋移交 5337 部队耕种使用。

（5）九龙泉原有土地。1969 年 3 月交予陕西独立师农场土地 3461 亩，其中水田 103 亩，水浇地 15 亩，川地 247 亩，台地 862 亩，山地 2211 亩，果园 23 亩。1970 年 5 月，转交 5337 部队。

（6）三台庄原有土地。1970 年 5 月交予 5337 部队土地 5717 亩，其中水田 762 亩，水浇地 40 亩，川地 668 亩，台地 1005 亩，山地 3242 亩。至此，5337 部队占用九龙泉、三台庄以及阳湾原省"五七干校"全部土地、房屋。

（7）孟家湫原有土地。共 521 亩，其中台地 263 亩，山地 258 亩。1968 年该部分土地借予姚家坡农场 5381 部队耕种。1970 年 3 月，该部撤离后，因 40 团无力耕种，为省"五七干校"占用，干校撤离时转交 5337 部队。

（8）仁台原有土地。共有土地 1613 亩，其中台地 500 亩，山地 1113 亩。1972 年 11 月，经呈报师部批复同意，暂借予延安地区运输公司。

（9）六连原有土地。共有水田 15 亩，旱地 130 亩。因劳力不足，经团领导研究决定，暂借给延安省五建公司耕种 2～3 年，对方承诺随时可交回土地。

（10）金盆湾生产队在 40 团七连大榆沟打坝蓄水，占用台地 110 亩。

至 1973 年 5 月，兰州军区建设兵团第 40 团移交、暂借给外单位耕种土地共计 20829 亩；房屋 451 间 9830 平方米，石窑洞 26 孔，土窑洞 136 孔，仓库（砖窑）15 孔。

因南泥湾农场与南泥湾镇所辖行政村土地交错，劳改农场时期，为了耕作方便，与当地农民置换了土地，当时没有索要有关凭证；1977 年南泥湾农场职工南迁大荔农场，所有山地全部弃耕；1979 年实行土地承包责任制后农民对土地需求量增大；1984 年实行家庭农场改革后，由等级工资制改为自负盈亏，由于农工生产积极性低落、人心思走、不安心于农业生产等原因，从 20 世纪 80 年代初开始，南泥湾镇部分村集体、村民个人开始蚕食、大面积瓜分农场土地。各级政府历次都以土地纠纷方式处理侵占农场土地问题。部分村民认为土地纠纷不承担法律责任，继续侵占农场土地。据 1993 年南泥湾农场《关于南泥湾镇部分侵占蚕食南泥湾农场国有土地的调查报告》记载：1981—1987年，农场发生过4次大的被侵占土地事件。1984年前，镇属部分村集体侵占蚕食农场土地2706.87亩，其中山地1778.09亩、川地155.35亩、台地437.13亩、水地336.3亩。1984年，南泥湾镇金边村强行抢占农场土地，农场多次制止无效后，经延安南泥湾区公所出面调解划给金边村土地200多亩。1985年，金庄、马坊、金边等村集体强行划分农场土地1000多亩，后经延安地区副专员姚代明主持会议，召集军分区、中共延安市委、市政府、地区农业局、南泥湾农场、南泥湾镇政府以及有关单位和行政村座谈，平息了对南泥湾农场土地的侵占，并形成《南泥湾土地问题座谈会纪要》。1987年，马坊、金庄村民抢占、抢种南泥湾农场农十队现耕、弃耕地467.5亩，拆除变卖房屋3间，砍伐树木91株，其中，马坊村强行侵占农场耕地423.5亩，包括川地53.5亩、稻田70亩、山地300亩。1993年，红土窑村民违反1985年《南泥湾土地问题座谈会纪要》精神，强占南泥湾农场老虎沟现耕地和林地，毁坏林木青苗，破坏子校实验基地，并在基地建农贸市场；将农五队蓄水拦洪坝挖开、排水渠堵死，致老虎沟耕地不能按时入种，103亩稻田无法灌溉，子校劳动课不能正常开设。截至1993年，南泥湾镇属部分村累计侵占农场土地3205.94亩，其中川地208.85亩、水地443亩、山地2078.09亩、台地476亩。1994年，南泥湾农场仅收回被农民蚕食土地6.3亩、非法占用宅基地2处。

2001年，国务院办公厅转发《国土资源部农业部关于依法保护国有农场土地合法权益意见》。2004年6月22日，南泥湾农场与麻洞川乡金盆湾村达成协议：永久性将南泥湾农场大榆沟全部土地与金盆湾村"死人沟"公路上台、公路下台2块土地兑换。四至为公路上台地南至公路、北至山根、东至原农场与金盆湾村一队地界；公路下台地北至公路、南至地边、东以生产路为界，2块地西边均与农场现耕地相连。具体四至、面积以土地部门办理的土地证件为准。

2008年10月，国土资源部、农业部出台《关于加强国有农场土地使用管理的意见》，要求对国有农场耕地实行最严格的保护制度，对占用国有农场基本农田的建设项目，要加强审核；加快国有农场土地确权发证工作；规范国有农场土地使用权收回行为；严厉查处违法侵占国有农场土地行为，对已经登记的国有农场土地被周边农村集体、农民个人及其他单位非法侵占的，依法责令退回；要求地方各级国有农场主管部门加强对农场土地的管理工作，规范国有农场用地行为。

2016年，南泥湾农场上报国有土地面积44615亩。2017年11月，根据中共中央、陕西省政府对农垦系统国有土地确权发证的相关要求和安排部署，延安市国土资源局派遣工作组全面开展南泥湾农场土地权属调查和实地测绘工作，实地测绘土地面积 29157 亩（因测量方法和工具不同，与现有土地面积 23786 亩存在差异）。农场国有土地无争议面积 15980 亩，存在争议面积 13177 亩，其中：与南泥湾林场土地权属争议面积 9004 亩，与南泥湾 9 个村委会土地权属争议面积 4173 亩。

2018 年 4 月 12 日，延安市国土资源局组织召开农场国有土地确权登记发证现场会，对农场无权属争议的 15980 亩土地进行现场发证。同年 6 月，市国土资源局联合南泥湾景区管委会向省农业厅和省国土资源厅提出书面申请，建议对已调拨、外借的国有土地进行核减。延安市人民政府成立专门协调小组处理农场土地确权各类问题，并于 10 月向省农业厅、省国土资源厅、省农垦改革领导小组办公室发函呈送《关于南泥湾农场国有土地面积核查情况的函》。同年 11 月 9 日，自然资源部办公厅、财政部办公厅、农业农村部办公厅联合发文《关于尽快完成农垦国有土地使用权确权登记发证工作的通知》，要求尽快完成农垦国有土地权籍调查和登记发证，加大调处力度，努力化解农垦土地权属争议。延安市国土资源局协调工作组、南泥湾开发区管委会多次召集农场、林场和镇政府相关人员调解处理土地权属争议。至 2019 年，南泥湾农场国有土地确权发证面积 27881 亩，其中：农用地 27028 亩，建设用地 853 亩。南泥湾农场与南泥湾镇 9 个村委会耕种的 4173 亩土地权属争议，经多方协商，交回农场 1190 亩，划拨村集体 683 亩，其余 2300 亩双方保留争议；桃宝峪"五七干校"借用农场土地 2689 亩，交回农场 612 亩，尚有 2077 亩未收回，待协调解决；仁台 1613 亩土地于 1978 年划拨给延安柳林林场；部队借用农场土地 10804 亩（九龙泉、三台庄、阳湾以及孟家湫土地），经与陕西省一四一师延安市预备役某团协商，表示借用农场土地待中央军委出台相关部队农场耕地移交地方人民政府的文件后，将其管理耕种土地交由延安市人民政府。以上共计 17477 亩，其中，划拨 2296 亩，待解决 15181 亩。土地确权资金来源为中央、省各拨款 6.45 万元，计 12.9 万元；实际测绘费用 113 万元，发证费用 2.04 万元，总费用 115.04 万元。

第二节　土地开发利用

1984 年，南泥湾农场实行家庭农场后，土地管理从单一的农队集体种植开始转变为工资地、口粮地、承包地、林地的土地管理方式，农工自主经营、自负盈亏。1994 年，南泥湾农场探索土地国有民营管理经验，有计划、有目的、按区域进行规划，拍卖治理

"五荒地"。拍卖荒地 120 亩，荒滩 132 亩，收回资金 3270 元；新建鱼池 80 亩，植树 50 亩，种植药材 200 亩。因 1991 年实行"三田制"时，将职工工资田都分配在拐沟连队，种植管理诸多不便，2010 年，借大批老职工退休之际，调整部分青年职工的工资田，把拐沟连队的工资田调整到川道连队，人均增加 1 亩。

2017 年，根据南泥湾开发区总体规划，南泥湾农场及其资源资产全部纳入南泥湾开发区产业发展、土地利用、城市建设等各类发展规划之中，通过实施乡村振兴战略，全面促进垦地融合、一体发展。6 月 29 日，延安市土地统征办公室制定《南泥湾红色文化小镇项目征迁补偿安置实施草案》，中共延安市委、市政府同意南泥湾景区管委会在宝塔区南泥湾镇桃宝峪村、高坊村、南泥湾农场、林场征收部分集体土地用于南泥湾红色文化小镇项目，征收土地面积 1430.92 亩。

南泥湾红色文化小镇项目涉及南泥湾农场及南泥湾镇所辖南泥湾村、桃宝峪村、南阳府村等村组，用地总面积 1285 亩。在新规定要求 1980 西安坐标系转为国家大地 2000 坐标系的背景下，因项目地域跨度大、涉及面广，需获取省政府农转用批复。南泥湾开发区管委会发展规划部投入大量精力准备土地农转用报批工作，在延安市国土、规划、林业等部门配合下，2018 年 7 月 23 日，南泥湾开发区 2018 年度第一、第二批次农用地转用土地征收和使用国有土地获得审批，为后续项目建设、招商引资等工作奠定基础。2018 年，市财政安排 4 亿元用于土地收储。南泥湾农场在开发区核心区有可整理建设用地 2363 亩，其中，可出让用地 1985 亩。按照延安市四类区基准地价商服用地 75.07 万元/亩、住宅用地 60.4 万元/亩、工业用地 31.33 万元/亩计算，剔除土地开发成本，土地出让净收益为 5.16 亿元（亩均 25.97 万元）。

2019 年，开发建设南泥湾红色文化小镇经济作物示范园项目，东至阳湾湿地公园，西至南泥湾高速出口，种植各类作物面积 1842 亩，其中，种植油葵 295 亩、红高粱 295 亩、野芙蓉 234 亩、百日草 252 亩、波斯菊 205 亩、谷子 90 亩、多头向日葵 70 亩、紫花苜蓿 42 亩、其他作物 359 亩。

在南泥湾镇三台庄办"一分田"农场，每块约 60 平方米。实行公开租赁制，租期 1 年。租用者可自种或者托管耕种，亲自参与或共享农业耕作成果。

南泥湾稻田冰场项目由南泥湾（集团）公司和延安市演艺集团共同筹建，占地 30 亩，由原稻田改造而成，为国家公共文化服务体系建设示范项目。2019 年 12 月 16 日动工。2020 年 1 月 13 日在 1 号冰场举办"延安过大年，冰雪南泥湾——南泥湾稻田冰场"启动仪式。

第三节　土地流转划拨

一、红色小镇建设土地流转

2017 年 2 月 9 日，南泥湾景区管委会党工委 2 号会议同意：南泥湾景区投资开发建设有限公司与南泥湾镇南阳府村委会签订土地承包合同，流转土地 456.7 亩，确保稻田项目顺利推进。流转期限：其中 327 亩为 3 月 8 日至次年 3 月 7 日，其余 129.7 亩为 2017 年 5 月 3 日至 2027 年 12 月 30 日。流转费用为 500 元/（亩·年）（327 亩）、900 元/（亩·年）（129.7 亩），费用合计 147.11 万元；与南泥湾农场签订土地承包合同，流转土地 1099.76 亩，流转期限为 2017 年 3 月 8 日至 2018 年 3 月 7 日，流转费用为 500 元/（亩·年），合计 58.95 万元；与南泥湾农场和马坊村村民苏琪签订土地流转合同，确保商砼站项目顺利推进。其中流转农场土地 40.83 亩，流转费用为 750 元/（亩·年），流转期限为 2017 年 4 月 10 日至 2022 年 4 月 10 日，费用合计 18.99 万元；流转苏琪 2.2 亩土地，流转费用为 500 元/（亩·年），流转期限为 2017 年 6 月 7 日至 2022 年 6 月 7 日，费用合计 0.55 万元。

因临镇至富县天然气管线从南泥湾红色文化小镇规划范围内穿过，影响小镇后续开发建设用地的完整性，2017 年 6 月 21 日，延安市政府研究决定对该区域输气管线进行迁移。延安南泥湾景区管委会对管线新选址范围内地面附着物进行补偿。补偿款 59.03 万元，其中：南泥湾镇人民政府 15.84 万元，南泥湾农场 8.18 万元，村民郭怀升、郭怀荣 35 万元。

桃宝峪村部分土地位于景区西大门景观项目规划范围内，为确保西大门景观项目顺利推进，2017 年 8 月 10 日，延安南泥湾景区管委会同意南泥湾农场与南泥湾镇桃宝峪村高坊村民小组签订土地流转合同，流转土地 156.81 亩，流转期限为 2017 年 9 月 1 日至 2027 年 12 月 30 日，其中，2017 年流转费用分别为 2400 元/亩（99.31 亩）及 7000 元/亩（57.5 亩）；2018 年 1 月 1 日至 2027 年 12 月 30 日流转费用为 900 元/（亩·年）。费用合计 205.21 万元。

南泥湾农场四连鱼池（121 亩）位于生态农庄项目规划范围内，2017 年 10 月 15 日，南泥湾景区投资开发建设有限公司与南泥湾农场签订农场四连鱼池补偿协议，补偿款 115.64 万元。

因前期土地流转协议未明确税金支付方，2017 年 12 月 8 日，延安南泥湾景区投资开发建设有限公司与南泥湾镇南阳府村委会、南泥湾农场、南泥湾镇桃宝峪村高坊村民小组签订土地流转补充协议，分别支付 97838.56 元、52825.24 元、138703.69 元土地流转税金。上报南泥湾景区管委会审批后支付税金。

2019 年 5 月 6 日，为建设南泥湾红色文化小镇、千亩稻田和小微湿地，根据开发区管委会党工委会议纪要〔2018〕1 号精神，延安南泥湾开发区发展（集团）有限公司同意流转石庙滩土地用于千亩稻田种植，共 33.53 亩，流转费用及地面附着物 7000 元/亩（参照延安市统征办补偿标准），合计 23.47 万元；流转红土窑村石庙滩景观 2 号路所涉及的周边零星土地、地面附着物，其中，土地流转 8 年，900 元/（亩·年），土地流转费用 13.72 万元。附着物为杂树和风景树，杂树 7000/亩，风景树 2 米以上 4 万元/亩，附着物合计 26.77 万元，两项共 40.48 万元；流转西（Ⅰ）游客服务中心靠山体桃宝峪土地、地面附着物，用于景观 3 号路项目，其中，土地流转期为 2 年，费用合计 8700 元，附着物 27000 元/亩，合计 23.49 万元，共计 24.36 万元。

2020 年 3 月，为提升核心镇区整体景观效果，南泥湾开发区管委会将石庙滩至旧农贸市场区域规划为稻田种植区域。南泥湾（集团）公司同意对该区域约 80 亩土地进行流转，流转费用为 900 元/（亩·年），流转期限为 8 年，费用合计 57.6 万元，流转费用 4 年一付，分 2 次付清。

二、南泥湾现代农业示范园项目土地流转

2020 年，南泥湾现代农业示范园项目和湖羊养殖基地共流转土地面积 3820.14 亩，流转费总额 5325.33 万元。垫付年限均为 2020 年 4 月至 2024 年 4 月（湖羊养殖基地曲里村垫付年限为 2020 年 3 月至 2024 年 3 月）。

现代农业示范园项目。流转土地价格均为 900 元/（亩·年）。流转马坊村土地面积 1110.27 亩，其中，599.51 亩流转年限为 28 年，流转费总额 1511.93 万元。已支付前 4 年流转费 216.98 万元（含一次性翻地费 580.02 亩共 11600.4 元）；510.76 亩流转年限为 8 年，流转费总额 368.62 万元。垫付流转费 184.75 万元，待合同审批未付款（含一次翻地费 437 亩共 8740 元）。流转南泥湾农场十队土地面积 213.56 亩，流转年限 28 年，流转费总额 540.50 万元。已签订合同，未支付前 4 年流转费 79.21 万元（含一性翻地费 213.56 亩共 23259.4 元）；流转金庄村土地面积 1447.91 亩，流转年限 8 年，流转费总额 1044.96 万元。已支付前 4 年流转费 523.71 万元（含一次性翻地费 1230 亩共 24600 元）；流转金砭村土地面积 322.18 亩，流转年限 8 年，流转费总额 232.59 万元。已支付前 4 年流转费 116.61 万元（含一次性翻地费 312.18 亩共 6243.6 元）。

湖羊养殖基地。流转土地价格均为 800 元/（亩·年）。流转姚家坡土地面积 387.12 亩，流转年限 28 年，流转费总额 867.15 万元。已支付前 4 年流转费 123.88 万元；流转曲里村土地面积 339.1 亩，流转年限 28 年，流转费总额 759.58 万元。已支付前 4 年流转费 108.51 万元。

三、土地划拨

1978 年 7 月 1 日，国营陕西省延安南泥湾农场在延安市区征购宝塔公社延河居委赵小明、李萍、马胜利、惠延芳建筑面积 258 平方米房屋，建成南泥湾办事处（简称东关办事处）。1998 年，因延安市区东关公路改建、污水处理厂建设以及延安市运输公司扩建，政府无偿拆迁农场房屋建筑面积 231.95 平方米，总占地面积 509.2 平方米（合 0.77 亩）。2003 年，因南泥湾小城镇建设和过境公路改造、广场建设，拆除农场房屋 4252.45 平方米，无偿占用土地 42.18 亩。2004 年，延安体育场改扩建时，拆除南泥湾农场南关光华木器厂营业门市和农垦综合服务公司 5 层综合楼，使农场年减少营业收入 80 余万元，44 名职工下岗待业。

第六章　政务管理

南泥湾农场自建场以来，重视企业制度化、规范化建设工作。先后制定完善各项规章制度，形成有章可循、按章办事、规范高效的管理机制，提高政务管理水平。

第一节　综合管理

一、计划管理

生产管理是南泥湾农场的中心工作。兵团时期设生产股专管生产建设。王志俊（1965.10）、李怀璞（1972.12）先后任生产股股长，宋立洋（1972.12）任副股长。每年的生产计划按照建设兵团宏观调控制定。1978年，农场交由地方管理后，先后设立生产科、经营管理科、资源开发科管理生产工作。

南泥湾农场的计划管理主要为计划的制定、下达、完成以及对执行过程的监督检查，分为工作计划、生产计划、财务计划等，以生产计划和财务计划为主。1983年以前主要是制订指令性计划，完成上级要求的计划指标，一般不能随意更改变动。年初根据上年任务完成情况和科技进步水平、人员增减等因素制订当年生产、财务计划指标，提交场行政会、场职代会讨论后正式下达。1981年2月23—27日，召开全场职工代表大会，总结1980年的各项工作，讨论制订1981年的生产财务计划。当年，农场组织工作组对一连、四连自由种植、私分粮油问题进行调查。发现一连、四连14名职工自由种植粮油、马铃薯等作物7.2亩；有的职工在连队地边私种粮油，对连队耕地进行蚕食，有人甚至利用国家的机具、种子和肥料，对国家粮油变相盗窃。农场对私种私分粮油职工，按粮食总产的70%、油料50%上交场部；马铃薯以每斤0.03元折价卖给本人，产值上交场部；私人种水稻所用连队秧苗，因当年减产严重，不收费用。

1984年，实行家庭农场责任制后，农场农业计划主要是指导性生产计划。家庭农场除水稻、油料、香紫苏必须完成的种植计划外，其他作物由农队自行安排。产品在完成上交任务后的超产部分（包括粮油），单位和职工个人可以按议价交场，也允许自由交易；

各工商企业为指令性经济指标，属大包干形式。在确定上交基数后，自主经营、自负盈亏；财务计划则确定场部一年的企业管理费和营业外支出等项目，制定具体措施，加强管理。年终对所有单位计划完成情况总结验收，作为奖罚和对干部工作评价的依据。

1993年后，依据南泥湾农场国有民营、国有私营、股份制和个体经营等多种经济成分并存、多种形式相关联的经营机制，实行目标责任制和岗位责任制，确定合理的经营目标和经济指标，形成个人利益和国家利益共同体。编制南泥湾农场国民经济和社会发展"九五"至"十二五"规划建议。建立健全各项管理制度及经济指标测算、效益考核和奖惩兑现办法。经济指标按照固定资产折旧、养老基金提取、坏账保证金提取、上交管理费和利润来确定。

二、保密工作

1970年，兰州军区生产建设兵团第40团取消民用无线电明码电报。1971年11月，吴惠贤任司令部保密员。1972年，兰州军区建设兵团第40团党委按照毛泽东主席"保守党的机密慎之又慎"的指示，对部队多次进行保密教育，把保密工作列入议事日程。团首长做到学习告一段落或外出开会，主动清理文件。开会带回文件交保密室登记后再借用；发到基层连队、单位传达、学习的绝密文件，学习期间由基层支部书记或副书记亲自领取、保管、送还；各排学用文件指定专人去借，并在每晚10点前交回连队，不准文件在班、排过夜不还；严禁个人摘抄绝密文件内容。学习结束后，一律交团保密室保管。当年清查5180份文件，对各连队、单位丢失23份文件问题进行批评教育，并重申制定了保密工作的规定。

20世纪80—90年代，南泥湾农场制定《保密工作制度》。对"三密"（绝密、机密、秘密）文件、资料，统一由党、政文书拆封，送场级领导传阅后，回收、归档或销毁。办公室在传达任务时按照要求和程序进行，保守会议秘密。提供对外经济合作资料，实行请示审批制度，按照批准范围提供资料。制定《小车管理制度》，要求司机不打听或传播信息，严守机密，如有失密将追究其责任。

2020年，南泥湾（集团）公司制定保密制度，要求职工董事、职工监事在向职工（代表）大会报告工作和接受职工（代表）质询时，按照信息有序披露原则，遵守公司保密规定，保守董事会、监事会会议涉及的公司商业秘密，不得向公司以外人员泄露。对财务部门的技术防范设施性能、安装方法、安装部位、线路等严格保密，做好安全防范措施。

三、安全生产管理

20世纪60—70年代，南泥湾农场兵团时期，每年利用农闲时节，大搞农田基本建设和水利基础设施建设。初期，冻土坍塌致使战士遇难的情况时有发生。

20世纪80年代，南泥湾农场对农业生产、防汛、驾驶员管理等方面制定各种安全生产管理制度。1980年10月22日，五连职工孙宁在给连队拉运水稻途中，因马匹受惊，撞伤了子校学生。事后，五连党支部决定，伤者护理费用170余元由五连报销；医药费和车票198元由五连和孙宁分别负担90％和10％。

20世纪90年代，南泥湾农场修订完善各项安全生产管理制度，要求小车驾驶员服从调度，严格执行行程指令，严禁超载，及时检修车辆，确保安全行车；严格执行汛期和节假日安全值班制度，及时处理临时性突发事件。1999年2月24日凌晨，光华木器厂发生火灾。烧毁工房10间，刨床、电钻数十部，成品课桌、凳子480套，造成直接经济损失11.4万余元。

2006年6月29日，针对农场职工居住危房情况，由场劳动服务公司牵头，农业公司、保卫科及各有关农队干部组成安全检查组，对农场区域房屋安全情况进行全面检查，连队干部和现住户均在危房搬迁书上签字。经调查，南泥湾农场区域共有危房268间（孔），现住危房79户165间（孔），空置房103间。其中，一连有住户8户，房屋结构砖混的基本安全；二连危房8间，住1户，空置房6间，产权都已归个人；三连有危房15间、窑洞2孔，住危房3户6间，空置房9间，其中3间和2孔产权属场所有；四连无危房；五连有危房121间，住危房43户，其中72间产权归个人、49间产权属场所有；六连有危房31间（孔），住10户，其中26间产权归个人、5间产权属场所有；七连危房31间（孔），住危房6户13间（孔），空置房18间，其中28间产权归个人、3间产权属场所有；十连有危房32间，住危房10户，产权属个人。

2017年4月21日，二连林地着火，农场组织职工迅速扑灭大火。

2020年，南泥湾（集团）公司制定《安全管理制度》《消防安全管理办法》，坚持"安全第一，预防为主，综合治理"方针，从安全生产责任制、安全生产管理、教育培训、奖励与惩罚等方面做出规定，逐级落实安全责任制，由安质部负责实施与监督。

第二节　接待工作

一、来访接待

1942年4月15日，朱德总司令、贺龙师长在旅长王震陪同下视察南泥湾，朱德首次对记者提出"南泥湾为陕北江南"。同年7月，朱德总司令邀请谢觉哉、徐特立、林伯渠、吴玉章、续范亭游览南泥湾。

1943 年 9 月 16 日，毛泽东主席在朱德、任弼时、王若飞等人陪同下视察南泥湾，先后视察金盆湾、马坊、阳湾、九龙泉等地，并做了重要指示。10 月 26 日，毛泽东再次来到南泥湾，与任弼时、彭德怀、王若飞、林伯渠等一行乘车前往南泥湾视察，10 月 28 日返回延安。

1944 年 6 月 6 日，中外记者西北考察团到达南泥湾，三五九旅在金盆湾举行欢迎晚会。随后参观了南泥湾伤兵医院、南泥湾干部休养所、大生产成果等，6 月 9 日离开南泥湾到达延安。同年 8 月 24—26 日，中共中央军委参谋长叶剑英、陕甘宁晋绥联防军参谋长张经武陪同美军驻延安观察组（又称迪克西使团）包瑞德上校等 7 人到南泥湾，参观了酒坊、纸厂、仿造的日本堡垒等。到南泥湾马坊 718 团观看战士们举行的分列式和各种军事技术表演。8 月 26 日，美军观察组返回延安。

20 世纪 70 年代，南泥湾农场兵团时期，各国友人慕名前来南泥湾参观访问。三五九旅大生产运动事迹陈列室每年接待国内外参观人数 5000～10000 人次，其中，接待来南泥湾农场参观学习的外宾 200 人左右。先后有赞比亚（图 3-6-1）、非洲、老挝解放阵线（图 3-6-2）、越南代表团、英国参观团（图 3-6-3）等国际友人来南泥湾，兵团配有专职讲解员，引导外宾参观毛主席旧居及三五九旅南泥湾旧址，当时负责接待的多为延安地区负责外事工作的革委会副主任土金璋，兰州军区建设兵团第 40 团各级领导及宣传股长王庆华等陪同参观考察。

图 3-6-1　20 世纪 70 年代，赞比亚国际友人参观毛主席旧居

图 3-6-2　20 世纪 70 年代，兰州军区建设兵团第 40 团战士欢迎老挝来宾

图 3-6-3　20 世纪 70 年代，英国参观团在南泥湾

　　1972 年 12 月，国务院副总理王震（三五九旅原旅长兼政委）重回南泥湾，视察调研期间，接见了当年因病留在南泥湾的三五九旅老战士，询问他们的生活、工作、婚姻状况并合影留念。团宣传队为王震专门演出了一场节目，当歌舞《南泥湾》唱到"鲜花送模范"时，演员们把鲜花送给了王震，王震高兴地站起来同演员一一握手并合影留念。

　　1973 年 2 月 21 日，中共山西省委书记陈永贵来南泥湾农场参观并做报告。参观了毛主席旧居，给兵团战士讲述昔阳县人是如何学习和发扬南泥湾精神，把"七沟八梁一面坡"治理成米粮仓的。

1983年3月22日，中共陕西省委书记谢怀德在延安地委书记郝延寿、行署副专员薛志勇陪同下来南泥湾农场调研，组织有关单位举行座谈会，并形成南泥湾开发建设纪要。同年8月3—10日，农牧渔业部在延安市召开北方旱地农业工作会议，其间，参会人员到南泥湾农场四连调研水稻生产情况。

1984年，陕西省作家协会主席胡采率领文艺界马友仙、允恩凤、邢履庄、王向荣来南泥湾演出。

1985年，农垦部副部长吕清来南泥湾农场调研。5月2日，中国农垦总公司董事长赵凡在延安地区行署副专员姚代明、农业局副局长陈明彦陪同下来南泥湾农场调研。

1988年4月20日，原三五九旅副政委王恩茂重返南泥湾，并题词"南泥湾精神永远激励我们前进"。

1989年9月11日，中共中央总书记江泽民来南泥湾农场视察。

1991年，国务委员陈俊生、宋健先后到南泥湾视察羊场。1993年，国家科委副主任邓楠来南泥湾调研。

1996年10月4日，农业部副部长刘成果来南泥湾农场调研，并题词"南泥湾是中国农垦事业和农垦精神的发祥地"。

1998年3月13日，农业部农垦局局长曾毓庄一行12人来南泥湾农场考察。6月20—23日，新疆生产建设兵团三五九旅老战士重返南泥湾。

2003年4月8日，中央政治局常委委员贾庆林在陕西省委书记、省人大常委会主任李建国，陕西省委副书记贾治邦以及陕西省委常委、延安市委书记王侠陪同下来南泥湾调研。

2004—2009年，南泥湾农场建设中国农垦纪念林项目工程，先后有农业部总经济师朱秀岩，农业部农垦局局长杨绍品，农垦局原局长魏克佳，农垦局局长李伟国，陕西省农垦局局长杨浩民，海南省农垦总局（总公司）党委书记张力夫，黑龙江农垦局党委书记韩乃寅，宁夏农垦局局长、宁夏农垦集团董事长、党委书记王永忠以及湖南省农垦局、新疆建设兵团、内蒙古大兴安岭农垦集团公司等领导来南泥湾农场检查指导工作。2006年，中国农垦纪念林验收期间，农业部副部长刘成果为农垦纪念林题字。

2009年4月6日，原新疆生产建设兵团政委聂卫国及副秘书长刘以雷一行来南泥湾农场调研指导中国农垦纪念林工作。随后，兵团捐款50万元支持中国农垦纪念林建设。7月，农场与新疆建设兵团农八师石河子总厂缔结为友好农场。

2010 年 10 月，农场与辽宁宝利农场缔结为友好农场。

2011 年 5 月 17 日，新疆生产建设兵团副秘书长刘以雷一行受司令员华世飞等领导委托，来南泥湾指导工作，并为农垦林建设再次捐款 50 万元。同年 11 月 21 日，日本水稻专家来南泥湾农场考察。

2012 年 5 月 30 日，南泥湾农场与宁夏农垦平吉堡奶牛场结为友好合作农场。8 月 4 日，由南泥湾农场和南泥湾战友联谊会共同举办南泥湾"老兵回家"活动，1500 多名老战士从全国各地回到南泥湾，参观了南泥湾大生产展览馆、中国农垦纪念林；在中国农垦纪念林立碑——南泥湾兵团纪念碑，并举行揭碑仪式。

2013 年，国家林业局副局长张永利来南泥湾调研工作，提出南泥湾生态区在陕北地区属于稀缺的湿地资源，建议申报国家湿地公园，把现有的湿地资源保护起来。据此，2014 年 5 月，延安市政府决定申报南泥湾国家湿地公园试点，12 月国家林业局批准建设陕西延安南泥湾国家湿地公园（试点）。

2014 年 4 月 20 日，农业部党组副书记余欣荣来南泥湾农场调研。8 月 13 日，延安市副市长杨霄来南泥湾农场调研蔬菜种植情况。10 月 31 日，农业部农垦局局长王守聪来南泥湾农场调研工作。

2016 年 9 月 7 日，农业部农垦局副局长胡建峰来南泥湾农场调研。9 月 22 日，省厅检查组调研温馨小区建设情况。9 月 26 日，陕西省委常委、延安市委书记徐新荣，副市长杨霄来南泥湾农场调研。10 月 26 日，徐新荣再次来南泥湾农场调研工作。

2018 年 4 月 16 日，陕西省农业厅党组成员，驻厅纪检组长丁东华、省农垦集团总经理马青奇率省政府农垦督查组一行来延安督促农垦改革工作。9 月 4 日，上海光明食品（集团）有限公司总裁曹树民来南泥湾农场调研。

2019 年 4 月 27—28 日，农业农村部农垦局局长邓庆海在全国农垦贫困农场脱贫攻坚工作推进会结束后，赴延安市南泥湾农场和榆林市垦区调研。省农业农村厅副巡视员郑芸瑄、省农垦集团党委书记董事长郭剑等陪同调研。在南泥湾农场，邓庆海一行在延安市副市长孙矿玲等陪同下，实地查看南泥湾农场依托革命旧址和自然资源，全域开发红色文化游、自然生态游、乡村农业游的规划和建设情况。深入老职工家庭进行慰问，查看职工家庭自来水和"厕所革命"情况，并在中国农垦纪念林亲手植树。

2020 年 7 月 19 日，省委组织部部长张广智来南泥湾考察。8 月 25 日，市长薛占海一行来南泥湾考察农业项目。9 月 23 日，延安市人大常委会主任姚靖江一行来南泥湾调研。10 月 20 日，陕西省市场监督管理局派员来南泥湾调研推进有机产品发展情况。11 月 19 日，农业农村部农垦局副局长王润雷一行到南泥湾农场调研指导《陕西南泥湾农场志》编篡工作情况，陕西省农业农村厅、陕西农垦集团有限责任公司、延安市农业农村局、南泥湾开发区管委会、南泥湾（集团）公司相关负责人陪同。在座谈会上，南泥湾（集团）公司党委书记、董事长刘一民介绍了南泥湾（集团）公司相关情况，党委副书记赵永峰汇报了《陕西南泥湾农场志》编纂工作进展情况。

2021年10月11—13日，由农业农村部农垦局、陕西省农业农村厅、延安市人民政府主办，中国农垦经济发展中心、延安市南泥湾开发区管委会、延安市农业农村局、延安南泥湾（集团）有限责任公司、北京歌华文化发展集团有限公司承办，北京歌华文化科技创新中心有限公司执行，中国农业出版社、陕西省农垦集团有限责任公司、北京国际设计周有限公司、鲁艺文化基金会、郭兰英艺术教育基金会、北京国际品牌周筹委会、北京国信品牌评价科学研究院协办的"南泥湾大生产80周年纪念大会"在南泥湾召开。各省、自治区、直辖市农业农村部门、农垦集团及有关部门和单位参会人员200余人。会议同时举办中国品牌南泥湾计划高峰论坛和2021年中国农垦经济研究会年会，以及《中国农垦农场志丛》首发仪式，《陕西南泥湾农场志》《北京双桥农场志》《黑龙江绥滨农场志》等全国农垦第一批20家重点农场志正式对外发布。北大荒农垦集团、新疆生产建设兵团第一师代表全国农垦系统致辞。

农业农村部总农艺师、发展规划司司长曾衍德，原农业部常务副部长刘成果，陕西省委常委、延安市委书记赵刚，农业农村部农垦局局长左常升，中国农垦经济发展中心主任李尚兰，中国农业出版社党委书记、董事长、社长陈邦勋，陕西省农业农村厅党组书记、厅长孙矿玲，农业农村部农垦局副局长程景民，农业农村部农垦局副局长王润雷，陕西省农业农村厅党组成员、副厅长王韬，陕西省委常委、延安市委书记赵刚，延安市委常委、组织部部长、南泥湾开发区党工委书记杜金根，延安市政府党组成员、副市长张强，延安市政府党组成员、副市长严晓慧，陕西粮农集团党委书记、董事长刘利民，北京时装周组委会执行主席、副主任、北京时尚控股有限责任公司党委常委、副总经理员天祥，八路军研究会三五九旅分会会长曾豹，陕西省农垦集团党委书记、董事长郭剑等领导嘉宾出席开幕式。延安市委副书记、市长薛占海，北大荒农垦集团党委委员、总会计师陈有方，新疆生产建设兵团一师党委常委、副师长马荣华，八路军研究会名誉会长王之（原三五九旅旅长王震将军之子），中国科学院院士、国际欧亚科学院院士周成虎，农业农村部总农艺师、规划司司长曾衍德出席并致辞。中国科学院、中国农垦经济研究会成员，国史学会农垦史研究分会、中国人民大学、中国农垦集团有限公司等单位企业代表，全国34个垦区代表，中央电视台、陕西日报、人民日报、中国网、环球网、优酷、延安融媒体中心等媒体受邀参加活动（图3-6-4）。

图 3-6-4　2021 年 10 月 11 日，南泥湾大生产 80 周年纪念大会在南泥湾召开

二、信访接待

1979 年，南泥湾农场收到群众来信 236 件，接待来访群众 120 多人次。来信来访涉及 79 个人的问题，农场党委多次召开专题会议进行讨论，成立落实政策办公室，抽调专人工作，使问题均得到妥善解决。

2006 年 2 月 17 日，农场开展矛盾纠纷集中排查调处活动，重点排查 2005 年农场部分职工多次上访问题。安排专人将职工最为关心的医疗卡限期发放到职工手中，解决职工后顾之忧。建立长效机制，安排机关干部、科室联系点。深入连队及职工家中，交流思想，了解民意，及时了解掌握职工思想动态；为职工提供生产信息、科技知识等服务。办公室负责六队、十队，计财科负责四队、七队，保卫科负责二队、五队、八队，经营科负责一队、三队、九队。场长郭守斌为全场信访工作第一责任人，对全场信访工作负总责；副场长罗玉瑾负责农业公司、场机关上访案件，包括土地分配、退耕还林、招工用工、职工养老保险、医疗保险等方面信访案件的调查处理；副场长薛东升负责子校的上访案件，包括子校教师反映工资待遇、教师移交等方面信访案件的调查处理；副场长岳延平负责劳动服务公司上访案件，包括土地征用、房屋拆迁、乱修乱建、集资建房等方面信访案件的调查处理。

第三节 应急管理

一、非典型性肺炎（简称 SARS）防控

2002 年，非典型性肺炎（简称 SARS）突发，这是一次全球性传染病疫情。2003 年，南泥湾农场组织全场党员干部深入基层一线，逐户登记排查，建立预防"非典"制度。对全场所辖人口及香料厂、砖厂、建筑工队等外来人员统一实行动态管理，要求外来人员要有场办和政府的通行证，返还人员要有健康证明，并落实留观隔离措施。特别对外出 4 大疫区的 16 人，实行家长、连队干部、包片干部、场级领导联包政策，并签订预防合同，保证期间不回归农场。同时对全场卫生进行整治，清理和掩埋垃圾 200 余立方米。场机关、各公司单位坚持每天值班制度、报表报送制度，全场范围无一例"非典"病人或疑似病人出现。

二、新型冠状病毒防控

2020 年 1 月，新型冠状病毒肺炎疫情暴发。疫情发生后，中共中央、国务院高度重视。中共中央总书记、国家主席、中央军委主席习近平作出重要指示，要求全力做好防控工作。1 月 24 日，南泥湾（集团）公司制定新型冠状病毒防控应急预案。呼海荣任应急预案组组长，白峰任副组长，集中领导，组织各方力量开展防控，密切关注国内外新型冠状病毒疫情动态，做好疫情预测预警。对疑似新型冠状病毒病例，及时报告公司主要领导、医院，请求派人确诊，做好疑似病例的临时隔离、情绪管控以及接触者的排查工作。此时正值新春，集团公司成立摸排工作组，对公司职工及农场连队安户农民进行摸排登记，重点排查从风险区来的人员；督促陕建集团等施工单位对工人进行摸排登记，有发热咳嗽等症状的及时就诊。宣传科普新型冠状病毒病例疫情防控注意事项、预防措施、卫生健康等知识，增强群众防范应对意识，消除恐惧心理。及时储备口罩、消毒液等应急物资储备。在职工住宅区温馨小区多渠道保障防护用品物资供应，其中，消杀类包括：浓缩84 消毒液 0.345 吨、84 消毒液 60 瓶、电子喷雾器 6 台；防护类包括：一次性医用口罩1200 只、防护服 20 套以及一次性手套等物资。成立疫情防控巡逻组，坚持每天巡逻登记，发现体温不正常者，立即采取隔离措施，配备车辆保证及时防控。至 2020 年年底，南泥湾（集团）公司辖区内未发现一例疑似病例。

三、水库防汛应急预案

南泥湾农场发生的洪水主要由夏秋季暴雨形成。南泥湾农场新窑子沟水库位于农场一连沟内（又称一连沟水库），1956年6月建成，是一座以灌溉为主的小（2）型水库。库容50万立方米，调洪库容18万立方米，设计灌溉面积5000亩。洪水标准按20年一遇洪水设计，200年一遇洪水校核。新窑子沟水库只有坝体、输水道，未设溢洪道，加之建设年代久远，好多输水孔堵塞破坏十分严重，坝体也有多处裂缝，存在严重隐患。2013年，连续强降雨导致新窑子沟水库水位急速上升，坝体开裂，最危险时水面至坝顶仅30厘米，水库存水量达40万立方米，下游机关单位和村庄万亩农田危在旦夕。农场组织抢险队伍冒雨抢修，开挖临时泄洪渠，泄空坝内蓄水，保证了安全度汛。2014年新修溢洪道，并对输水卧管等设施进行维修。

2019年5月13日，南泥湾农场有限责任公司编制防汛抢险应急预案，落实领导责任制。建立组织指挥体系及制度保障，全面部署，以防为主，防抢结合。总指挥薛延江，副总指挥赵永峰、呼海荣。防汛指挥部办公室设在南泥湾农场有限责任公司安保部，张军兼办公室主任，具体负责处理防汛工作日常事务。

2020年，南泥湾（集团）公司建立奖励与责任追究制度，对在洪水应急工作做出突出贡献的劳动模范、先进集体和个人，由公司党委给予表彰；对在应急抢险中出现的伤、残人员，给予相应的奖励和抚恤。对防汛和安全生产工作不重视的相关责任人员给予通报批评、警示训诫、停职检查等组织处理。

四、延安国家应急产业示范基地南泥湾培训基地

南泥湾应急产业培训基地位于南泥湾桃宝峪村。一期已建成投运，可满足500名学员进行培训。

2020年9月15日，南泥湾（集团）公司在农垦大酒店召开应急产业知识专题培训会，公司党委书记、董事长刘一民主持会议，会议邀请北京大学数字减灾与应急管理研究中心副主任杨文龙教授围绕应急产业基本知识、延安市应急产业规划及南泥湾开发区应急产业布局等内容进行讲授，重点就南泥湾开发区应急产业3个板块、5条产业链、9类重点项目布局等进行详细的理论解读和案例分析。公司全体管理人员及新入职大学生参加专题培训，系统地掌握应急产业和南泥湾开发区应急产业布局情况。

2020 年 9 月 23 日，延安国家应急产业示范基地南泥湾培训基地揭牌。中共延安市委常委、组织部部长、南泥湾开发区党工委书记杜金根，市政府副市长王军营出席并揭牌。国际应急管理学会亚洲办公室主任、国际应急产业技术创新战略联盟秘书长杨文龙应邀出席并向南泥湾培训基地赠送《社区应急响应能力基础培训教材》。建设延安国家应急产业示范基地南泥湾培训基地，不仅有利于优化区域产业结构、催生新业态，更有利于提升应对突发事件能力和水平、保障经济高质量发展，打造应急培训、应急食品、应急综合服务等产业集群。同年 10 月 13 日，南泥湾（集团）公司成立应急产业工作领导小组，负责统筹协调应急产业工作，指导督促工作落实。组长刘一民，副组长刘小雄、赵永峰；成员呼海荣、党德生、薛虎、康淑娟、祁海梅、薛志罡、张矿生、姬文清、崔振荣、冯晓春、曹靖、郝乐、张超、徐晓锋、王向军、尚子义、窦朗朗、马航于。领导小组下设办公室，办公室设在安质部，崔振荣兼任办公室主任，窦朗朗兼任副主任。

第四编

党群工作及军垦屯田

中国农垦农场志丛

第一章 农场党组织

南泥湾农场的党组织始设于 1965 年，中国人民解放军生产建设兵团农业建设师第十四师党委在南泥湾农建师 141 团建立中国共产党组织。至 1977 年，兵团时期党组织属军队建制。1977 年交地方管理后，农场党委书记均由中共延安地委、延安市委任命。1993年 12 月 18 日，召开中共南泥湾农场第一次党代会，选举产生中共南泥湾农场第一届委员会，健全完善各支部工作职能。加强党风廉政建设，持续开展"廉洁从政、从我做起"主题教育活动。1995—2009 年，南泥湾农场 6 次获省农垦系统先进单位荣誉称号。2020 年6 月 2 日，南泥湾（集团）公司召开全体党员大会，选举产生中共延安南泥湾（集团）有限责任公司委员会第一届委员会。建立健全党建工作责任制，督促党组织领导班子成员履行党建工作第一责任人职责，加强企业基层党组织建设和党员队伍建设。

第一节 农场党组织机构

一、领导机构

1965 年，中国人民解放军生产建设兵团农业建设师第十四师党委在南泥湾农建十四师 141 团建立中国共产党组织，樊浩天任政委。1969 年 9 月，兰州军区生产建设兵团党委对已建立的基层党委进行调整，任辉任政委。南泥湾建设兵团时期 1965—1976 年党委负责人名录见表 4-1-1。

表 4-1-1 南泥湾建设兵团时期 1965—1976 年党委负责人名录

单位名称	姓名	职务	任职年限	备注
农建第十四师 141 团	樊浩天	政委	1966.3—1966.10	
	任辉	政委	1966.10—1969.2	
	王建功	副政委	1965.10—1969	
	牛升全	副政委	1966.10—1969.2	
兰州军区生产建设兵团第 40 团（兰字 961 部队）	任 辉	政委	1969.2—1970.7	
	孙云魁	政委	1970.7—1973.9	现役军人
陕西省农建师 5 团	顾生杰	政委	1973.9—1977.1	

1977 年，南泥湾农场交地方政府管理后，党委书记由中共延安市委（今宝塔区委）、延安地委组织部任命，1978 年 2 月，任命顾生杰为南泥湾农场党委书记。1981 年 4 月，任命邓武森为党委书记。1987 年 12 月，马昌业任中共南泥湾农场纪检委副书记。1989 年，郑进厚任农场纪检委副书记。

1991 年 1 月 12 日，中共延安地区农委委员会研究同意，增补李树人、罗玉瑾、薛文州为延安地区南泥湾农场党委委员。

1993 年 12 月 18 日，召开中共南泥湾农场第一次党代会，选举产生中共南泥湾农场第一届委员会委员 7 名，书记、副书记各 1 名，贺玉林任书记。党委下辖基层支部 5 个，有党员 80 名。

1995 年 11 月，按照中共延安地区纪律检查委员会、中共延安地委组织部文件精神，在地区行署部门下属的县级事业单位和大、中型企业中建立党委的设纪检委，纪委书记由主管部门党组（党委）提出人选，征得地区纪委同意后报地委任免。副书记由所在单位党委任免，抄报地区纪委。南泥湾农场设立纪检委，李树人兼任纪检书记。

2002 年 8 月，根据延安市农牧局要求，南泥湾农场开展党组织整建工作，健全党组织机构。党委班子由党委书记郭守斌，委员罗玉瑾、苏绍武、薛东升、刘军、慕秋生、高勇 7 人组成；下设机关、农业、子校、综合服务公司 4 个党支部。

2008—2010 年，由于换届原因，农场党委领导班子职数配备不齐全。2010 年，健全党委领导班子，岳延平任党委书记，刘军任纪委书记。

2020 年 6 月 2 日，召开中共南泥湾（集团）公司党委换届选举暨第一次党员大会，选举产生中共延安南泥湾（集团）有限责任公司委员会第一届委员会，集团公司党委正式成立。刘一民任党委书记，设党委委员 5 人；公司有党员 131 人，其中在职党员 73 人。纪检工作尚未健全，部分相关职责由党政办公室兼管。中共南泥湾农场党委 1977—2020 年负责人名录见表 4-1-2。

表 4-1-2　中共南泥湾农场党委 1977—2020 年负责人名录

单位名称	姓名	职务	任职年限	备注
国营陕西省延安地区南泥湾农场	顾生杰	政委、党委书记	1977.2—1978.11	1978.2 任党委书记
	刘新民	副书记	1978.1—1984.1	
	邓武森	党委书记	1981.4—1988.7	
	杨振荣	副书记	1983—1985	
	周万龙	副书记	1984.1—1986.12	
	方占敏	副书记	1988.1—1993.12	
	罗玉瑾	党委委员	1991.1—2002.8	
	李树人	党委委员	1991.1—1994.1	
		党委副书记、纪检书记	1994.1—2000.6	

（续）

单位名称	姓名	职务	任职年限	备注
国营陕西省延安地区南泥湾农场	苏邵武	党委委员	1992.3—1996.6	
	贺玉林	党委书记	1993.12—1997.8	
	薛文州	党委委员	1991.1—1992.10	
陕西省延安市南泥湾农场	郭守斌	党委书记	2000.12—2008.8	
	罗玉瑾	党委副书记	2002.8—2010.10	2008年负责农场全盘工作
	刘军	党委委员、纪委书记	2002.8—2017	2017年因病退居二线请假
	岳延平	党委委员	2005.4—2010.10	
		党委书记	2010.10—2016.7	
	呼海荣	纪检副书记	2010.12—2017.11	
		党委委员	2017—2018.6	
	高威评	党委书记	2016.7—2017.7	
	赵永峰	党委委员	2017—2018.6	
	薛延江	党委书记	2018.11—2019.12	
延安南泥湾（集团）有限责任公司	刘一民	党委书记	2019.12至今	
	刘小雄	党委副书记	2019.12至今	
	赵永峰	党委副书记	2019.12至今	
	呼海荣	党委委员	2019.12至今	
	党德生	党委委员	2019.12至今	

二、基层党组织

1971年1月，兰州军区生产建设兵团第40团对八连党支部进行改选，支部书记段可明，副书记王国安，保卫委员张建国，青年委员赵登宏，宣传委员张玉群，12名党员分为3个小组。1974年，农建师5团有党员69人。1978年接收预备党员6人。

1980年，南泥湾农场设机务连、机耕队、造纸厂、科学实验站、职工医院、子校、服务社、综合厂、基建队以及8个连队共17个基层党支部。1984年12月15日，农场将17个党支部改组为农业公司、工副业公司、商业公司、经销公司、建筑工程公司、子校、职工医院、机关8个支部，建立组织生活制度。1986年，有党员68人。1987年，农场有党员87人，其中干部党员43人，工人党员36人，家属党员5人，离退休党员3人。

1990年，将原有的8个支部撤并为6个支部，农业支部调整为农业第一、第二支部，全场有党员81名。1993年，将工副业公司支部并入综合服务公司支部，劳动服务公司、房地产开发公司、医院、木器厂等组建为联合支部。1994年，调整改选部分党支部领导班子，改变软弱涣散的工作作风。核定党员的党费标准，明确流动党员的管理办法。发展预备党员1名、培养积极分子2名、转正2名。1995年，农场有支部5个，党员80人。

2002年8月，根据延安市农牧局要求，南泥湾农场开展党组织整建工作，健全党组织机构。时有党员79人，后备党员20人。设立4个党支部：机关党支部书记曹斌，组织委员赵永峰，宣传委员张苏民；农业党支部书记慕秋生，组织委员刘宏圣，宣传委员高勇；子校党支部（包括劳动服务公司，木器厂）书记薛志明，组织委员李尚平，宣传委员韩秀丽；综合服务公司党支部书记马良海，组织委员吴进宪，宣传委员霍玉兰。

2004年，发展新党员18名，确定5名预备党员。2005年，有13人提出入党申请。2006年，农场党委下设4个支部，有党员93名，其中在职40名。2009年，子校移交宝塔区教育局管理，子校党支部撤销。

2010年12月，中共延安市南泥湾农场委员会决定，农业公司党支部变更为农业服务中心党支部，综合服务公司党支部变更为农场社区服务中心党支部；保留场机关党支部。

2011—2014年，南泥湾农场党支部发展预备党员19人，预备党员转正23人。2015年，党委下设3个党支部，有党员110人。2016年4月13日，成立老职工党支部。全场有党员93名，其中在职40名、离退休党员53名。

2018年，南泥湾农场党委下设4个党支部，有党员108人。其中，男党员83人，女党员25人；在职党员49人，离退休党员59人。

2019年，中共延安市南泥湾农场委员会下设文化旅游有限公司联合支部委员会、农业有限公司支部委员会、后勤服务有限公司支部委员会和老职工党支部。预备党员转正3人，确定预备党员6人，列为发展对象14人，确定积极分子10人。

2020年，中共延安南泥湾（集团）有限责任公司委员会下设机关支部委员会、农业有限公司支部委员会、文化旅游有限公司联合支部委员会、物业服务有限公司支部委员会、红色文化培训有限公司支部委员会（2020年6月10日成立）、退休职工支部委员会6个党支部，其中"红色文化培训有限公司支部委员会"为新申请设立支部；"退休职工支部委员会"为原农场老职工党支部；原农场"后勤服务有限公司支部委员会"更名为"物业服务有限公司支部委员会"（未任命支部书记），2021年5月划归红色文化培训支部。至此，集团公司下设党支部5个，有党员131人，其中在职党员73人。中共南泥湾农场党委部分基层支部领导名录见表4-1-3，2020年中共南泥湾（集团）有限责任公司基层支部情况见表4-1-4。

表4-1-3　中共南泥湾农场党委部分基层支部领导名录

党支部名称	姓名	职务	任职时间
一连支部	白世清	副书记	1978.12—1980.12
	郝庆合	副书记	？—1980.12
农一队支部	呼绍祖	副书记	1980.12—1983.2
		书记	1983.2
二连支部	王怀珍	书记	1978.12—1983.2
农二队支部		书记	1983.2

（续）

党支部名称	姓名	职务	任职时间
三连支部	呼绍祖	副书记	?—1980.12
	郝庆合	副书记	1980.12
	武忠平	书记	1981.11—1982.9
农三队支部	高立祥	书记	1983.2
四连支部	高维新	书记	?—1980.10
	白永亮	副书记	1978.12
	王墨印	书记（退休）	1980.10—1981.11
农四队支部	任田	书记	1981.11—1983.2
		书记	1983.2
五连支部	杨景发	副书记	1978.12—1983.12
	慕秋生	副书记	1978.12—1980.12
	李进省	副书记	1980.12
农五队支部	邢丹东	书记	1983.2—1983.12
	杨景发	书记	1983.12
六连支部	叶凤英	副书记	1978.12—1983.2
农六队支部	李成凡	书记	1983.2
七连支部	赵登宏	书记	1978.12—1981.9
		副书记	1981.9
	王荣宪	书记	1981.9
	叶凤英	书记	1983.2—1983.12
农七队支部	杨思功	书记	1983.12
八连支部	王墨印	书记	?—1980.10
	任田	书记	1980.10—1981，11
	马维荣	副书记	?—1981.11
		书记	1981.11—1983.2
农八队支部	李宏军	书记	1983.2
机务连支部	高文兴	书记	1978.12
机耕队支部	杨景发	书记	1983.2—1984.12
造纸厂支部	白文龙	书记	1978.12—1980.4
	王万清	书记	1980.4—1980.10
	惠治平	副书记	1978.12—1980.12
科学实验站支部	杜民生	书记	1978.12—1983.2
	罗玉瑾	书记	1983.2
	李天伟	副书记	1978.12
职工医院支部	惠治平	副书记	1978.12
	吴万民	书记	1983.2
	白永亮	副书记	?—1984.12

（续）

党支部名称	姓名	职务	任职时间
子校支部	王万清	书记	1978.12—1980.4
	薛毅荣	书记	1980.4—1984.12
	徐惠康	书记	1984.12—1987.10
	张苏民	书记	1987.10—1989.8
		副书记	1986.8—1987.10
	王怀龙	书记	1989.8
	薛志明	书记	2002.10—2006
服务社支部	马良海	书记	1978.12
综合厂支部	白世清	副书记	1980.12—1983.2
		书记	1983.2—1986.6
基建队支部	白文龙	书记（兼）	1981.3—1981.5
	赵树华	书记（兼）	1981.5—1983.3
	赵巨培	副书记	1981.5
	王怀珍	副书记	1981.5—1983.2
	王怀龙	书记	1983.3
商业公司支部	徐志康	书记	1983.2—1984.12
	石义	书记	1984.12
工副业公司支部	马昌业	书记	1984.12—1986.6
	贺清华	书记	1986.6—1992
经销公司支部	李冲	书记	1984.12
	白世清	副书记	1986.6—1987.12
		书记	1987.12—1990.2
农业公司支部	王怀珍	书记	1984.12—1986.6
	赵树华	副书记、书记	1984.12—1987.12
	慕秋生	书记	2002.10—2010.12
建筑工程公司支部	杨景发	书记	1984.12—1987.12
	刘忠海	书记	1987.12
机关支部	苏邵武	书记	1984.12
	郑进厚	副书记	1984.12
	曹斌	书记	2002.10—2016.3
	王向军	书记	2016.4—2019
农业服务中心支部	呼海荣	书记	2010.12—2013.4
	高勇	副书记	2010.3—2013.5
		书记	2013.5
社区服务中心支部	刘山岗	书记	2010.3
	白峰	书记	2016.4
综合服务公司	马良海	书记	2002.10—2010.12
老职工支部	马杰	副书记（主持工作）	2016.4—2018.8

注：因资料短缺，本表支部领导名录仅录入有资料可查部分。

表 4-1-4　2020 年中共延安南泥湾（集团）有限责任公司基层支部一览表

支部名称	姓名	职务	任职时间	备注
机关支部	薛志罡	书记	2020.9 至今	支部委员：薛飞、贾荟
农业有限公司支部	高勇	书记	2020.6—2021.5	支部委员：徐明、刘宏卫
农业有限公司支部	崔振荣	书记	2021.5 至今	支部委员：刘浪、徐明
文化旅游公司联合支部	马月华	书记	2020.9—2021.5	支部委员：赵培、张甜甜
文化旅游公司联合支部	樊建峰	书记	2021.5 至今	支部委员：赵培、张甜甜
红色文化培训公司支部	刘一民	书记	2020.6—2021.5	支部委员：白峰、武洁
红色文化培训公司支部	崔彬	书记	2021.5 至今	支部委员：白峰、武洁
退休职工支部	马杰	书记	2018.9 至今	原农场老职工支部，支部委员：霍晓斌、赵娜

三、中共南泥湾农场党代表大会

1980 年，中共南泥湾农场党委按照省委决定的"在今年 10 月中旬以前开完、开好市、县和基层党代会"精神，结合农场党员不多的具体情况，召开全场党员大会。

大会的指导思想为"动员全党为胜利实现四个现代化而奋斗"。时间从 9 月 1 日起至 9 月 30 日止，共 1 个月时间，分 3 个阶段进行。9 月 1—10 日为党员教育阶段。对党员普遍进行一次党代会的性质、任务、职权范围及指导思想、党的组织路线、干部标准、党的民主集中制等专题教育。以支部为单位，举办党员学习班，学习《关于党内政治生活的若干准则》《中国共产党党章（草案）》《党的基本知识讲话》和胡耀邦、宋任穷关于培养选拔中青年干部讲话有关内容，在提高党员思想认识的基础上，各支部对党员做出鉴定。9 月 11—20 日为第二阶段，召开党委扩大会和支部大会。讨论党委会工作报告；推荐下一届党委委员和支部委员候选人预备名单。9 月 21—30 日，召开全场党员大会。听取和讨论了党委工作报告；选举下一届党委会。按照民主集中制的原则和新时期用人标准"坚持执行党的路线，坚持社会主义道路，具有专业知识和组织领导能力、年富力强、精力充沛"，克服求全责备、论资排辈、轻视知识分子等错误思想，不把出身成分、社会关系作为选拔干部的标准。选举出新的党委和支部两级领导班子。

1993 年 12 月 18—20 日，中共南泥湾农场第一次党代会召开。应出席党员 21 人，实到 20 人，会议采取无记名投票方式，选举产生了中共南泥湾农场第一届委员会委员 7 人，书记、副书记各 1 人，贺玉林当选为党委书记，会议通过了《关于工作报告的决议》。

2006 年 3 月 26 日，中共南泥湾农场党委召开全场党员干部大会，传达《中共延安市委关于在全市共产党员中推行承诺制的通知》精神，部署全场推行党员承诺制的工作。以支部为单位，每年初召开一次公开承诺大会，一季一检查，半年一通报，并向单位全体职工公示。

2020 年 6 月 2 日，南泥湾（集团）公司召开全体党员大会，选举产生中共延安南泥湾（集团）有限责任公司委员会第一届委员会。

第二节　党务工作

一、党团员学习教育

1973 年 11 月，兰州军区建设兵团青年及团员面对现役军人逐步回归部队，兵团管理计划实行工分制等现状，出现了青年中出现不求上进、只求过得去，光抓生产不抓思想政治教育，团员和青年打架，会战干劲儿不大、完成任务困难，超龄团员入党没希望、继续过团生活有困难等现象。针对团员的思想不稳定、模范带头作用不强的情况，兵团团委对支部进行整改，以小组为单位进行整风，支委成员进行批评与自我批评，组织团员青年学习中共十大文件精神，对一些不正之风进行纠正，2 人被开除团籍，1 人给予警告处分；发展新团员 7 人。

1981 年 4 月，中共国营陕西省延安地区南泥湾农场党委针对工作重点转移到经济建设上后，思想政治工作放松、党的领导有所削弱的现象，在全场范围内，组织全体党团员、干部、职工学习宣传贯彻四项基本原则，进行对中共十一届三中全会制定的路线、方针、政策的教育；讨论中央〔1981〕1 号、2 号文件和胡耀邦在全军政治工作会议上的讲话。除保证完成省、地轮训、培训任务外，利用农闲举办 2 期骨干培训，实行每星期三下午半日学习制，各支部坚持"三会一课"制度，对党员进行经常性的学习教育。同年 8 月中旬至 9 月上旬，集中全场连队以上干部学习《中国社会主义经济问题》。党委确定每季度召开一次支部书记会议，专题讨论思想政治工作情况。各支部每月向政工科汇报 1 次，年终对干部进行评比鉴定，使党的思想政治工作经常化、制度化。

1984 年，南泥湾农场实行体制改革，党委破除"书记说了算，厂长照着办"的观念，党委对党群工作、思想政治工作和职工代表大会实行统一领导。1987 年，机关干部每周坚持 2 个半天学习。1991 年，举办党员干部培训班。先后以《立足场情确定发展战略，鼓足干劲振兴农场经济》《知我中华，爱我中华，做我中华的主人》《精神文明建设与物质文明建设同等重要》、党风党纪、政策、法律等 6 个专题在各基层单位巡回演讲。成立宣传领导小组，联系实际开展宣传教育。利用广播向广大职工宣传中共十三届三中全会路线、方针、政策和农场的重大决策。开展"企业有困难，我们怎么办"讨论，职工在生产经营、干部作风、民主管理等方面，提出建设性意见 10 余条，义务挖排洪渠系 4000 米，架桥、修路、搞农田基建等投劳 2000 个。子校开展"多增加一点理解，多增强一点奉献，以不理解同志、不讲求奉献为耻"的活动，出现领导勇挑重担、教师一丝不苟抓教学业务，同心同德团结战斗的局面。

1994—1998 年，农场党委制定《关于加强党建工作，搞好精神文明建设的安排意见》，党委成员参加有关部门举办的培训班、报告会。每年召开座谈会，开展批评与自我批评，全面提高党员、领导干部素质。坚持干部、党员每周三政治学习和周五党员活动制度，采取集体学习与分散学习相结合、学习与讨论相结合的办法，组织党员职工学习中共十四届四中全会《中共中央关于加强党的建设几个重大问题的决定》精神，《邓小平文选》《中国共产党纪律处分条例（试行）》《什么是市场经济劳动法》以及中组部编写的《建设有中国特色的社会主义》学习读本等时事政治有关文件，开展知识竞赛活动，提高职工的思想政治素质。

2003—2005 年，南泥湾农场组织党员干部学习《中国共产党纪律处分条例》《党政干部选拔任用条例》《党员领导干部廉洁从政手册》等，观看反腐倡廉电教片，全场科级以上干部参加了市农牧局组织的党风廉政知识考试活动。2004 年，根据市委和市农牧局的安排，组织党员学习牛玉儒、任长霞先进事迹。2005 年，在全场党员中开展以实践"三个代表"重要思想为主要内容的保持共产党员先进性教育活动，活动分学习动员、分析评议、整改提高 3 个阶段进行。1 月 29 日开始，6 月 15 日结束，基本达到中央提出的"提高党员素质、加强基层组织、服务人民群众、促进各项工作"的要求。其中，学习动员阶段，场党委采取"四包"措施，基本做到一人不漏、不留死角。采取集中与分散学习相结合、读原文与辅导相结合、讨论交流与专题研讨相结合、学理论与学身边典型相结合的方式，学习《保持共产党员先进性教育读本》《马克思主义哲学原理》《社会主义和谐社会论》《江泽民论加强和改进执政党建设（专题摘编）》《中国共产党党内监督条例》等相关文件，截至 2005 年 6 月 10 日，机关支部共组织集中学习 26 次、104 学时，其他支部也基本学完规定篇目，达到规定的学时。全场办板报 15 期、专栏 10 期、简报 8 期。党员记笔记 75 万字，撰写心得体会 82 篇。评议阶段征集到领导班子及成员在养老统筹、医疗保险、人才培养及农场发展等 7 个方面的 45 条意见和建议（其中涉及班子成员的意见和建议 28 条）。整改提高阶段场党委组织开展了"了解民意、结对共建、办好实事"主题实践活动。场级领导、科室联系点先后组织各连队调运化肥 300 吨，农药 1.2 吨，玉米、水稻良种 9.2 吨，动员职工投劳，清淤灌渠 2000 米，维修库坝 1 座，免费为职工提供鸡苗

1000 只。建立健全先进性教育长效机制。按照"让党员受教育，使群众得利益"要求，修订完善《南泥湾农场党委关于建立保持共产党员先进性教育长效机制的意见》，开展党员"长期受教育，永葆先进性"和"弘扬延安精神，改进工作作风，反对铺张浪费行为"2 个专题研讨。

2006 年 3 月 26 日，场党委推行部署全场党员承诺制的工作。以支部为单位，每年初召开一次公开承诺大会，一季一检查，半年一通报，并向单位全体职工公示。至 4 月 20 日，农场 4 个支部 40 名在职党员，有 36 名做出承诺。4 月 24 日，农场党委召开全场各支部班子成员和机关全体党员会议，每个党员都在会上进行自我承诺。机关支部党员王向军承诺义务维护南泥湾街道两旁银杏树。农业支部高勇承诺义务管护水库及渠道，确保阳湾稻田合理用水。子校支部冯进老师承诺为四年级 2 名贫困生资助学习用品和学习资料。至当年 10 月 25 日，场党委承诺 13 条，兑现 13 条；机关支部承诺 40 条，兑现 39 条；子校支部承诺 24 条，兑现 24 条；农业公司承诺 23 条，兑现 23 条。

2010 年 5 月 22 日，陕西省启动"三秦书月"全民读书月活动。南泥湾农场党委倡议广大职工及党员多读书、读好书，开展"三秦书月"活动、创先争优活动，提高机关工作人员文化素养。

2011—2015 年，在全场党员干部中开展"群众观点、群众立场""学党章、讲党性、弘扬延安精神，推动科学发展"主题教育活动、学习型党组织创建活动。组织党员干部学习党的理论和党史知识、中国特色社会主义理论体系、科学发展观、法律法规及市场经济、企业管理和经济、文化、历史、科技等方面知识。继续推行党员承诺制。先后组织党委班子成员和机关中层到杨凌和宁夏参观学习，拓展思路，借鉴先进经验和成果，提高党性修养和管理水平。2012 年，增强基层组织建设，实现党员活动室整洁化、组织规章制度规范化、电教设施资料管理专人化。2013 年，利用周三、周五集中组织学习中共十八大精神、市场经济、企业管理相关知识。组织管理干部观看警示教育片，开展理想信念和廉洁从政教育，职业道德和艰苦奋斗教育，党纪、政纪和法纪教育，提高自我防范意识，杜绝上班时间酗酒、赌博、打麻将现象的发生。

2016 年，南泥湾农场党委开展"两学一做"（学党章党规、学系列讲话，做合格党员）学习教育。5 月 12 日，农场党委召开动员会，制定实施方案，要求各支部利用每周三固定时间集体学习和自学。5 月 25 日，农场党委召开"弘扬延安精神，坚守党的信仰、坚定理想信念、坚持根本宗旨"专题研讨会。7 月 6 日，农场党委召开"分清公与私、辨明义与利，为党的事业勇于担当、勤于作为，争做一名合格党员"专题研讨会。8 月 10 日，农场党委召开"带头践行社会主义核心价值观，发挥党员先锋模范作用"专题研讨会。11月3日，农场党委召开"把纪律和规矩放在前面，自觉做到严格党章、严守党规、严明党纪"专题研讨会。通过专题研讨会、集体学习和小书包自学等学习方法，完成"两学一做"学习任务，达到预期效果。2017—2019年，落实"三会一课"、换届选举、党员民主评议、党员管理教育、党费收缴、党员发展、"三张清单"等制度。2018年，农场党委组织学习新出台的《中国共产党支部工作条例（试行）》，推行南泥湾景区党工委的"三记三书"（"三记"即管委会机关党员干部写工作纪要、开发公司员工写项目纪实、农场职工写连队记录；"三书"即每名党员干部职工根据工作职责写出任务书、决心书、承诺书）工作日记制度，以及党建云平台、党员小书包的学习，给108名党员订购学习资料。2019年，农场党委参与南泥湾开发区管委会组织的以"不忘初心牢记使命"为主题的演讲比赛，组织创建文明城市知识竞赛活动，推动南泥湾农场体制改革工作的进度。

2020年，南泥湾（集团）公司党委按照延安市国资委有关要求，加强和改进公司"意识形态"教育引导工作，掌握意识形态工作的领导权主动权。扩充一线宣传员队伍，增强宣传员业务水平和写作能力，加强舆情风险管理，妥善处置突发事件的宣传报道。

二、党风廉政建设

1984年，南泥湾农场开展纠正冤假错案，落实知识分子政策和解决以权谋私以及官僚主义问题活动。制定端正党风规划，开展党风大检查活动。组织专门班子对商业公司个别人的经济问题进行查处，党风场风有明显好转。职工医院院长，共产党员吴万民从抓医术医德入手，提高全院的服务质量，吸引了南川5个公社的患者前来就医，平均每天接诊30多人次，全年达1万多人次，接待住院患者600多人次，群众给医院送匾牌4块以示感谢。1989年，南泥湾农场修订完善用车管理制度，规定场级领导因公外出派车每月限3次，不够用时坐公交汽车。农场场长方占敏、经销公司副经理白富强在超公差范围外用车，均按0.35元/千米补交了超限费用。

1990年5月21日—8月10日，中共南泥湾农场委员会用80天时间，开展民主评议党员工作。成立以党委副书记方占敏、场长李树人为正、副组长的民主评议党员领导小组，下设办公室。用1个月时间集中学习中央、省、地有关文件，《关于党内政治生活的若干准则》及中共十三届四中、五中、六中全会精神，江泽民"七一"讲话，雷锋、李瑞虎等英模人物的事迹。各支部普遍学习20～30小时。同年6月20日—7月25日，用35天的时间民主评议党员。采取"四结合"（即批评与自我批评相结合、会内与会外相结合、党内与党外相结合、相互评议与组织审定相结合)、"三敢"精神（敢于揭露矛盾，敢于思想交锋，敢于向领导提出批评）对党员和领导干部进行评议。从思想上解决干部种地问题，一致认为干部种地影响党群、干群关系，助长了分配不公。通过摸底核实，落实种地人员 20 人，面积 115.8 亩。收回后优先让给贫困户承包。通过评议，评选出优秀党员 8 名、合格党员 63 名、不合格党员 7 名，对犯有错误的党员进行组织处理，开除党籍 1 人，退党 1 人，给予严重警告处分 1 人，取消 1 名预备党员资格。收回党员拖欠公款 15200 元。调整基层组织，将农业支部调整为农业第一、第二支部，并建立各支部学习、生活、组织各项制度。

1993—1998 年，中共南泥湾农场党委坚持用《中国共产党党员领导干部廉洁从政准则（试行）》和《中国共产党党章》（简称《党章》）要求党员和中层以上的领导干部，坚持民主集中制原则，强化群众、组织监督意识。1995 年，南泥湾农场设立纪检委，党委完善组织生活制度，开展党员领导干部民主评议工作。在职工代表会上表彰先进，树立开发建设的好带头人贺玉林、一门心思干事业的先进工作者刘军等典型人物。严格领导干部用车制度、来客接待制度、差旅报销制度、党员干部政绩民主考评制度。"双节"（元旦和春节）期间，场领导班子成员深入农队、农户走访，解决部分特困户的生活困难。义务建场劳动中，领导班子成员与干部职工一起同吃方便面、同出义务工，密切了干党群关系。

2005 年，农场党委按照"标本兼治、综合治理、惩防并举、注重预防"的党风廉政建设和反腐败斗争总要求，组织实施党风廉政建设责任制，建立健全与农场工作相适应的教育、制度、监督三者并重的惩治和预防腐败体系。重点预防领导干部滥用职权、谋取私利和退耕还林、征地搬迁项目建设中的不正之风。同时坚持勤俭节约、勤俭办一切事情，刹住讲排场、比阔气、铺张浪费等坏风气，把有限的财力、物力都用到建设和发展上。整顿酗酒、赌博等不良风气，严明工作纪律。年内没有发生违法、违纪现象。

2006 年 6 月 1 日—10 月 31 日，农场党委在全场领导干部、党员干部中开展"廉洁从政、从我做起"主题教育活动，分学习教育、对照检查、总结提高 3 个阶段进行。第一阶段为 6 月 1 日—8 月 15 日，学习胡锦涛在中纪委六次全会上讲话和关于树立社会主义荣辱观的重要论述以及《关于建立健全教育、制度、监督三者并重的惩治与预防腐败体系的实施纲要》《领导干部反腐倡廉教育读本》等内容；观看《远山》《触网的代价》等一系列反腐倡廉电教片；组织学唱《全国新创廉政歌曲精选》。党委主要领导结合农场廉政建设和反腐败工作实际，给党员干部讲廉政党课和辅导课，领导干部每人写一篇心得体会或调研文章。第二阶段为 8 月 16 日—9 月 30 日，重点组织党员干部特别是领导干部对照廉政准则和"八荣八耻"规定，通过自查自纠民主生活会、领导干部述职述廉会、廉洁勤政承诺会、签订廉洁从政承诺书、公布党员领导干部廉洁承诺内容等形式进行自查自纠。8月23日，农场召开县级党员领导干部民主生活会，检查贯彻中、省、市委关于党员承诺制落实情况。第三阶段为10月1—31日，各支部组织党员干部参加测试、竞赛活动。举办参观反腐倡廉工作成果展。参加由市纪委统一命题的以《党章》《实施纲要》警示训诫和有关党政纪条规知识为主要内容的知识竞赛。

2009年10月30日，南泥湾农场召开领导干部民主生活会，针对农场存在的职工要求增加土地，全场职工工资太低，要求解决待遇等问题，建议主管局尽快健全领导班子；协调办理农业户口合作医疗保险以及职工子女就业等问题，进行评议和商讨解决办法。2010年12月16日，农场成立中共延安市南泥湾农场委员会党风廉政建设责任制领导小组，组长岳延平。成员罗玉瑾、刘军、薛东升。领导小组下设办公室，主任曹斌。党委围绕农业经济发展，以警示训诫制度为重点，健全农场管理、教育长效机制。要求县级领导干部遵守"四大纪律、八项要求"，履行"一岗双责"，落实"五项制度"，开展述责、述廉、述效，促进领导干部廉洁从政。全场15名党员干部参加市农业局举行的《党员领导干部廉洁从政若干准则》考试和农场廉政法规考试。农场领导干部中没有发生"跑官要官""收送现金""谋取私利"等违纪行为。建立健全监督制度。实行五笔会签，形成廉政预警、动态监督和保护挽救机制。在市农业局的帮助下，争取到全市粮食直补和困难企业的扶贫资金。整合土地资源，针对职工要求增资、增土地的突出问题，由资源开发科牵头，农业服务中心实施，对农场部分职工及安户农民乱垦乱种现象及全场土地重新勘测、认定，按规定分配，平衡职工心理，稳定全场职工及安户农民情绪。

2011—2013年，中共南泥湾农场党委制定下发《陕西省延安市南泥湾农场2011年党风廉政建设责任制工作安排意见》，与各科室（部门）签订党风廉政建设目标责任书，履行"一岗双责"责任制，形成一级抓一级，层层抓落实的局面。深化"筑防线、促廉洁、树形象"作风建设主题教育活动，开展公务消费、私设"小金库"、党员干部婚丧喜庆事宜大操大办、领导干部公费出国（出境）旅游等专项治理活动；组织全场党员干部开展"党风廉政法规制度知识竞赛"活动；加强场内财务支出管理，在项目建设、资金使用管理上落实集体讨论制度；坚持民主集中制。凡属重大决策、干部任免、重大项目安排和大额度资金使用事项，由领导班子集体做出决定；完善决策失误责任追究办法，防止领导班子决策失误和权力滥用；坚持廉政报告机制。推行领导干部述职述廉，重大事项报告制度；制定《驾驶员公务车辆管理办法》，加强驾驶员及公务车辆管理。2013年全面推行落实首问责任制、限时办结制、责任追究制，强化干部作风和机关效能建设。在百年不遇的强降雨灾害中，场领导及广大党员干部把抢险救灾作为践行党的群众路线的具体实践，不畏艰险，冲锋在防汛抢险第一线；按照《干部选拔任用条例》规定，调整和新任一批中层干部；开展以为民务实清廉为主要内容的党的群众路线教育实践活动。开展专项治理，场纪检委着力对农产品质量安全、支农惠农政策落实情况、土地经营管理及工程领域等进行专项检查，以维护职工权益，取信于民。

2018年12月，陕西省委开展"讲政治、敢担当、改作风"专题教育活动。12月27日，南泥湾农场有限责任公司党委召开专题教育安排部署会议，公司党委书记、董事长薛延江主持会议。制定《关于在南泥湾农场有限责任公司副科级以上领导干部中开展"讲政治、敢担当、改作风"专题教育的实施方案》，组织学习《关于新形势下党内政治生活的若干准则》，深入查摆，全面整改，促进农场上下风清气正。

2020年，南泥湾（集团）公司党委全面部署党风廉政建设工作。成立领导机构，制定领导班子分工表，层层分解目标责任，与公司各部门、各子公司签订党风廉政建设目标责任书。加大对领导干部违反中央八项规定精神的追究力度，与领导干部签订廉洁承诺书，开展廉政专题学习；对新任职和调整岗位干部进行廉洁考试和廉政谈话；建立农场连队党建联系点；开展作风纪律整顿工作。公司党委下发《关于开展作风纪律整顿工作的通知》，针对学习调研不实、制度执行不力、工作落实不力、机关作风不严、责任意识不强、担当意识不足、服务意识不强、创新劲头不足等8种作风问题进行集中整顿，提升集团公司的作风纪律和对外形象；组织全体中层及以上党员领导干部参加"殷鉴不远警钟长鸣"警示教育活动。建立党务公开长效工作机制，并纳入党政领导班子、领导干部年度考核。制定党务公开工作制度、信息审批制度、申请公开制度、意见建议收集及反馈制度、责任追究制度、监督检查制度、资料管理制度、考核评价制度。注重公开的实效和时效，常规性工作定期公开、阶段性工作逐步公开、临时性工作随时公开。重点推进领导干部违规插手干预工程建设突出问题专项整治工作，在重大问题决策上，执行"三重一大"制度规定，避免"一言堂"现象发生。

三、党团活动

南泥湾农场生产建设兵团时期，党团活动结合形势，节庆期间组织职工开展文化体育活动。1973年2月，兰州军区建设兵团第六师政治部要求下属各团、连队党支部在深入批林整风运动中，把学习《延安文艺座谈会讲话》列为部队路线教育重要内容。各团设1名干部专管部队文化、体育工作，为连队培育3～5名创作、绘画、教歌人员；建立连队业余演唱组、墙报组、文艺创作组和篮球队，促进文化体育活动开展。"八一"建军节、

"十一"国庆节参加全师举办的篮球、乒乓球、田径运动会。

1975年12月，省农建师5团大会战中，子校教师王菊兰和学生靳亚萍被塌陷的冻土所伤不幸遇难，团工委号召全体青年团员学习王菊兰烈士、靳亚萍同学的先进事迹，利用周日活动、黑板报、墙报等形式进行宣传教育。

1980年4月，南泥湾农场团委成立青年业余篮球队，有队员11人，"五四"青年节举行篮球比赛。1981年，农场团委于"五四"青年节和"六一"儿童节在团员和青少年中开展"学雷锋、树新风、做好事"评选活动，评选优秀共青团员11人、优秀青年6人、优秀少先队辅导员2人、优秀少先队员27人、三好学生20人。至1989年，农场党团群组织拓展渠道，充分调动职工参与单位管理的积极性和创造性，坚持每年重大节日前组织职工开展寓教于乐的文体活动，组织职工参加扭秧歌、登山活动、职工卡拉OK赛、篮球比赛等文娱活动，增强企业的凝聚力。

1990年，南泥湾农场民主评议党员政治氛围逐渐浓厚，学雷锋做好人好事不断涌现。农场组织的3支歌唱队参加南泥湾地区歌咏比赛，全部获奖。在学雷锋、李瑞虎活动中，机关支部带领群众修渠排洪。党员张有富10多年利用业余时间给职工义务理发；子校党员带领教职工义务修筑水渠283米；农六队共产党员张存彪带头抢修水坝，保证34亩水田地正常使用；党员高常远见义勇为，跳入深水抢救出落水农民。

1996年，农场党委组织开展"我为农场添光彩"活动，对职工进行社会主义市场经济教育、爱国爱场教育、集体主义教育，改变过去"什么事情都找场长"的依赖思想。农工个人及场属公司与外地客商签订香紫苏、玉米等销售合同180多份。全场职工参加义务建场劳动，共整理果树条带3210亩，新修反坡梯田100亩，挖排水渠系4400米，铺垫石子路面1.2千米，义务投工2500个，为单位节省资金37.5万元。

1998年，党团组织以爱国爱场为主题，采取多种形式开展教育活动。举办"五一"篮球比赛、"六一"文艺汇演、庆"七一"、庆香港回归周年等活动。"九九"重阳节时，在延安市农业局领导下，成功举办市农业局系统第八届老年运动会。利用新疆兵团三五九旅老战士重返南泥湾之机，开展南泥湾精神再教育活动。增强全场职工爱国爱场爱岗敬业的意识和农场的向心力、凝聚力。

2011年，南泥湾农场党委开展纪念建党90周年有奖征文演讲比赛、红歌传唱比赛。2012—2019年，农场党委利用元旦、"五一""七一""八一"等节日，组织职工参加各类健身和娱乐活动，组织"老兵回家"联谊活动，举行棋牌、篮球、乒乓球等竞技比赛活动，丰富职工文化娱乐生活。

2020年，南泥湾（集团）公司党委先后组织全体党员参加"不忘初心　助农插秧"

主题党日活动、"传承红色基因，我们红心向党"庆"七一"主题党日活动，参加延安市委组织部举办的"唱响新时代 金秋颂国庆"合唱联谊比赛，并获第一名。公司领导班子成员多次深入马坊村开展帮扶工作，加强村企合作，促使当地村民增收致富。

四、平反冤假错案

20世纪60年代，在"文化大革命"中，受"左"倾思潮影响，农场出现了一批冤假错案。1976年10月，中共中央开始全面"拨乱反正"。1978年12月29日，中共中央批转中共最高人民法院党组《关于抓紧复查纠正冤假错案认真落实党的政策的请示报告》。此后，农场平反冤假错案的工作全面展开。

南泥湾农场落实中共中央纠正冤假错案方针政策。1978年7月—1979年6月，共收到群众来信236件，其中，收接各级信访室转办信件的88件，本单位直接收到的群众信件148件。接待来访群众120多人次，涉及79人的问题。复查处理了67人的问题，占应查处问题的86%。待处理问题的14人，占应查处的14%。79人的问题均属于"文化大革命"期间的问题，其中：涉及死亡案件7人，已复查平反纠正3人，待查处4人；历史问题2人，已复查处理2人；要求恢复公职的26人，已平反纠正（恢复公职）5人，待查处3人，维持不变18人；贪污问题4人，已复查处理1人，待查处3人；要求补发工资口粮的11人，已平反纠正3人，解决落实6人，维持不变2人；受到各种处分的11人，已平反纠正2人，解决落实5人，待查处3人，维持不变1人；其他问题的18人，已解决落实13人，待查处2人，维持不变3人。至1981年，先后平反冤假错案80多起。

第二章　人民团体

　　南泥湾农场兵团时期未设立工会、妇联组织，群团工作由政工部门设专干负责。1973年5月3日，兰州军区建设兵团40团召开共青团40团首届代表大会。1978年10月30日，成立国营陕西省延安南泥湾农场妇女联合委员会。1979年8月6日，南泥湾农场成立总工会委员会，各连队、各单位成立工会基层委员会；9月19—23日，召开第一次工会代表大会。农场逐步健全各级团体基层组织，推进农场共青团工作、妇女工作及民主化管理。在全场职工中开展创评"六好家庭""四好职工""创佳评差""创先争优""义务建场"等活动；加强计划生育工作管控和企业文化建设，采取举办职工运动会、组织文艺活动等形式，丰富职工业余文化生活；注重改善基层农队生活工作环境，开展"送温暖、献爱心、促和谐"活动。每年春节慰问困难职工，为特困职工送米、面、油等生活用品，提高职工福利待遇。2020年，南泥湾（集团）公司要求全体干部职工大力发扬南泥湾精神，用南泥湾精神锻造一支团结一致、敢于担当、勇于奉献，能打硬仗、善打硬仗的新时代三五九旅。

第一节　工　　会

一、职工代表大会

　　1979年9月19—23日，南泥湾农场召开第一次工会代表大会。出席代表大会的代表，按工会会员人数的30％选出。代表大会的任务是进一步动员全场职工，在场党委的领导下，为改变农场落后面貌、实现四个现代化而奋斗。代表大会选出第一届委员会。会议期间，参会人员每人自带标准口粮和伙食费。

　　1980年2月3日，南泥湾农场召开职工群英会，表彰奖励各单位先进集体和模范人物。1981年2月23—27日，农场召开全场职工代表大会，参会人员共243人，其中职工代表99人，先进集体和先进个人代表80人，场、连两级干部64人。会议讨论制定了1981年的生产、财务计划。1982年2月28日—3月3日，南泥湾农场召开职工代表大会。

大会临时主席团由邓武森、刘新民、李树人、李福有、马昌业、杜民生、张树明、王怀珍、杨景发、苏春玲等 11 人组成，大会秘书长为马昌业。会议先后由李福有、马昌业、杜民生、邓武森、刘新民主持。会议通报了 1982 年财务计划、行政管理制度、义务造林工作安排，总结表彰了上年度先进模范人物。对义务造林做出计划安排，要求有关连队编班，抽专人管理，选点连片，种植洋槐、杨树等树种。

1990 年年初，南泥湾农场通过民主选举，产生 67 名职工代表，于 3 月召开南泥湾农场第二届职工代表大会。大会审议了场长工作报告和 1990 年农场生产、财务计划。选举产生由 11 人组成的新工会委员会，建立健全职工代表会和工会委员会组织，组建基层工会小组 9 个，会员 102 人；会后向全场职工发出倡议书。解决一些群众要求解决的问题，经职工代表提议纠正了干部种地问题，收回土地 115.8 亩。加强了子弟学校领导班子的建设，缓解干群矛盾。

1995 年，经职代会审议，农场颁发《鼓励职工发展自营经济的若干规定》《果业开发实施办法》《发展区域经济的若干意见》《干部职工义务建场劳动的若干规定》等倾斜农业的优惠政策，引进果业开发户 33 户，吸引投资 6 万元，开发荒地 1650 亩。

2019 年 8 月 21 日，延安南泥湾农场有限责任公司召开职工代表大会，应到 38 人，实到 31 人。会议传达了中共延安市委、市政府关于国有企业重组改革的相关要求；通报《南泥湾开发区发展（集团）有限公司与南泥湾农场有限责任公司（南泥湾农场）重组整合方案》（建议稿）。

二、工会组织机构

1965 年农建师 141 团成立至 1977 年 1 月兵团时期，未设立工会组织。1979 年 8 月 6 日，南泥湾农场成立总工会委员会，各连队、各单位成立工会基层委员会。职工加入工会程序为：由本人申请，经连队、单位筹备小组审批，报场总工会筹备领导小组批准后成为工会会员。总工会筹备领导小组由马昌业、石义、王凤岐、李福有、杨景发等 5 人组成，马昌业任组长，石义任副组长。下设办公室，秦陆昌负责办理日常事务；成立各连队、各单位筹备小组，由 3～7 人组成。8 月 10—19 日为宣传学习文件阶段，8 月 20—26 日为动员和申请入会阶段，8 月 27—29 日为审批申请入会时间。会员由农场批准后，各连选出基层委员会，由 3～7 人组成。工会设主席 1 人，副主席 1 人，委员若干人。

1982 年，南泥湾农场职工代表大会设临时主席团，主持处理工会日常事务，王怀珍任工会副主席。1986 年，南泥湾农场工会组织设置主席 1 名（副处级）、副主席 1 名、干事2名，宋明富任工会主席。通过职代会维护职工的民主政治权利，参与农场民主管理。1990年，南泥湾农场有工会小组9个，会员102人，职工代表67人。

2002年，农场党委整顿组织机构，健全工会组织，时有工会会员411人，主席苏绍武，委员为郭守斌、罗玉瑾、薛东升、刘军、慕秋生、薛志明、白岗，马良海、张树德、高金明。10月，薛东升任工会主席。

2005年，南泥湾农场对工会组织换届及基层工会组织进行整改。工会副主席赵永峰，委员为郭守斌、罗玉瑾、薛东生、刘军、岳延平、赵永峰、呼海荣、邢丹东、薛志明，组织委员曹斌，宣教委员崔振荣，经审委员薛兴旺，女工委员杨小宁。设子弟学校、农业公司2个基层工会，其中，子校工会主席薛志明、组织委员韩秀丽、宣教委员冯进。农业公司工会主席呼海荣，组织委员杨加丰，宣教委员刘宏胜。2020年1月，南泥湾（集团）公司设立工会组织，薛志罡任工会主席。南泥湾农场工会领导人名录见表4-2-1。

表4-2-1　南泥湾农场工会领导人名录

单位名称	姓名	职务	任职年限	备注
国营陕西省延安地区南泥湾农场	王怀珍	工会副主席	1982—1986.6	
	宋明富	工会主席	1986.6—1995	副处级
	马昌业	工会副主席	1986.6—1987.12	（正科级）
	苏绍武	工会主席	1996.6—2002.10	
		工会副主席	1987.12—1996.6	
陕西省延安市南泥湾农场	薛东升	工会主席	2002.10—2010.12	
	赵永峰	工会副主席	2005.6—2019	
延安南泥湾（集团）有限责任公司	薛志罡	工会主席	2021.1—	

三、工会工作

1981年，南泥湾农场以连为单位成立互助蓄金会，每个职工缴纳5元会费，会费用于解决职工的临时性困难，当月借下月还，不累计。每月内借款金额不超过本人下月工资的50%。对职工遭遇的突发性灾祸，工会及时给予适当的福利补助。4月21日，工会在全场开展创"六好家庭"（家庭和睦好、互助团结好、完成任务好、遵纪守法好、计划生育好、讲究卫生好）活动。工会以支部为单位，召开职工会议，宣讲"六好家庭"内容，由群众评议，支部审核，报场部批准。评选出"六好家庭"9户，在家门口挂光荣牌表彰奖励。4月23日，地区农业局在南泥湾农场举办为期5天的职工运动会，比赛项目有男女篮球、乒乓球男女单打、象棋等。农场男子篮球队成员12人，其中教练、裁判为王怀龙，队长为孙建，副队长为崔元成。女子篮球队成员 11 人，其中教练、裁判为李伟，队长为刘文霞，副队长为郑巧珍。乒乓球男子单打、女子单打各 3 人，领队姬玉成。象棋选手 3 人参加了比赛。年底，工会在全场职工中开展"四好职工"（学习好、完成任务好、团结互助好、遵守纪律好）评比活动。1982 年，评定张成军、艾克让、马桂枝、赵平霞、冯志祥、高雅琴等 39 人为"四好职工"，给予表彰奖励。1 月 9 日，南泥湾农场对全场复转军人进行节前慰问。以连队和单位为主，召开座谈会、茶话会，讲形势，忆传统。慰问礼品标准以每人不超过 0.5 元的原则，报计财科核销。5 月，农场组织全场职工学习国务院发布的《企业职工奖惩条例》和《全国职工守则》，连队干部带头宣讲，并按班组进行学习讨论。结合春耕生产中职工的表现，按条例规定给予奖励或处罚。

1990 年，南泥湾农场工会拿出 2000 元解决困难户的生产费用和生活问题。工会把电影队每年上缴 1400 元承包费的管理办法，改为以给职工放映电影（录像）的方式计价抵交，规定放映场次和票价，为连队和机关公演电影，活跃职工文化生活。6 月，工会在职工中开展高唱革命歌曲、学雷锋、无私奉献活动，表彰 27 名先进个人。通过宣传动员和典型引路，农场涌现出不少好人好事。子校教师和农七队职工义务组织挖水渠 850 米，打扫街道环境卫生。农三队、农八队组织职工义务修公路。"七一"前，工会组织场部干部、子校教职工和农工代表 3 个歌咏队，参加南泥湾镇举办的迎"七一"歌咏比赛，获第一名和两个第三名。工会投入 8000 元给农六队修电视差转台 1 座，解决职工看电视问题；投入 1.48 万元给农七队解决用水用电难问题；给农五队调整旱地 70 亩，为 450 亩稻田开挖渠系配套工程。

1993 年，为健全职工代表审议农场工作制度，工会全年召开 3 次专题会议及党政工联席会议，审议子女培训、职称晋升及房改等工作，并建立职工养老保险制度。

2005 年，工会组织职工开展扶贫帮困献爱心活动 2 次，共收到捐款 2100 元。

2009—2013 年，工会开展"送温暖、献爱心、促和谐"活动。每年春节慰问困难职工，为特困职工送米、面、油等生活品，为 18 户困难职工每户发放 200 元补助金，给因车祸去世的职工家属捐款 10000 元。场干部为玉树地震灾区捐款 3000 元。

2018 年，南泥湾农场 520 名职工的养老保险、医疗保险全部纳入地方统筹，在职职工和退休职工参险率 100%。通过市工会、解困办等渠道为困难职工落实春节困难慰问金 6.3 万元，其中市工会落实 13 户、解困办落实 99 户。农场拿出 8 万元帮助困难职工及安户农民 200 多户，给农场 210 名待业青年每人分 2 亩生活地，同时补交了拖欠职工养老金 1200 万元。

2020 年，南泥湾（集团）公司利用职工集体福利政策，对职工个人及家庭进行慰问。逢年过节为工会全体会员发放慰问品；职工生日或结婚生育、生病住院期间，工会组织及时看望慰问，发放 200～500 元慰问品；对困难职工给予 500～2000 元的慰问补助金。会员退休离岗时，组织召开座谈会，并发放近 1000 元的纪念品以示慰问。

四、职工福利

南泥湾农场兵团时期，职工每年的福利主要有取暖费、降温费、福利费、节日补贴及劳保用品发放等。1975 年 1 月 29 日，陕西省农建师 5 团下发《关于印发师现行费用标准补充规定的通知》。规定烤火费标准为：办公烤火，陕北地区每年计 4 个月，每人每天 2.5 千克煤；取暖补助，陕北地区每年计 3 个月，每人每月 2 元。子校教师年烤火费每人共 15 元（办公室 11 元，宿舍 4 元）。学生教室取暖，按班级发烤火煤，陕北地区每年为 500 千克；降温费补助按每人每月 20 元计发，发放时间为当年的 7 月、8 月、9 月，发放形式同取暖费；福利费每人每月下放 0.40 元，由连党支部及经委会掌握，主要用于职工生活困难补助及集体福利补助。

每年春节、中秋节，视单位经济效益情况，南泥湾农场工会会适当为职工发放节日补贴。1978 年春节，为每位职工供应糯米 1.5 千克、食用油 0.2 千克、花生 0.5 千克、黄豆 1 千克、红糖 0.5 千克；为每位家属供应糯米 0.5 千克、油 0.15 千克、黄豆 1 千克、红糖 0.25 千克。人均不超过 100 元。1981 年，南泥湾农场降温费按岗位每人发放 6～9 元，只发放物资，不发现金；职工个人防护用品标准按省劳动局 1965 年标准执行，工作服一般为 2 年 6 个月发放 1 套，手套 1 个月 1 双，雨衣、雨靴一般 5～8 年 1 件（双），毛巾半年至 1 年 1 条。其中，从事水田劳动的职工 6 年发 1 双雨靴；养猪组配备 2 件公用雨衣；职工医院配 4 件公用雨衣，4 双公用雨鞋；商店、办事处、招待所每 2 年 1 套工作服，1 年 1 顶草帽。

1984 年，南泥湾农场实行家庭农场制后，对国家规定的各种节假日使用办法进行初步改革。企业管理人员和场属事业单位职工，节假日使用办法按国家有关规定执行，建立考勤，超假按实际天数扣工资，并列为一项评奖条件；承包经济任务的职工，从 3 月 1 日起自行安排，请假由单位领导批准。以前余假一律作废，不再补休或补发工资。

20 世纪 90 年代，南泥湾农场福利费按全年工资总额的 2.5% 计提，发放办法由单位自主决定。1995 年 1 月，对全场复转军人和离退休人员进行春节慰问，给离退休人员发放 10～20 元慰问金，复转军人发放慰问画一幅。2005 年 1 月 12 日，行政会议讨论通过，全场取暖费一律执行月补贴 30 元标准，补贴时间从当年的 11 月至次年的 2 月月底止，共 4 个月，共计补贴 120 元。可在期间逐月随工资发放，也可一次性发放。2011 年，取暖费调整为县处级 950 元，科级及以下职工 800 元；福利费每人每年 36 元。2014 年，取暖费调整为县处级 1050 元，科级及以下职工 900 元；降温费调整为在职人员每人每年 620 元；电话费补助正场级每月 350 元，副场级每月 200 元，科级（经场发文任命）每月 100 元，小汽车驾驶员每月 100 元，场部机关工作人员每月 50 元。

2020 年 3 月，南泥湾（集团）公司为全体职工发放与节日相关的慰问品，每人每年不超过 1200 元。每季度发放一次劳保用品。向 200 多名农工发放冬季取暖费。将居住商品房 A 区 14 号楼（2 个单元、24 套）改为职工宿舍，装修后解决了干部职工住宿问题。配备 2 辆通勤车往来南泥湾—延安一线，接送职工上下班。

第二节　共　青　团

一、共青团代表大会

1973 年 5 月 3 日，兰州军区建设兵团第 40 团召开共青团 40 团首届代表大会（图 4-2-1）。9 月，兰州军区生产建设兵团召开师共青团代表会议，每个支部产生团员代表 1 名，共青团支部书记或副书记 2 名。会议总结了共青团工作建设经验，表彰先进，并讨论进一步加强师青年工作的意见和措施，发挥共青团组织的助手作用等，接纳新团员 4 人。

图 4-2-1　共青团四十团首届团员代表大会合影

1975年9月12—14日，召开青年团省农建师5团第二届团员代表大会，会议应到代表59人，实到代表54人（图4-2-2）。主席团由罗锦花、王冀、李云、彭云瑗、黄汉民、焦玉英、张兴元、闫彩云、王义真、尹冰等10人组成。副团长闫吉庆致开幕词。会议听取了上届团工委所做的工作报告；听取一连孙文珍、五连贾腊梅以及六连团支部、插队知识青年代表卢江天所做的经验介绍，并参观了五连政治夜校、毛主席旧居；邀请原三五九旅老红军刘宝斋做报告。会议通过大会工作制度、大会决议；选举产生新的团工委，罗锦花、王冀、李云、彭云瑗、焦玉英、张兴元、尹冰、霍玉兰、贾凤宝、白岗、苏纹霞等11人当选。

图 4-2-2　陕西省农建师第五团第二届团员代表大会合影

二、共青团组织机构

1965年，农建师141团成立后至1974年未设共青团组织，在组织科配备青年专干，负责共青团和青年工作。1975年9月22日，新当选的青年团省农建师5团团工委确定：李云任书记，副书记为彭云瑗、贾凤宝；宣传委员为尹冰、苏纹霞、霍玉兰；组织委员为罗锦花、王冀、焦玉英；保卫委员为张兴元、白岗。下设18个团支部。

1976 年 3 月 19 日，青年团省农建师 5 团团工委对下属机关、团实验站、子校、宣传队、二连、三连、五连至九连、机务连、商店、专业队 14 个支部进行改选。8 月，部分团支部团员因年龄较大提出退团，退团 12 人。1976 年青年团省农建师 5 团基层团支部情况见表 4-2-2。

表 4-2-2　1976 年青年团省农建师 5 团基层团支部一览表

支部名称	书记	副书记	组织委员	宣传委员	青年委员	文体委员
机　关	罗锦花		姚宝平	王成谋		
实验站	王新辛	张树民	马和平、刘沛荣	王卫、张春英	闫彩云	曹向东
子校	马升荣		任玉龙	郭涛		
宣传队		程彩慧	谢平	上官云程		
一连		范炳申	焦玉英	张成军	姬芳玲	张彩玲、贾如军
二连	殷先光	白延林	朱良华		马瑞萍	
三连	刘志兰		谢珍珠	韩随珠		
四连	惠家武		王新珍			
五连	贾腊梅	孙文珍	方自伟	尹冰	顾志民	
六连	岳海林		王秦华	尹安强		
七连	潘爱莲		龚安玲	黄汉民		
八连	韩庚年	杨林伟		王玲玲		
九连	张建国	李芳芹		刘丽光		
机务连	胡文和	张兴元	秦子亮	方能超、高长元		方战昌、刘飞
商店	刘传书	霍玉兰		马婷婷		
专业队	闫光荣	白岗	尚文华、任金如	张梅英		陈金莲
营建队	王怀宾	刘文伯	王义真			
卫生队		李平田				

1978 年 10 月 30 日，共青团国营陕西省延安市南泥湾农场委员会成立。书记为马光成（兼），副书记为郑进厚、李长智，委员为贾启明、赵平霞、邵焕新、冯志强、张有贵。

1980 年 4 月 18 日，场党委决定，郑进厚任共青团工委书记。21 日，经团委会议研究批准，李瑞东任一连团支部书记，邵焕新任四连团支部书记，王万平任五连团支部书记，张秀兰任七连团支部书记，张根生任八连团支部书记。姬玉成任实验站团支部书记，罗凤祥任机务连团支部书记。子校团支部书记为张延菊、组织委员兼少年委员为高雪峰、宣传委员为谢咏梅。1983 年 3 月，张根虎任团委书记。

2002 年 10 月，南泥湾农场党委开展党组织整建工作，健全共青团组织，团委书记为崔振荣（任期 2002.10—2010.12，副科），组织委员为尚东梅，宣传委员为王向军；时有团员 60 人。2010 年 3 月，孙建邦任南泥湾农场团委副书记（副科级，2010 年 12 月主持工作，2013 年 5 月为正科级）。2018 年 10 月，徐明任团委书记。

2020 年 3 月 16 日，共产主义青年团延安南泥湾（集团）有限责任公司委员会成立。10 月 27 日，万佳佳任团委书记（副科级），团委委员为马好泽、付心洁。

第三节　妇　　联

一、妇女组织机构

从 1965 年农建师 141 团成立至 1977 年 1 月兵团时期，农场均未设立妇联组织，妇女及女职工工作由政工部门设妇女专干负责。

1978 年 10 月 30 日，国营陕西省延安南泥湾农场妇女联合委员会成立。主任为孙文珍，副主任为苏春玲、张春英，委员为赵玉兰、崔凤莲、马桂芝、高素琴、崔芝兰。

1984 年，南泥湾农场实行家庭农场制改革后，基层妇联工作大多为指派专人不脱产管理。2002 年，南泥湾农场党委健全妇联组织机构，妇联主任为杨小宁（兼），组织委员为李梅，宣传委员为张秀兰。

2020 年，南泥湾（集团）公司设女工委员会，吕桂香兼任主任（副科级）。

二、计划生育

1975 年 8 月 2 日，省农建师 5 团调整计划生育委员会成员。主任委员为顾生杰，副主任委员为杨德林、孟宪敬；委员为贾凤宝、高春富、王怀珍、赵金荣、岳海林、周继忠、王希墨、刘向阳、赵登宏、王万清、迟新早、刘志兰、惠家武、韩平定、王幸幸、张珊珠。委员会下设办公室，由周继忠、侯保安、王薇利组成，杨德林兼任办公室主任。

2012 年 11 月，中国共产党第十八次全国代表大会召开后，对计划生育政策做出一定的调整。计划生育工作重点快速转型，向实施优生优育、提高出生人口素质和出生人口性别平衡政策措施，加强孕产妇全周期服务，规划流动人口计划生育服务管理政策转变。南泥湾农场计划生育工作重点也随之转变，根据上级要求每年完成统计及服务工作。2020 年，南泥湾（集团）公司开展流动人口普查工作和计划生育服务工作，计划生育全达标。

第三章　安全保卫

1965年，农建师141团设立公安局，局长为梁忠武，助理员为张西德，有2名工作人员。1969年，兰州军区建设兵团第40团下设团部警卫排，由司令部参谋股直接管理；政治处下设保卫股，负责团部及场区的安全保卫工作。

1977年，南泥湾农场交地方管理后，先后设保卫科、武装部负责全场的安全保卫、户籍管理、民兵工作和社会治安管理。2001年，户籍管理由农场保卫科移交南泥湾派出所管理。后期，南泥湾农场安保纳入南泥湾派出所管理，分三个警区，农场为二警区，配备警务用具、摄像机等设备，负责农场安全管理工作。2018年，农场设立安保部。2020年，南泥湾（集团）公司在物业服务有限公司内设保安队伍，负责辖区内治安工作。

第一节　社会治安管理

南泥湾地区属于山区，山高沟深，人烟稀少，森林茂密。现有村庄多为清末所建，人口从山东、河南、陕北等10余个省份迁徙而来，本地人口很少。

1993年，南泥湾农场修订完善《治安处罚条例》，增加武保科工作人员，对农场管理辖区内的职工、安户农民、黑户违反治安管理制度、场规场纪行为进行管理。深入农队进行普法教育，调解打架斗殴等民事纠纷18起。1994—1999年，农场配合南泥湾镇派出所进行社会综合治理，处理赌博、偷盗、打架等案件，处理农场内部民事纠纷20余起。1995年，农场以机关为主，开展内保工作；以区域为主，健全基层治保网点，发挥反馈机能，使发案率控制在总人口的2%以内。1996年，农场党委利用广播、黑板报、录像开展普法教育，增强职工遵纪守法观念和运用法律保护自身合法权益的意识，开展民事调解工作、及时化解各种纠纷，有效地防止了矛盾激化。

2004年，农场保卫科分辖区落实责任，制定防范措施，防止青少年犯罪。全年调解民事纠纷5起，结案率100%。2006年，农场开展"平安农场"创建活动，以派出所、保卫科为主要组织机构，组成联防队伍，营造平安农场。至2009年，农场坚持"打防结合，预防为主"的方针，专群结合、群防群治，加强治安工作，未发生任何一起刑事及民事案件。

2010—2012 年，农场保卫科经常深入重点单位和重点部位，进行监督检查，在机关和社区分别安装了监控设备，提高安全防范能力，未发生一起重特大安全事故。后期，南泥湾农场安保工作纳入南泥湾派出所管理。南泥湾派出所分三个警区，农场为二警区，配备警务用具、摄像机等设备，负责农场安全管理工作。

2018—2020 年，农场开展社区综合治理工作，坚持消防工作常态化，按时上门、进店检查，组织辖区居民开展各种宣传教育活动；重大节假日期间，加强义务巡逻、巡检等；开展"平安家庭""平安社区"创建活动。利用多种形式开展"扫黑除恶"专项斗争、普法宣传等活动。依法查处阻挡施工、散布谣言等案件 4 起，行政拘留 1 人、警示教育 6 人，涌现出一批平安家庭示范户；发动社区居民参与社区治安管理，协助社区警务室加强对出租房屋和外来人员的管理。对社区居民开展法制宣传教育，做好预防青少年违法犯罪教育以及民事纠纷调解工作，居民对社区环境满意率达到 80％以上。社区治安持续保持平稳态势，无重大火警和重大治安事件。

第二节　户籍管理

1978 年，中共中央文件规定，在国营农场下乡的知识青年，同场外青年结婚的，应准其配偶和未成年子女到农场落户。落户人员属于农业户口，吃农场自产粮，在招收职工时，符合条件的可吸收为职工。

1981 年 7 月 16 日，根据国务院"要把整顿户口列为人口普查的一项重要准备工作，严格按照中华人民共和国户口登记条例的有关规定，对户口管理上存在的混乱现象，认真清理整顿，消除人户不符的现象和各项登记差错，健全户口登记管理制度"指示精神，南泥湾农场召开各连、各单位户口普查会议。农场按照 1978 年中央文件规定精神，对农场知识青年同场外青年结婚的家属和未成年子女情况调查摸底，7 月 20 日，上报申请杨宝等 18 户 45 名家属在农场落户。

1982 年，南泥湾农场职工家属在农村的有 70 户，1 月，农场决定将其中 1965 年以前参加工作且困难较大的 23 户（87 人）职工家属安置在农场。安置的职工家属暂不供应口粮，当年的口粮自理。安排就业采取 3 种形式：一是划拨一部分多余土地给家属，组织起来或以户为单位耕种，维持生活；二是开展养殖、缝纫、维修、采集山货等项工副业生产，自负盈亏；三是在不违反党纪国法前提下，自谋生路。家属住房问题，本着农场分配和自行解决相结合的原则给予安排。2 月 11 日，延安市公安机关批准同意 18 户知青家属落户农场。鉴于农场因遭灾减产，在粮、油尚不能自足之前，新落户知青家属粮、油一律自理。按上级通知精神，农场不再用家属工，新安户家属可以自愿组合，也可以以户为单位发展种植业、养殖业和家庭副业，自谋生路。至此，农场共接收50户职工家属落户。

1983年，南泥湾农场职工和干部中有婚后长期两地分居、家属户口在场外农村的71户，207人。7月11日，农场行政会议讨论，同意10月份安置全部家属，条件为：没有违反计划生育政策的职工家属，每人向农场交纳口粮稻子150千克或玉米200千克，农场在计划耕地外划拨土地，服从场部统一管理，吃自产粮。

1984年后，南泥湾农场户籍形式多样化，主要原因为：1977年大荔库区生产点撤销后，大部分职工调往渭南垦区，职工由1976年的1401人减至480人；1984年实行家庭农场制改革，由工资制变为自产自足的经营模式，其间近百人调出农场，职工人数减至300余人。1985年，场长周万龙提出招募安户农民到农场耕种土地。政策为：每户必须有一群羊、两头牛、三个劳动力。政策出台后，志丹县、吴旗县（今吴起县）、安塞县（今安塞区）等一些自然条件比较差的县的农户，前来报名的多达500户，后因未取得上级有关部门批准而搁浅。1989年，李树人任场长期间，为解决劳动力不足问题，再次提出安户农民政策：1户5口人，必须有3个劳动力，并先借给农场1万元作为发展资金，借款不计息，5年后返还农户；安户后每户分土地10亩，其中5亩为口粮田、5亩为承包地，共安置6户。1993年，南泥湾农场制定"下川苹果上川梨，七沟八岔牛羊鱼，川台变粮仓，山坡变银行"的农业发展战略目标。1994年，实施新建千亩果园项目。果树栽植、管护采取安置果树户方法完成，即每户管理50亩果树（3年期满验收合格给予落户），共安置40多户。开办甘草酸厂时引进甘草种植户4户。基于以上原因，南泥湾农场户籍形式多样，有正式户口、安户农民，亦有没有当地户口的流动人口。1985年9月6日，全国人民代表大会常委会第12次会议批准发布《中华人民共和国居民身份证条例》，开始正式实施身份证制度。初期，曾因没有门牌号无法办理身份证、将户籍转至其他社区村组办理身份证件等情况，农场户籍管理比较混乱。

1991年，根据有关文件精神，南泥湾农场户籍管理工作由农场保卫科移交南泥湾派出所。11月2日，延安市公安局、金盆湾粮站、农场保卫科进行第一次户口移交，移交职工家属子女330多人。因三家记录、花名册没有统一复印成册，至1997年9月，其中91人因各种问题派出所不予认同；农场底册尚有134人没有移交。派出所、粮站、农场保卫科户籍册、供粮册相互不统一的仍有10余户，给职工调动、退休，子女上学、就业带来诸多困难。

至2000年，南泥湾农场有各类安置户184户，总人口830人，其中果业户40户、开发户17户、甘草户4户、家属安户18户、安户89户（万元户21户）、其他16户。9月，对各类农业户口进行整顿。对万元户安户时人员每人分给 1 亩口粮田，其他土地收回或转为议价承包田；果业户（甘草户）如愿落户为常住户口者，每人缴纳 1000 元开发费后准予登记常住户口，并按规定分给口粮田，否则按暂住人口登记且收回口粮田；开发户每人缴纳 800 元开发费后准予登记常住户口，不再分给口粮田；其他户每人缴纳 1500 元开发费后准予登记常住户口，按规定分给口粮田，不缴纳者按暂住人口登记；无正当职业、无合法证件、无固定住所的"三无"人员，按国家有关规定执行。

2004 年，农场按照农场户籍形式的特点，对户籍分类清理整顿。将遗漏户口重新核实、造册、登记报公安部门。12 月，与南泥湾派出所协商，要求 1989 年以前出生的居民，提供血型、身高、照片；1989 年以后出生的只提供血型；交回原有身份证；农业、非农户口全部交回旧户口本，更换新户口本，登记完善户口管理工作。

2016 年，农场总人口 1879 人，主要由 5 部分组成，其中：复转军人 96 人；知青 118 人；军人及知青子弟招工 208 人；安户农民 1379 人；社会孤儿及黑户等 78 人。

2019 年，南泥湾农场全场总人口 1870 人，其中，农场管理的农户及家属子女 1359 人（安户农民 1063 人，家属子女 296 人）。至 2020 年，南泥湾农场累计安户 403 户 1251 人，其中常住人口 299 户 936 人。

第三节　民兵工作

一、民兵建设

民兵分为基干民兵和普通民兵。对参加民兵的条件，南泥湾农场一直按照 1981 年中央军委修订的《民兵工作条例》执行。凡满 18～35 岁符合服兵役条件的男性公民，除征服现役以外，均编入民兵组织服预备役。其中，18～28 岁退出现役的士兵和经过军事训练的人员，以及选定参加军事训练的人员编入基干民兵组织，其余 18～35 岁的男性公民编入普通民兵组织。女民兵只编入基干民兵，人数控制在适当的比例内（图 4-3-1）。

图 4-3-1　20 世纪 70 年代，兰州军区建设兵团第 40 团女民兵

20 世纪 60—70 年代，农建师 141 团响应毛泽东"民兵是胜利之本""大办民兵师"的号召，兵团各级党政机关大抓民兵建设，做到民兵政治、组织、军事三落实。防区民兵在维护社会治安，保卫社会主义建设成果方面做出成绩。在毛泽东提出"提高警惕，保卫祖国，要准备打仗"的指示后，兵团连、排民兵组织健全各级领导班子，并配有党团员、复转军人为骨干，做到"招之即来，来之能战，战之能胜"。军事训练以射击，刺杀，爆破、队列等基本功为主。

1978 年，南泥湾农场武装基干连连长为郑进厚，政治指导员（简称政指）为高文兴，副政指为慕秋生，副连长为武忠平，排长为惠治平、闫光荣、白世清、李长治；基干连连长为贾如玉，副连长为李成凡，政指为赵登宏，副政指为任田。1979 年，南泥湾农场落实民兵"三落实"工作，健全民兵组织机构，设机关（包括卫生队、商店、造纸厂）、一连至八连、机务连、科研站、子校 12 个民兵连组织，其中，五连被评为"民兵三落实先进单位"。1979 年南泥湾农场民兵建制情况见表 4-3-1。

表 4-3-1　1979 年南泥湾农场民兵建制统计表

民兵连名称	指导员	连长	副连长	排长
机关连	李福有 郑进厚（副）	曹志业	郝志有	张有富、冯志刚、惠治平
机务连	高文兴	赵巨培		高怀斌、曹登富
科研站连	李天伟	刘凤杨		李进省、高树祖
子校连	王万清	薛毅荣		马升荣、王生仁
一连	白世清	张克胜		王宏仁、惠国林
二连	王怀珍	杜林元		李成凡、张增正
三连	贾如意	李尚录		苗智慧、魏根茂
四连	白永亮	闫光荣		任田、霍文瑞
五连	杨景发	慕秋生	武忠平	李长治、薛文洲、李生华
六连	叶凤英	郝庆合		王怀龙、刘永才
七连	赵登宏	胡绍祖		吕忠其、张小平
八连	王墨印	马维荣		李宏军、孙文珍

1980 年 4 月 25 日，南泥湾农场在基层民兵组织中开展创建民兵工作"三落实"先进单位活动，做到组织落实、政治落实、军事落实。评比和审批条件标准：组织落实为组织健全，认真整组，制度落实，经常活动，干部齐全，班子团结；政治落实为努力学习马列著作和毛主席著作，批判资本主义、修正主义，把民兵工作列入议事日程，执行三大纪律八项注意，贯彻党的阶级路线，保证民兵队伍纯洁，经常进行思想和政治路线教育，战备观念强，学大庆、学雷锋成效显著；军事落实为坚持劳武结合，完成规定的训练任务，武

器弹药和装备经常保持良好状态，执行各种勤务，维护社会治安，不发生重大事故。南泥湾农场结合经济建设，对民兵开展为四化建设多做贡献教育。学习科学技术，大搞科学种田和技术革新。继续开展"学英雄见行动"和"争当新长征中的新雷锋"活动。结合民兵执勤实际，学习《中华人民共和国刑法》《刑事诉讼法》，引导民兵增强法制观念。结合重大节日纪念活动，组织民兵学习《民兵工作条例》，开展形势战备教育。二连被评为"民兵三落实先进单位"，1981 年机务连被评为"先进单位"。

1983 年 9 月 7 日，南泥湾农场开展民兵整组工作，解决漏建、漏编和错编问题。设立整组领导小组，杨振荣任组长，刘忠海任副组长。凡能组建起一个民兵排的单位或队，均建立民兵组织；符合民兵条件的人员，都要编入民兵组织，28 岁以下的退伍军人和经过基本军事训练的人员，编入基干民兵组织；28～35 岁编为普通民兵；女民兵的编组，相对集中在女民兵较多的单位或队，单独编班，以便训练。对专业技术分队中个别达到转队年龄的技术骨干，只要工作需要、本人自愿，不做转队处理，继续保留。选取有一定军事技术和文化水平的复退军人和优秀民兵为民兵干部。整组中进行集合点验，以基干民兵连（排）为单位进行，未对基干民兵进行点验或参加点验人数不够 80% 的单位，视为整组工作未落实。健全民兵登记统计工作，将基干民兵、普通民兵花名册分开填报。

1987 年，全国边海防民兵工作会议之后，为应付突发事件、维护社会稳定，开始组建民兵应急分队。1992 年，南泥湾镇被指定为民兵"科技支农示范点"，首创火道温床育苗法，并向其他乡镇推广。1998 年，南泥湾农场民兵组建工作按照延安市武装部"普通民兵编组仍按过去'凡符合民兵条件，有多少编多少'"的规定执行。基干民兵的编组按照"五个有利于"（有利于领导，有利于提高质量，有利于开展活动，有利于执行任务，有利于平衡负担）原则进行调整压缩。

2001 年，中共宝塔区人民武装部委员会下发《民兵参加山川秀美工程建设的指示》。南泥湾农场民兵在植树造林以及"义务建场"活动中义务出勤、投劳投工，植树造林近千亩。

2005 年，民兵整组工作以"支前稳后"为目标，以民兵队伍"快速动员、科技支前、城市防空、应急维稳"4 种能力为重点，从建设规模、整体结构、技术门类等方面对民兵组织进行调整。2010 年后，民兵整组主要以应急分队和支援分队为主。南泥湾农场因职工人员数量少，且年龄逐步偏大，民兵组织为一个排，主要参与南泥湾镇的活动安排。2014 年，南泥湾镇民兵整组，编组基干民兵 40 人、信息员 4 人、普通民兵 121 人。

2019 年 3 月 11 日，南泥湾镇对民兵整组工作进行安排，组织民兵应急排开展思想政治教育暨春季植绿补活会议，镇武装部长柴晨对民兵就贯彻中共十九大精神、习近平新时代强军思想、扫黑除恶工作做相关宣传和学习教育。会后在南阳府村后畔山上植树 1000 余株。

二、民兵训练

20 世纪 70 年代，兰州军区生产建设兵团第 40 团在组织形式上完全依照部队的军事建制，编为连、排、班、小组，各级领导除部分连队外，均为现役军人。一切活动、生活制度均以部队制度执行，起床、睡觉、出操、生产以军号为准。农忙时，集中力量生产；农闲时，适度进行队列、射击、投弹等军事训练。1970 年，毛泽东主席向全国发出"深挖洞、广积粮、不称霸"的号召。延安开始建设军用机场和战备机库及防空工程。南泥湾山多林密，较大山沟内均有较开阔平坦之地，易于敌人空降立足。兰州军区生产建设兵团第 40 团把盘龙山地区划为一号防空降区，把南泥湾地区划为二号空降区，并部署反空降作战方案。11 月，第 40 团制定民兵冬季战备训练方法和要求，在训练中贯彻少而精的训练方针，精讲多练，从难、从严、从实战需要出发，练实战中需要的技术、战术基础动作；根据兵团部队以农业为主的特点，在训练中坚持劳武结合、值勤训练结合、小型就地分散原则，合理安排训练时间；训练器材就地取材，根据"自力更生"的方针，研究和运用各种土办法，废品利用，制作各种土器材，既保证训练需要，又节约经费开支。

1980 年 12 月 11—25 日，南泥湾农场武装部对 55 名武装基干民兵（步兵分队）进行训练。训练科目为射击、投弹、爆破、土工作业、单兵战术动作。训练中同时加强受训民兵的思想政治工作，及时交流经验，表彰好人好事，批评纠正不良风气。训练时严格执行操作条令，定人定枪，集中保管，坚持验枪和擦拭制度，不得转借、打猎，杜绝事故的发生，玩忽职守者从严处分。

1990 年开始，民兵训练执行 1989 年 8 月中国人民解放军总参谋部颁布的《民兵军事训练大纲》，民兵训练时间为 15 天，一次完成。训练的重点为应急分队、专业技术分队和军兵种分队。南泥湾农场对基干民兵主要进行技术和战术基础训练，按规定进行"步兵战术技术"实弹射击、实弹投掷、实爆作业训练。每年组织民兵进行 15 天年度军事训练。参训民兵的误工报酬，至 2002 年，一直按照"正常出勤"对待；从 2002 年起，宝塔区民兵训练补助经费改由中央财政统一拨付。

2020 年，南泥湾（集团）公司与延安军分区达成共建民兵训练基地合作意向，共同打造集国防教育、民兵训练、应急训练等功能于一体的综合性实训基地。南泥湾教育基地

（一期）民兵训练基地建设项目位于南泥湾镇桃宝峪村，占地面积约 6.3 万平方米（约合 94.45 亩），其中建筑面积 2.3 万平方米，室外训练场面积约 4 万平方米。主要建设内容包括：餐厅、宿舍、教学室、指挥中心及连队俱乐部、室内射击场、兵器室、训练器材库、手榴弹投掷场、单兵战术训练场、轻武器训练场等专业训练场所。预算项目总投资 1.91 亿元。

第四章　南泥湾军垦屯田

第一节　南泥湾军垦屯田背景

1937 年 7 月 7 日的卢沟桥事变，标志着抗日战争全面爆发。在国家面临生死存亡的危急时刻，中国共产党以民族大义为重，努力促成抗日民族统一战线正式建立。9 月 22 日，国民党中央通讯社正式发表《中国共产党为公布国共合作宣言》（即《共赴国难宣言》），标志着以国共两党合作为基础的抗日民族统一战线的建立。

1938 年 10 月，日本军队占领武汉后，改变其侵华政策，逐步将主要军事力量转向中国共产党领导的抗日根据地，实行灭绝人性的烧光、杀光、抢光"三光"政策，抗日战争进入相持阶段。国民党政府也因正面战场几次会战的损失，积极抗日的政策开始出现动摇。1939 年 1 月，国民党五中全会制定了溶共、防共、限共、反共的政策，不断向陕甘宁边区周围增加兵力，包围封锁陕甘宁边区及各抗日根据地。

1939 年，直接包围陕甘宁边区的兵力北线有第二十二军、新编第一军、第四军等 3 万人；西线有第四十二军、第五十七军、第十一军、第十二军、第八十一军等 10 万人；南线有胡宗南的第一军、第三军、第十六军、第十七军、第三十六军、第九十军、第九十三军等近 18 万人。1940 年，国民党在陕甘宁边区周围制造了大小几十次军事摩擦事件，同时从 11 月 10 日起，停发八路军经费，海外华侨及后方进步人士的捐款也因封锁而停止汇兑。

大生产运动是在日本侵略者对敌后抗日根据地实行空前残酷的扫荡和焦土政策，给中国共产党各敌后抗日根据地造成了极大的困难，以及国民党政府对陕甘宁边区实行经济封锁政策，截断外援、加剧边区困难的背景下开展起来的。非生产人员的增加，加重了边区的财政困难，国民党政府的军事封锁、经济封锁以及华北等地连年遭受自然灾荒，致使整个抗日根据地财政经济发生极大困难，造成边区军民一度到了"没有衣服穿、没有油吃、没有纸、没有菜，战士没有鞋袜，工作人员在冬天没有被盖的严重境地"。摆在共产党面前的有三条路：第一是将革命队伍解散，士兵回家当老百姓；第二是干等着饿死；第三是自己动手，生产自救。开展大生产运动既是迫不得已，也是势在必行。"发展经济、保障供给"成为当时抗日根据地生产运动的宗旨和纲领。同时，借鉴 1938 年边区留守兵团一部分部队为改善生活供给所开展的种菜、养猪、打柴、做鞋等农副业生产经验，大生产运动因此在陕甘宁边区开展起来。

延安大生产运动，从狭义上讲，仅指 1943 年至 1945 年的生产高潮期；从广义上讲，从 1938 年留守兵团开始农副业生产、部分解决生活用品起，到 1947 年春中共中央安排好春耕撤离延安止，前后长达 9 年。

1941 年至 1944 年，八路军一二〇师三五九旅各部在南泥湾、金盆湾、九龙泉、马坊、临镇等荒芜的土地上，开垦荒地 26 万余亩，使南泥湾一带的面貌发生了巨大的变化，彻底地粉碎了国民党的经济封锁，把荒无人烟的"烂泥湾"变成"陕北的好江南"。

第二节　八路军第一二〇师三五九旅

1937 年 8 月 25 日，中国工农红军第二方面军第六军团和红军第三十二军、红军总部特务团一部，在陕西省富平县庄里镇改编为国民革命军第八路军第一二〇师第三五九旅。

1938 年 1 月，根据八路军总部指示，三五九旅进行整编。确定全旅编 3 个团，每团编 3 个营，每营编 5 个连，每个步兵连编制 170 人。通过整编，三五九旅总员额达 10000 余人。

1940 年 12 月，三五九旅七一七团从绥德出发，进抵南泥湾，驻扎在固安县临真镇。1941 年 3 月，王震率第三五九旅直属队、七一八团、特务团、第四支队、骑兵大队进驻南泥湾开展大生产运动。按照部署，旅部、旅直属队在金盆湾屯田；七一七团在临镇一线屯田；七一八团在马坊屯田；七一九团在九龙泉屯田。这一布局体现了"劳力和武力结合""战斗和生产结合"的精神。全旅从此肩负"背枪上战场，荷锄到田间"的双重任务，坚持以农为主，全面发展，先后开办纺织、皮革、造纸工厂 13 个，成立盐业、土产、运输等公司，开办饭店、商店、军人合作社和各种加工小作坊等，形成军民兼顾、公私兼顾、多层次的生产经营形式。在 1942 年 2 月中共西北局高级干部会议上，第三五九旅被誉为"边区大生产运动的一面旗帜"，毛泽东主席题词赞誉第三五九旅是"发展经济的前锋"。在大生产运动中，第三五九旅还开展大规模的练兵运动，并在 1943 年春播和中耕后开展整风运动，保障和推动了练兵、生产各方面任务的完成。

1944 年 10 月，中共中央为了增强华南抗日力量，开辟五岭抗日根据地，决定以第三五九旅为基础组成第十八集团军独立第一游击支队（通称南下第一支队），王震任司令员、王首道任政治委员。11 月 9 日，南下支队 900 余人从延安出发，向湘粤边挺进。1945 年 1

月，在湖北省大悟山与新四军第五师会师。随后，第一游击支队继续南进。3月，改称湖南人民抗日救国军。8月下旬，到达广东省南雄地区后，因日本投降和遭国民党军队的重兵围攻，随即北返。10月，在湖北省黄陂县孙家畈进行整编，恢复第三五九旅番号，编入中原军区。1946年8月29日，回到陕甘宁边区，仍归第一二〇师建制。在延安保卫战过程中，三五九旅参加了盘龙、羊马河、青化砭和陕中战役等一系列战斗，完成保卫延安的任务。

1945年6月，以第三五九旅留守陕甘宁边区的部队，组成第十八集团军独立第二游击支队（南下第二支队），于6月10日南下。司令员刘转连、政委张启龙。初冬季节抵达沈阳，部队恢复三五九旅番号。两支番号为三五九旅的部队，在转战中发展壮大。

三五九旅（南下第一支队）于1946年10月17日，与吕梁军区机关一部、独立第四旅组成晋绥军区第二纵队。1949年1月，西北野战军改称中国人民解放军第一野战军；晋绥军区第二纵队改称一野二军；三五九旅改称中国人民解放军第一兵团第二军步兵第五师。11月29日，步兵第五师师部进驻新疆阿克苏，下辖4个团，分别是十三团（三五九旅七一七团）、十四团（三五九旅七一八团）、十五师（三五九旅七一九团）、独立骑兵团。1952年4月，新疆军区撤销独立骑兵师，该师骑兵一团拨归步兵第五师，改编为十四团四营。6月，十三团团直及一营、二营调伊犁组建为第五军第十五师（后为农四师）。

1952年2月和11月，毛泽东主席和中央人民革命军事委员会批准颁发新疆部队的整编令。1953年3月，步兵第五师从组织上、任务上划为国防部队和生产部队。以步兵第五师师部为基础，加上十四团、十五团、师直教导营和十三团三营，改编为新疆军区农业建设部队；将十四团、十五团、师直教导营、机关农场、十三团三营各一部及二军教导团边防营一部编为国防步兵第四师十一团；将步兵第五师师部一部组编为阿克苏军分区；将十五团和步兵第四师独立团、五军十三师三十九团各一部编为和田军分区。6月，撤销步兵第五师番号，整编为中国人民解放军新疆军区农业建设第一师，师长任晨、政委贺劲南，师部驻阿克苏县（今阿克苏市）；五师十四团整编为农一师一团（驻沙井子）；五师十五团整编为农一师三团（驻和田）；五师十三团整编为新疆农业建设第四师，师长冯祖武、政委胡天舜，师部驻伊宁市。1954年10月，第五师隶属新疆军区生产建设兵团。数千名官兵脱下军装，投入军垦生产第一线，开辟和发展新的"南泥湾"。农一师以"生在井冈山，长在南泥湾，转战数万里，屯垦在天山"闻名。分布在阿克苏地区，地跨阿克苏地区1市5县，总面积6923平方千米，下辖1市15镇1乡。2004年1月，阿拉尔市人民政府挂牌成立，实行"师市合一"的管理体制，建有1市15镇，师域和市域完全重合。2020年，农一师实现生产总值332亿元，占南疆兵团的46%，一般公共预算收入13.23亿元；完成固定资产投资131.4亿元，增速兵团第一。

三五九旅（南下第二支队）于 1947 年 1 月改编为东北民主联军独立第一师，9 月编入东北野战军第十纵队战斗序列。1948 年 11 月，改称第四野战军第四十七军。朝鲜战争爆发后，于 1951 年入朝参战。1954 年班师回国，驻防南方某省多年。1970 年 5 月调西北某省驻防。1985 年 12 月至 1987 年 6 月，奉中央军委命令，入滇执行老山防御作战任务。1991 年 2 月，兰州军区党委确认原三五九旅改编师为"红军师"。

第三节　农业生产

一、劳动的组织和领导

1939 年，抗日战争进入相持阶段，中共中央和毛泽东主席发出了"发展生产、自力更生"的号召。当时，三五九旅为了保卫边区、保卫党中央，刚由华北前线调回陕北不久，驻守绥德、米脂、蔚县（今佳县）、吴堡、清涧一带。旅长王震把部队安排好以后，立即赴延安向党中央、毛泽东主席和朱德总司令汇报请示工作。对于部队参加生产问题，毛泽东主席和朱德总司令做了许多重要的指示。朱德指示："要想把生产自给运动开展起来，必须充分做好思想动员和组织准备工作，要鼓起大家的信心，要用我们劳动的双手，建立起革命的家务。"

王震旅长回绥德后，号召全旅："坚决响应党中央和毛主席的号召，保证在不影响战斗、训练任务的情况下，做到全旅生产自给。"旅供给部部长何维忠拟出生产计划，交旅军政委员会（即旅党委会）审查修正后，立即在全旅公布执行。决定开展生产自给运动的原则是：统一管理，分散经营，大家动手，各尽所能。在经营方针上，决定以农业第一，工业与运输业次之，商业第三，其他如副业和小型手工业等，只要条件允许也不放弃。在组织领导上，决定以旅首长、供给部长、各团首长组成旅生产委员会，负责领导全旅生产自给运动；团、营、连各级亦派出一定人员，成立领导本单位生产的组织。另外，还规定旅直、团、营、连各级设立专职生产干部，全旅生产业务由旅供给部负责领导。当时的口号是"全体参加生产，不让一人站到生产战线之外""上至旅长，下至马夫、伙夫，一律参加生产"。在生产时间上，除每个连队挑选在生产上有经验的战士组成 10～14 人的生产组，负责生产方面经常性事务外，其余战士一律以 8 个月的时间进行训练，2～3 个月的时间参加生产，1 个月机动。农忙时集中生产，农闲时集中训练，使生产和练兵统筹兼顾。

1940 年，是三五九旅开始大规模生产的第一年。经当地政府同意，三五九旅将驻地附近一切可以利用的荒地都开垦出来，另外在清涧一带还开辟了一大块荒地。第一年生产计划，原定做到自给2个月粮食，蔬菜全部自给。后来由于当地土地有限，可耕地不足，加之土地贫瘠，气候干燥少雨，缺乏耕作经验，农业收获除了种子以外，仅够添购工具之用，只解决了吃菜问题，伙食有所改善。如何找到一块宽广可耕的土地，成为刻不容缓的问题。

此前，于1939年冬，乐天宇（北京农业大学毕业）到延安后被分配到边区建设厅，同时也成为延安自然科学研究院的兼职研究人员。乐天宇根据自己的专长主动向中央财政经济部副部长、延安自然科学研究院院长李富春递交考察森林的报告，边区财政厅予以全力支持。1940年6月14日—7月30日，乐天宇带领自然科学院教员郝笑天、曹达，光华农场技术员江心、农校教员林山、农校学生王清华，组成"陕甘宁边区森林考察团"，历经47天，行程几百千米，考察了陕甘宁边区的森林自然状况和植被分布情况，带回2000多种植物标本，并形成考察报告。报告详细阐述了边区森林资源和可垦荒地的情况，提出了开垦延安县固临镇丘陵荒地以增产粮食的建议，并对陕甘宁边区"五年一小旱，十年一大旱"的农业环境做了分析。同时乐天宇分别向毛泽东主席、朱德总司令汇报，提出开垦南泥湾的建议。朱德率中共中央直属财经处处长邓浩、三五九旅七一八团政委左齐以及乐天宇等技术干部，到南泥湾进行实地勘察。

1940年9月，朱德与王震商议，决定由三五九旅到南泥湾实行"军垦屯田"。11月，三五九旅七一七团调往南泥湾东南临镇一带。1941年3月，王震旅长率三五九旅旅直、七一八团、特务团、四支队开赴南泥湾实行"军垦屯田"。4月，三五九旅召开军政委员会议，研究生产自给方案和组织领导、生产原则及经营方针等问题，决定旅（团）成立生产委员会，营（连）指定一名副营长（副连长）负责生产工作。经营方针是：以农业为主，工业、运输业次之，商业第三；劳动口号依然是"全体参加生产，不让一个人站在生产战线之外""干部以身作则，不是指手画脚，而是动手动脚""上至旅长，下至伙马夫，一律参加生产"，制定严密的劳动组织。具体组织形式有以下几种：

（一）机关

旅司令部旅长、副旅长、副政委、参谋长及科长、警卫员编一小组，其余以科为单位编成小组，只留2名女战士守机关，代替值班参谋与收发工作。旅政治部以科为单位编成小组，旅卫生部、杂务人员各编为一个小组；团司令部大多为几名团的干部和警卫员编为1个小组，其中，参谋文书、司号员、理发员，马夫、伙夫、挑夫等各编为一个小组；团政治处以股为单位建立小组，团卫生队、看护班、担架员，伙夫、挑夫各编为一个小组。

包括干部在内的所有机关人员，全编入生产组。全体机关人员整齐地参加生产，这是过去所没有的。

（二）连队

除留 3 名伙夫做饭，1 名伙夫喂猪、帮助伙夫工作。一两名临时病员看管营房，其余一律按班排建制，进行生产。有的以连为单位一起挖地；有的以排为单位，也有的以班为单位；有的连干部单独编一小组，有的则编入班排。

（三）劳动英雄组

开始没有劳动英雄组，这是在开荒挖地中创造出来的。在垦荒中发现许多超过一般战士的劳动英雄，比别人挖得更多、更加勤劳。王震旅长号召他们每人每天开垦 1 亩以上（生荒），自愿种地 30 亩。每个连都有几十个人报名，顾及战士的体力，每个连只选择 10～12 人编为劳动英雄组，起到带动全连积极生产的作用。

（四）劳动突击组

劳动突击组有两种。一种为报名参加劳动英雄组落选的战士，组织成劳动突击组，并提出要向劳动英雄组看齐。一种是没有劳动英雄组的部分，号召体力强壮、垦荒最多的战士组织劳动突击组，去开垦不好挖的荒地或支援落后的班、排垦荒。

除在开荒中创造了劳动英雄组、劳动突击组外，还创造了劳动甲组、乙组、丙组，挖 1 亩地以上的参加甲组，挖八九分的参加乙组，差的编为丙组。

（五）农作小组（生产小组）

每个伙食单位一组，每组 8～14 人，构成农作小组（生产小组）。除只留 3 名伙夫外，一律动员参加农作小组。选择年龄适宜，身体好，有农业生产经验的战士编入农作小组。人员分为种菜、种粮两组，长年生产，各司其职。这样既节省了整个部队生产的时间，又增加了部队受教育的时间。

（六）生产委员会

各团组织生产委员会，9～13 人，团长或政委为主任，集体指导生产。下设 2 个组：一是调查研究技术指导组，负责选择、测量、划分土地，收集种地经验，指导耕种方法等；二是统计通讯组，负责统计生产各种数据，推广生产经验；各营、连生产委员会都由 5 人组成。副营长为主任，各副连长为委员；连队以连长或副连长为主任，各排干部为委员。

二、开垦荒地

1941 年，三五九旅和总部直属炮兵团分四批先后开进南泥湾、金盆湾、马坊、临镇一带。各团到达驻地已是阳春三月，为不误农时、按时播种，官兵们放下背包立即抓紧开垦荒地。由于南泥湾一带长期没有人烟，基本没有熟地耕种。在这里发展农业生产，首要任务就是开垦荒地，在当时主要靠两只手、一把镢头。

早在1940年绥德的农业生产过程中，王震旅长提出"每人一把镢头、一把锄头，每个单位四张犁、八头耕牛"的号召，并责成各级供给机关负责筹备。原则上确定：犁、耙、锄头、镢头等工具由团或旅供给部集中解决。除供给部门派人至延安、固临、延长、绥德等附近城市购买一部分必需的工具外，大部分均发动大家到各地拾废铁、收毛铁，组织一些铁匠出身的战士配合旅、团修械所、铁工厂进行加工制造。自己不能制造的，尽量利用废铁换取，战士们经常把自己生产的食盐驮到黄河沿岸一带，用一斤半盐交换一斤铁，并就地请工人打造工具。粪筐、扁担、绳子等小用具，全由各连队自行解决。战士们利用柳条、榆条编粪筐，熟练的一天就能编四五个（图4-4-1）。面对所有困难，全旅始终坚持"自力更生，自己动手"的精神解决。经过努力，工具有了充分的保证。走到连队，到处都是锄、镢、耧、耙、犁、铧、风车、水车等，其中很多经过改良后既实用又精美。镢头大多是六七寸宽，也有四五寸宽的，轻的有二斤半重，重的三四斤，有的劳动英雄甚至用五斤多重的镢头。

图4-4-1　三五九旅战士自己动手编筐

解决了工具问题，开荒成为三五九旅整个生产过程中的第一道难关。部队普遍举行干部生产动员大会、连营为单位的全体军人生产动员大会、营团为单位的生产工具大检查。

3月15日（或12日）杀猪会餐，全体动员上山开荒，完成每人开荒十几亩的任务。全旅上自旅首长，下至炊事员、饲养员，一律参加。每天天不亮便起床，吃了早饭上山，在单位首长的率领下向荒山进军。南泥湾的荒地大多是狼牙刺地、蝎子草地、老蒿子地、猫儿草地和羊胡子草地等，开垦很难，加之大多数战士缺乏开荒经验，拿工具方法不对头，一天之后就满手血泡。最强的劳动力一天也只能开出5分地，与计划中的开荒指标差距很大。后来通过实践，创造出不少办法。凡遇草深、荆棘多的荒地，采用"火攻"战术，在平地开荒时采用"打包围"战术，在山地上开荒采用"从中突破"战术，有效地提高了劳动效率。同时由于每天检查开荒效率、公布成绩，激发了战士们的劳动积极性。由此自发搞起群众性的劳动竞赛，使得旅部不得不制定一条奇特的劳动纪律：劳动时不得早到迟退。大家互相提出一些挑战、应战条件，每人每日开荒由最初的五分地逐渐上升到七八分地。成立"劳动英雄组"和"劳动突击组"之类的组织，于开荒生产中在数量上和质量上都给大家树立了榜样。1943年3月10日，七一八团集合全团从开荒以来每天挖地一亩以上的175个劳动英雄举行比赛，创造了李位一天开荒3亩6分7、赵占奎3亩2分1、李四3亩1分5、张玉箭3亩1分3、韩治根3亩1分2、钟长久3亩零9的新纪录。

在开荒生产中，干部以身作则，从旅长到排长全部担负和战士一样的生产任务。旅长王震走到哪里，肩上都扛着锄头，有空就到地里劳动。副旅长苏进、副政委王恩茂、供给部部长何维忠、政委罗章、副部长甘祖昌及卫生部部长潘世征，七一八团团长陈宗尧，补充团团长苏鳌，七一七团团长陈外欧、政委李铨以及副团长、参谋长，七一九团团长张仲瀚、政委曾涤，特务团团长徐国贤、政委谭文邦，补充团政委龙炳初等负责人常和战士同吃同住同劳动。在战斗中失去右臂的七一八团政委左齐、七一七团政委晏福生，拿镢头开荒有困难，就力所能及地给战士们做饭、送水、点火烧荒。各级干部的以身作则，不仅对劳动生产起到积极的推动作用，而且密切了上下级关系。

1942年12月，在中共中央西北局高级干部会议上，毛泽东在做《经济问题与财政问题》的报告时称赞说，三五九旅是陕甘宁边区大生产运动的一面旗帜，不仅在政治上起了保卫边区的作用，而且解决了大量的财政供给。1943年2月，西北局为三五九旅颁发了"发展经济的前锋"锦旗；毛泽东亲笔为王震旅长题词"有创造精神"。为旅供给部部长何维忠题词"切实朴素，大公无私"。为旅供给部政委罗章题词"以身作则"。为七一七团团长陈宗尧题词"模范团长"。为特务团政委谭文邦妻子陈敏题词"模范家属"。11月26日至12月16日，中国共产党历史上第一次陕甘宁边区劳动英雄与模范生产工作者代表大会在延安召开，参加大会的各机关、部队、学校团体及边区群众3万余人，出席代表大会的劳动英雄185人。会上树立先进集体4个，三五九旅为其中之一。三五九旅获选劳动英雄

9 人，其中，李位、刘顺清、赵占奎、陈敏 4 人被选为边区特等英雄。

三、粮食种植及耕作技术

三五九旅的不少将士都是南方湘赣一带的老红军，在 1940 年的劳动生产中，他们把南方的耕作方法搬到陕北，"水土不服"影响了庄稼长势。在南泥湾的开荒生产中，王震特别强调要虚心向当地老农学习；同时对战士们的生产经验也很重视，提倡互相学习，不断提高耕作技术。他经常访问请教边区劳动英雄，有时还把他们请到部队来开办"临时训练班"，并委任南泥湾三台庄 70 多岁的劳动英雄朱玉寰为本旅的农业生产副官。在农民群众的帮助下，战士们很快掌握了播种技术。

南泥湾属于热迟冷早的地区，三五九旅在种植粮食作物时，选种耐寒早熟的谷物，川地种菜、苞谷、麻子，山上种谷子、糜子、豆子和马铃薯。1942 年，开始在河沟两旁平整土地、引水灌溉，旅供给部主任罗章从江西引进稻种，在四支队和七一九团种植；旅教导营营部炊事班两位四川籍战士李林、张全也在金盆湾小金沟开 9 亩水田，试种水稻成功。4 月 15 日，朱德总司令视察南泥湾时，首次对记者提出"南泥湾为陕北江南"之说。1944 年，水稻面积发展到 200 多亩，随着歌曲《南泥湾》的传唱，"陕北的好江南"成为南泥湾的代称。

1941 年，三五九旅开荒种地 11200 亩，收获细粮 1200 石、蔬菜 164.8 万斤，粮食自给率 79.5％。1942 年，种植面积 26800 亩，收获细粮 3050 石、蔬菜 262 万斤，粮食自给率 96.3％。1943 年，种植面积 10 万亩，收获细粮 1.2 万石、蔬菜 595.5 万斤，实现粮、油、肉、菜全部自给。至 1944 年，开荒种地 26.1 万亩，收获细粮 36000 石，粮食自给达200％，肉、油、菜全部自给。建成南阳洼、西阳洼、西南阳洼、东阳洼 4 大垦区，平均每人生产细粮 6 石 1 斗，达到"耕一余一"，上交公粮 1 万石（100 万升）。军队从事生产、上缴公粮，大大减轻了人民的负担。三五九旅 1944 年时人均种地量见表 4-4-1。

表 4-4-1　三五九旅人均种地一览表（1944 年 6 月 25 日）

名称	人数	人均种地（亩）
七一七团	1500	27.54
七一八团	1450	29.06
七一九团	1400	26.66
特务团	877	22.34
补充团	500	18.67

（续）

名称	人数	人均种地（亩）
旅直	1182	24.34
合计	6909	25.85

第四节　多种经营

八路军一二〇师三五九旅在南泥湾的屯垦，贯彻执行以农业为第一位、工业与运输业为第二位、商业为第三位的方针。除了开垦耕地、发展畜牧业之外，推行兵工制度，发展多种经营，率先尝试经济改革开放。先后创办纺织厂、鞋厂、被服厂、皮革厂、肥皂厂、造纸厂、铁木工厂等13个工厂；成立盐业、土产、运输等公司，开办商店、军人合作社和各种加工小作坊等，形成军民兼顾、公私兼顾的多层次的生产经营形式。1941—1944年，三五九旅先后创办1个纺织厂、1个被服厂、2个机械厂、2个纸厂、4个木工厂、3个军鞋厂、3个铁厂、1个肥皂厂、2个油坊、8个粉坊、6个豆腐坊、7个盐井、2个煤窑。打下自给自足的经济基础，物资和经费达到自给。

一、开采业及生产工厂

（一）三五九旅供给部煤、盐开采连

1941年，三五九旅供给部在绥德马蹄沟成立煤盐管理处，处长为周水朵。兴建煤窑、盐井和三边盐池，总计年产盐1300多石，月产煤800多吨。所生产的盐和煤，除供应部队自己使用外，运销绥德、米脂及山西省沿黄河一带。其中抽调2个连开煤窑2个，盐井10眼。经常熬盐的有52人，挖煤的有10余人。10眼盐井每月可产盐9000余斤。连队初期每天产煤500斤，而当地民工每天可产1000斤。经过2个月的锻炼和技术学习，兼之对煤窑进行修理后，连队每天产煤达2～3万斤。三五九旅同时派1个营在定边盐池建设盐田，增加盐的生产量，帮助解决整个边区财政的困难。

（二）大光肥皂厂

1941年，三五九旅成立大光肥皂厂，初期只有3名工人，厂长刘光武。当时生产的"大光肥皂"很受群众欢迎。后又从部队抽调10名战士，厂长刘光武。增制卫生药皂、擦枪油及粉笔、牙刷、牙粉等日用品，每日可生产肥皂1000条。1942年，虽受敌人封锁、原料不足，每年只能开工两三季，但仍达到年产肥皂20万条和卫生皂几万块的指标。所

生产的肥皂、擦枪油、粉笔、牙刷、牙粉等日用品,解决了军民生活的需求,可换取边区缺乏的物资,对部队供应和繁荣边区经济等均起了不小的作用。

(三)造纸厂

1940年,国民党的经济封锁使边区陷入了"没有衣服穿、没有油吃、没有纸、没有菜,战士没有鞋袜,工作人员在冬天没有被盖的严重境地"。边区政府在纸坊沟兴建造纸厂,随后又在南泥湾等处兴建了几家造纸厂,其中规模最大的是振华造纸工业合作社(延安振华造纸厂前身)。当时边区造纸原料主要是废麻袋,产量低且质量低劣。振华造纸厂技师、工务科长华寿俊试验马兰草造纸成功,被陕甘宁边区政府授予"劳动模范"称号,朱德称他为"我们的发明家"。

三五九旅进驻南泥湾后,成立造纸厂。初期,战士们自己动手盖起捞纸房,在捞纸房的四角用石板砌成4个纸浆池。从西北邀请技术工人,并从部队抽调几个战士辅助劳动并学习技术。造纸厂正式开工后10天生产粗纸332刀。开始用几百斤烂麻绳头做原料,生产大、小2种麻纸,随后又制造可供制鞋、包点心、制书皮、制纸盒等用的厚草纸。大量生产后,原料供应没有充足来源,三五九旅的战士们就利用南泥湾满山遍野的马兰草(繁殖力很强)来制造马兰纸,原料的供应得到解决,每天可生产几千张纸,保证了部队办公、生活用纸。1942年7月,朱德总司令与徐特立、谢觉哉、吴玉章、续范亭相邀到南泥湾,续范亭参观工厂之后,曾赋诗:"驰车未赴金盆湾,十里先访造纸厂。厂前流水清且澈,厂屋宏大厂基广。马兰遍地多材料,自力更生出奇想。生产劳动真神圣,建设还推共产党。"

(四)油厂、酒厂

三五九旅初进南泥湾时,吃的食用油和照明用油都很奇缺。1942年春,利用金盆湾老百姓废弃的徐家油坊,部队自己动手,添设房舍、石磨,开拓挖井,建立1个小型榨油厂、1个酿酒厂。用自种的麻籽、豆子榨油,解决部队做饭用油和照明用油困难。每年收获的粮食除供部队食用外,一部分用来酿酒。酿出的酒,卫生机关用来代替酒精作为医疗和消毒之用,也用于换取边区缺少、部队急需的西药、棉花等;酿酒残余酒糟、油渣饼可做成牲畜饲料。

(五)大东木材厂 (又名 "陈左" 部木工厂)

1941—1944年10月期间,三五九旅先后建有4个木工厂。当时所建的木工厂主要任务是伐树解板,有解板大锯60余把,一年可锯木板30000多张。七一八团开设的大东木材厂(又名"陈左"部木工厂),可以制造大车,生产力超过其他木工厂1/4甚至1/3,为模范木工厂。该厂于1941年6月成立,初期仅有工人10余人。1943年,发展至43人,固定资产价值 80 万元。设正副厂长、正副指导员、管理股长、管理员 6 人，下设拉板班（10 人）、生产班（8 人）、运输班（9 人）、小型合作社。其中拉板班主要木工活为伐树解板，同时与铁工厂一起制造织布机、纺织机、农具、大车、桌子、板凳、柜子等，全旅的生产工具大半由他们制作。除自用外，零星或整批出卖。运输班有 6 辆大车、18 匹牲畜，除替本单位拉粮运输外，对外运输每月可盈利 5 万元。小型合作社 1942 年盈利 3 万元，1943 年盈利 4 万元。1943 年木工厂由纯供给性质改为半营业半供给性质。

（六）铁工厂 （又称铁木工厂）

三五九旅开赴南泥湾九龙泉等地以后，劳动生产工具匮乏，部队将旅直及各团原有的修械所改组成 3 个铁工厂，制造生产工具，以供应部队生产所需，如镢头、锄头、铁锨、镰刀、锯子、斧头、钉子等。同时与木工厂一起制造织布机、纺织机、农具、大车等。

（七）大光纺织厂

1940 年下半年，三五九旅在绥德试办大光纺织厂，以解决部队军服、被褥等装备困难问题，厂长为刘韵秋，政委为张敞。办厂之前，三五九旅先开办织布训练班，织好的布经计算比市价便宜 1/3。于是自造 19 部木机，购买 4 部铁机，从部队中抽调河北人（因当时河北纺织业很普遍）指定做织布的教师。集中所有旅团营连各级勤务员 140 余人学习纺织。向当地商人赊来一些棉纱，1941 年 1 月建起大光纺织厂。纺织厂有大小木机 66 部（其中专员公署支援 21 部），后经铁工木匠研究制作，机子增加到 105 部，并将原来织 1 尺 2 寸①宽布的机子，改良为宽幅可织 2 尺 5 寸。10 月，织布厂工人自己动手挖土窑洞 10 余孔，筑成 2 层大石窑，下层 5 孔、上层 3 孔，盖平房 37 间。同时在绥德一带招收几十名女青年学徒工，工人数量逐渐增加到 200 多人。后按照部队编队编为 4 个排（其中女工排 1 个）、12 个组。在供给部下面专设厂长、政委负责领导工厂生产。厂部设工务、业务、会计、总务 4 股，各司专责，分工合作。在对新工人的培训上，由 20 多名熟练工人当师傅，分批轮训。逐步建立健全制度，生产走上正轨。

建厂初期，因为土纱不及洋纱均匀细致，一般的布大抵都以土经洋纬或洋经土纬织成，不能脱离对洋纱的依赖。改进自制土纱后，所织布虽不如洋纱好，但质量有很大改进。4 个月时间，织出 2 尺 5 寸宽、5 丈 5 尺长的宽布 2142 匹，1 尺 2 寸宽、5 丈长的狭布 1650 匹。1941 年 7 月，纺织厂开展劳动竞赛。竞赛第一个月，全厂产大布 892 匹（每匹 10 丈 4 尺长、2 尺 5 寸宽）；第二个月，产量达到 1017 匹。按照竞赛评定标准，每天每人织布 10 丈零 5 尺。

随着大光纺织厂的迅速扩建和生产产量的提高，棉纱和毛线需要大增。全旅掀起纺纱

---

① 尺、寸、丈均为非法定计量单位，1 尺≈0.333 米。1 寸≈0.033 米。1 丈≈3.333 米。——编者注

热潮,上至领导干部、下至普通家属,每人都承担一定的纺纱任务。在延属分区召开的干部家属大会上,王震旅长做动员报告,号召家属积极参加种地、纺纱、做鞋、做衣服等各种生产活动,并制定合理的劳动报酬制度。南泥湾地区不适合种植棉花,但丰厚的水草资源适合发展养殖业,尤其是养羊。三五九旅大量养殖绵羊,到1943年年初,全旅基本上实现2人1只羊。每人发羊毛4公斤,自己动手捻线,以团为单位送到大光纺织厂加工成服装。当时的南泥湾,在任何一个团、营、连都能看见战士们在休息时间手中捻着羊毛,常常可以听到小型纺织机的响声。补充团供给处吴成恩7岁的女儿吴萍,利用寒假学会纺纱,每天可纺1两头等纱。《解放日报》曾刊登报道此事迹,她成为陕甘宁边区最小的劳动英雄模范。

1942年春,毛毯厂、被服厂陆续筹建。大光纺织厂共有棉毛纺织机134部,其中铁机45部、木机66部、毛织品木机23部。平均每月出宽面布1000匹左右,毛巾约500打,毛毯约1500条。织出的毛毯和毛巾,大部分卖给边区老百姓;织出的布,自给有余,除自制军服以外,部分放在大光商店照市价降低20%出售给群众。后为满足边区人民生产需要,开始织土褡裢布(褡裢即厚实点的布,两头各缝一个口袋,陕北人出门常前后搭在肩上,方便放东西)。从1944年起,又以大布机子织小布出售,以供边区军民需要。

纺织厂自建厂后,每年供给三五九旅全旅每位指战员棉衣1套、衬衣2套、单衣2套、帽子2顶、粮袋1个、绑腿1副、子弹袋1条,另外还补充了一批棉被。

(八) 七一七团鞋工厂、织袜厂

1941年,三五九旅七一七团鞋工厂成立,有工人27人,其中2名为技术工人。1942年3月,陈敏调任三五九旅七一七团鞋工厂指导员。鞋工厂每天可生产皮鞋300双,军用皮件若干;军鞋每月产量2000双。织袜厂有机子5部。生产产品做到全部自给,每个战士每年可分两双袜子、一双棉鞋、两双军鞋。除供给全团7000双鞋之外,其余对外推销,1942年盈利20万元边币(边币是抗日战争时期陕甘宁边区银行发行的货币的简称)。

二、交通运输业

20世纪30年代,延安位置偏僻,经济落后,交通闭塞,运输主要靠人背牲畜驮,驮运牲畜主要是驴、牛、马、骡、骆驼等。1941年前,边区运输的组织形式大多是自发的,主要靠长脚、短脚、农户脚和外来长脚[①]。1941年以后,由于运输任务繁重,原有的个体

---

① 陕北地区将当地靠脚力谋生的人称为"脚户"。长脚(户)依靠驮盐获利;短脚(户)主要从事农业,又兼运盐为副业;农户脚是以行政村组织朋帮,由农户自选"帮头",组织运盐。——编者注

经营的运输方式已不适应边区运输任务，为粉碎国民党的经济封锁和军事包围、保障边区军民基本生活正常发展，边区政府动员一切公私运力进行运输。

1942年，三五九旅为把三边的食盐和工厂生产的肥皂、毛巾等推销出去，换回其他工业用品和日用品，大力发展运输业。当时运输主要依靠骡马驮运，王震旅长带头，全旅营以上干部的乘马全部拨出，集中全旅健壮骡马800匹和骆驼100多头，成立运输大队，由旅供给部直接管理。剩余的几百头牲口，由各团自己经营。运输线以延安为中心，纵横整个陕甘宁边区。干线有3条：一条由盐池经志丹、延安到临真；一条由张家坪经安塞（真武洞）、延安、甘泉到鄜县（今富县）；一条由张家畔经子长、延川到马头关。另有一条支线自临真经延长、延川、清涧、绥德直达米脂。运输队以600匹牲口、100多头骆驼长年运盐至石岔、马头关、茶坊及临真，其余200匹按情况给各地运货。每次任务、路线统由大队部分配，中队长、分队长则按牲口情况规定驮量，每匹牲口平均载重220～250斤。运输员每人每月津贴小米1斗，同时制定奖励政策，即每个牲口驮平秤220斤，其余多驮的重量按40％归私、60％归公计红利，最多不能超过250斤。试行结果，来往牲口行程由20天减为18天，平均每个牲口驮230斤。同时在各条运输线上设立很多的骡马站，每站相距60～80里。骡马站的主要任务，是供给运输人员食宿及牲口草料。运输队在各站的一切费用，一律记账，不付现款。为便于组织管理，平时以分队为单位行动，每天一个站宿一到两个队。各站设有站长（或经理）1人，工作人员4～7人，分任铡草、煮料、做饭、挑水、磨面、砍柴、打扫等工作。同时每人平均垦种土地10亩。1943年，全旅组织的运输队有400多人、骡马800多头、骡马店68个（图4-4-2）。

图 4-4-2　三五九旅供给部组建的骡马运输大队（1943年）

三五九旅所属七一七团、七一八团分别在 1942 年、1943 年成立军人合作社，下设 8 个分社，组织驮骡 600 头（马、驴除外），从事运盐运货。为方便运输，在几条运输线上设立 38 个骡马店、4 个转运站。规定每天走 70 华里，平均载重标准为 220～230 斤。沿交通线开设了 10 个大光商店分店、11 个支店以及过路载行，运输业每年可获红利 1000 万元（边币），为边区最强的运输力量。三五九旅 1944 年 6—12 月的运输队情况见表 4-4-2。

表 4-4-2　三五九旅运输队统计表（1944 年 6—12 月）

名称	数量（头）	每驮运输（斤）	合计（斤）	备注
旅供及七一七团、七一八团	289（其中有骡子、骆驼 43 头）	150	255244	半年运盐 1701 驮
七一九团、四支队	80～90	240	233840	

三、军人合作社

1940 年，三五九旅部队经费极端困难，为扩大合作社的经营，将"军民合作社"改为"大光商店"，下属各团队也相应开设一些分店，共有 10 个分店、11 个支店。

为充实商店的基金，决定将全旅战士 2 个月津贴全部投资大光商店。以现款购货或暂时赊欠方式，购进文具、布匹、纸张、鞋袜、毛巾等货物，以满足军民需要。这个时期，商店的主要任务不是赚钱，而是推广土货、推用边币、反对垄断、平衡物价、安定民生。

商店经销初期，主要把边区的土产运到敌占区，再购回边区所需的布匹、纸张、棉纱等。商店内多销售三五九旅工厂自己生产的毛毯、皮鞋、毛巾、布鞋、牙刷、牙粉、陶器、糖果、麻纸、墨水、日记本等。毛泽东主席特地为三五九旅生产的日记本写了"力求进步""联系群众"等题词。1943 年，部队农业生产有了基础后，根据"公私兼顾"原则，对大光商店加以改组，取消一部分团队商店，建为军人合作社，目的在于改善军人生活、提倡积蓄和救济互助等。为筹募资金，号召大家在自愿条件下投资入股。入股方式不限于金钱，所有股金、利润，皆以小米价格折算，以保证社员股金不致因物价涨跌而受影响。

1944 年，三五九旅旅部成立合作总社，对下属各个合作社实行统一领导、统一分红。在合作社委员会上，公推王震旅长为管理委员会主任、罗章为副主任、王向立为总经理。总经理以下设业务、会计 2 科，负责处理日常事务。军人合作社对活跃当时边区经济，发展部队生产，起到一定的推动与鼓励作用；除保证按期发给社员红利外，还从红利中抽出钱专做抚恤、慰问伤病员之用。三五九旅商业情况见表 4-4-3。

表 4-4-3　八路军一二○师三五九旅商业情况统计表（1942 年）

商店名称	光华商店总店	一分店	二分店	三分店	四分店	五分店	六分店	七分店	八分店	九分店	十分店
主办单位	旅供给部	七一七团	七一八团	七一九团	四支队	骑兵队	旅卫生部	管理处	总商店	旅直供给处	特务连
地址	绥德	绥德	米脂	绥德	延水关	子长	清涧	马蹄沟	延安	绥德	子长
资本（元，边币）	2 万	3 万	4 万	4.5 万	2.5 万	1.5 万	7000	—	—	2 万	
支店地址	李家沟不岔、碛口	延安保安临镇	周家硷、子长	米脂	绥德						

第五节　军事训练与政治文化教育

三五九旅在开展大生产运动同时，贯彻"劳武结合""农忙时小训练，农闲时大训练，突击生产时不训练"的原则，做到生产、训练两不误。每年大规模的军事训练，都在春耕和秋收之后进行。三五九旅提出要把每位战士训练成神枪手、投弹手的口号，训练的基本项目是射击、投弹和刺杀，同时进行通讯、侦察、炮工等特种部队教育。各团、营驻地都修建有训练场地，空闲时间开展"官教兵、兵教官、兵教兵"的群众大练兵活动。平时在地里劳动时，枪就架在地头上，一有情况拿起武器迅速进入战斗。1941—1943 年，三五九旅多次击退国民党军对边区的军事袭扰。1943 年，敌后抗日根据地进入恢复和发展阶段。三五九旅遵照陕甘宁晋绥联防军司令部制定的训练方针，确定以射击、投弹和刺杀三大技术为主，军事体育为辅的训练内容。并提出"练习武艺，投弹第一；人人必到，一到必投；风雨无阻，假日不休"的口号。建立各种训练制度和训练纪律，元旦前后，全旅举行政治、军事大竞赛，参加比赛的人 80％以上达到射击、投弹的规定标准。同时对排以上干部进行短期集训。11 月，正式展开冬季练兵运动。在射击训练中，着重开展"神枪手"（即"特等射手""朱德射击手"）运动，打靶达到规定标准以上，命名为"神枪手"或"特等射手"。在投弹训练中，着重开展"贺龙投弹手"运动，凡投弹达到规定标准（距离和准确程度）即授予"贺龙投弹手"的称号。经过 5 个月的大练兵运动，全旅立姿投弹的平均距离为 40.88 米，提高了 13.32 米；步枪实弹射击中弹率为 86.3％，并出现了 11 个营、连单位 100％的射击中靶。全旅营、连干部大部分是"朱德射击手"和"贺龙投弹手"，部队的军事素质和人员体质都有了明显的提高。在南泥湾开展的大练兵运动中，三五九旅创造性地进行军事竞赛，这是中国共产党军队历史上最早的"大比武"运动（图 4-4-3）。

图 4-4-3　三五九旅战士进行单杠训练（1943 年）

　　1944 年 7 月 22 日，驻华美军总司令史迪威将军派包瑞德上校率美军观察组抵达延安，八路军总部安排参谋长叶剑英陪同到南泥湾参观。美军观察组到达南泥湾后，看到八路军在如此简陋的条件下，把南泥湾建设得到处庄稼郁郁葱葱，遍地鸡鸭牛羊肥壮，远远望去，青山绿水美不胜收。他们对八路军战士在烽火硝烟的战争时期，能创造出这样的奇迹感叹不已。

　　在政治、文化教育方面，三五九旅每年除集中一期或两期以思想工作为主的政治整训外，一般的政治、文化教育主要利用晚上时间经常进行。军事训练所占时间的 30％用于文化工作和政治工作，读书写字是每日的功课。当时政治工作的中心任务是：教育部队明确认识保卫陕甘宁抗日根据地、保卫党中央、保卫毛主席的伟大意义；保证部队情绪饱满地完成生产和训练两大任务。每个团，甚至有些连队都有自己的小型俱乐部和图书馆，条件好的有几间房子，条件差的挖个大窑洞，里面摆上几十本通俗读物、几份报纸、几把二胡和几支笛子等，就是俱乐部和图书馆。晚饭后，大家汇集在此，看书看报、唱歌、拉胡琴、打扑克、下象棋、打球、敲锣打鼓，还有歌舞团、京戏团、评剧团等排演节目，准备随时参加演出。同时，进行干部及战士整风学习和文化课学习活动。1942 年 1 月，七一八团（"刘堡"部）以文化教育作为部队的教育中心，提出"消灭文盲"的口号。任弼时在"刘堡"第五次党代表大会上说："所谓文盲，有高级的与初级的。不识一字的是文盲，识 500 字不能使用的也是文盲。真正消灭文盲，每个人不但要识字，而且要能使能用。"从此"消灭识 500 字以下的文盲"被大会通过作为决议，成为战士们努力的方向。

经过 3 个月学习，大部分人能把 20 多篇课文全部默写下来且能讲解，最多的 600 字，最少的 50 字。不少战士学会了记笔记、写日记、写信、写通讯。80％的士兵能够阅读通常的报纸，其余 20％为新补充的战士，也至少认得 100～500 个字，足以阅读特别简化的前线日报。1943 年秋后，全旅文化学习和冬季大练兵同时进行。战士们每天从练兵场回来就去上课。初期没有纸张、笔墨，就用木炭棒、树枝、桦树皮代替笔和纸，在地面上、沙盘里写字，同时还用桦树皮当纸办起"灯笼报"，每期文章短小、内容丰富。通过学习，战士们的文化政治军事素养得到很大提高，经作文、默写、造句、填句、改别字错字等文化测验，平均 86 分。

第六节　部队生活

南泥湾是延安县金盆区的一个乡，与金盆湾、九龙泉、临镇、马坊等接壤。百余年前，这里曾经是人烟稠密的地方，后来由于军阀混战、土匪抢劫，当地人民相继逃亡，这里变成了一片荒山野岭。1940 年前，当地仅二三十家老户集中于南阳府川下游一带。三五九旅初到南泥湾时，眼前只是一片荒凉的山坡，几十里内渺无人烟。深山树木参天，野兽群游。坡上梢林遍野，荆棘横生。沟地黑暗阴森，地气潮湿。生产和生活条件非常艰苦，一首当时传唱的歌谣，真实地道出了它的不堪："南泥湾呀烂泥湾，黄山臭水黑泥潭。方圆百里山连山，只见梢林不见天。狼豹黄羊满山窜，一片荒凉少人烟。"战士们没有住的地方，只能露宿在野兽成群的荒山野坡上，就地取材，用砍来的树枝搭起漏风、漏雨、漏光的"三漏"茅屋。一下雨，茅屋内外积满雨水，衣服、被子全都湿透，恶劣的生存环境使伤病员的人数猛增。旅党委及时提出"建造我们的阵地，建造我们的家园"这一口号。一边抓紧开荒，一边抽出一定的力量自己动手打窑洞。旅、团首长从这架山到那架山，察看地形，寻找打窑洞的地点，并请当地老百姓指导挖窑洞。南泥湾一带山坡的土质很坚硬，当地人称为"一块铁"，战士们天不亮就起来钻到窑洞里作业，手上打满了血泡，虎口也震裂了，当收工号响起、走出窑洞时，满身都是泥土。尤其是夏天，蚊子、牛虻特别多，光着膀子劳动，身上经常被叮咬，长了许多又痒又痛的大疙瘩。最终，官兵们用自己的双手建成了一排排冬暖夏凉的新窑洞（图 4-4-4）。1941 年开挖窑洞 1000 余孔，建房 600 余间。1943 年挖窑洞 1048 孔，建平房 602 间、大礼堂 1 座、小礼堂 2 座、制作桌凳 3922 件，官兵们的生活居住环境得到极大改善。七一九团驻地九龙泉一带，窑洞挖得最好。同时三五九旅还在金盆湾开辟了一座新的集镇，盖起平房，开设了木工厂、铁工厂、油厂、酒厂、造纸厂、骡马店、百货商店、货栈、饭馆、理发店、洗澡堂、合作社等，以供应军人日常用品。之后，老百姓搬到这里居住的、做生意的越来越多，逐渐形成热闹的街市。

图 4-4-4　三五九旅战士挖窑洞现场

三五九旅进驻南泥湾初期，为寻找合格的饮用水，朱德总司令让人采集地表水、地下水水样，送重庆国统区化验后，测得地下水为可饮用水，可以打深水井饮用。为筹措打井经费，朱德决定由政府统管盐业的生产和销售，紧急下令派部队开出 5000 亩晒盐田，修通大车道，购买骡马，组建盐业骡马运输队发展盐业，筹措"军垦屯田"所需资金。部队开始打井后，要求每个连队最少挖 3 口井，共打水井 47 口，地下水成为部队的饮用水。部队初来时为初春，基本没有菜吃，山上的野菜、木耳、蘑菇、地皮菜、金针菇、苦菜、野蒜，水边的水芹菜等都是战士们常吃的菜食；荤菜主要靠战士们上山捡野鸡蛋、猎取山鸡、野猪、野羊，或下河摸鱼改善生活。战士们还挖甘草和车前草煎水喝，或用黄芩草，经过蒸馏后制成茶叶，解渴泻火。粮食按规定每人每天一斤半（旧制，一斤为 16 两），开荒期间每人每天平均最少需要一斤十二两，最多二斤半，粮食缺口很大。初期部队向各驻地乡政府暂借部分粮食，同时普遍地开展节省粮食运动。从 1941 年 12 月底起，每天每人节省二两（即从一斤半减到一斤六两），或者以一斗小米换二斗苞谷，来增加粮食。部队提出"干部保证伙食改善，战士保证生产任务完成。伙食不好由干部负责，开荒任务没有完成由战士负责"的行动口号，要求必须保证战士吃饱饭。进驻南泥湾时带的口粮吃完后，须组织人力到百里以外的清涧、延川、延长去背粮、运盐，全靠人挑、肩扛、骡子驮。1941年秋，粮食丰收，不仅解决了部队的粮食、副食品供应，而且还清了欠乡政府的粮食。1942年，三五九旅提出"一人一羊、二人一猪、十人一牛"的口号，百人以上单位还要喂三四头母猪，以繁殖小猪；鸡、鸭、鹅、兔等按饲养能力养殖。畜牧业的发展，不仅改善了部队的生活，使部队供给情况有了根本的改变，而且牲畜的粪便污水成为主要的农业肥料来源（图4-4-5）。牲畜的皮毛，既可制成皮鞋、皮带、马装具等供部队使用，又可换取军队的各种用品。1942年前，部队每天每人吃两餐杂合饭（春耕、秋收时例外。杂合饭即用南瓜、山药蛋、蔬菜拌上小米做成的饭），1943年起改为每天三餐。开始时战士们很难吃到肉，杀一口猪要保证100人以上的伙食单位吃5餐，后期每月每人则可以吃到3斤大秤（每斤24两）的猪肉，鸡、鸭、鹅、兔等肉尚不算在内。1944年，除了吃掉的，圈里还养有猪5624口、牛1240头、羊12000多头，所养鸡、鸭、鹅、兔达数万只。有的单位养的蜜蜂每箱能收30多斤蜂蜜。以前陕北不种西红柿，战士们引种的西红柿成为大家喜欢的菜品。因土豆（马铃薯）既可当饭吃，又能做菜，有产量高、耐储存的特点，所以规定平均每人必须种五分地的土豆。

图4-4-5　三五九旅部队生猪饲养场

　　粮食丰收后，全旅各部队仍统一规定生产任务和供给标准与制度，只能在供给标准范围内改善伙食，开支按月向上级报销，年终统一核算。结余的粮食和物资除由旅统一储备一部分以备战时需用外，每年还有一定的上交任务。1941 年旅经费物资自给 79.5%，1942 年自给 96.16%，1943 年全部自给，1944 年不仅全部自给，而且做到"耕一余一"，并上缴公粮 1 万石（100 万升）。

1941—1944 年，三五九旅各部在南泥湾、金盆湾、九龙泉、马坊、临镇等荒芜的土地上，开垦荒地 26 万余亩，使南泥湾一带的面貌，发生了巨大的变化，彻底地粉碎了国民党的经济封锁。荆棘遍野、狼狐出没、荒无人烟的南泥湾变成了"平川稻谷香，肥鸭满池塘，到处是庄稼，遍地是牛羊"的陕北好江南。1942 年 7 月 10 日，朱德总司令特邀徐特立、谢觉哉、吴玉章、续范亭 4 位老人同游南泥湾时，曾作《游南泥湾》诗一首："……去年初到此，遍地皆荒草。夜无宿营地，破窑亦难找。今辟新市场，洞房满山腰。平川种嘉禾，水田栽新稻。屯田仅告成，战士粗温饱。农场牛羊肥，马兰造纸俏。小憩陶（桃）宝峪，青流在怀抱。诸老各尽欢，养生亦养脑。熏风拂面来，有似江南好。散步咏晚凉，明月挂树杪。"1943 年春节，陕甘宁边区党政军民各界组织春节慰问团到南泥湾慰问，其中贺敬之作词、马可谱曲的《南泥湾》歌曲，让南泥湾的"陕北好江南"随着郭兰英的歌声传遍全国，"自力更生、艰苦奋斗"的南泥湾精神被带到祖国的四面八方。在"自己动手，丰衣足食"等口号的鼓舞下，南泥湾军垦带动了边区其他地区大规模地开展大生产运动，大大减轻了老百姓的负担，为中国共产党赢得了更广泛的群众支持。毛泽东主席曾说："……大家自力更生，吃的、穿的、用的都有了。目前我们没有外援，假如将来有了外援，也还是要以自力更生为主。""我们用自己动手的办法，达到了丰衣足食的目的……我们的军队既不要国民党政府发饷，也不要边区政府发饷，也不要老百姓发饷，完全由军队自己供给，这一个创造，对于我们的民族解放事业该有多么重大的意义啊！"

第五编

文　化

中国农垦农场志丛

第一章　科学技术

南泥湾农场自 1965 年建场后，在连队设科学实验小组。1972 年 8 月，兰州军区建设兵团第 40 团成立团科研组，设实验基地。1981 年，南泥湾农场设科研站、兽医站，先后在水稻、玉米种植、香紫苏种植提炼、牲畜饲养等方面应用推广农业生产科学技术。农场试验引用旱作农业大垄沟种植技术、水稻旱育卷秧、三早一密、早播、旱育、稀播、稀植等水稻种植技术，以及稻田除草剂应用、畜牧冷精配种、日光温室蔬菜综合栽培技术等科技项目，使主导产业科技含量大幅提升。

第一节　科技机构队伍

1965 年，农建师 141 团成立初期，在团机关设生产股和经管股管理农场粮食种植生产；在连队设有科学实验小组，连长兼任小组组长，开展科研实验项目。有农业、园艺、机务、农业植保、水利、房建、畜牧等各类专业技术人员 29 人。1970 年，兰州军区建设兵团第 40 团设专职技术员 2 名，团连两级科学实验小组有技术骨干 52 人。

1972 年 8 月，兰州军区建设兵团第 40 团成立团科研组，设实验基地 250 亩。团生产股副股长任科研组长，设专职技术员 2 名。成立或巩固连队科学实验小组，连长兼任小组组长。团连两级共有实验田 133 亩，干部 86 人。

1981 年，南泥湾农场设科研站、兽医站。科研发展方针为：以推广先进技术为主，以生产中存在的突出问题为课题，提高农牧业的生产效率。主要研究水稻、玉米育种和牛、羊地方病的防治。有各级各类技术人员 25 人，其中农林牧、农机等专业技术人员 19 人，其他方面 6 人，技术人员占职工总数的 4%，大部分技术人员为大中专毕业生。1983 年，有各级各类技术人员 16 人，其中农技 7 人（助理农艺师 2 人）、林业助理工程师 1 人、畜牧兽医 4 人、医生 4 人。另有初中、小学教师 20 人。1985 年，有各类技术职称者 19 人，其中农业技术员 3 人、助理农艺师 3 人、兽医技术员 4 人、医师护士 3 人、助理会计师 1 人、会计员 5 人。1989 年，农场有各类技术职称者 11 人，其中农艺师、林业工程师各 1 人，助理农艺师、助理兽医师、农业技术员各 3 人。1992 年，农场制定专业技人员管理制度，管理工作转入常规化。同年农场完成专业技术职务年度考核工作，健全专业技术人员档案。农场畜牧站有兽医师、助理畜牧师 4 人。1994 年，有各类专业技术人员 45 人，具体情况见表 5-1-1。

表 5-1-1　南泥湾农场 1994 年专业技术人员统计表

姓名	任职资格	姓名	任职资格
贺玉林	畜牧兽医师	霍玉兰	会计员
郭守彬	农艺师	薛志明	中教一级
苏绍武	农艺师	尤 黎	中教二级
罗玉瑾	农艺师	吕 鑫	中教二级
杨小宁	农艺师	程建林	中教二级
邢丹东	农艺师	周景龙	中教二级
刘宏胜	助理兽医师	白耀成	中教二级
宋明富	政工师	王建军	中教二级
高雅琴	政工师	高雪玲	中教三级
李树人	助理政工师	杨培武	中教三级
呼海荣	助理政工师	张秀兰	小教一级
杨晋发	助理政工师	李雪梅	小教一级
刘忠海	助理政工师	李尚平	小教一级
郑进厚	助理政工师	袁海峰	小教一级
白 锋	政工员	王利梅	小教二级
张 军	政工员	张天元	小教二级
白 岗	会计师	李墩琴	小教二级
张有福	助理会计师	白永章	统计员
霍克仁	助理会计师	王维忠	统计员
尚生智	助理会计师	白永亮	西医士
马良海	助理会计师	何延明	放映员
薛兴旺	助理会计师	刘山岗	放映员
崔永丰	会计员		

1995 年，南泥湾农场成立农业区域开发领导小组，组建农业科技推广网络，安置 80 名技工学校毕业生。

1997—2000 年，南泥湾农场有科技干部 48 人，其中高级 1 人、中级 8 人、初级 39 人。2001—2010 年，科技干部总计 53 人，至 2010 年在岗 41 人，其中高级 2 人（在岗）、中级 7 人（在岗 4 人、退休 3 人）、初级 44 人（在岗 35 人、退休 9 人）。

2020 年，南泥湾（集团）公司有专业技术人员 40 人，其中高级工程师 2 人、中级技术职称 9 人，具体情况见表 5-1-2。

表 5-1-2　南泥湾（集团）公司 2020 年专业技术人员统计表

姓名	学历	职称等级	职称专业	取得时间	从事岗位
刘一民	研究生	中级	工程师		集团党委书记、董事长
刘小雄	本科	高级	高级工程师	2014.12	集团党委副书记、总经理
白彦明	本科	高级	电气工程	2020.12	集团工程部副部长
赵永峰	大专	中级	小教高级		集团党委副书记
祁海梅	本科	中级	中级会计师		集团总会计师
李莉	中专	中级	计算机	2006.05	农业公司出纳
徐晓锋	本科	中级	土木工程	2011.12	集团合同预算部部长
王学海	大专	中级	工程师	2013.03	农业公司副总经理
张超	研究生	中级	建设工程	2016.11	集团人力资源部部长
葛飞	研究生	中级	化工设备	2018.03	集团工程部项目管理
曹杰	本科	中级	建筑工程	2018.11	安质部副部长
呼海荣	中专	初级	助理政工师		集团副总经理
党德生	本科	初级	助理工程师		集团副总经理
王向军	中专	初级	助理农艺师		集团企管部部长
杨加峰	中技	初级	助理农艺师		农业公司职员
王国兴	大专	初级	建筑工程	2013.06	集团工程部施工员
薛志罡	本科	初级	供热工程	2015.12	集团工会主席
赵培	本科	初级	基建工程	2017.04	开发公司总经理
杨万	本科	初级	暖通工程	2017.12	集团发展规划部科员
张娇	本科	初级	工程管理	2017.12	集团合同预算部预算管理
张波	本科	初级	建筑工程	2018.12	开发公司施工员
闫一鹏	本科	初级	建筑工程	2019.12	开发公司施工员
乔智波	本科	初级	建筑工程	2019.12	集团合同预算部综合管理
崔茜	本科	初级	会计	2015.05	开发公司会计
曹梦妮	本科	初级	会计	2019.05	综合能源公司出纳
马玥	本科	初级	档案管理/会计学	2017.09	集团公司财务部副部长
贾荟	本科	初级	档案管理	2017.12	集团办公室科员
万顺泽	本科	初级	档案管理	2019.12	集团办公室科员
孙建邦	中专		经济员		集团人力资源部副部长
徐明	中专		园技员		农业公司综合办公室副主任
崔振荣	中专		农经员		农业公司总经理
闫建亭	中技		农技员		农业公司二级子公司养殖公司经理
鱼宁	中技		农技员		资产运营公司副总经理
惠延军	中技		农技员		农业公司二级子公司中蜂公司经理
马琴	中技		统计员		集团财务部职工
刘正萍	高中		会计员		集团财务部副部长
马杰	高中		会计员		集团资产运营公司副总经理
张军	高中		政工员		综合能源公司总经理
白峰	中专		政工员		物业公司副总经理
惠世雄	中技		政工员		物业公司管理人员

第二节　科学研究与试验

一、农业

1965 年建场初期，农建师 141 团在连队设有科学实验小组，开展科研试验项目，小面积试验后大面积推广。1971 年，兰州军区建设兵团第 40 团开展科学种田，进行小块田试验，把生长基础差的地块定名"翻身田"、生长基础好的地块定名"高产田"等。淘汰冷水红水稻品种，推广种植农垦 21 号、京越 1 号、金秋、公交 12 号等新优良品种和小株密植技术。当年水稻平均亩产 370 斤，比 1970 年亩产 170 斤增长 1 倍多；水稻丰产实验面积 65 亩，平均亩产 741 斤。

1972 年 8 月，兵团成立团科研组。1973 年，兵团科研组与中国科学院、北京农业大学、西北农学院、省农林科学院以及吉林、河北、山西、宁夏、陕西等部分地区的农科所和科研单位联系，征集 400 余种水稻、玉米、高粱、谷子、豆类、绿肥等种子和部分科研资料。经试验观察，从 99 个谷子品种中确定 6 个早熟丰产品种；从 25 个玉米杂交种中选出"陕单五号"品种；从 25 个高粱杂交种中确定原新一号早熟品种；引种试验水稻 711、718、东北早丰等新品种。农场机关、各连队、单位都种植有丰产田。1973 年全场种丰产田 408 亩，平均亩产 705 斤。1974 年种植丰产田 475 亩，平均亩产 808 斤；五连 75 亩水稻丰产田平均亩产 1059 斤；其中干部试验田 8.5 亩，平均亩产 1211 斤，最高亩产达 1413 斤（小块测田数据）。《陕西农情》以《发扬南泥湾精神，水稻亩产过千斤》为题对此报道。当年兵团科研组引进实验水稻、谷子、玉米、大豆、马铃薯良种品系 89 个，其中水稻品种观察、参试品种（系）20 个，谷子参试品种 25 个，玉米杂交种参试品种 5 个，大豆参试品种 24 个，马铃薯参试品种 15 个。秋天选水稻单株 4000 株、谷子 500 株，进行系统选育。制种玉米良种武单早 7000 斤，繁殖水稻良种功糯 3600 斤，提纯复壮水稻良种400 斤。同时制定《1981—1985 年科研"六五"规划项目》。

（一）　山地水平沟、垄沟种植法

1979 年 3 月，中共延安地委、行署召开地、县、乡三级干部会议，决定推广山地水平沟种植法（即沿山坡等高线自上而下套二犁开沟种植的方法）、垄沟种植法（川原坝地上起垄栽培，方法为"深开沟、巧施肥、浅覆土、轻镇压"，易于保墒提苗，肥料利用率高）。山地水平沟种植法改变了从山根往上耕种的方法，可保水保肥，便于集中施肥。主要应用于谷子、小麦种植。此前，农场种植玉米主要采用六行播种机，易造成缺苗、倒伏而减产。1981 年，农场首先在农业生产条件较好的农六队推广种植垄沟玉米 50 亩，亩产 980 斤。1982 年，农场聘请延安市农技站站长姚代明传授两法种田技术。在农二队、农六队、农七队大面积推广种植垄沟玉米，亩产均在 800 斤以上。1984 年实行家庭农场后，玉米全部实行垄沟种植。农二队、农六队职工在山坡上种植水平沟谷子，每亩基本苗 2 万多株（过去亩基本苗 0.7 万株），平均亩产 400 多斤，较撒籽的老种法（亩产 100 斤左右），增产 3 倍。

2012 年，农场推广玉米单粒机械点播技术成功，此后，农场玉米种植生产全程实现机械化。

（二） 稻田除草剂应用

1981 年后，南泥湾农场水稻除草先后引进除草醚、扑草净、杀草丹、敌稗、二甲四氯、西草净等稻田化学除草剂品种，经试验站反复试验后推广。应用水田化学除草剂，水稻亩产由建场初的 80 斤提高到 500 多斤。

1. 扑草净 每亩使用 50％的可湿性扑草净 4 克，眼子菜（别称鸭子草、水案板、水上漂）的叶子开始枯萎，半月后连根腐烂掉。

2. 杀草丹 杀草丹施入稻田内，有效成分立即溶于水中，并被吸附到土壤表层。杂草的根部或幼芽吸收后，植物停止生长以至枯死，对水稻作用很弱，有明显的选择性。一般在插秧前 1～3 天进行土壤封闭时，每亩用 6～8 两原液，溶于适量水中，用喷雾器均匀喷在过筛后的 40 斤细土中，堆闷 24 小时后，均匀地撒在稻田中。稻田水层 4 厘米，保持 3 天不排水。插秧前来不及土壤封闭时，可在插秧后 5～7 天用同样的办法进行土壤封闭，亦可达到除稗目的。漏水田、深水田或稻苗不健壮的田，不宜施药，以防药害。

3. 敌稗 敌稗为选择性很强的触杀型除草剂，对稗有特效。一般在稗草二叶一心前使用药效为最好，三叶后杀草率大大降低。每亩用敌稗乳油 1～2 斤，加水 50～60 斤，选择晴天露水干后的中午进行叶面喷雾，喷药前必须把稻田水层排干，喷药 24 小时后再灌深水，淹稗 3 天（水不能淹住稻草心为宜），杀死稗草的可能性达 90％以上。

4. 二甲四氯 二甲四氯为内吸传导型选择性除草剂，主防三棱草。用 70％二甲四氯钠盐每亩 2～3 两，加 20％敌稗 2 两，兑水 40～60 斤，于水稻分叶期喷雾，可有效防除三棱草。喷药前必须排干水层，喷药后 24 小时即可正常排灌。

5. 西草净 西草净为内吸传导型选择性除草剂，能抑制杂草的光合作用，主防眼子菜。插秧返青后至分叶期，眼子菜叶片转绿达 60％～80％时施药，施药量为有效成分每亩 1～1.2 两，将药均匀地拌在 30～40 斤潮土中，堆闷一夜后，均匀地撒入大田。施药前堵住进出水口，水层调到 1～1.5 寸，经 5～7 天转入正常管理。

（三） 水稻种植技术试验推广

1974 年，兰州军区建设兵团第 40 团提出水稻亩产"过黄河"（亩产 600 斤）、"跨长江"（亩产 800 斤）目标。技术员杜民生提出并采用早种植（延长无霜期、生长期）、早除草（化学除草），分蘖期排水晒田（控制分蘖、深扎根），后期稻田水不少于 5 厘米（保持水温、护根），生长期喷 3 次二钾肥等措施。当年，五连 75 亩水稻丰产田平均亩产 1059 斤。

1983 年，南泥湾农场从榆林引进水稻优良品种京引 39，推广旱育卷秧、三早一密（早育、早播、早追肥，合理密植）种植技术。首次在农四队、农五队进行试验，旱育卷秧每亩用种量 14 斤，较水育每亩用种 30 斤，节省一半多。且旱育卷秧不缓秧，生根快，缓苗快，长势好，分叶强，增产幅度提高 20％以上。

1990 年，农场推广东北早播、旱育、稀播、稀植水稻种植技术。农四队队长兼农技员马合富，农五队农技员郑进强、惠国林试种旱育稀植水稻，平均亩产分别为 1029 斤与 1141 斤、1200 斤，被农场评为推广水稻旱育稀植工作成绩突出农技员。1990—1991 年，杨晓宁的《旱育稀植能增产，培育壮秧是关键》，杨晓宁、罗玉瑾的《水稻叶面喷硅试验初报》等论文在延安地区农学会发表，获农学会优秀论文一等奖。

1993—1994 年，科研站和各连队主要进行水稻、玉米、大豆、谷子密度试验项目。1994 年，农场引进推广辽优 73 号杂交水稻获得成功，100 亩水稻实验田平均亩产 450 公斤，增产 40％，其中 4 亩亩产达 725 公斤。

2004 年，农场推广各项实用技术，粮食作物全部采用优良品种，水稻全部实行化学除草；水稻、玉米等粮食作物实现耕翻、脱粒机械化。

2011 年，农场推广水稻软盘育秧和机械插秧成功。2013 年，南泥湾农场从宁夏引进 LQ-1 水稻新品种，试种 120 亩，种植周期较常年缩短 7～15 天。2018 年，针对南泥湾部分稻田存在次生盐碱地问题，开展水稻种植项目试种，长势良好，性能稳定。

（四） 增施磷肥试验

南泥湾农场土壤中含碱解氮 53ppm，速效磷 7ppm，氮磷比例 7：1，属极度缺磷。1991 年，针对农场土地现状，增施磷肥。80％以上田块亩施磷肥 25 公斤以上，粮食、经济作物产量大幅度提高。此前香紫苏亩单产 0.6～0.7 公斤，施磷肥后单产提高到 1.91 公斤，较历年提高 2 倍以上。

二、香紫苏油提炼技术

南泥湾农场从 1971 年开始示范种植香紫苏，成为国家定点生产基地之一。1973 年始建蒸馏锅炉，提炼香紫苏精油，当年提炼出香紫苏精油 33 公斤。1979 年，提炼香紫苏油 815.3 公斤，比 1978 年增长 125％。据研究，香紫苏在盛花后期，运用多种设备，经过 5 次提炼，可获得 5 种名贵产品，即香紫苏油、香紫苏浸膏、香紫苏醇、香紫苏内脂和龙涎醚。产品不仅广泛应用于日用化工、烟草精制与食品工业，且有一定的医疗价值。至 1982 年，农场承担北京、上海、天津、广州等各大城市所需香料固定剂——香紫苏油的生产和供应任务，并为国家科研单位生产高级香料——龙涎醚提供原料。

1998 年，农场与陕西省轻工业研究所合作成立陕西中天香料有限公司，开发利用香紫苏残渣，从中萃取香紫苏浸膏。

南泥湾农场在香紫苏种植过程中，经场科技人员不断总结种植、收获、提炼经验，形成一套完整的香紫苏油工业提炼技术措施，并进行推广。具体要点如下：

（一）适期割花

以 90％的籽粒呈黄褐色为准，在晴天的上午 10 点至下午 5 点，按成熟程度分期分片采割。南泥湾农场一般在 8 月 10 日左右开始，按成熟程度，采取先阳地后阴地，先肥地后薄地，先粪堆地后大片地的顺序，进行收获提炼。割花时尽量不带或少带茬、杂草，以免影响出油率。

（二）装炉时间及容量

香紫苏花要边炼边割，不能积压，因为放置时间太久会影响出油率。根据农场各种锅炉的容积，每锅装花量一般为 700 斤，小锅 600 斤，边装边踩。装花过多会降低出油率，过少会加大成本，出油率保持在 2‰～3‰为宜，每天置换提炼锅内的水。

（三）锅炉火候的掌握

经数十名锅炉工和技术人员在 16 个锅炉的试验，半小时至 40 分钟内加大火候为最佳，火候掌握得好与坏，影响出油率可达一倍左右。

（四）南泥湾香紫苏油技术指标

色状：无色或淡黄色油状液体。比重（d20℃）：0.886～0.929；折光率（n20℃）：1.458～1.473；旋光度（a20℃）：−6°～−20°；

酸值（mg·KOH/g）：<2；含脂量（按乙酸芳樟酯计）：50％～70％；

香紫苏浸膏技术指标：含脂量：50％～60％。

三、其他科研项目推广应用

1981 年，南泥湾农场推广应用牛的冷冻精液人工授精，受胎率达 30％。

1982 年 8 月，陕西省畜牧兽医站组织人员，在南泥湾农场推广在牛胆囊内培植无毒塑料硬壳，以此人工培育牛黄，对 32 头公母牛种植牛黄。1983 年后取到牛黄 8～45 克不等，实验成功，填补了一项国家人工牛黄生产的空白。但牛种黄后，食欲不振，体格消瘦，难以饲养。后因农场集体牛群出售给职工个人饲养，实验停止。

1983 年，南泥湾农场从北京市种鸡场引进星杂 579 雏鸡 1500 只，办种鸡场，刘宏胜任场长兼技术员。采用密闭式散养实验，成活率为 90.8％。喂养自己研制的混合饲料 180 天后产蛋，人工孵化，密闭式养鸡实验成功。雏鸡苗由区委分配给南川各乡镇村民饲养。1985 年因鸡的产蛋率下降停养。

20 世纪 70—80 年代，南泥湾农场畜牧兽医站以预防为主，每年春秋两季畜牧防疫重要时期，对牲畜、家禽注射各种疫苗和其他一些抗菌药物，减少牲畜因传染病、寄生虫病等造成的死亡。据统计，预防过的牲畜比未预防的发病率可降低 30％。南泥湾是严重的缺硒地区，每年会出现大量的缺硒病畜，尤其是各种仔畜死亡严重。农场畜牧兽医站用自己配制的药剂注射治疗，治愈率达 100％。南泥湾农场市级以上科技奖项获得情况见表 5-1-3。

表 5-1-3　延安南泥湾农场市级以上科技奖项名录

年份	获奖人	项目名称	获奖等级
1985	杜民生	全国棉花品种区域试验及其结果应用项目	国家科技进步一等奖
1984	邓武森、杜民生、罗玉瑾、邢丹东等 11 人	水稻旱育卷秧技术推广	延安地区推广一等奖
1993	杨晓宁、邢丹东	水稻旱育稀植技术	地区农业技术二等奖
2005	岳延平	洛麦 8918 推广	陕西省科技二等奖

第二章 教 育

1966 年，农建师 141 团利用接收的南泥湾劳改农场资源开办子弟学校，该校属九年全日制场办学校。20 世纪 70 年代，南泥湾境内有小学 10 所，分别为三台庄、任台、九龙泉、盘龙、马坊、金盆湾、金砭、金庄、高坊小学和 40 团子弟学校。校舍房间共 91 间，设置班级 50 个，其中初小 40 个班级、高小 8 个班级、初中 2 个班级，辖区内适龄儿童基本完全入学。随着场办社会职能剥离，2009 年 6 月 23 日，南泥湾农场子校及教职工移交宝塔区教育局管理。

第一节 学校教育

一、学校基础设施建设

1966 年 1 月，农建师 141 团接收南泥湾劳改农场位于南泥湾镇阳湾学校砖木房屋 59 间（1960 年建设），建筑面积 1197.8 平方米，占地面积 25 亩。利用接收资源开办的陕西省农建师 141 团子弟学校，属九年全日制场办学校，有小学、中学各 1 所。当年，农建师 141 团补助职工子弟学校、半农半读学校经费 9593 元。

1979 年，国营陕西省延安南泥湾农场修建子弟学校校舍 24 间，建筑面积 480 平方米。1985 年，农场集中财力物力，投资 4.13 万元，为学校新建两层教学楼 12 间，建筑面积 300 平方米；投资 5874 元，维修教职工办公室宿舍 34 间；投资 1972 元，新建厕所 65 平方米；其他维修投资 2000 元。

1990 年，农场投资 7 万元为子弟学校新修教室 12 间（平板房），维修校舍 12 间。1991 年，投资 8000 元，维修子校的化验室，添置化验仪器，购置秧歌服装和乐器，改善办学条件。

1993—1995 年，农场利用农业部扶贫开发建设项目资金，采取"上级资助一点，社会各界集资一点，勤工俭学创收一点"的政策，完成农场中小学改造。新建完成教室、实验室 805.2 平方米，翻修大门和部分围墙，并添置部分教学仪器和图书。1994 年，子弟学校可容纳 10 个班级、400 多名学生就读（图 5-2-1）。

图 5-2-1　20 世纪 90 年代的南泥湾农场子弟学校

1996 年，农场实施骨干教师住房建设项目。投资 34.65 万元，在子弟学校职工宿舍后建二层楼房共 50 间，面积 1155 平方米。资金来源为农业部项目投资 25 万元，职工个人集资 10 万元。投资 108 万元，新建和改造校舍 5269.7 平方米，增添部分桌凳、图书仪器。使教学班次达到 12 个，可容纳中小学生 500 多人就读。

2005 年年底，学校资产总额 150.1 万元（不包括账外资产）。其中，学校占地 7798.1 平方米（折 11.69 亩），按 1994 年价计，折合 78.76 万元；房屋 46 间，其中教室 34 间、综合楼 12 间，折合 51.74 万元；电教设备 27 台（件），实验器材账内 392 件（套），书籍 1463 册，办公室教学用具 1811 件（个）。

2007 年 12 月，根据延安市人民政府《关于印发市属企办中小学移交所在地县区政府管理工作实施方案的通知》精神，农场将子弟学校拟分离移交人员、资产呈交市移交办。至 2008 年，南泥湾农场子弟学校教学专用设备计 3.6 万元，一般设备计 0.54 万元，图书计 0.33 万元。学校经费全部由农场支付，拨付至移交宝塔区政府管理为止。经费主要用于教师工资、福利、公务费，缴纳养老保险、医疗保险等。

2009 年 6 月，农场子弟学校正式移交宝塔区教育局管理。移交总资产 223.71 万元，其中房屋 92 间，建筑面积 2996.19 平方米，教学设备计 4.18 万元，土地 9384.9 平方米。

二、教师队伍

1965 年南泥湾农场建场初期，即设农建师 141 团场办小学、中学各 1 所。1966 年，场办中学有教职工 7 人、在校学生 78 人，场办小学有教职工 13 人、在校学生 136 人。子弟学校副校长为沈锡熊，副政委、指导员为唐聪玲。1970 年，中学有教职工 6 人、在校学生 75 人，小学有教职工 14 人、在校学生 193 人。政委、指导员为宋政杰，校长为潘充基。1978 年，中学有教职工 4 人、在校学生 57 人，小学有教职工 21 人、在校学生 203 人。校长为薛毅荣，党支部书记为王万清。南泥湾农场子弟学校 1966—1978 年教师学生情况见表 5-2-1。

表 5-2-1 南泥湾农场子弟学校 1966—1978 年教师学生情况一览表

年份	中学		小学	
	教职工（人）	在校学生（人）	教职工（人）	在校学生（人）
1966	7	78	13	136
1967	7	62	15	181
1968	6	54	12	175
1969	6	67	12	187
1970	6	75	14	193
1971	6	84	17	173
1972	8	69	18	197
1973	5	71	23	178
1974	2	69	21	169
1975	11	102	7	137
1976	7	95	11	152
1977	4	53	14	217
1978	4	57	21	203

1980 年，薛毅荣任子弟学校党支部书记。1986 年，子弟学校有教职工 30 余名，王维贤任校长兼党支部书记。1987 年 10 月，张苏民任子弟学校党支部书记，周景龙任校长。1989 年，调入大专以上文凭的教师，提高师资水平。中学部有教职工 15 人，在校学生 121 人；小学部有教职工 15 人，在校学生 172 人。王维贤复任校长兼党支部书记。1993 年 2 月，任命薛志明为校长、赵永峰为副校长。1995 年，子弟学校实行经费划片包干定额管理制度。

2003 年，南泥湾子弟学校有教职工 31 人，教师合格率 93%。在校生 361 人，其中场内学生 220 人、场外学生 141 人，中学部场外子女占总人数的 55%。2004 年，子弟学校实行定补管理。2005 年，学校有教职工 55 人，其中在职在岗正式教职工 30 人、待岗 11 人、聘用教师 3 人、退休教师 10 人、离休 1 人；在职、待岗及聘用人员中本科学历 2 人，大专 20 人，中专、中师 15 人，其他 7 人；中级职称 14 人，初级职称 16 人；男 16 人，女 28 人；35 岁以下 17 人，36～49 岁 19 人，50 岁以上 8 人。2006 年，学校共有 10 个教学班，其中中学部 3 个、小学部 7 个。上半年在校学生 230 人，其中中学部 126 人、小学部 104 人。

2009 年 6 月 23 日，南泥湾农场子弟学校及教职工 39 人（在职 29 人，退休 10 人）移交宝塔区教育局管理。

三、教学质量

农建师 141 团子弟学校建成初期设置初中班 2 个、高小班 2 个以及初小班 3 个。20 世纪 60 年代，按照教育与生产劳动相结合的教育方针，在教学中增加劳动、军训、讲革命传统等课程。

1983 年，南泥湾农场子弟学校制定《教学管理方案》，坚持学校教育德、智、体全面发展，提高教学质量。开展教学研究，发挥骨干教师积极性，引导学生充分利用图书室、实验室基地，拓宽学生的知识面。1986 年，农场子弟学校有教学班 11 个。至 1987 年，升学率每年平均 95% 以上，初中升高中考试中，考取初中专、技工学校人数逐年增加。其中，1983 年毕业生 21 人，被中专、技工学校录取者 2 人。1984 年毕业生 39 人，录取 8 人。1985 年毕业生 50 人，录取 8 人。1986 年毕业生 80 人，录取 15 人。1987 年毕业生 92 人，录取 16 人。1984—1986 年，子弟学校初三数学成绩连续 3 年为延安市高中招生考试单科平均成绩第二名，受到延安市教育局奖励。1986 年，农场子弟学校被评为延安地区农业系统先进单位，《延安报》曾报道子弟学校的教学工作。

1990 年 9 月，校长王维贤所编的《初中数学复习纲要》，得到延安市教育局的认可，被《延安教育通讯》刊用，并在延安市初中数学教学中推广。1991 年，农场子弟学校组织举重队代表延安市参加地区九运会，获金、银、铜牌共 19 枚，获延安地区举重团体总分第三名和精神文明队奖，并为延安地区体育运动学校输送 2 名新生。当年，农场投资 11 万元，在延安农校办技工班 1 个，招收 38 名职工子女入学。1994 年 5 月，子弟学校参加延安地区第十届运动会男子举重项目比赛，获团体总分第二名（图 5-2-2）。

图 5-2-2 1994 年，南泥湾农场子弟学校获延安地区第十届运动会男子举重第二名

1998 年，子弟学校 35 名考生参加初中专考试，达到预选分数线 3 人，考入延安中学 2 人。2003 年，农场子弟学校从学前班到初三班，共有 10 个班，每个年级各一个班。在校生 361 人，其中场内学生 220 人，场外学生 141 人；中学部 161 人，小学部 200 人；场外学生占总人数的 39%；中学部场外子女占中学部总人数的 55%。子弟学校抓教育促质量，强化内部管理，深化教学改革，提高师德素质。当年参加中考的学生，考入延中者 2 名、四中者 8 名、职中者 9 名，升入高中学生占总考生的 40%。2004 年参加中考的学生，考入延中者 1 名、四中者 6 名，其他学生均升入中专和其他高中。2006 年，学校共有 10 个教学班，其中中学部 3 个、小学部 7 个。学校落实"两免一补"政策，不收取学杂费。

2009 年 6 月，农场按照延安市人民政府 2007 年"市属企办中小学移交所在地县区政府"的管理精神，正式将农场子弟学校移交宝塔区教育局管理。

第二节　干部培训教育

2020 年 6 月，经中共延安市委、市人民政府批准，延安南泥湾（集团）有限责任公司出资成立延安南泥湾红色文化培训有限公司，内设延安南泥湾红色文化培训中心。公司位于延安市南泥湾开发区，注册资金 500 万元。教育培训基地总占地面积 16000 平方米，可同时为 400 名学员提供培训服务，年培训接待能力 2 万人次以上。二期、三期教育基地正在建设中。

培训中心设联络一部、联络二部、培训部、综合办公室、宣教部、财务部、拓展中心等部室。聘用教授 19 人、副教授 28 人，南泥湾老党员、老红军后代等南泥湾精神传人 3 人，管理人员 24 人。南泥湾（集团）公司党委书记、董事长刘一民兼任培训公司党支部书记、董事长。

培训中心立足于南泥湾的红色资源和南泥湾精神，面向全国各地党员干部、企事业单位、大中小学生等各类群体开展传承革命传统、弘扬南泥湾精神的相关培训课程。坚持突出特色，注重情景式、体验式教学，打造"劳动在田间，用餐在地头""自己动手，丰衣足食"的大生产运动拓展体验基地，增强红色培训的带入感和获得感。坚持开放合作，与延安市委党校、延安干部培训学院、延安革命纪念地管理局、延安黄帝陵管理局、全国农垦系统、金盆湾研学基地等单位合（协）作，建立资源共建共享机制和相对固定的互培、代培关系，开拓培训领域。通过打造精品课程和精品线路，丰富红色培训内容。至 2020 年年底，培训中心先后接待省农业厅、省农行、省教育厅、中共延安市委组织部、中共延安市委党校、延安市扶贫局、延大附院东关分院、陕西铁塔集团、长庆油田采油一厂处级班、陕建华山路桥集团第七公司，延长县司法局、政法委、统战部工商联等单位培训班 116 批、6601 人，实现营业收入约 221 万元。先后收到学员和委托单位的感谢信 20 多封、锦旗 3 幅。

第三章　卫　　生

南泥湾农场建成初期，20世纪70年代，境内南泥湾公社设有卫生院，三台庄、九龙泉、盘龙、马坊、金砭等生产队设有合作医疗站7个；农建师141团设有卫生队，各连队配有卫生员，每个小队有赤脚医生。基本做到大病不出团、公社，小病不出连、队。1978年，农建师五团卫生队改名为南泥湾农场职工医院。2003年职工医院歇业停办。随着南泥湾农场体制改革及社会职能剥离，职工医院交政府管理。

第一节　卫生医疗机构

1966年1月，农建师141团接收南泥湾劳改农场医院及食堂土木结构房屋62间，1299.6平方米。在今农四队20孔薄壳院址组建卫生队，时有职工23人，包括主治军医1人、医生5人（军医1人）、助理医生2人、护士4人、实习生2人、司药2人、调剂1人、后勤人员3人。队长为李才银，副队长为丛培声，副政委、指导员为陈春林。设内科、儿科、外科等医科。主要的服务对象是农场职工和家属，职工为公费医疗，家属及未成年子弟实行半价收费。1968年，投资3.5万元，增设红外线、紫外线透视机等医疗设备。

1971年，兰州军区建设兵团第40团新建卫生队队址，建成砖木结构瓦房22间，其中病房8间，有床位30张。有职工20人，其中医护人员18人（医生10人、护理8人），各连队配有卫生员。队长为孟宪敬，指导员为杨德林。设内科、外科、妇科、儿科等医科和西药房、中药房。设备有红外线、紫外线透视机，X射线机和心电图机。1975年，农建师5团公费医疗实行团、连两级管理、两级核算。将医疗经费下放到连队，每个职工每月0.80元，家属、小孩每人每月0.40元，由连党支部及经委会掌握，统一调剂平衡，用于医疗支出及卫生员工资。留团0.20元，用于一些大型病人的开支及全团性支出。职工到卫生队看病一律付现款，回单位报账。

1978年，农建师5团卫生队改名为南泥湾农场职工医院，医院缩编，农场补贴由10余万元降到2万多元。医院有职工11人，其中医生6人、护士2人、药房1人。院长为张志新,副院长为吴万明。设内科、外科、妇科、儿科、中医科等医科。1983 年 2 月,南泥湾农场对各连队卫生员实行亦农亦医,承担全部生产任务,实行定额补贴,标准由各农队自行决定。

1984 年,南泥湾农场经济体制改革为家庭农场后,职工医院实行自负盈亏经营,1985 年、1986 年,因场部只给医院下拨 2000 元和 3000 元计划生育、卫生防疫专款,取消亏损补贴,5 个医生调走 3 个,医院面临倒闭风险。党支部书记、院长吴万明带领留下的职工,采取一系列改革措施,给医务人员订购业务杂志,根据从事业务选择科目,坚持自修。7 名职工中兼职的有 4 名:护士兼放射员,司药兼药库保管人员。选送 2 人到外地学习化验、放射技术,拓宽门诊业务范围。制定门诊、病房、注射、药房、财务会计、请假等制度,严格奖惩,药品损失比以前减少 30%。每 1 例患者的医疗收入除医药费外,奖给接诊大夫 30%。1986 年接诊病人 1 万余人次,住院患者 500 人次,做阑尾轻创等各类手术 100 多例。通过改革,使医院亏损降到 5000 元,职工的个人利益比工资高出 30%。

1991 年,南泥湾农场指定医院药剂师白永亮负责职工医院管理。1993 年,职工医院实行承包制,农场职工高宜承包后,聘请西医 1 人、中医 1 人、护理 2 人,开展中西医诊治。1997 年,职工李伟承包医院,有医护人员 5 人,其中医生 1 人、护理 2 人。2003 年,医院呈歇业状态。2018 年,随着南泥湾农场体制改革及社会职能剥离,职工医院交政府管理。

第二节　地方病防治

克山病、大骨节病、地方性甲状腺肿是危害延安人民健康、影响劳动生产的三大非传染性地方病。延安地区黄龙县是陕西省克山病发现最早、病情最严重的县。南泥湾境内各地皆有克山病、大骨节病流行。20 世纪 50 年代以前,往往举家或全村发病,严重威胁人民的生产和生活。1941 年成立的陕甘宁边区医药学会,首次会议决定了 8 项工作,其中之一就是加强边区地方性疾病防治研究。1958 年,国家卫生部派遣东北专家组到延安黄龙县考察,核实认定黄龙克山病"无论临床表现、病理变化都较东北的克山病为重,且不易抢救治疗成功"为病因研究提供了依据,成为黄龙县及延安地区防治克山病之开端。

1966 年,农建师 141 团邀请教授对全团职工进行地方病预防知识教育。1970 年,周恩来总理指示北京市卫生局组织医疗队 70 余人先后 10 余次来延安农村防治地方病。1973 年 2 月,北京克山病调查团 14 人历时 7 年,调查克山病发病诱因。1975 年 7 月,周恩来总理指示将延安地方病病区饮用水送北京化验后,认为地表水不符合饮用标准。南泥湾农场打深井改善饮用水质，在大荔库区生产点种植小麦，供应农场职工食用，以预防克山病、降低发病率。1985年，陕西省政府将南泥湾认定为病区，为南泥湾农场干部职工每人每月发放5元病区补助（后随医疗制度改革取消）。1991年，延安市进行地方病线索调查，全市有克山病患者67人、大骨节病患者366人、甲状腺肿大患者195人。1992年5月，确定南泥湾镇马坊行政村为"两病"（克山病、大骨节病）监测点，实查477人，发现克山病患者6人（均系原发病人）；7~13岁儿童未发现大骨节病患者，"两病"发病基本处于稳定状态。1998年8月，对南泥湾、松树林、麻洞川、临镇4个乡镇、8个行政村进行克山病、大骨节病调查，共调查2435人，查出克山病患病人数48人，患病率为1.97%；大骨节病患病人数66人。2003年，普查7~16岁中小学生35502人，未发现大骨节病病例；甲状腺肿大普查4417人，查出患者37人，患病率为0.83%，对200人进行预防性服药（碘油丸）治疗。2009年，抽取15所小学8~10岁学生10255人进行甲状腺监测，一度肿大65人，肿大率0.63%。对7~14岁学生136人发放碘油丸，预防碘缺乏病，治愈甲状腺肿大119人，治愈率88%。采集8~10岁的100名学生的尿液，尿碘指标均正常。全区克山病、大骨节病、甲状腺肿大三大地方病无新发病例，呈稳中下降态势。

2010年，宝塔区开展地方病示范县建设工作，在23个乡镇、办事处进行摸底调查。碘缺乏病调查422742人，查出缺碘性甲状腺病患者6175人；大骨节病调查320471人，拍手片50人，查出大骨节病患者841人；氟斑牙调查3161人，查出患病者4人；克山病调查29764人，查出慢性克山病患者5人。在全区小学4~6年级的学生及18~40岁的育龄妇女中开展地方病健康教育活动，知晓率分别为93.04%和87.83%。至2020年，三大非传染性地方病达到国家基本控制标准。

一、克山病防治

克山病（俗称吐黄水病），因最先在黑龙江省克山县发现而得名。1960年，省、地地方病研究所确定宜川、黄龙、黄陵、洛川、鄜县（今富县）、甘泉、延安等县为克山病病区。后进一步调查发现延长、安塞、志丹县的部分乡（镇）也有发病和死亡情况。因此，延安地区克山病有病区分布广、病情严重，且具有一定的区域性和季节多发、家庭多发、农业人群多发的特点。发病多集中于冬春季节，每年12月始发病增多，至次年2月达到高峰，4月下降。宝塔区以南泥湾、松树林、麻洞川、临镇、柳林和南市办事处为重病区。1970年进行普查。1973年南泥湾卫生院进行败酱草（苦菜）治疗克山病试验，证明对改善症状、恢复心脏功能有效。1974年起，市卫生局组织市防疫站、市医院及南泥湾、松树林、麻洞川卫生院和马坊大队合作医疗站等单位，组成延安市败酱草防治克山病科研协作组，对南泥湾、松树林、麻洞川 3 个公社及姚家坡农场 120 例各型克山病患者进行治疗、观察，有效率达 82.6％。1975—1976 年，对 189 名患者进行系统观察。1976—1977年，进行第四次临床观察。西安医学院克山病研究所、地方病防治所在黄陵、富县、甘泉、洛川县 16 个乡、3 个农场 7752 人中进行为期 1 年的口服亚硒酸钠片预防克山病效果观察，并推广到全区，服硒人数达 7 万人。1978 年，地方病防治所协作项目《口服亚硒酸钠预防克山病效果以及硒与克山病关系的研究》获全国、省、地科技奖项。1979 年 6月，全国地方病防治工作会议肯定口服亚硒酸钠片预防克山病效果。

1990 年 5 月，瑞典的桑顿博士和地方病防治所专家对延安市南泥湾克山病患者进行检查，认为病情稳定。1995 年 1 月，省地方病防治办公室组织西安医科大学专家对延安地区的克山病病情及防治情况进行考核认定，宝塔区克山病防治达到国家基本控制标准。后通过改良水质，改善居住条件，推广食用碘硒盐以及种植大棚菜、改变食用蔬菜品种单一等措施，未再出现急发新发病例。

二、大骨节病防治

大骨节病（俗称柳拐子病）是一种原因不明的慢性地方性骨关节病，以损害生长发育期的骺软骨、骺板软骨及关节软骨为特点。患者腿、臂弯曲，关节畸形、四肢伸屈困难、肘部不能伸直，腿呈 O 型或 X 型，肌肉萎缩、步履蹒跚。病情严重者，儿童发育迟缓，成人则影响甚至丧失劳动能力。全年均有发病者。延安宝塔区除下坪乡外，每乡都有发病。中华人民共和国成立后，延安县开展改水工作，在水井投放木炭预防此病，情况大有好转。1956—1959 年，西安医学院和省、地地方病防治机构组成调研队，对延安地区黄龙县大骨节病进行病因、流行病学、临床、生化、X 射线、病理学等综合调查，掌握大骨节病的基本流行特点和临床特征，为防治工作奠定了基础。1956 年 5—8 月，苏联大骨节病专家汝拉科廖夫亦曾到延安黄龙县实地考察发病诱因。

1966 年 4 月，黄龙县用"锅巴盐"防治大骨节病获得较好疗效，推广到全国的一些病区试用。1970 年，北京医疗队、中国科学院和省卫生工作队赴延安探索病因。调查发现，延安以南诸县的低中山区、黄土丘陵区域发病较重；志丹、安塞、延长 3 县虽有发病，但呈局部分布，病情轻，且基本与克山病重叠，故有"姐妹病"之称。大骨节病的患病率随土壤中的铁含量上升、钙含量上升、硒含量降低而增高，与"氟中毒"并存。据1970 年普查，共有前驱期患者 806 人，一度 2318 人，二度 1675 人，三度 547 人。1972

年春，首先在富县钳二公社马伏头大队采用口服硫酸钠片及浓硫酸改水等方法预防大骨节病，后在全区推广。经过连续 7 年的临床观察，疗效较好。1975 年普查，前驱期患者 953 人，一度 2665 人，二度 1623 人，三度 507 人。1982—1983 年，延安市卫生局和延安地区医科所组织人员在南泥湾乡东风、樊庄、前九龙泉、金砭、马坊、金庄 6 个村，进行霍乱，副伤寒甲、乙菌苗（四联菌苗）注射治疗大骨节病、关节痛试验，取得一定效果。

20 世纪 90 年代，延安市在继续对大骨节病进行监测基础上，配合地区盐务部门，加强碘盐的管理供应。2009 年，在 9 个乡镇、36 个行政村抽取碘盐 288 份、宝塔区盐业公司抽取碘盐 27 份，经检测合格率均为 100%。大骨节病达到基本控制标准。

第三节　公共卫生

一、饮水卫生

南泥湾地区森林覆盖面积大，林区地形复杂，海拔高 1100～1400 米。大部分山沟有泉水，由于水流在枯枝烂叶之中，水质较劣，若长期饮用需改良。当地常住居民中有克山病和大骨节病流行。20 世纪 40 年代，八路军一二〇师三五九旅准备进驻南泥湾初期，朱德派人取地下水和地表水水样送国统区检测，测得地表水不符合饮用标准，可以打深水井饮用。部队即开始打井，饮用地下水，规定每队至少打 3 口井，于是地下水成为部队的饮用水，九龙泉水为灌溉主要水源。

南泥湾农场所辖阳湾中心区及 11 个农队，分布在延（安）壶（口）公路沿线及 5 条拐沟，方圆 30 多平方千米。1972 年前，南泥湾境内村民人畜饮水多为地表水；南泥湾农场饮水主要依靠水井，陕西省水文队曾支援农场挖机井，解决连队饮水问题。水井大部分为淡水，少数为咸水，其中咸水井主要集中在前九龙泉、后九龙泉和阳岔沟。1972 年，南泥湾农场在阳湾中心区建成供水系统后，利用地下水作为水源，饮水质量得到提升。其他 10 个农队位于距阳湾中心区较远，供水系统没有涉及的地区，人畜饮水主要靠人工打井取得，因井深较浅，仍属地表水，水质很差。有关部门、专家曾对南泥湾水资源状况进行现场勘察和水质化验比较，认为长期饮用地表水易患克山病、大骨节病等地方病。地下水不需净化处理，可直接作为生活用水。至 2000 年，南泥湾农场八队、九队、十一队 82 户 310 人（占全场人口 20%）所在地尚没有通电、通路，仍饮用地表柳根水，严重影响职工身体健康。

2010 年，农垦局对南泥湾农场实行国家扶贫项目支持，拨付扶贫资金 50 万元，实施南泥湾农场人畜安全饮水工程项目。聘请专业施工队伍，完成大礼堂—科研站—机耕队及南泥湾道班—南阳府—四连的输配水管道的铺设工程。利用原有部分供水设施基础新建农场供水系统，增设二氧化氯发生器消毒设施 3 套和 30 平方米消毒间。井水抽出后，经电解式二氧化氯发生器消毒处理，供入城镇配水管网。2011 年工程完工，完成投资 53.96 万元。水质经延安市宝塔区疾病预防控制中心检验，符合 GB 5749—2006 标准，其中水质总硬度为 247 毫克/升，氯化物含量为 13 毫克/升，氟化物为 0.6 毫克/升，氰化物＜0.002 毫克/升，溶解性总固体为 272 毫克/升。水源保护采取限制水源区域农业生产和农药等有害物应用、水源附近禁止油井开发等措施，并建立供水监护和水质、水量监测制度。

二、环境卫生整治

2004 年，中央财政安排专项资金对农村卫生户厕建设以及农村改水改厕建设给予专项补助，改善农村环境卫生，提高农村饮水卫生合格率和粪便无害化处理率。2006 年，南泥湾农场建立场区街道、广场环境卫生清洁制度，整治街道、广场乱搭乱建行为。组织场干部到连队清理垃圾，帮助农户改善居住环境。南泥湾镇被授予市级"卫生先进单位"荣誉称号。2009 年，按照区委、区政府要求，南泥湾镇政府开展创建卫生先进单位活动。制定道路硬化、改水、改厕、美化绿化等内容的规划，明确工作要求。投入资金 5 万多元，投工 260 个，动用铲车 30 多台次，新建硬化排污渠 850 米，新建垃圾屋等卫生配套设施 4 个，新建垃圾场 1 个。建立健全卫生长效管理制度，配备环保环卫人员 23 人。通过开展创建卫生先进单位活动，南泥湾农场所在的南泥湾镇干净整洁，农场环境大为改观。

2009—2015 年，南泥湾农场配合镇政府创建文明小城镇、"2＋1"三城联创活动，开展"讲文明、讲卫生、讲科学"活动。按照创建国家森林城市要求，重点对公路沿线、街道、农户院落、农场场部及各连队的环境卫生进行全面整治，优化工作环境，解决脏、乱、差问题。开展职工家庭健康教育活动，提倡人人讲卫生，美化绿化家居，增强干部职工参加环境卫生整治的自觉性和主动性，培养良好的个人卫生习惯和健康文明的生活方式。

2019 年，南泥湾开发区实施水务一体化、气化工程、垃圾中转站等基础设施建设，规划期末南泥湾核心区设置小型垃圾转运站点 2 处，生活垃圾逐步实现分类收集、封闭运输，外运至延安市垃圾处理场无害化处理。

2020 年，是延安市第六届全国文明城市创建测评最后一年。南泥湾（集团）公司集中开展环境卫生整治工作，清理小广告，加强环境卫生管理，消灭卫生死角，保持景区环境的整洁有序。推进文明进社区进连队活动。组织干部职工深入农队开展人居环境整治，确定带队领导和组长，分片包干农队开展活动。党团组织在 3 月 5 日雷锋纪念日、五四青年节等节假日带领党团员清理农垦林、农队居民点垃圾，消除垃圾对周边生态环境的污染，抑制各种疾病传播，使场容村貌大为改观；充分发挥网络、微信、微博、宣传单、宣传册、喷绘广告、问卷调查等的宣传作用，全年发放创文宣传册 405 份，发放问卷调查 366 份，职工群众卫生知识知晓率和文明健康行为规范率逐渐提高。5 月，南泥湾开发区污水处理厂及其配套工程建成投运。农场配备专职环卫工人，每天随时清理垃圾，保证场区和周边旅游景点、广场、道路环境卫生干净整洁。实施厕所革命和农村人居环境整治，累计改造桃宝峪、高坊民宿院落 15 户，农村户用卫生厕所 115 户，增设分类垃圾桶 300 套，硬化村级道路 3800 米，从根本上解决了南泥湾核心景区脏乱差问题，为南泥湾镇居民创造了优美、清洁、舒适的生产、生活环境，改善了投资环境、促进经济的可持续发展。

第四章　文化艺术

　　延安自古以来是汉族和少数民族交杂居住的地方，经过长期磨合，形成陕北人民独有的质朴敦厚的性格和能歌善舞的文化习俗与民间艺术。南泥湾农场所在地宝塔区既是民族文化之乡，也是新文艺运动的策源地。1942年5月在延安召开的文艺座谈会，总结"五四"以来革命文艺发展的基本历史经验，联系延安和各抗日根据地文艺工作的实际状况，解决文艺"为群众"以及"如何为群众"这个根本问题。座谈会后，有关南泥湾大生产和陕甘宁边区政治文化生活等方面的文艺作品创作日益丰富，主要以歌剧、民歌、秧歌为主，创造了众多的红色经典文艺作品。贺敬之作词、马可作曲的《南泥湾》歌曲经郭兰英的演唱传遍全国，延安精神也随着南泥湾歌曲被带到祖国的四面八方。南泥湾境内亦有众多田野文物与革命旧址。1965年农建师141团成立后，逐步形成融合军旅文化、企业文化、知青文化、乡土文化、民族文化于一体的农垦文化体系。2016年12月，南泥湾革命旧址被列入全国红色旅游经典景区名录。至2020年，南泥湾境内有国家级文物保护单位4个，省级文物保护单位5个。

第一节　群众文化

　　延安传统的群众文化有陕北民歌、陕北唢呐、陕北道情、陕北说书、信天游、秧歌、剪纸等民间艺术形式。20世纪40年代，抗战爆发后，一大批爱国青年纷纷奔赴延安。随着他们的到来，延安交际舞逐渐时兴起来，给严肃紧张的工作、学习、生产、战斗生活带来一股生动活泼的气息。1942年4月15日，贺龙师长带着一二〇师"战斗评剧社"来到南泥湾看望慰问指战员，为战士们演了3天大戏。贺龙对旅首长说："越是工作艰苦，越要重视文化娱乐生活，要经常听到战士们的歌声笑声，这样的部队劳动才有干劲，战斗有冲劲。"

　　延安文艺座谈会以后，有关南泥湾大生产的文艺作品创作日益丰富，主要以歌剧、民歌、秧歌为主。1943年元旦开始，革命队伍里再次时兴的是军民同乐的陕北秧歌舞。春节，陕甘宁边区党政军民各界组织100多人的春节慰问团到南泥湾，参加慰问的有边区政府机关业余文艺队、抗大"鲁艺"学院专业文艺队、留守兵团"烽火剧社"和联防军演出队以及艾思奇、贺绿汀、陈洪彤、丁玲、李柏钊等人，慰问团在旅部门前的广场上举办了军民联欢会。鲁艺秧歌队演出《拥军花鼓》等，三五九旅奋斗剧社演出《刘顺清开荒》、新秧歌剧《兄妹开荒》《夫妻识字》等，其中，秧歌舞《挑花篮》（后改为《南泥湾》歌曲）在慰问演出中极受三五九旅全体官兵的喜爱。演出结束后，王震旅长高兴地走上舞台，与该节目的演员一一握手，并与她们合影留念。后来，随着《挑花篮》在陕甘宁边区的巡回演出，由郭兰英演唱之后，这首歌迅速在边区走红。经贺敬之、马可对歌曲的再次修改，整理成为《南泥湾》。从此，南泥湾的歌声传遍全国，延安精神也随着南泥湾歌曲被带到祖国的四面八方。1944年，延安地区形成新秧歌的大潮，各个单位纷纷组织自己的秧歌队，趁着春节等节日走上街头表演，互相拜年，争演新人新事。三五九旅战士在冬闲时间、逢年过节也排练节目，丰富战士的文化娱乐生活。

1965年农建师141团成立初期，兵团成员主要为来自西安、汉中、延安等地的知识青年，南泥湾精神宣传队就是在此时建立的。兵团从各连的文艺骨干中抽调20多人组建宣传队，有宣传任务时演出，无宣传任务时参加劳动。宣传队专门排练了南泥湾大生产的系列节目和一批反映兵团建设的节目，有重要的外宾、内宾来南泥湾参观时进行宣传演出。同时应延安周边一些单位邀请，经常外出进行宣传演出。宣传队编导、演员、乐队力量和演出水平较高，是延安地区一个较有实力的宣传队。1970年12月，兰州军区举办文艺调演活动，农场积极响应（图5-4-1）。

1978年后，南泥湾农场职工大量迁往渭南垦区，一段时期内农场文化活动匮乏。场部或连队每晚的电影放映，是农场职工及周边村民文化生活的重要内容。大礼堂于1982年重建后，成为职工和周边村民的主要文化活动场所。人们白天聚集礼堂门前下象棋、打扑克，谈古论今；晚上可购票看电影或文艺演出。礼堂落成时农场请山西洪洞县蒲剧团在此演出6天戏曲，场场爆满。1984年，陕西省作协主席胡采率领文艺界知名人士马友仙、允恩凤、邢履庄、王向荣来南泥湾演出。此后，延安地

图5-4-1　20世纪70年代，兰州军区建设兵团第40团宣传队文艺演出

区的艺术团体也常来南泥湾演出，丰富了职工的文化生活。1986 年后，南泥湾地区庙会盛行，经常邀请剧团或文艺演出单位在农贸市场唱戏或演出，开展群众性的文化活动。

2005 年，南泥湾大生产广场建成后，延安市文化局为支持南泥湾农场开展文化活动，赠送大鼓 3 面、铙钹 8 对、马锣 8 面等器材设备以及秧歌服装。农场配备专人管理，组织开展职工文化生活。农场职工家属和周边文艺爱好者自发组织秧歌队在广场演出，吸引游客参与其中，成为广场一道靓丽的风景。2006 年，南泥湾农场邀请陕北民歌歌手常德艺、郁彩云来南泥湾，在大生产广场为游客演唱陕北民歌。2008 年，农场投资 10 万元设立基层文化活动中心。2009 年出资购买音响、鼓乐器材，组织职工群众开展跳广场舞活动。2012 年 8 月 4 日，农场党委和南泥湾兵团战士联谊会成功举办由来自全国各地的 1300 多名原农场老职工组织的"老兵回家——南泥湾兵团联谊会"，省市电视台和众多新闻媒体都予以报道（图 5-4-2）。

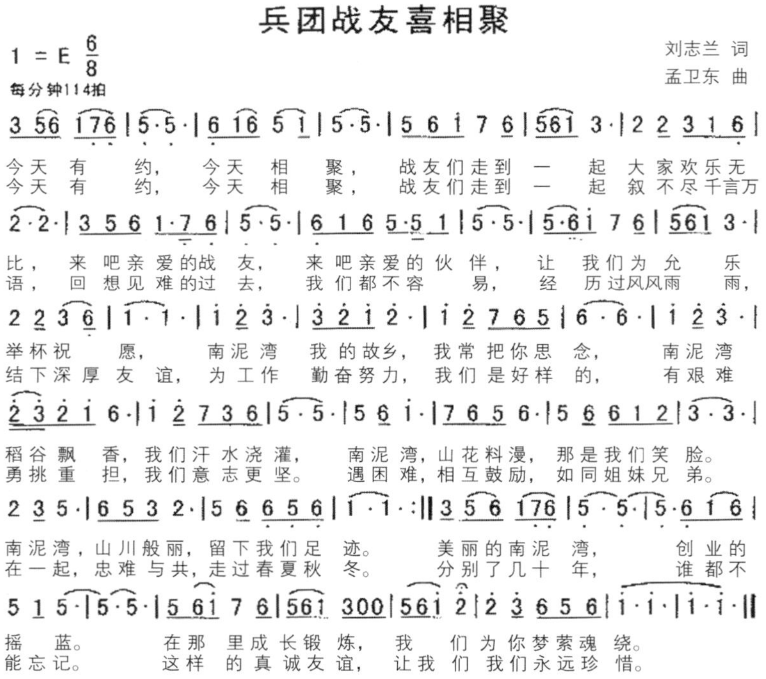

图 5-4-2　2012 年，为"老兵回家——南泥湾兵团联谊会"所创作的歌曲

2017 年，大生产广场拆除改建后，南泥湾的文化活动中心转移到桃宝峪和党徽广场。

2019 年 7 月 1 日，南泥湾农场参加南泥湾管委会在党徽广场举办的庆祝建党 98 周年红歌演唱比赛，荣获第三名。

2020 年，延安市委组织部在南泥湾桃宝峪大礼堂举办"唱响新时代·金秋颂国庆"歌咏比赛。南泥湾（集团）公司演唱的《向往》，在 12 支参赛队伍中，以 9.79 分的成绩荣获第一名（图 5-4-3）。

图 5-4-3　2020 年，南泥湾（集团）公司参加延安市委组织部举办的"唱响新时代·金秋颂国庆"歌咏比赛

第二节　文学艺术创作

1938 年 2 月，陕甘宁边区时期，在毛泽东、周恩来、林伯渠、徐特立、成仿吾、艾思奇、周扬倡议下，中共中央在延安北关云梯山麓的文庙台（今延安军分区和延安机械厂一带）成立鲁迅艺术学院，1940 年改称鲁迅艺术文学院。从 1938 年 3 月至 1945 年 11 月，共开办文学系 4 届，戏剧、音乐、美术系各 5 届，培养 680 多名艺术人才，其中文学系 197 人、戏剧系 179 人、音乐系 162 人、美术系 147 人。1942 年 5 月在延安召开的文艺座谈会上，毛泽东要求文艺工作者"站在无产阶级的立场上，为工人、农民、八路军、新四军和其他人民武装队伍、城市小资产阶级劳动群众和知识分子服务"，其中着重强调"首先是为工农兵"服务。座谈会后，有关南泥湾大生产和陕甘宁边区政治文化生活等方面的文艺作品创作日益丰富。陕甘宁边区出现由民间歌手创作的广为传唱的《东方红》《绣金匾》《高楼万丈平地起》，新秧歌剧《夫妻识字》等；鲁迅艺术文学院创作演出歌剧《白毛女》（贺敬之和丁毅合写），秧歌剧《兄妹开荒》《南泥湾》，话剧《日出》，音乐作品《黄河大合唱》等。成立鲁艺评剧团，并编辑出版《文艺战线》《草叶》等文艺刊物。部队指战员创作了许多"枪杆诗"，出现毕革飞等快板诗人；出现了赵树理的小说《小二黑结婚》《李有才板话》，丁玲的《太阳照在桑干河上》，周立波的《暴风骤雨》，李季的长篇叙事诗《王贵与李香香》，阮章竞的《漳河水》，孙犁的《荷花淀》等优秀文学作品。

1944 年，延安地区形成新秧歌的大潮，各单位纷纷组织自己的秧歌队，由于当时根据地的人们来自四面八方，许多人把自己家乡的舞蹈动作融入新秧歌的创作中，形成秧歌表演百花齐开的竞争局面。他们还以传统民间歌舞表演形式为基础，在表演中载歌载舞，在内容和形式上都具有鲜明的民族特色，以鼓舞人心的气质和军民百姓喜闻乐见的艺术形式，体现出中国革命进程中特有的一种精神状态和理想，在当时起到难以想象的作用，不久即在其他革命根据地得到响应，也在国民党统治区引起很多进步人士的高度评价，成为中国现代舞蹈史的一个转折点。这一时期涌现出大量新作品，如西北文艺工作团秧歌队的《小放牛》《赶毛驴》，青艺秧歌队的《四季生产舞》《红军节火把舞》，军法处秧歌队的《生产舞》，桥儿沟秧歌队的《推小车》等。另外，小秧歌剧也以前所未有的速度创作出来，《夫妻识字》《钟万财起家》《一朵红花》《牛永贵挂彩》等受到人们的欢迎。当时最突出的作品是下面几个。

（一）《八路军军歌》

该曲作于1939年秋，公木作词，郑律成谱曲。同年冬，由延安鲁迅艺术学院油印出版，并由曲作者指挥，首次演出于延安中央大礼堂。1941年8月，获延安五四青年奖金委员会评定的音乐类甲等奖。歌词表现了中国工农红军在经历了艰苦卓绝的二万五千里长征后，于民族存亡的危难关头，改编为国民革命军第八路军，投入伟大的民族解放战争的英雄气概。也深为部队和人民群众所喜爱，广泛流传于各抗日根据地，成为动员和激励广大军民团结抗战、英勇杀敌的精神力量。歌词中包括了长征、游击战、平型关大捷、敌后根据地等多个知识点，几乎包含了整个抗战史。后期成为《八路军大合唱》中的一首进行曲（图5-4-4）。

（二）《兄妹开荒》

该剧为新秧歌剧，原名《王小二开荒》。王大化、李波、路由编剧，路由作词，安波作曲，由延安鲁艺文工团于1943年春节在延安首次演出。剧情主要写边区翻身青年王小二响应党中央开展大生产运动的号召，大清早就去开荒。一会儿妹妹前来送饭，哥哥和她开玩笑，假装在地里睡着了。妹妹生气地扒醒他，两人展开了有趣的辩论。最后哥哥说明是开玩笑，兄妹二人在地里比赛着开起荒来。该剧表现兄妹二人争当劳动英雄的高度生产热情。剧本曾获边区政府1944年春节文艺特等奖，被称为"第一个新的秧歌剧"。中华人民共和国成立后，各地文艺团体和单位多有演出。

该剧亦由张祯祥改编为小型双人舞剧，王键民作曲。

（三）《南泥湾》

20世纪40年代初，日军大举进攻抗日根据地，国民党也加紧封锁包围抗日根据地。在最困难的时期，毛泽东发出"自己动手，丰衣足食"的号召。三五九旅进驻南泥湾，一

八 路 军 军 歌

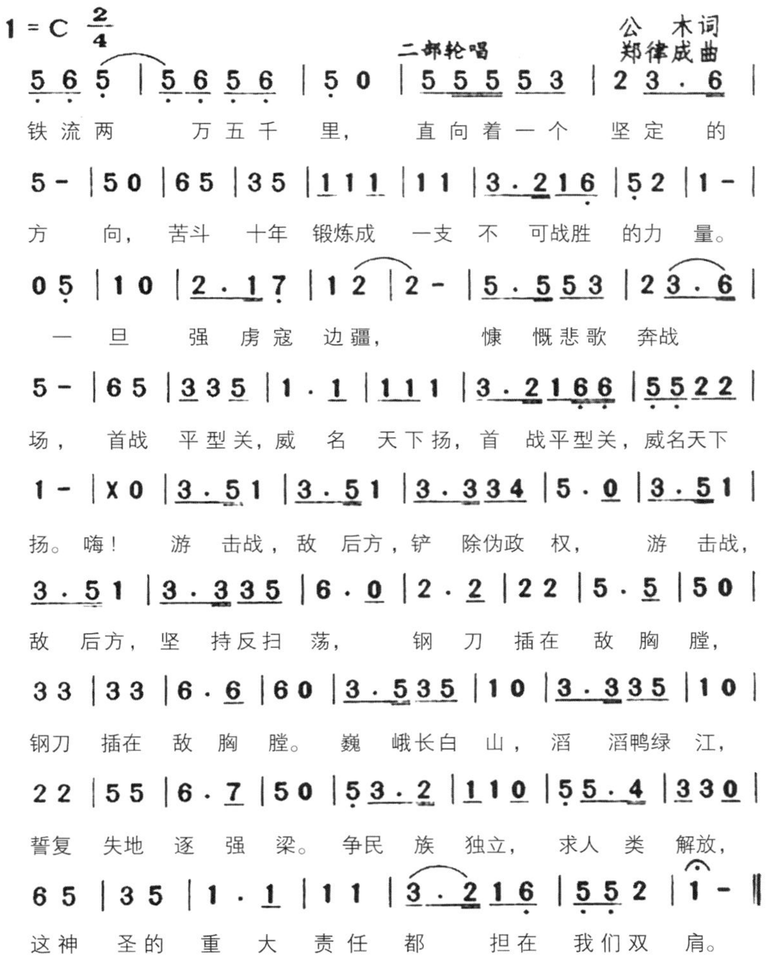

1 = C 2/4
　　　　　　　　　　　　　　　　二部轮唱　　　　　公　木词
　　　　　　　　　　　　　　　　　　　　　　　郑律成曲

5 6 5 | 5 6 5 6 | 5 0 | 5 5 5 5 3 | 2 3．6 |
铁流两　　万五千里，　直向着一个　坚定的

5 - | 5 0 | 6 5　3 5 | 1 1 1 | 1 1 | 3．2 1 6 | 5 2 | 1 - |
方　向，苦斗十年锻炼成　一支　不　可战胜的力　量。

0 5 | 1 0 | 2．1 7 | 1 2 | 2 - | 5．5 5 3 | 2 3．6 |
一旦　　强房寇边疆，　慷　慨悲歌　奔战

5 - | 6 5 | 3 3 5 | 1．1 | 1 1 1 | 3．2 1 6 6 | 5 5 2 2 |
场，　首战　平型关，威名　天下扬，首战平型关，威名天下

1 - | X 0 | 3．5 1 | 3．5 1 | 3．3 3 4 | 5．0 | 3．5 1 |
扬。嗨！　游击战，敌后方，铲除伪政权，　游击战，

3．5 1 | 3．3 3 5 | 6．0 | 2．2 | 2 2 | 5．5 | 5 0 |
敌后方，坚持反扫荡，　钢刀插在敌胸膛，

3 3 | 3 3 | 6．6 | 6 0 | 3．5 3 5 | 1 0 | 3．3 3 5 | 1 0 |
钢刀插在敌胸膛。巍峨长白山，滔滔鸭绿江，

2 2 | 5 5 | 6．7 | 5 0 | 5 3．2 | 1 1 0 | 5 5．4 | 3 3 0 |
誓复失地逐强梁。争民族独立，求人类解放，

6 5 | 3 5 | 1．1 | 1 1 | 3．2 1 6 | 5 5 2 | 1 - ‖
这神圣的重大责任都担在我们双肩。

图 5-4-4　八路军军歌简谱

手拿枪、一手拿镐开展大生产运动，把昔日荒凉的"烂泥湾"变成"陕北的好江南"。1943 年，陕甘宁边区军民大生产运动渐入高潮，作为"生产模范"的三五九旅更是名震边区，被誉为大生产运动的一面旗帜。延安军民精心筹办文艺节目，准备到南泥湾去慰劳三五九旅全体官兵。延安鲁迅艺术学院秧歌队在负责准备文艺节目时，编创人员构思出名为《挑花篮》的秧歌舞，由 8 位女演员挑着 8 对花篮，伴着插曲在台上表演，插曲歌词的最后一段名叫《南泥湾》。鲁艺戏剧系贺敬之负责作词，音乐系马可负责作曲的歌舞剧《挑花篮》随之诞生。马可采用陕北民歌的调式为它谱曲，此曲旋律优美、抒情。全曲分为对比性的两个部分，前半部分曲调柔美委婉，后半部分欢快跳跃，最后采用五度上行的甩腔手法结束全曲。歌曲吸收了民间歌舞的音调和节奏，加上载歌载舞的表演形式，融抒情性与舞蹈性为一体，更加生动感人。秧歌舞《挑花篮》在南泥湾慰问演出中，极受三五九旅全体官兵的喜爱。后随着《挑花篮》在陕甘宁边区的巡回演出，由郭兰英演唱之后，

这首歌迅速在边区走红。经贺敬之、马可的再次修改，歌曲整理成为《南泥湾》。

1986年，在北京工人体育馆举办的首届百名歌星演唱会上，内地摇滚歌手崔健首次以摇滚乐队的形式演唱了这首革命经典歌曲《南泥湾》，引起整个音乐界的震动，《南泥湾》被认为是开创内地摇滚时代的先驱性歌曲；内地乐坛的摇滚时代也以崔健的这一次演唱宣告开启。这首歌也曾传到海外，香港一代歌后徐小凤曾将它重新填词，用粤语演唱。

（四）《夫妻识字》

本剧为秧歌剧，延安时期由著名作曲家马可创作。曾被王昆、郭兰英、朱逢博无数次演唱。通过对刘二夫妻互帮互学，"生产当个模范，学习要争个第一"的描写，讴歌解放区翻身后的农民群众开展学文化运动和生动活泼的自我教育。最初载于1949年5月出版的《中国人民文艺丛书·兄妹开荒》。

（五）《炮兵进行曲》（延安炮兵学校校歌）

该曲为著名的军事音乐之一，由《延安炮兵学校校歌》和《炮兵之歌》改编而成。1944年11月，根据中央军委的指示，八路军总部炮兵团在南泥湾创办中国共产党第一所炮校——延安炮兵学校，1945年8月1日举行开学典礼。教官李伟、张寒晖分别填词、谱曲创作《延安炮兵学校校歌》，这首校歌随着抗日战争、解放战争的发展，曾在炮兵部队广泛流行。1946年10月，东北牡丹江炮校文工团的管弦乐队曾将此歌作为器乐曲演奏。1951年6月，担任军委炮兵政治部宣传部部长的李伟又写了一首为共和国炮兵部队鼓壮军威的《炮兵之歌》。1953年，中国人民解放军军乐团团长王建中将上述两首歌曲作为主要的音乐主题，融合改编为威武雄壮的军乐《炮兵进行曲》，这是中国人民解放军炮兵的标识性音乐，被列为国家大典以及阅兵式的保留曲目之一。作为国庆大典仪式用曲，《炮兵进行曲》曾于国庆35周年大典之际由严晓藕重新配器演奏。从它问世起，直至2019年的中华人民共和国建国70周年大庆，一直是阅兵时地面炮兵方队、高射炮兵方队接受检阅的背景音乐。

《炮兵进行曲》歌词：我们的炮兵在战斗里成长，我们一天天的越强壮，从来不怕危险，我们有力量克服困难。

毛主席告诉我们斗争的方向，朱总司令引导我们前进，团结一致如钢铁，和人民在一起奔向前程。

加紧地锻炼要掌握技术，我们是坚强的主力军，努力学习认真干，个个有本领文武双全。

我们的阵地在反攻的前线，炮火的威力如山崩，无情地打击敌人，瞄准那要害百发百命。

副歌：迅速确实勇敢坚定，攻无不克战无不胜。清扫敌人立战功，立战功。

（六）《军垦战歌》

1965 年，由农建十四师参谋长吕鼎锡作词，西安音乐学院王琰作曲。是一首展现陕西农垦职工响应党中央和国家号召，传承南泥湾精神，艰苦创业、建设农垦、无私奉献的歌曲。

《军垦战歌》歌词：我们是光荣的军垦战士，我们是红色的农业尖兵。毛主席的双手，抚育我们成长，我们不怕困难百炼成钢。战斗在秦岭之巅，渭河两岸，战斗在黄河之滨，长城内外。没有地，我们开，没有树，我们栽，没有房屋就盖起来。喝令荒山秃岭交粮献宝，万古荒野变成棉山林海，踏着南泥湾的军垦脚步，向前！向前！我们永远向前！

第三节　地方史志编写

2020 年，按照《农业农村部办公厅关于组织开展第一批中国农垦农场志编纂工作的通知》文件精神，陕西省延安市南泥湾农场被确定为全国 51 个第一批中国农垦农场志编纂农场之一。8 月 6 日，延安南泥湾（集团）有限责任公司成立南泥湾农场志编纂工作领导小组，党委书记、董事长刘一民任组长，党委副书记、总经理刘小雄，党委副书记赵永峰任副组长。领导小组下设办公室，由企业管理部部长王向军兼任办公室主任，工作人员为曹茜、崔静、张坚、王宝竞；聘用原农场场长助理邢丹东、原延安市地方志办公室基层科科长王延平负责志书的编纂工作。制定工作方案、编纂篇目，落实人员、经费，建立相配套的工作机制，做到"领导到位、机构到位、队伍到位、条件到位"。9 月，选派人员参加中国农垦农场志编纂培训班，年底，开始志书资料收集整理工作。2021 年 1 月 14日，南泥湾（集团）公司发布《陕西南泥湾农场志》面向南泥湾农场各界征集档案资料的公告，截至 3 月，收到南泥湾农场老战士、老领导、老职工等提供资料 31 份。先后采访兵团时期老同志 10 余人，收集资料 5 万字；收集资料图片 1000 余张、档案资料 2000 余份，整理汇集资料 200 余万字。

《陕西南泥湾农场志》全面、系统、真实地记述了农场自 1941 年八路军三五九旅在南泥湾"军垦屯田"、开展大生产运动至 2020 年年底南泥湾农场的自然、社会、人文各方面的历史与现状，充分反映农场改革发展的历程和社会主义物质文明、政治文明、精神文明方面所取得的成就。志书于 2021 年 5 月底完成初稿，6 月通过中国农业出版社初步审稿，修改后于 7 月份由党委副书记赵永峰带队，先后赴新疆、西安等地走访知情人继续深入考证资料。2021 年 10 月，经《陕西南泥湾农场志》编纂委员会评审后定稿。

第四节　民间故事

九龙泉的传说

九龙泉位于南泥湾镇境内。传说上古时，延安地区原是一片沼泽地。湖里游着青龙、黑龙、黄龙等各种龙。

有一天，盘龙山上有个放羊小伙叫二愣，他把羊放到湖畔上，当羊群正在吃草喝水时，猛然狂风四起、湖卷恶浪，游过九条恶龙来，吓得羊儿乱窜。二愣眼睛一愣，从身上卸下乌梢狗皮鞭，在半空中一挥，说："你们这是干什么？"游在前边的一条黄龙跳出水面说："我们是在游泳戏水。"二愣说："戏水，到别处去吧，别惊了我的羊。"一条青龙钻出水面说："这里是我们兄弟的天地，我们想怎么玩就怎么玩。你管得着？"二愣说："不行，这是我的水草地，还是劝你们到别处玩去吧！"黄龙一听，不服气地说："小小牧童，竟敢阻拦我们龙兄弟！惹我们生气了，闹你个无吃无喝。"说着一共有九条龙一起游上来，张着红红的大嘴，露出长长的白牙。二愣一见，便把乌梢狗皮鞭在空中"叭叭"抽打了几下，小龙们吓作一团。只见又腾出一条黑龙，浑身乌黑，向二愣说："小伙子，别生气，我们是饮水来了。我们每人喝一口水就走，怎么样？"二愣不加思索地说："行，你尽管喝吧，别说一口，十口八口，你只管喝吧！"谁料这些龙肚子真大，几条龙一个一口，便把湖水喝得剩下一个湖底。这可逗恼了二愣子，他杨起乌梢狗皮鞭，凌空"叭嚓"一抽，说："龙儿莫要逞能，小心吃我的皮鞭。"小龙乱嚷嚷："有理怎说？无理怎讲？"说着又咬羊群又吞鱼鳖。气得二愣面目发青，顺手用羊铲铲起一块土块，朝九条小龙撂去。只见铲挥土落，把九条龙儿子都压在土下。很快，这土块化作一座盘龙山，裂缝成了南泥湾、金盆湾和清泉沟三条大川。

九条小龙在大山下苦苦哀告二愣："放羊大哥，饶了我们吧！快把山推起，把我们放出来！"二愣摇摇头，说："不行，不能再放你们出来伤生害命。"龙儿子一听没救了，乱嚷嚷道："不放也罢，反正我们把湖水喝光了，日后天下大旱，三年颗粒不收，你们人无粮、畜无草，要喝清水比油少。"二愣一听，说："这还能把人难住？"说着用脚在山上踏了踏，只见山崩地裂，直压得龙儿子在地底哇哇嚎叫："松松脚。"二愣说："松脚并不难，你们得把喝的水慢慢地吐出来。"只听龙儿子们连声答应："行！照牧哥说的办。"说着像挤眼泪、滴涎水一样，一点一滴从山缝里把水挤出来。只见一股清凌凌的泉水从地里冒出来，人们叫它为"九龙泉"。

第五节　文　物

延安宝塔区历史文物丰富，据 2009 年第三次文物普查统计，全区有各类文物点 1395 处、省级重点文物保护单位 10 处、区级重点文物保护单位 25 处，其中南泥湾镇有国家级重点文物保护单位 6 处、省级文物保护单位 3 处。2010 年，全区有各类库藏文物 534 件，经省、市文物专家 2006 年鉴定，其中国家一级文物 2 件、二级文物 16 件、三级文物 212 件。南泥湾阳湾建有大生产运动展览馆，通过收藏的革命文物、图片，详细介绍当年三五九旅在南泥湾军垦屯田、开展大生产运动的经过。

一、南泥湾革命旧址

南泥湾革命旧址位于延安城东南 45 千米处。保留有大生产运动时开辟的大片耕田和南泥湾旧址建筑群，具体包括毛泽东视察南泥湾旧居、中央管理局干部休养所旧居、南泥湾垦区政府旧居、炮兵学校旧址、三五九旅旅部旧址、马坊抗日阵亡将士纪念碑、九龙泉烈士纪念碑等革命遗址。1992 年 4 月，南泥湾革命旧址（1940—1945 年）被陕西省政府公布为第三批重点文物保护单位；2006 年 5 月，被国务院公布为国家级文物保护单位；2016 年 12 月，被列入全国红色旅游经典景区名录。

（一）延安炮校旧址

延安炮校旧址位于南泥湾镇桃宝峪村，其前身为 1938 年 1 月 28 日在山西省临汾北卧口村成立的"中国国民革命军第八路军总司令部直属炮兵团"，团长为武亭，政治委员为邱创成。2 月，八路军总部炮兵团回到陕甘宁边区进行整训。1939 年，完成整训任务后开赴抗日前线。1941 年 6 月，奉命回到陕甘宁边区。7 月，进驻南泥湾桃宝峪村，开始劳动生产和军事训练。炮兵团团供给处驻高坊子至樊庄一带，一营驻一条洞，二营驻桃宝峪，三营驻柳树沟一带，团部、教导营驻校部。

1944 年，中国敌后战场开始由游击战向运动战转变，为培养炮兵干部，中央军委决定将炮兵团扩建为炮兵学校。陕甘宁晋绥联防军司令员贺龙与副司令员徐向前代表中央军委任命郭化若担任延安炮兵学校校长，负责筹备延安炮兵学校。11 月底，郭化若奉命赶赴南泥湾，与邱创成、匡裕民等一起开始筹备工作。这是中国共产党创办的第一所炮兵专业学校。

1945 年 2 月，延安炮兵学校开始正式编班，编为 3 个大队，10 个炮兵学员队，1 个迫击炮教练队和 1 个工兵科。3 月 15 日，延安炮兵学校正式开课，校部下设政治处、参谋处、教育处，全校共 1300 余名学员。郭化若、朱瑞先后任校长，邱创成任政委，匡裕民任副校长。因召开七大，延安炮兵学校开学典礼延至 8 月 1 日举行。朱德、叶剑英、萧劲光等出席并讲话。

延安炮兵学校的校训是"尽忠职责，精通技术，遵守纪律，为民服务"。训练方针为"以技术为主，战术为辅"，并提出"有什么学什么，战争需要什么学什么"的口号。开设了射击技术、战术运用、火炮操作、侦察指挥、政治理论等课程。主要培养炮兵连、排干部。教员由各级干部兼任，能者为师。校长郭化若和大队、中队干部都担负授课任务。他们收集日军、国民党军、苏联红军的教材，从中选取合适的内容，同时组织炮兵团干部动手编写一些特需教材。教学设备只有 18 门火炮，为原炮兵团的作战装备，都是从敌人手里缴获而来，有德式、日式，还有苏式的，不仅结构各异，而且角度、计量单位也不一致。主要零件均残缺不全，瞄准镜、表和尺均为后期修配。为解决训练中人员多、器材少的矛盾，学校制定"人闲炮不闲"的训练方法，提高训练效率。

1945 年 8 月，毛泽东和朱德分别为延安炮兵学校题写"人民的炮兵万岁"和"庆祝炮兵胜利"题词。9 月 19 日，根据中共中央"向北发展，向南防御"的战略决策，延安炮兵学校师生经过短期突击整训，离开桃宝峪，奉命挺进东北。9 月 23 日，延安炮兵学校 1000 多人分成 3 个梯队，从南泥湾出发，经陕西、山西、察哈尔、河北、热河、辽宁等省，于 11 月下旬到达沈阳市郊。12 月 1 日，由延安炮兵学校主要成员组成的第一支坦克大队在沈阳马家湾成立。随后，延安炮兵学校转移至吉林省通化市。1946 年 3 月，学校由通化迁至黑龙江牡丹江市，先后更名为东北人民自治军炮兵学校、东北民主联军炮兵学校。

到达东北后，炮兵学校派出几百名排以下干部到东北各地军区及其他主力兵团中清理火炮、收集器材，至 1946 年 6 月，搜集到火炮 700 余门、炮弹 50 余万发，坦克、装甲车、汽车近 40 辆等各种器材和装备。学校陆续成立东北炮兵第二、三团，高射炮大队。1948 年，东北野战军发展到 16 个炮兵团和 1 个炮兵纵队，拥有各种火炮 4700 多门。10 月 1 日，担任东北军区炮兵司令员的朱瑞在辽沈战役中壮烈牺牲，为纪念朱瑞对炮兵事业的贡献，东北民主联军炮兵学校改名为东北人民解放军朱瑞炮兵学校。1950 年 8 月，朱瑞炮兵学校改称为中国人民解放军炮兵学校，后又先后更名为中国人民解放军高级炮兵学校、沈阳高级炮兵学校、炮兵科学技术研究院。1978 年 1 月，中共中央军委决定，在原沈阳高级炮兵学校校址成立中国人民解放军第二地面炮兵学校。1986 年 6 月，第二地面炮兵学校改称为中国人民解放军沈阳炮兵学院。2017 年 8 月，改编为中国人民解放军陆军炮兵防空兵学院士官学校。

1996 年 10 月 14 日，炮校旧址被中共中央宣传部公布为爱国主义教育基地。2006 年 5 月，被国务院公布为全国重点文物保护单位，为近现代重要史迹及代表性建筑。保护范围：炮校大门周围 10 米内。

（二）兵工厂旧址

南泥湾延安炮兵学校兵工厂是在原三五九旅铁匠铺的基础上发展起来的，最初只是为大生产提供所需的劳动工具，后来为配合炮校教学，发展到对枪支弹药的维修和加工。2018 年 6 月，对旧址进行修复，共恢复 5 个车间，分别为枪弹加工间、枪弹展示间、枪弹维修间、火药加工间和枪弹库房，并展出大量五〇炮、三八大盖、中正式步枪、手榴弹、地雷、老车床等实物。

（三）南泥湾阳湾毛泽东旧居

1943 年 9 月 16 日，毛泽东主席在朱德、任弼时、王若飞等人陪同下视察南泥湾，先后视察金盆湾、马坊、阳湾、九龙泉、桃宝峪等地，去各团看望战士和就近的群众；接见三五九旅旅团干部，听取了部队生产、布局和训练情况的汇报，观看了炮兵团的军事表演，并做出许多重要的指示。10 月 26 日，毛泽东再次与任弼时、彭德怀、王若飞、林伯渠等一行乘车前来南泥湾、金盆湾视察，28 日返回延安。

毛泽东视察南泥湾时居住的窑洞，当时是南泥湾管理处机关驻地。一排五孔的土窑洞，坐北向南，窑洞上方有较宽的飞檐。东起第一孔是毛泽东的办公室，第二孔为卧室，其余三孔为任弼时和彭德怀旧居。

2006 年 5 月 25 日，毛泽东旧居被国务院公布为全国重点文物保护单位，为近现代重要史迹及代表性建筑。保护范围：东、南、西至旧址围墙内，北至旧居围墙窑背后 10 米处。

（四）南泥湾垦区政府旧址

该旧址位于南泥湾镇阳湾村。1944 年 5 月 1 日南泥湾垦区政府成立，直属延属分区专员分署。区长由三五九旅七一九团团长张仲瀚兼任，边区政府办公厅南泥湾农场主任杨正斋兼任副区长、区委书记。1948 年 7 月，南泥湾垦区和固临县合并成立临镇县（今属宝塔区所辖）。2006 年 5 月 25 日，南泥湾垦区政府旧址被国务院公布为全国重点文物保护单位。

（五）中共中央管理局干部休养所（红楼）旧址

1942 年，成立中共中央管理局干部休养所。1943 年，中共中央决定在南泥湾桃宝峪修建一所干部休息所。

1943 年春，中央管理局局长方仲如、中央卫生处长傅连暲、中央管理局美坚木工厂厂长张协和，会同三五九旅旅长王震、南泥湾管理处主任李世俊，专程在南泥湾桃宝峪勘察所址。建筑由张协和（曾参与设计杨家岭中央大礼堂、枣园中共中央领导办公室、边区参议会大礼堂等）设计，原则为朴素而舒适，由客房、俱乐部、舞厅等组成。3月筹建，该工程由中央管理局负责施工，由三五九旅与八路军总部炮兵团承担修建，四支队负责砍伐木料，七一九团负责烧砖瓦，于1943年9月建成2层小洋楼1座（因墙体由红砖砌成，人们习惯称其为"红楼"）、窑洞30孔及俱乐部、跳舞厅等建筑，原主楼北边还有2排平房。

中共中央管理局干部休养所成立后，每遇盛夏，便安排年老体弱的领导来此消夏休养。朱德、林伯渠、谢觉哉、徐特立、吴玉章、续范亭、李鼎铭等中央领导及陕甘宁边区政府负责人曾在此休养。1943年9月，毛泽东、任弼时、彭德怀从延安乘汽车先到桃宝峪，在红楼稍事休息后，骑马去三五九旅各个生产点视察。谢觉哉曾赋诗《桃宝峪休养所》：入沟二三里，拓地百余弓。四五小屋绕，洋房峙其中。花吐竞秋艳，树荫犹春浓。闲行履草软，微风吹我襟。午憩倚丛树，树木温其馨。天高月皎洁，人膈照我衾。……感谢军人力，塞北江南村。清风与明月，都与故乡同。

红楼是中央管理局干部休养所保存下来的唯一建筑（图5-4-5）。2006年被公布为全国重点文物保护单位，为近现代重要史迹及代表性建筑。保护范围：东至水渠道路18米处，南至围墙，西至旧址建筑13米处，北至厕所13米处。

图 5-4-5　中共中央管理局干部休养所旧址

（六）金盆湾八路军三五九旅旅部旧址（1941—1945 年）

八路军三五九旅旅部旧址位于宝塔区麻洞川金盆湾村。1941 年春，三五九旅开赴南泥湾军垦屯田，旅部驻金盆湾村。王震任旅长兼政委，副旅长为苏进，副政委为王恩茂，参谋长为唐子奇，政治部主任为袁任远，副主任为李信。在大生产运动中，三五九旅成为"执行朱总司令屯田政策的模范"，成为大生产运动的一面旗帜。1943 年 1 月 14 日，中共中央西北局高干会闭幕式上，三五九旅被授予"发展经济的前锋"荣誉称号。毛泽东亲自给王震题词"有创造精神"，给供给部部长何维忠题词"切实朴素，大公无私"，给供给部政委罗章题词"以身作则"，给七一七团政委晏福生题词"坚决执行屯田政策"。1944 年10 月和 1945 年 5 月，三五九旅主力先后组成南下第一、第二支队，离开南泥湾，开辟新的根据地。

三五九旅旅部旧址曾有数 10 孔窑洞和 1 座大礼堂，总占地面积约 1.2 亩，现存土窑 5孔、院落 300 多平方米。2005 年，王震旧居修复对外开放（2016 年 9 月被公布为延安市文物保护单位）。保留点将台 1 处，位于旧址南面（右前方河对面的一块圆形台地上）。该处原有一座旧庙，早已倒塌，据传 1941—1944 年为三五九旅阅兵训练时所用；完整碉堡2 处，粮库旧址 1 处（宝塔区文物保护单位）。旅部大礼堂遗址已荡然无存。中华人民共和国成立后，八一电影制片厂曾在这里拍摄过《七天七夜》《延安游击队》《延河战火》《延安野营记》等电影，为名副其实的革命传统教育基地。

2016 年 9 月，金盆湾八路军三五九旅旅部旧址被公布为延安市文物保护单位；2018年 7 月 3 日，被公布为省级重点文物保护单位，为近现代重要史迹及代表性建筑；2019 年10 月，被国务院公布为第八批全国重点文物保护单位。

旅部大礼堂竣工于 1944 年 7 月 10 日，礼堂为木结构。由三五九旅副旅长苏进（留日学生）负责和本旅伍积禅、彭江及日本工农学校学生共同设计，张学树等 30 多人（木、泥、砖瓦工）参与建造。大礼堂长 49 米、宽 32 米，舞台靠临镇一侧，礼堂大门口靠延安一侧，可容纳 1200 多人。礼堂所需木料是由三五九旅九团负责采供的。礼堂顶为人字架，大梁是两节接起来的，有 32 米长。窗子 3 米多，窗上雕有飞机、大炮等图案。礼堂建成后曾举行过几次重要会议。1947 年 3 月，国民党胡宗南部进攻延安后，礼堂被毁。后当地老百姓盖窑洞时从地下挖出半个牌匾，上面还残留着当时大礼堂的"堂"字。

（七）石村八路军三五九旅旧址（1941—1945 年）

该旧址位于延安市宝塔区临镇石村。2016 年 9 月，被公布为延安市文物保护单位；2018 年 7 月 3 日，被公布为省级第七批重点文物保护单位，为近现代重要史迹及代表性建筑。

（八）延安保卫战金盆湾卧牛山战斗遗址（1947年）

该遗址位于延安市宝塔区麻洞川乡金盆湾村。1947年3月16日，延安保卫战中，三五九旅以两个团的兵力在卧牛山利用有利地形，鏖战7天7夜，抗击了近万胡宗南军队的多次进攻，胜利地完成了保卫延安的任务。2018年7月3日，战斗遗址被公布为省级第七批重点文物保护单位，为近现代重要史迹。保护范围及建设控制地带：东至杏子沟西界，南至南山北侧，西至老虎沟东界，北至大圪坮峁南界。

（九）七一七团抗日阵亡将士纪念碑

1944年1月1日，三五九旅七一七团革命烈士纪念碑（又称"亚洲"部烈士碑）在临镇落成，高1丈1尺，以纪念抗战以来，八路军、新四军忠贞为国、英勇牺牲的指战员，其中政委1人、主任1人、营长2人、连长21人、指导员11人、支书5人、排长46人、战士1000余人。七一七团召集团直、一营、三营在新落成的纪念碑静默致敬，悼念英烈。

在战争环境下，七一七团抗日阵亡将士纪念碑未能保存下来。现南泥湾七一七团抗日阵亡将士纪念碑是由新疆生产建设兵团农四师七十二团（前身为三五九旅七一七团，1969年2月改番号为农四师七十二团）党委于2010年6月敬立的（图5-4-6）。

（十）七一八团马坊抗日阵亡将士纪念碑

马坊村位于延安市宝塔区南泥湾镇。1941—1944年，三五九旅七一八团曾驻守在这里。1944年秋，七一八团全体指战员在南泥湾镇马坊村半山坡上建立抗日阵亡将士纪念碑，缅怀在战斗中英勇牺牲的战友。纪念碑由碑帽、碑身、碑座构成。碑帽高0.4米，呈圆锥六边形，每边0.4米，周长2.4米，镶嵌在碑身之上；碑身高2.2米，上宽0.48米，中宽0.52米，下宽0.58米；碑座为正方形石块，高0.5米，四边各宽0.9米。据说此

图5-4-6　七一七团抗日阵亡将士纪念碑

碑的石料取自当时马坊村对面的寨子山下，石质精美，由汾川的名匠马怀生刻凿。

纪念碑上款"民族英雄千古"，正刻"抗日阵亡将士纪念碑"，落款"三五九旅旅长王震"。碑的左侧和右侧是烈士芳名录，每侧共 14 行，每行 16 人，共计 448 人。碑的背面是祭文。文曰：

战友们、同志们：

你们在晋西北和晋察冀的敌后战场同我们的民族死敌——日本强盗进行了英勇顽强血战，取得了无数次的战斗胜利，保卫了我们祖国的江山田园芦舍财产和父老兄弟诸姑姐妹，你们为民族解放与人民解放建立了辉煌的战绩。在八路军的后方——陕甘宁边区，为了响应党中央的屯垦政策，减少人民和政府的负担，你们又热烈的进入了生产战线，斩荆披棘，垦荒开野，争先努力，奋不顾身，时未经年而使百年荒无的山野变成了丰盛繁荣之区，为革命家务奠下了稳固基础。你们是为革命而身经百战的英雄，是中华民族最优秀的子孙。你们虽然牺牲了，但是你们的事业，你们的精神，将流芳万世，永垂不朽。谨立此碑，久恒纪念。

八路军一二〇师三五九旅七一八团

陈宗尧　左　齐　贺盛桂　尹保仁　邓利亚　刘发秀

暨全体指战员

中华民国三三年菊月吉日　立

1947 年 3 月，胡宗南军队进犯延安，此碑遭到破坏，落款的文字被敲击得斑驳难认，当地的老百姓几经周折将此碑保护下来。碑的正面基本完好，后经风雨侵蚀，严重破损风化。2014 年 6 月，新疆生产建设兵团第一师一团金银川镇（前身为三五九旅七一八团，1953 年改编为第一师一团。2013 年 1 月 23 日，新疆维吾尔自治区人民政府批准设立阿拉尔市金银川镇，团镇合一）党委、阿拉尔市金银川镇人民政府出资修缮保护抗日阵亡将士纪念碑，新建了六角凉亭、石台阶、护栏、排水渠、碑记等设施。

（十一）七一九团九龙泉烈士纪念亭

九龙泉位于延安南泥湾镇阳湾南 10 千米处，为汾川河源头。1942—1945 年，三五九旅七一九团驻守在这里。为纪念抗战牺牲的七一九团政委陈文彬，王震旅长曾提议将九龙泉改名为文彬庄，后恢复原名。

1945 年 5 月，为纪念和缅怀英勇牺牲的七一九团将士们，垦区政府和七一九团在九龙泉沟路旁修建 1 座 2.3 米高的烈士纪念碑。原碑于 1947 年国民党胡宗南军进犯延安时遭到破坏。1952 年，陕西省公安厅第三劳改支队在南泥湾开办国营南泥湾劳改农场时，重立此碑，并修建了保护亭。碑亭为六角飞檐式，六根木柱的夹角处各镶嵌 1 颗红五星。

碑亭一体，庄严肃穆，供人们瞻仰。

碑由碑身和碑座组成。碑身高 2.3 米，上宽 0.52 米，下宽 0.95 米，正面图案由枪、镢头、书、环形稻穗以及 "1945" 等图样组成。

纪念亭石柱写有一副对联，上联是 "忠烈为国死"；下联是 "志厉敌胆寒"。

碑的正面镌刻毛泽东为纪念碑题写的题词："热爱人民，真诚地为人民服务，鞠躬尽瘁，死而后已。"

碑的背面是贺龙题词："三五九旅九团烈士纪念，为人民服务而光荣牺牲，为革命烈士要坚决复仇。"

碑的南侧是烈士芳名录，其中团营干部 6 人、连级干部 35 人、排级 73 人、班级干部 214 人、战士 640 人，共计 968 人。

碑的祭文曰：

文彬先烈暨全体殉难将士：

你们为驱逐日寇，解放人民，将炽烈的热血洒遍了华北底原野，写成抗战历史中最光辉的一页。我们由数十人之骨干在敌后白手起家，创成主力兵团，在千百次英勇对敌搏斗中，毙伤敌伪 12000 余名。晋西北战役克复岢岚、神池、宁武诸县，继而开辟雁北应山朔等县解放区。邵家庄一战，毙敌常冈旅团长，细腰涧、南士岭、陈庄、西张孟、百团大战与冀南讨逆等役，功勋卓著，战绩辉煌，给人民欢腾鼓舞，使敌寇胆颤心寒。四零年奉命回防陕甘宁边区，镇守河防，捍卫边区，粉碎敌顽屡次进攻，使人民安居乐业，并彻底执行了毛主席、朱总司令底南泥湾政策，打破敌顽经济封锁，创立了史无前例军队生产自给之奇绩，使荒无人烟的九龙泉成为富饶之区。荆棘梢林的荒山变成良田四万余亩，建筑窑洞、房屋四百多所。计有五万万元以上的革命家务。整训、练兵、习武、修文本领提高，思想改进。在这艰巨的斗争中，你们为毛主席底伟大事业奋不顾身，光荣殉难。我们誓要秉承你们底遗志，团结一致，决予复仇，必灭倭寇，必除蠹贼，你们底事绩万古流芳，你们底精神永垂不朽。

八路军三五九旅七一九团全体指战员谨唁

中华民国叁拾肆年伍月壹日立

2005 年，中央实施爱国主义教育示范基地 "一号工程"，这是对韶山、井冈山、延安进行重点扶持、综合提高的建设保护工程。延安市政府将九龙泉烈士纪念亭扩大为烈士纪念园，园里有 3 个六角亭子，立着 3 块纪念碑，将位于南泥湾镇马坊村的三五九旅七一八团和位于临镇的七一七团烈士纪念碑及碑亭复制敬立于九龙泉烈士纪念园，四周栽植松树和杨树。中间为1952年重建的三五九旅七一九团烈士纪念亭（图5-4-7）。左边石碑是七一八团阵亡将士纪念碑，刻有王震将军的题词"民族英雄千古，抗日阵亡将士纪念碑"；右边石碑是七一七团阵亡将士纪念碑，刻有"七一七团烈士永垂不朽"。为2010年6月新疆生产建设兵团农四师七十二团（前身为三五九旅七一七团）党委敬立。

二、田野文物

（一）阳湾石窟

阳湾石窟位于延安南泥湾镇红土窑村石庙滩公路边，上距阳湾石塔约100米，因该窟位于阳

图5-4-7　七一九团九龙泉烈士纪念碑

湾而得名（图5-4-8），开凿于宋代。窟深4.8米，宽4.4米，高2.15米，平面略呈方形。窟内后壁凿一佛二菩萨，左、右壁雕千佛坐像和佛教故事图案。窟内造像风化严重，有些已漶漫不清（图5-4-9）。现存石窟低于地面约2米，窟内泥土淤滞，窟外有一小洞可视内部残留造像。

图5-4-8　阳湾石窟外貌（2021年摄）

图 5-4-9　阳湾石窟内壁（2021 年摄）

（二）阳湾石塔（又名佛骨灵牙舍利宝塔）

阳湾石塔位于南泥湾镇阳湾西石庙滩一平台上，是一座二级六角形，带束腰须弥座的石质空心塔，通高 4.1 米。上层六面分别雕刻着大小不等的佛或力士像各一尊，下面一层雕刻有连续的铜线状花纹图案；一面刻有题记，字迹已风化，无法辨认；其余四面空白，上、下层间及顶檐雕有斗栱装饰，出檐雕有勾头滴水。束腰须弥座上雕刻仰莲一层，上置塔身。须弥座的每个面上都雕刻着 3 名束腰力士，作承托塔身状。塔刹原有石雕莲盆座，其上又托兰花、宝瓶，今已散失无存。石塔的塔身、塔基目前保存较好，从其造型风格来看，应为明代建筑。1990 年 10 月，阳湾石塔被延安市人民政府列为重点文物保护单位（图 5-4-10）。

图 5-4-10　阳湾石塔（2021 年摄）

（三）汾川河烽火台遗址

该遗址位于官庄至南泥湾镇，时代为宋、明，用于点燃烟火传递消息。该线烽火台沿云岩河上游汾川河分布，东起官庄乡，向西经临镇、麻洞川镇、南泥湾镇与甘泉东部烽火台的东岔线连通。全线发现烽火台 10 余座，多位于河谷两侧高地或山峁上，一般间距 2～3 千米。台体黄土夯筑，方锥形，底边残长 3～14 米，残高 2～12 米，夯层厚 7～13 厘米。夯土大多坚硬（图 5-4-11）。

（四）寺峁山遗址

该遗址位于松树林乡陈子沟村南 200 米处。遗址分布范围整体呈圆形，东西长 500 米，南北长 500 米，面积为 25 万平方米；遗址北紧邻燕沟—金盆湾柏油马路，

图 5-4-11　烽火台遗址（2019 年摄）

南接寺峁山，东接鳖盖滩，西临寺峁沟。遗址内断面上暴露房址多处，平均长度为 6 米，距地表高约 4 米，房址断面上可见有重叠火烧土烧结面及踩踏层，应为不同时期建立的具有打破关系的房址。有圆形灰坑多处，直径约 0.23 米；文化层多处，平均厚度为 1 米，长约 4 米，距地表高约 4 米。遗址内南侧发现陶窑一处，红烧土多处。地表遗物主要以泥质红陶为主，夹砂红陶次之。纹饰主要以绳纹为主，有少量彩陶，为红陶外饰黑彩弧线纹饰。可辨器形有尖底瓶、钵、罐、盆、陶环等。据采集到标本的特征分析，属于新石器时期仰韶文化遗存。2010 年 7 月 1 日，宝塔区人民政府公布寺峁山遗址为第四批区级文物保护单位。

三、民间文物收藏保护

南泥湾农场地处三五九旅军垦之地，遗留革命旧址文物与实物较多。农场一些业余文物收藏爱好者自己投资，开展红色收藏，传承红色文化与南泥湾精神。其中，南泥湾（集团）公司退休职工党支部书记马杰，注重收藏南泥湾大生产运动时期的老物件，先后投资 50 余万元，收藏老物件 2000 余件，为南泥湾民间红色收藏代表人物之一。2018 年，他在

桃宝峪投资建设"五七印象"展馆。2019 年，在三台庄帮助建设"三五九旅四支队粮食储备库"展馆。2020 年，在南泥湾村帮助侯秀珍建"刘宝斋家风馆"。南泥湾（集团）公司员工张坚，自 2007 年开始至 2020 年，收藏革命战争时期文物 300 余件，民俗类藏品 1800 余件，总投资 50 余万元。他利用收藏的文物，在三五九旅战士住过的窑洞内开办展览室，展出图片 30 多幅、实物 200 余件，宣传红色文化和艰苦奋斗的南泥湾精神。南泥湾（集团）公司员工邢定军，自 2006 年开始至 2020 年，投资 50 多万元，注重于红色书籍及搪瓷缸收集。他有藏品 5000 余件，其中红色书籍 1800 余册、搪瓷缸 800 多个，以实物留存反映时代印迹。

第六节　广播、电视、电影和音像

一、广播

1966 年，农建师 141 团接收南泥湾国营劳改农场 500 瓦播音机 1 部、12.5 瓦喇叭 17 个、10 瓦喇叭 8 个、5 瓦喇叭 8 个、2 瓦喇叭 1 个。电话广播线路长 70 千米。有 30 门总机 1 部，单机 25 部。广播线路同用于电话线路，在广播时电话停止使用。

1970 年，兰州军区建设兵团第 40 团设有广播室，由政治处宣传股直接管理。彭丽华（国家二级播音员，湖南地方广播局调入）、郭华、曹燕淑、苗云、姬玉琴先后任广播员兼讲解员。机关广播器材种类分别有 500 瓦、250 瓦、150 瓦扩大器和 25 瓦喇叭，以及安装在各连队和各直属单位的高音喇叭 20 个，广播时间为每天早 6：30—7：30，晚 18：00—19：30。机关 14 部单机分别安装在各股室直属单位，公社有通往盘龙、后九龙泉、金庄的 3 条广播线；各队无电话，除一连、五连和卫生队有 1 件广播器材外，其余连队均有 2 件广播器材。广播和电话共用一线，广播时电话停止使用。当时兵团完全按部队的军事建制组织，每天生活按部队生活制度进行。起床、睡觉、出操均以广播室播放的军号为准，交由地方管理后才取消以号为令的做法。

1977 年，南泥湾农场交由地方管理后，广播成为场部和农队联系的媒介，播报一些重要通知以及学习宣传活动内容，播报内容依据政治形势和生产需求而定。1984 年，南泥湾农场实行家庭农场体制改革后，广播机构与电话总机合并，农场广播停播。后来，南泥湾农场广播线路及机构随着宝塔区广播讯号覆盖率的提高而撤销。

2002 年，延安城区广播更新调频为有线电视广播。2007 年 12 月 25 日，建成并开播宝塔调频广播，广播讯号覆盖全区 18 个乡镇和 100 个行政村。至 2020 年，宝塔区广播节目综合人口覆盖率 99.79%。

二、电视

延安的电视事业始于 1972 年 9 月。当月，延安电视转播台（地区管辖）建成，开始转播中央电视台节目。1976 年 10 月，电视转播台对原有机器设备进行进一步改装，市区群众第一次看上彩色电视节目。由于延安地处山区，南北相距 170 多千米，且多山峁沟壑、屏障重重，为解决市区以外农村收看电视问题，市广播站技术人员于 1977 年自行设计装配了 1 部功率 2 瓦的小型电视差转机，延安有了第一座小功率电视差转台。该设备首先安装在南川姚家坡农场使用，后因功率太小，难以满足群众需要，于 1979 年更换为淳安产 10 瓦差转机。到 1987 年为止，全市小功率电视差转台发展到 24 处，总计发射功率 21 瓦，覆盖面积 560 平方千米，覆盖人口 10 万余人。

1981 年，延安中波转播台试验成功，用一个发射台同时转播中央电视台和陕西省电视台的节目。1984 年，官庄、临镇、麻洞川、金盆湾、马坊、松树林、姚店、冯庄、张坪等乡镇建有差转台。1990 年，市广播电影电视局更换机房所有设备，恢复检修讯号专线 172 档，约 15 千米。对南泥湾、麻洞川、官庄、元龙寺、冯庄等乡镇电视差转台进行维修。在柳林乡、枣园乡裴庄村和南泥湾镇新建 6 个电视差转台。南泥湾农场工会投入 8000 元给农六队修电视差转台 1 座，解决职工看电视问题。

1994 年，市广播电影电视局建设安装临镇有线电视站，建立卫星地面接收站 1 座，此后，逐年在剩余乡镇建设有线电视站。当年，南泥湾农场利用扶贫开发建设项目资金建成 3 个卫星地面接收站。1998 年，南泥湾农场 80% 的职工安装了有线电视。

2000 年，全区建成乡镇有线电视站 20 个，小型卫星地面接转站 139 个，广电传输初具规模。光缆、有线、无线、调频、小功率发射交叉覆盖的格局初步形成，节目传输质量明显提高。全区 633 个行政村实现村村通广播电视。2001—2004 年，在南川临镇镇和东北川蟠龙、贯屯等 7 个乡镇开通广电网络，安装村村通设备 33 套；累计建成小片网 16 个。2006 年，拓宽网络宽带和数字电视业务。2007 年，对全区 20864 位卫星广播电视用户在规定时间内全部进行转星调整。2009 年，完成"宝塔电视台数字电视播出改造工程"，将宝塔区电视台模拟信号传输方式转换为数字、模拟信号同时传输。至 2020 年，南泥湾镇实现有线无线电视网络全覆盖，电视节目综合人口覆盖率达 99.85%。

三、电影及音像

（一）《南泥湾》（生产与战斗结合起来）纪录片

1941年，为解决国民党经济封锁造成的严重物资匮乏，中共中央命令八路军三五九旅开赴南泥湾军垦屯田，在沉睡了上百年的荒芜地区创造出生产奇迹。1942年，八路军总政治部电影团决定拍摄以"三五九旅在南泥湾的生产"为主题的影片《生产与战斗结合起来》，片子出来之后大家都叫它《南泥湾》，于是就以此名字叫开了。影片由吴印咸、徐肖冰摄制，钱筱璋编辑。新闻纪录片在中国共产党确定的"真实地反映斗争与生活"拍摄原则指导下拍摄，此为中国共产党的第一部大型纪录片。1943年2月4日，举行首映式。放映前夕，毛泽东主席为这部片子题词"自己动手，丰衣足食"。题词一直由摄影队长吴印咸珍藏，1957年，赠送给中国军事博物馆展出。

影片由一片荒山开始，接着是战斗和部队生产，然后是战士吃到自己的果实、练兵……主题明确，一切为了抗战。影片突出向群众学习，走群众路线，干部都是普通劳动者，与战士一起搞农业、手工业、畜牧业，自己盖房子等，充满了革命乐观主义的精神。

影片是完全以土法制成的纪录影片。制作片子过程中，没有拷贝机，就以放映机来印片子；没有发电机，就利用日光来感光；没有洗片的工具，就用小木桶和陶缸冲洗。在完全没有近代水电设备的条件下，水是一挑一挑从山下延河挑上山的。制作时16毫米的放映机做拷贝机，洗片是一段一段地洗，然后接起来。暗房洗片时，外面有人看表掌握时间，确保质量达到一定的水平，并且使用了划入划出的手法。没有备用胶片，拍了就用，而且是用正片代底片，样片剪辑后就上映。这些影片今天已经成为最珍贵的文化财富之一。

影片开始是毛泽东主席的题字"自己动手，丰衣足食"。影片是无声的，电影团向鲁艺借来留声机和唱片，又向别的机关借来扩音器，再配上手摇发电机放映。每次放映时，通过扩音器向观众解说。解说词随时局的变化增减宣传鼓动内容。电影队用几匹小毛驴驮着设备，走遍了陕甘宁边区，在部队一个团一个团地挨着放映，战士们百看不厌。去清泉沟放映时曾遇见贺龙将军，他关心地询问放映队的工作情况。当时延安《解放日报》与重庆《新华日报》，都对此做了报道。有一次国民党某代表团来延安，在边区参议会大礼堂观看《南泥湾》，搞得完全与有声电影一样，这让他们很惊奇：延安还有电影？影片紧密地结合形势的需要，通过具体生动的形象，对军民战胜困难、响应党和毛泽东主席开展大生产运动的号召起了鼓动作用。

（二） 电影放映

延安宝塔区电影放映活动始于 1938 年，中共中央军委总政治部主任王稼祥将一套苏制 K101 型 35 毫米皮包放映机带回延安。3 月底，陕甘宁边区抗敌电影社成立，当时因物资、人力和技术条件限制，主要是进行电影放映活动。放映的影片均为未翻译的 35 毫米原版苏联电影片。1939 年。中央职工运动委员会工作人员章建生从国民党统治区带回无声电影放映机 1 部、发电机 1 台、影片 20 盒，将电影放映机捐赠给抗战剧团，并传授放映和修理技术。1940 年 3 月 25 日和 1942 年 6 月，周恩来副主席先后从莫斯科和重庆带回延安 2 台 K303 型 35 毫米放映机、1 部美制 RCA 型 16 毫米放映机、1 台汽油发电机和苏联 16 毫米影片《列宁在十月》《列宁在 1918》等。至 1945 年，延安共有 40 多部长短片，有大小放映机 4 台，大小发电机 3 台（其中 1.5 千瓦单相 110 伏发电机 1 台、直流发电机 1 台、300 瓦小发电机 1 台）。1944 年 8 月，美军驻延安观察组曾在驻地放映电影。

1965 年，农建师 141 团成立初期，即在宣教股设放映组，组长刘以恒原为北海舰队电影放映队队长。放映组除了在场部放映电影外，还巡回为各连队放映电影，丰富战士们的业余文化生活。其间，去仁台十一连放映电影时，刘以恒所驾手扶拖拉机从盘龙山上翻入道沟，小腿受伤，伤好后他依然继续坚持下连队放映电影。1970 年，兰州军区建设兵团第 40 团设电影组，有 2 名职工。设备有移动式 1101 发电机 1 部、16 毫米放映机 1 部、单镜头幻灯 1 个，每天在场部或连队为职工巡回放映电影（图 5-4-12）。

图 5-4-12　20 世纪 70 年代，兵团电影队使用的 35 毫米电影放映机（放映员崔元成）

1978 年，南泥湾农场的电影放映工作依然采用每晚在场部大礼堂或巡回下基层连队为职工放映的方式，以吸引家属和周边农民前来观看，观看人员最多时达几百人次。1984 年前，南泥湾农场电影放映一直是场里出钱，每年补贴八九千元。1984 年电影放映人员采取招聘或毛遂自荐的办法，实行大包干。1990 年，南泥湾农场工会把电影队每年上交 1400 元承包费的管理办法，改为按场次折算为连队职工放映电影或发放电影票，活跃职工文化生活。后随着电视以及其他文化生活的普及，电影行业进入低谷。1994 年，南泥湾农场电影放映工作结束。

2003 年起，由宝塔区财政出资，结合新农村建设和创建全国文化县（区）达标工作，实施农村电影放映"2131"工程。2006 年，根据国家广电总局和文化部的安排部署，开始在农村实行数字化电影放映。延安市被确定为全国八大地市试点之一，宝塔区被列为延安市试点县（区）。各乡镇行政村放映场次由中央、省、市、区财政每场补贴 200 元，公益放映。全区组建起 23 支农村数字电影放映队，结合农村"三大主导产业"（果业、蔬菜业、畜牧业）发展，放映科教片 7000 多场，实现每村每月一场电影的目标。2011 年，宝塔区实行电影公益放映，行政村放映覆盖率 100％，自然村放映覆盖率 85％以上。南泥湾镇完成 14 个行政村 168 场的数字电影放映任务；松树林乡并入南泥湾镇后，每年完成 29 个村组 348 场数字电影放映任务。这些放映队为新农村建设和经济发展，繁荣农村文化生活起到重要作用。

（三） 音像、 绘画作品

南泥湾三五九旅大生产运动所创造的精神及功绩，影响深远。中华人民共和国成立后，有关南泥湾大生产运动的绘画、音像、视频作品逐渐增多。1960 年，为完成军事博物馆的革命历史画任务，在王震将军亲自指导下，靳之林创作油画《南泥湾》。南泥湾农场兵团时期，兰州军区建设兵团第 40 团宣传股长王庆华与宣传队员秦陆昌、窦培德共同创作了连环画《战斗在南泥湾》。南泥湾农场先后制作视频宣传片等作品。21 世纪初，央视网多次以南泥湾大生产运动为题，推出系列电视视频节目。其中，2017 年 10 月，国家记忆栏目播出"屯垦南泥湾"系列；国宝档案栏目播出《南泥湾大生产运动》。2018 年 7 月，讲武堂栏目播出"铁血劲旅"系列《军中模范三五九旅》。2019 年 10 月，解放军新闻传播中心制作的《南泥湾屯垦》影视纪录片，以亲历者左齐的视角，讲述八路军一二〇师第三五九旅奉命开赴南泥湾，开展大生产运动，最终将南泥湾改造成五谷丰登的米粮川的故事。

1. 油画《南泥湾》 油画《南泥湾》，是 1960 年靳之林为完成军事博物馆的革命历史画任务，在王震将军亲自指导下创作的。1941 年，中共中央、毛泽东主席发出"自己动手，丰衣足食"的号召，王震将军率领三五九旅开赴延安南泥湾屯垦开荒，开展了轰轰烈烈的大生产运动。油画《南泥湾》真实地反映了南泥湾大生产战斗生活的历史史实。1959 年，靳之林为完成革命博物馆《毛主席在大生产运动中》的革命历史油画任务，到延安南泥湾进行创作采风。其间，在南泥湾参加劳动时，他经常在地头和当地老乡拉家常，最深切的生活感受，就是当年的干群关系与军民关系密切。因此，"在劳动中，在群众中"是他这一时期最热衷的创作主题。根据王震将军提示，当时长征过来的工农红军大都是南方人，初到陕北不会开荒，每个连里请一位老农教战士开荒生产，靳之林以此确定了这幅画的主题与情节。为解决画面结构这一造成他最大困扰的问题，把波澜壮阔的黄土群峦与近景突出的故事情节和生活形象地统一在一个画面上，他走遍南泥湾由阳湾到金盆湾的所有山岭，画了素材写生画50张，最后选定构图定稿。《南泥湾》定稿之后，军博李凌云安排靳之林到三五九旅旅长王震家里审稿。王震说这幅画是他看到的表现南泥湾大生产的画中最真实的一幅。"生产、战斗、学习，主题明确"，希望"慢慢画，不着急，一定要画好它"！并把保存多年、用褪色灰布包裹着的当年南泥湾开荒时战士写在桦树皮上的诗抄，和潮湿发黄褪了色的蓝墨水钢笔写的日记拿出来，详细地描述南泥湾开荒时的生活片段。靳之林耗时5年创作完成的《南泥湾》油画2米多长，描绘了在黄土群峦衬托下，八路军战士和当地老百姓在南泥湾自力更生、艰苦奋斗的真实场景（图5-4-13）。既有休息学习场景，又有生产战斗场景；既有战士修复镢头的细节，又有烧荒烟气前后叠加、层次分明，让人仿佛置身其中，一起开荒种地。画作构图层次丰富、透视严谨，透露出陕北高原特有的浑厚气息，用充满理想主义的色彩，体现出振奋乐观的精神。作为中国历史画中的恢宏巨制，《南泥湾》以现实主义方式还原那段荡气回肠的革命历史，充分演绎了中华民族艰苦奋斗、自强不息的精神，传达出震撼人心的艺术感染力。

图5-4-13　南泥湾油画（靳之林）

油画《南泥湾》原来在军博陈列，后靳之林因故将画取走，此画一直保护在他手里。

2009年5月9日，油画《南泥湾》以800万元起价拍卖，是为庆祝共和国成立60周年特别推出的拍卖作品，无论内涵及经历，都与共和国呕心沥血走过的历史足迹息息相关。其特殊的创作背景、秘藏经历，重要的艺术价值、历史地位，使作品在拍前已广受藏家、美术界、媒体的关注。经多位买家数轮激烈竞投，最终以1344万元成交，被国内藏家竞得。

2. 连环画《战斗在南泥湾》　1970年，兰州军区建设兵团第40团宣传股长王庆华与宣传队员秦陆昌、窦培德共同创作了连环画《战斗在南泥湾》，被评为全国优秀作品。

2016年出版社进行再版发行。2020年该连环画扫描版在网上刊载。

3. 宣传片《再创辉煌》《记忆中的南泥湾农场》 1996年，南泥湾农场制作DVD《再创辉煌》。2019年，南泥湾农场制作视频宣传片《记忆中的南泥湾农场》，宣传片将1941年三五九旅大生产运动及南泥湾农场的发展历史及所取得的成就做概况介绍，保留了已拆除的大礼堂、南泥湾农场场部、大生产广场等珍贵资料。

第五章　旅　游

　　南泥湾是延安的南大门，是延安革命圣地游的重要组成部分。交通便利快捷，自然环境优越，是黄土高原中部第一道自然生态屏障，旅游规划区森林覆盖率达 65%，其中，南泥湾镇森林覆盖率达 87%、林草覆盖率达 93%，水源丰富，为黄土高原的生态绿洲；南泥湾是中国共产党领导的军垦、农垦事业的发源地，孕育了"自力更生、艰苦奋斗"的南泥湾精神，具有极高的政治地位与意义；特色文化以红色文化为主，黄土文化为辅。2005 年，南泥湾大生产广场建成后，旅游业逐步发展。2012 年，南泥湾农场成立延安南泥湾旅游开发有限公司。2015 年后，年游客接待量增长较快，5 年年均增速超 40%。因住宿、餐饮等旅游接待服务设施落后、景点修复滞后等原因，旅游业呈游客接待规模大、收入低的特点。2017 年，启动红色文化小镇建设项目；2018 年，南泥湾成为国家 AAA 级旅游景区。2019 年 12 月，南泥湾农场重组为延安南泥湾（集团）有限责任公司后，围绕"红色南泥湾，陕北好江南"总体定位，以军垦、农垦文化和自然生态资源为依托，以红色教育培训、文化旅游、现代农业和特色小镇为主导，规划将南泥湾开发区建设成集红色旅游、教育培训、生态休闲、农耕体验、智慧养老为一体的一二三产业融合发展的文化旅游集聚区。

第一节　旅游资源

　　延安是中国革命圣地，是享誉全国的红色旅游名胜区。中共中央、毛泽东在此生活战斗了 13 个春秋，留下了红色革命遗址 400 多处，红色旅游资源占陕西省总量的 72%，是全国保存最完整、面积最大的革命遗址群，被誉为"中国革命博物馆城"。也是全国爱国主义、革命传统、延安精神三大教育基地，是传承延安精神的重要载体，成为现代人守望的精神家园和寻梦殿堂。20 世纪 60—70 年代，习近平等 28000 多名北京知识青年到延安插队下乡，接受时代的锤炼，继承发扬延安精神，其创业创新又使延安文化再次升华，给延安带来新的文明，红色旅游不断升温。宝塔区是延安的中心，自古以来，是众多民族长期征伐与反复交融的区域。多元文化经过碰撞、汰涤、沉淀，孕育了独树一帜的文化风格。境内名胜古迹众多，洞窟密布，佛塔耸立，历史遗迹、珍藏文物量居全省之首，是国务院首批公布的历史文化名城。

南泥湾是中国共产党领导的军垦、农垦事业的发源地，孕育了"自力更生、艰苦奋斗"的南泥湾精神，具有极高的政治地位。境内为汾川河发源地，建有水围（磨）沟水库、新窑子沟水库、三台庄水库等，水资源丰富；森林植被茂密，森林覆盖率达87%以上，林草覆盖率达93%。特色文化以红色文化为主、黄土文化为辅，其中，红色文化以陕甘宁边区大生产运动及八路军三五九旅为主要特征，黄土文化主要体现在南泥湾的黄土沟壑地貌、窑洞建筑、陕北民歌等方面。有国家级重点文物保护单位6处，省级文物保护单位3处。2016年，南泥湾开发区制定旅游规划，包括修复革命旧址、开启红色文化小镇建设、湿地公园建设项目，建设南泥湾党徽广场、稻香门、阳湾稻田景点，开展红色培训产业等项目，为旅游业提供了丰富资源。2018年，南泥湾评定为国家AAA级旅游景区，建成陕北地区首个国家级湿地公园。2019年，南泥湾荣获全国红色旅游创新发展典范等多项殊荣。

第二节　旅游景点及配套设施

一、九龙泉饮水亭

饮水亭位于九龙泉，汾河川源头。据载，唐武德四年（621年），在此附近设置龙泉县，八年（625年）撤销，龙泉县即以九龙泉而得名；也有传说为9条小龙被压进山底，所以山名盘龙山，水为九龙泉。1941年，三五九旅进驻南泥湾初期，由于当地地表水俗称"柳根水"，不符合饮用水标准，大骨节病流传。朱德派人采集南泥湾地下水、地表水送国统区化验后，地下水水样合格，可以饮用。1942年4月，三五九旅七一九团进驻九龙泉后，修建水渠，引水浇灌新开垦土地。毛泽东、朱德、任弼时、彭德怀等曾饮用此泉水。据延安市防疫站化验，九龙泉水含有益于人体的铁、锰、硫酸盐等多种微量元素。1972年，南泥湾军民在此建亭，以示纪念。2008年重修。现为旅游景点之一（图5-5-1）。

图5-5-1　九龙泉饮水亭

二、南泥湾大生产纪念馆

延安南泥湾大生产纪念馆位于阳湾，毛泽东旧居前方。1978 年经省政府批准，延安革命纪念馆在此开办"南泥湾大生产展览室"并对外开放。展室陈列着三五九旅屯垦南泥湾时的大量历史文献、图片、劳动工具及部分劳动成果，再现了 1941—1945 年三五九旅在南泥湾开展大生产运动的情景，浓缩了艰苦岁月中一段非凡的历史片段。2004 年重新修建为南泥湾大生产展览馆，面积约 200 平方米，布展陈列内容。

2017 年，延安市委、市政府决定新建延安南泥湾大生产纪念馆，7 月 20 日，延安南泥湾旧址管理处将大生产展览馆文物搬迁至南泥湾大生产临时展，对外开放；拆除原馆，在展览馆旧址新建纪念馆。

大生产纪念馆项目位于南泥湾红色文化小镇核心区，北邻毛泽东主席旧居及垦区政府旧址，南邻千亩稻田，分西馆、东馆和文化广场三大部分。占地 64.5 亩，总建筑面积 20481.55 平方米，建筑密度 23％，绿地率 35％，容积率 0.37。其中，西馆建筑面积为 11051.84 平方米，二层框架结构，建筑高度为 14.6 米，集中展示军民大生产时期的富饶风貌，还原大生产运动及三五九旅边开垦边练兵的场景；东馆建筑面积为 9429.71 平方米（其中地上面积为 5732.42 平方米，地下面积为 3697.29 平方米），二层框架结构，用于开发区文化活动、规划展示及提供部分商业空间。纪念馆是集剧院、文化活动中心等功能于一体的南泥湾红色文化主题商业体，为展示三五九旅在南泥湾的光辉历程和伟大精神的地标性建筑。计划总投资 2.6 亿元，至 2020 年，东、西馆主体完工，西馆进行室内外装饰、水电安装。2021 年 8 月对外开放。

（三）大生产运动广场

2005 年，南泥湾大生产展览馆前新建了大生产运动广场，广场正中央是象征南泥湾精神的雕塑，旁边刻立"自己动手，丰衣足食"的毛泽东手迹青石纪念碑。建成后，成为南泥湾文化生活的中心场所（图 5-5-2）。

2017 年，在原址修建新的南泥湾大生产纪念馆和广场。新的南泥湾大生产纪念广场背靠山体山脊，面朝稻田和鱼嘴山，基地后方保留垦区政府旧址与毛泽东旧居。在设计中融合"自力更生、艰苦创业，同心同德、团结奋斗"的南泥湾精神内核。"山、田、精神"相互渗透，打造集自然景观与精神文化为一体的纪念性景观。

（四）湿地公园西大门——稻香门广场

稻香门广场位于南泥湾镇高坊村。大门高 15.5 米、宽 38 米，该区域占地面积 4.6

图 5-5-2　南泥湾大生产运动广场（2014 年摄，2018 年拆除）

亩。大门的主体是稻穗，寓意"秋收"。当年，在南泥湾开荒的除三五九旅外，还有中央党校、八路军炮校、边区政府、延安大学等 19 个单位。其中，三五九旅因成绩突出，成为大生产运动中的一面旗帜。用稻穗作为大门设计，一方面是追忆当初南泥湾"陕北好江南，到处是庄稼"的景象；另一方面，水稻亦是南泥湾区域的代表植物之一，寓意着湿地公园的建设始终"不忘初心"。西大门景观占地约 160 亩，分为 3 个片区：草原片区、山坡片区及山林片区。内容主要包括：草原栈道、梯田樱花海、台地栈道观景亭、牛羊雕塑等各种景观，达到陕北江南与烂漫花海的完美融合，全景式展现南泥湾画卷。广场于2018 年 10 月 30 日开工，2019 年 7 月完工（图 5-5-3）。

图 5-5-3　稻香门牛羊雕塑群景点

（五）党徽广场

党徽广场所在地原为一个地名碑，位于南泥湾桃宝峪村口。广场红线面积 17789 平方米，其中雕塑和夯土墙占地 441.3 平方米，硬质铺装占地约 5052 平方米，绿化用地

12295.7 平方米。党徽雕塑正立面为紫铜板，侧立面为不锈钢板，高 13.8 米、宽 19 米、长 21 米。其中 13.8 米代表党中央在延安经历的 13 个春秋和 8 年抗战；宽、长代表中国共产党建党于 1921 年。主体造型以党徽为核心意象，通过圆雕的表现形式，对南泥湾景区的文化资源进行高度整合与创新，突出南泥湾景区的红色主题、文化主题。选择雕塑后方和侧面的立体化、投射性方式来烘托映衬，以此形成一种拔地而起、峰峦如聚的视觉感受；从美学角度考虑，侧面的立体造型表现出不均衡、渐次延伸的映射感，使雕塑格局气势庄重而不呆板、神采跃动而有根基。党徽正面打造出岩石般的粗粝厚重，象征坚毅果敢的品质、坚忍不拔的气质，赤烈的红作为主色调布满全局。雕塑侧后方全部采用钢网架，网架上刻有德文《共产党宣言》经典段落。广场上树立宣传解说牌 4 块，举办活动时可采用移动展板。2019 年 6 月完工。

（六）陕西延安南泥湾国家湿地公园

2013 年，国家林业局副局长张永利在南泥湾调研工作时提出南泥湾生态区在陕北地区属于稀缺的湿地资源，建议申报国家湿地公园，把现有的湿地资源保护起来。2014 年 5 月，延安市政府决定申报南泥湾国家湿地公园试点。12 月 16 日，国家林业局发布《国家林业局关于同意北京房山长沟泉水等 140 处湿地开展国家湿地公园试点工作的通知》（林湿发〔2014〕205 号）文件，批准建设陕西延安南泥湾国家湿地公园（试点）。

湿地公园位于宝塔区南泥湾。项目范围西起南泥湾收费站，沿汾川河向东至南泥湾镇镇界，北以 303 省道为界，南北方向沿河流至九龙泉、一连沟等主要范围内的河流、沼泽、库塘、人工稻田等水域及林地。公园总面积 1043.98 公顷，其中湿地面积 406.52 公顷，湿地率为 38.94％。公园湿地类型分为：河流湿地、沼泽湿地、人工湿地三类六型。公园内分为五大功能区，即生态保育区、恢复重建区、科普宣教区、合理利用区、管理服务区。

公园所占区域内原为一些旱地、废弃鱼塘。植被稀疏，仅有零星的杂草和灌木，大部分土地呈裸露状态，比较荒芜。南泥湾开发区通过清理废弃物和生态修复在最大化保持植被完整性的前提下，辅以人工种植水生植物。恢复稻田 1500 亩、植被 509 亩，修复湿地 330 亩，建成区累计绿化面积 2.3 万平方米。公园内野大豆、沙芦草等国家重点保护野生植物随处可见；监测到有国家级重点保护鸟类白鹳、黑鹳，省级重点保护鸟类白鹭、苍鹭、赤麻鸭等在此栖息。并配有休闲广场、停车场、步行道、亲水平台、景观桥、雕塑、售卖亭、休息亭、休息椅凳等完善的基础服务设施。

2019 年 12 月 25 日，陕西延安南泥湾国家湿地公园通过国家林业和草原局 2019 年试点国家湿地公园验收，为陕北地区黄土高原上首个国家级湿地公园（图 5-5-4）。

图 5-5-4　陕西延安南泥湾国家湿地公园

（七）西（Ⅰ）游客服务中心

　　游客服务中心位于南泥湾高坊村，毗邻党徽广场。占地面积 48564.19 平方米，总建筑面积 2795.97 平方米，容积率 0.05，建筑密度 5.01％，绿地率 68.39％。其中，旅游服务区 1518.20 平方米，VR 体验区 425.84 平方米，公共厕所 180 平方米，配套商业区 128.76 平方米，办公区 518.04 平方米。2019 年 10 月 30 日开工，2020 年 6 月完工（图 5-5-5）。

图 5-5-5　西（Ⅰ）游客服务中心（2020 年航拍）

第三节　旅游规划

1992 年 11 月，南泥湾农场制定《开发建设南泥湾垦区旅游业可行性研究报告》，规划建设人工湖、风味小吃街、旅游广场、接待能力百余人的宾馆和一个综合集贸商场，概算投资 680 余万元。申报政府资金支持，后因政策、资金等问题未启动实施。2001 年，南泥湾农场制定《南泥湾旅游区项目开发建议书》，规划建设南泥湾传统教育基地、陕北小江南街景、南泥湾游园、森林公园、休闲度假村、宾馆、生态旅游观光区等项目内容。

2015 年，南泥湾农场制定《南泥湾农垦庄园项目开发建议书》规划。

2018 年，南泥湾开发区制定《延安市南泥湾开发区总体规划（2018—2035）》，以"红色南泥湾、陕北好江南"为总体定位，核心特色为：红色文化——"红色南泥湾"，绿色生态——"黄土大绿洲"，金色农业——"陕北好江南"。"精神为魂，红色为本，旅游引领，全面发展"。以全域旅游为发展理念，以大生产运动、军垦、农垦文化和自然生态资源为依托，以红色教育、文化旅游、生态农业和特色小镇为主导，建设集红色文化游、自然生态游、乡村农业游等功能于一体的南泥湾旅游经济区。规划将南泥湾开发区打造成为全国著名的红色旅游目的地、国家级红色教育培训基地、国家生态文化旅游目的地和国家 AAAAA 级景区。规模目标为：到 2020 年，规划区年游客接待量达到 210 万人次，红色教育培训学员达到 3 万人次，旅游综合收入 16 亿；到 2025 年，规划区年游客接待量达到 540 万人次，红色教育培训学员达到 5 万人次，旅游综合收入 56 亿；到 2035 年，规划区年游客接待量将达到 1000 万人次，红色教育培训学员达到 10 万人次，旅游综合收入 200 亿。

品牌目标为：国家军民融合创新示范区、国家生态旅游示范区、国家现代农业示范区、国家级风景名胜区、国家森林公园、国家农业公园、国家湿地公园、国家登山健身步道、中国特色小镇、全国特色景观旅游名镇名村。

产品体系为：构建由红色文化游、绿色生态游、休闲农业游 3 大主导产品，亲子研学游、康养度假游、乡土民俗游 3 大特色旅游产品，冬季旅游、夜间旅游、节庆旅游等专项产品构成的旅游产品体系。

规划布局 6 大主要景区，分别为：南泥湾核心景区、南泥湾国家湿地公园、盘龙山国家森林公园（暨延安市动植物园）、南泥湾森林峡谷景区、南泥湾国家现代农业公园、陕北山地苹果乐园。6 大景区总面积 477.95 平方千米，占规划区总面积 35.3%。

规划围绕红色文化、绿色生态、现代农业三大核心特色，形成 10 大旅游项目；围绕

"三主导、三辅助、三配套"的旅游产品体系，打造 20 大重点旅游建设项目，一同构成南泥湾开发区的旅游吸引物体系。其中，10 大项目包括：南泥湾红色小镇项目，位于阳湾区域，发展定位为南泥湾大生产运动集中展示地、南泥湾精神核心体验地；南泥湾山水史诗秀项目，位于三台庄区域，定位为《南泥湾》红色经典的传唱体验地，延安文化演艺新业态、新亮点；南泥湾红色教育培训基地项目，位于三台庄（三连沟）—阳岔沟—桃宝峪区域，定位为全国一流的红色教育培训基地、军民融合国防教育示范基地；"炮兵之源"中国炮兵文化博览园项目，位于桃宝峪炮兵学校旧址，定位为新中国炮兵事业溯源地、全国著名炮兵军事体验园；"军垦之源"中国军垦文化体验园项目，位于金盆湾区域，定位为新中国军垦事业溯源地、军旅主题影视拍摄基地；"饮水思源"九龙泉泉水文化村项目，位于前后九龙泉村区域，定位为陕北第一泉、泉水第一村；森林湖畔运动小镇项目，位于姚家坡水库及周边区域，定位为森林滨湖度假小镇、陕北山地户外运动基地；姚家坡田园养生综合体项目，位于姚家坡农场区域，定位为国家田园综合体试点、田园养生都市农庄；麻洞川农业物联网小镇项目，位于麻洞川乡集镇，定位为陕西农业物联网第一镇、陕西现代农业示范镇；临镇苹果产业小镇项目，位于临镇镇区，定位为陕西山地苹果之乡、三产融合发展示范镇。

规划还对旅游住宿、餐饮、购物、娱乐、道路交通等配套设施以及区域游线组织、市场营销、市政工程、生态环境保护等方面进行了规划。至 2020 年年底，规划中的 10 大项目及配套设施有一部分已经动工修建，部分项目和道路设施已竣工。

第四节　旅游开发

中华人民共和国成立后，南泥湾因知名度曾吸引中外游客以团队形式来参观学习。20 世纪 60—70 年代，外国友人多次来南泥湾，当时仅有一些旧居可供参观。1989 年后，随着人们生活水平提高，国家支持发展旅游业，南泥湾的游客逐步增多。初期南泥湾仅有大生产展览馆可供游客参观，其他旧址与景点多未修复。1992 年，贺玉林任场长期间，将南泥湾旅游开发提上议事日程，制定《关于南泥湾三年总体规划（1993—1995）》《开发建设南泥湾垦区旅游业可行性研究报告》，申请政府支持，但始终没有启动。2002 年 7 月 17 日，陕西省委书记李建国实地考察宝塔区南泥湾镇后指出，南泥湾是发展延安圣地旅游业的重要组成部分，希望把恢复旧址景点与小城镇建设通盘考虑、一起规划，把资源优势转化为经济优势。延安市政府投资 3150 万元进行南泥湾组团阳湾中心区改建工程。拆迁南泥湾农场沿街门面房，拓宽街道路面，安装路灯，改善乡镇面貌。将原来的大生产展览室重建为大生产展览馆，修建大生产广场。但因景点少，住宿、餐饮等旅游接待服务设施相对滞后等原因，旅游业呈游客接待规模大、收入低的特点。

2005年，南泥湾被列为全国爱国主义教育示范基地，南泥湾农场制定《南泥湾旅游区项目开发建议书》。南泥湾农场始有职工家属在大生产广场利用纺车、老镢头，出租八路军、兰花花、杨五娃造型服装等做起旅游文化生意，周边30多户职工、农民随之纷纷效仿，开设观景台照相、卖旅游纪念品、特色小吃、农副产品等项目；邀请民歌手常德艺、郇彩云夫妇到南泥湾为游客演唱陕北民歌，吸引游客延长在此逗留时间。旅游业同时带动了南泥湾镇餐饮业的发展，年旅游收入达400多万元。

2011年，南泥湾推进市级重点镇建设和红色旅游开发。完成南泥湾街道改造及侧巷道路硬化建设项目，将大生产广场前五连50亩稻田改造平整为高标准示范田，提升旅游基础设施；8月开展旅游环境大整治活动，改善镇容村貌，取缔马路农贸市场，规范大生产展览馆外的旅游纪念品销售摊点，使旅游环境得到极大改善、游客人数明显增加。2012年，南泥湾农场成立延安南泥湾旅游开发有限公司。制定旅游业发展扶持办法，基本形成以农家乐为重点，集吃、住、娱、购为一体的旅游中心。2015年，南泥湾开展旅游环境综合整治工作，对纪念碑周围、大生产广场旅游环境进行清理整治，净化环境卫生，规范经营行为，提升南泥湾旅游整体形象，游客数量倍增。

2016年11月，延安市政府组建南泥湾景区管委会，南泥湾农场党委书记兼场长高威评任书记，开始对南泥湾景区进行规划开发。2017年，市政府启动红色文化小镇建设、恢复建设南泥湾稻田景点，开展红色旅游培训等项目，为旅游业提供了丰富资源和内涵。2015—2017年，投资166.16万元，在三台庄种植荷花260亩，吸引游客和市区居民前来赏花游览。2018年，南泥湾评定为国家AAA级旅游景区。2019年，南泥湾开发区管委会制定开发区发展规划，对南泥湾景区实施大规模开发建设，大力实施乡村振兴战略。先后完成桃宝峪和高坊9户村民院落提升改造，完成木器厂、一连沟、南阳府、大礼堂等区域棚户区改造142户15300平方米拆迁工作。南泥湾（集团）公司成立旅游公司。建成党徽广场、稻香门、湿地公园；修复桃宝峪炮校、中共中央干部休养所革命旧址，建成农垦大酒店教育培训基地等项目。

2020年，阳湾湿地公园、党徽广场等多个景点成为南泥湾热门的"打卡地"，不少游客在此拍照留影；西（I）游客服务中心、农垦大酒店、民宿3号院等服务设施，桃宝峪拓展培训基地等体验项目建成投运。南泥湾景区全年客流量近100万人次，旅游收入816.94万元。其中"五一"期间，景区接待游客21.2万人次。

中国农垦农场志丛

第六编

社　会

中国农垦农场志丛

第一章　人　　口

南泥湾农场所在地延安市宝塔区人口受自然环境、经济发展影响,其区域、城乡分布及人口密度等方面历来存在差异且不断发生变化。2010 年,全区总人口 458166 人,较 1990 年增加 154949 人,年均增加 7747.45 人。北部、中部和南部三大区域人口分布比例为 32.49∶59.42∶8.09,全区人口密度为 134 人/平方千米。全区有汉族、回族、蒙古族、苗族、满族、壮族、朝鲜族、藏族等 16 个民族,其中汉族人口占总人口的 99.93%。20 世纪 70 年代,延安市开展计划生育工作,控制人口增长,使人口过快增长的势头得到有效控制,人口出生率及自然增长率逐年下降。1971 年,人口自然增长率为 2.198‰;1991 年比 1971 年下降 0.478 个千分点。2010 年底,全区人口出生率 0.979‰,死亡率 0.469‰,自然增长率 0.510‰,其中南泥湾镇人口出生率控制在 0.6‰。2019 年,宝塔区常住人口 49.71 万人,其中南泥湾镇户籍人口 4480 户 13241 人、流动人口 3200 人。全区人口呈现总量持续增长、年均出生率逐年下降、男女比例趋于平衡、人口素质显著提升的特点,城乡人口数量变化较大。

第一节　人口数量

一、清前人口

南泥湾农场所在地延安市宝塔区距今约 6000 年前,已经有人类集中居住。原始先民们在这里用简陋粗笨的石器工具劳动、生息、繁衍。

秦统一六国,建立中央集权制的封建国家,废除分封制,实行郡县制,统一文字、货币、度量衡,促进了生产的发展,同时也促进了人口的增长。当时本境设高奴县,境内南部为定阳县辖地,皆隶属上郡。为巩固边防,秦始皇派大将蒙恬率军 30 万赶走匈奴,筑县城 44 个。徙内地罪人去居住,变牧地为耕地。中原先进生产技术和文化也较早地传入本境,经济上出现繁荣景象,人口趋于增加。

西汉,汉高祖刘邦以秦为鉴,对内实行与民休养生息的政策,劝民归田,对匈奴采取和亲策略，社会经济迅速发展。当时的人口政策鼓励生育、增殖人口，规定庶民生育子女可免役两年。为抵御匈奴，西汉政府曾多次"募民迁徙塞下，屯田筑城"。这是自秦之后的第一次大移民，出现了田陌相连、市井相望的繁荣局面，史称"新秦中"。宝塔区境内人口随之大量增加。

汉武帝时，人口政策与税收政策紧密配合，对农民进行残酷剥削，农民付出"海内虚耗，人口减半"的代价。汉昭帝、宣帝时，又推行与民休息政策。直至西汉末年，上郡23县，户达103683户，人口达606658人。高奴县（包括今志丹、延川、延长一带）和定阳县（包括今宜川县云岩镇）约有52752人。

东汉末，本境被匈奴等族占据，县遂废，魏晋两代也未在本境置县，人口严重流失。

东晋、十六国时，本境先后成为前秦、后秦、大夏的辖地，也未置县。

至北魏时，本境恢复县制。北魏实行均田制，北方经济文化开始发展，使荫附之户成为自立门户的农民。又颁布占养杂户及户籍制度，限制贵族占有杂户，对发展生产、增殖人口起到积极作用。当时本境设临真县（今临镇）、沃野县（今宝塔区西）、广武县（今甘谷驿），形成本境历史上的三个人口中心。

隋统一全国。隋文帝采取恢复生产、发展经济、减少赋役的政策，使经济得以较快复兴，人口也获增长。隋代时本境设肤施县（今宝塔区）、丰林县（今周家湾）、临真县，肤施为延安郡治所。延安郡辖肤施、丰林、临真等11县，有53939户、269695人。其中肤施县约有4904户，24518人。

隋末唐初，由于战争，社会经济遭严重破坏，人口损失很大。唐初，本境仍设肤施、丰林、临真3县，肤施为延州州治，下辖肤施、丰林、临真等9县。时境内3县户3000余，人口5000余。其中肤施户不少于1034，人口不少于1575。唐统治者继续施行均田制，并实行租庸调法，扩大耕地面积，发展农业生产。唐玄宗还特地把户口的增减作为考核地方官吏政绩的第一条标准。唐代进入鼎盛时期，社会安定，经济繁荣，人口也剧增。天宝元年（742），延州辖10县，本境肤施、丰林、临真3县，户约4000，人口20000余。

天宝十四年（755）发生"安史之乱"，乘关中战乱，北方吐蕃又不断入侵，大部分农民"弃其井邑，逃窜外州"。有的逃入山林"辟地营种"，有的流入城镇"专事末游"，有的"托迹为僧"以逃避税役，到元和八年（813），延州全境仅有18乡、938户。

经过五代十国时期（907—979），社会生产复遭到战争破坏。北宋建立后，宋太祖为安定社会，招抚流亡，鼓励垦荒，兴修水利，农业生产得到恢复和发展。徽宗崇宁年间（1102—1106），延安府辖7县，本境有肤施、临真2县，肤施为延安府府治。当时肤施县户数不少于7275，人口约25000；临真县户数约3600，人口12000余。

金末，蒙古占据本境。由于人口减少，元世祖至元二年（1265），境内临真县被废，降为镇，本境唯置肤施县。皇庆元年（1312），肤施县约有 409 户，5913 人，此后境内较安定，人口增长。

明初，洪武二年（1369），肤施县有 3310 户，35580 人。

清初，清政府采取一系列措施缓和民族矛盾，发展经济，后经康熙、雍正、乾隆、嘉庆四朝的努力，政治升平，人口增殖。嘉庆初年（1796—1802），肤施县约有 2 万余人。

二、民国时期人口

民国初期，肤施人口处在缓慢发展的状态，即高出生率、高死亡率、低自然增长率。1923 年，肤施人口 19967 人。1928 年，陕北遭受特大干旱，饥民遍野。当时延安灾情较轻，故绥德、米脂、横山一带的饥民逃荒来延安，延安人口呈机械性增长。1935 年，延安城乡有 5790 户、29054 人。

1937 年，中共中央进驻肤施城，延安成为中共中央和陕甘宁边区政府的所在地。边区政府实行移民招募政策，对移来边区的移民解决居住、用具、籽种等各种问题。从山西来延安经商的人增多；河南遭水灾后，来延安逃难的灾民也较多；加之全国来延安参加革命的爱国人士增多，这一时期，延安市人口的变动量大，社会迁入人口多，人口机械增长加快。

三、边区时期人口

在国民党长期的军事包围与经济封锁下，为适应边区的政治、军事和经济需要，中共中央采取"自己动手，丰衣足食"的政策，开展大生产运动。陕甘宁边区政府改善人民生活，提高出生率，降低死亡率，反对堕胎；招安移民，1941 年内移民 8527 户、27744 人，其中移居延安县 11684 人。1946 年，本境人口分布为：延安市 2675 户，12371 人；延安县 16051 户，64165 人；固临县 4749 户，23129 人。南泥湾垦区 212 户，1061 人。

四、中华人民共和国时期人口

1949 年，南泥湾农场所在的延安县（当年 2 月，延安市并入延安县）人口总数为 79800 人，1950 年增加为 82000 人，1954 年总人口达 99577 人。由于外地派往延安的干部、工人增加，以及安置了部分移民户，加之人民生活水平提高、医疗卫生条件改善，人口死亡率下降，出生率增高，出现了人口增殖高峰。从 1949 年到 1966 年，17 年的时间，人口翻了一番，达到 161834 人。20 世纪 70 年代，虽然加强了计划生育工作，但由于受传统观念影响和人口运动的惯性作用，人口总量增长速度仍然很快。1989 年，延安市人口总数达到了 288778 人，人口性别比例为男性多，普遍高于其他地区。主要原因为：2 个劳改农场、延安油矿 2 个油田均地处延安市境内，其职工男性占绝大多数；延安地区的几个重工业单位亦在延安市区，男性职工占多数，而且多数为外地区、外县人。

1990 年，延安市总人口 303217 人。1995 年全市总人口 326390 人。2000 年，宝塔区全区总人口 340352 人。2010 年全区总人口 458166 人。2020 年延安市宝塔区常住人口 48.33 万人。全区人口呈现总量持续增长、年均出生率逐年下降、男女比例趋于平衡、人口素质显著提升、城乡人口数量变化较大的特点。延安市宝塔区 1949—2020 年人口总量变化情况见表 6-1-1。

表 6-1-1　1949—2020 年延安市宝塔区人口总量统计表

年份	总人口（人）	年份	总人口（人）	年份	总人口（人）	年份	总人口（人）
1949	79800	1967	165070	1985	259835	2003	374636
1950	82000	1968	170400	1986	268410	2004	399040
1951	77500	1969	175675	1987	274312	2005	403738
1952	80134	1970	183999	1988	280173	2006	421597
1953	93905	1971	189269	1989	288778	2007	432058
1954	99577	1972	200421	1990	303217	2008	442040
1955	107699	1973	206289	1991	309152	2009	448736
1956	116821	1974	210346	1992	312869	2010	458166
1957	109088	1975	218494	1993	317485	2011	462389
1958	107300	1976	222598	1994	322533	2012	464840
1959	127600	1977	226001	1995	326390	2013	469222
1960	141300	1978	227028	1996	328373	2014	464885
1961	146700	1979	234725	1997	329301	2015	472310
1962	147326	1980	235009	1998	331958	2016	478782
1963	149785	1981	238396	1999	334640	2017	481242
1964	152712	1982	246923	2000	340352	2018	471879
1965	155485	1983	249137	2001	348468	2019	49.71 万
1966	161834	1984	254139	2002	360777	2020	48.33 万

说明：本表数据来源于宝塔区统计局年报数据。

第二节 人口普查

一、第一次人口普查

第一次人口普查是与延安市人民代表大会的选民登记同时进行的，登记时间为 1953 年 7 月 1 日 0 时。本次普查选择常住人口作为普查对象，只登记姓名、性别、年龄、职业和文化程度等基本项目，以自然村为单位，逐一点数男女数。

普查结果：总户数 24360 户，户均 3.85 人。总人口数 93905 人，男 52846 人，占总人口数的 56.28%，女 41059 人，占总人口数的 43.72%。

二、第二次人口普查

在全省的统一部署下进行，登记标准时间是 1964 年 7 月 1 日 0 时，登记的项目有姓名、性别、年龄、民族、文化程度、本户地址、是否为非农业人口等 9 项。

普查结果：延安县总户数 31838 户，人口数 152424 人，其中南泥湾公社总户数 322 户，总人口 1287 人（男 702 人，女 585 人）。松树林公社总户数 390 户，总人口 1651 人（男 960 人，女 691 人）；南泥湾劳改农场总户数 376 户，总人口 5812 人（男 4963 人，女 849 人）。总人口中，0～14 岁占比 42.10%，15～49 岁占比 45.56%，50 岁以上占比 12.33%。全县共有 9 个民族：汉族 152242 人，少数民族 182 人，其中，回族 138 人（南泥湾劳改农场 60 人），满族 22 人（劳改农场 2 人），蒙古族 8 人，朝鲜族 6 人（劳改农场 1 人），侗族 3 人（劳改农场 1 人），达斡尔族 1 人，藏族 3 人，土族 1 人（属于劳改农场）。

三、第三次人口普查

第三次人口普查在国务院人口普查领导小组统一部署下进行，登记标准时间是 1982 年 7 月 1 日 0 时，以户为单位，登记项目共 19 个，其中按人登记的有 13 项。

普查结果：延安市（今宝塔区）总人口为 250846 人，占全地区总人口的 15.52%。总人口中 0～14 岁占比 33.86%，15～49 岁占比 53.36%，50 岁以上占比 12.86%。

南泥湾公社总人口为 4909 人，其中家庭户 1015 户、3873 人，集体户 30 户、1036

人。松树林公社总人口 3520 人，其中家庭户 810 户、3452 人，集体户 10 户、68 人。全市共有 11 个民族，汉族人口 250590 人，各少数民族人口 256 人，其中回族 137 人（南泥湾公社 2 人）、蒙古族 12 人（南泥湾公社 1 人）、藏族 2 人、维吾尔族 1 人、苗族 3 人、壮族 4 人、朝鲜族 5 人、满族 83 人、侗族 7 人、土家族 2 人。

四、第四次全国人口普查

普查登记标准时间是 1990 年 7 月 1 日 0 时，按照常住人口登记的原则，采用直接调查方法。

普查结果：延安市（今宝塔区）总人口 317313 人，总人口比第三次人口普查共增加 66476 人，增长 26.50％。南泥湾镇总户数为 1416 户、总人口 5825 人（其中户口本地且住为本地且人），其中家庭户 1402 户、5756 人，集体户 14 户、69 人；家庭户均人口 4.11 人。松树林乡总户数 853 户、总人口 3744 人，其中家庭户 847 户、3696 人，集体户 6 户、48 人；家庭户均人口 4.36 人。

五、第五次全国人口普查

普查登记标准时间为 2000 年 11 月 1 日 0 时。按常住人口原则登记。

普查结果为：宝塔区总户数 114158 户，总人口 403868 人。南泥湾镇总户数 1720 户、总人口 6518 人（其中户口为本地且住在本地的 5799 人），其中家庭户 1708 户、6474 人，集体户 12 户、44 人；家庭户均人口 3.79 人。松树林乡总户数 1049 户、总人口 3978 人，其中家庭户 997 户、3767 人，集体户 52 户、211 人；家庭户均人口 3.78 人。南泥湾镇第五次人口普查数据见表 6-1-2。

表 6-1-2　南泥湾镇第五次人口普查数据

类目	人数（人）	类目	人数（人）
总人口	6518	女	3108
其中：男	3400	0～14 岁（总）	2032
女	3118	其中：男	1073
家庭户户数	1708	女	959
家庭户总人口（总）	6474	15～64 岁（总）	4226
其中：男	3366	其中：男	2182

（续）

类目	人数（人）	类目	人数（人）
女	2044	女	115
65岁及以上（总）	260	户口本地住在本地	5799
其中：男	145		

六、第六次全国人口普查

普查登记标准时间2010年11月1日0时。按照国务院统一制发的各类普查表逐户、逐人进行登记。

普查结果：宝塔区总人口475234人。南泥湾镇总户数1530户、总人口4960人，其中家庭户1517户、4874人，集体户13户、86人；家庭户均人口3.21人。松树林乡总户数为1071户、总人口3138人，其中家庭户1050户、2948人，集体户21户、190人；家庭户均人口2.81人。

2010年出生人口4721人，其中男性2586人，女性2135人；出生率2.073‰，死亡人口1972人，死亡率4.14‰，自然增长率1.659‰。

七、第七次全国人口普查

普查标准时点2020年11月1日0时。普查对象是普查标准时点在中华人民共和国境内的自然人以及在国境外但未定居的中国公民，不包括在国境内短期停留的境外人员。普查主要调查人口和住户的姓名、居民身份证号码、性别、年龄、民族、受教育程度、行业、职业、迁移流动、婚姻生育、死亡、住房等基本情况。

2020年8月14日，宝塔区区人普办内设综合协调组、业务指导组、户口整顿组、数据处理组、宣传动员组和执法检查组，制定工作职责，按期开展普查工作。2020年年底，全区第七次全国人口普查数据采集阶段工作全部完成。

第三节　民族及宗教

一、民族构成

南泥湾农场所在地基本属于汉族人口居住地区。据1964年第二次人口普查统计，全市汉族人口 152242 人，少数民族人口共 182 人，占全市总人口的 0.12％。其中，回族 138 人（南泥湾劳改农场 60 人），满族 22 人（劳改农场 2 人），蒙古族 8 人，朝鲜族 6 人（劳改农场 1 人），侗族 3 人（劳改农场 1 人），达斡尔族 1 人，藏族 3 人，土族 1 人（劳改农场）。

1982 年，第三次人口普查时，全市人口 250846 人，民族数量由 1964 年的 9 个民族增加到 11 个民族，其中汉族 250590 人，少数民族 256 人，包括回族 137 人，满族 83 人，蒙古族 12 人，朝鲜族 5 人，侗族 7 人，藏族 2 人，土族 2 人，维吾尔族 1 人，苗族 3 人，壮族 4 人。

1990 年人口普查统计，延安市有少数民族 10 个，181 人，比 1982 年减少 75 人，占全市总人口的 0.05％。2000 年，宝塔区有少数民族 16 个，303 人，占全区总人口的 0.07％。2010 年，少数民族增加到 18 个，339 人，占总人口的 0.07％。其中蒙古族 29 人，回族 145 人，藏族 7 人，维吾尔族 1 人，苗族 14 人，彝族 6 人，壮族 11 人，布依族 5 人，朝鲜族 7 人，满族 56 人，瑶族 3 人，土家族 39 人，哈萨克族 1 人，黎族 9 人，景颇族 1 人，土族 3 人，仫佬族 1 人，仡佬族 1 人。2020 年，宝塔区有回族、蒙古族、满族、维吾尔族等 25 个少数民族，常住人口 661 人，主要分布在城市街道社区和城郊乡镇。

二、宗教

南泥湾农场所在地宝塔区是少数民族人口的散住区，是全省确定的 40 个宗教工作重点县区之一。全区有回族、蒙古族、满族、维吾尔族等 25 个少数民族，常住人口 600 余人。全区有道教、佛教、基督教、天主教、伊斯兰教五个宗教，正式登记的宗教活动场所 13 处，分别为：太和山道观、盘龙玉皇庙道宫、姚店青化寺、冯庄河交寺、桥沟小雷音寺（又名法门寺）、柳林禅寺、松树林南华寺（佛教）、柳林正觉寺、基督教燕沟南山教堂、基督教河庄坪村聚会点、基督教临镇石村聚会点、天主教燕沟南山教堂、柳林清真寺（伊斯兰教，全国第一批宗教界爱国主义教育基地）。有宗教团体 3 个：宝塔区伊斯兰教协会、宝塔区基督教三自爱国运动委员会、宝塔区佛教协会。其中，伊斯兰协会于 1993 年 6 月 10 日注册登记，办公点设在清真寺，会长为李金荣；基督教三自爱国会成立于 2006 年 7 月 21 日，办公点设在南山基督教堂，爱国会主席为黄秀玲；佛教协会成立于 2013 年 3 月 29 日，协会会长由艾绳斌担任。

第二章　民　　俗

延安是中华民族重要的发祥地，有着厚重的历史积淀，受中国传统文化熏陶极深。"百里不同风，千里不同俗"，在延安这片古老的黄土地上，民风淳朴，民俗风情异彩纷呈，源远流长。有三道道蓝的"羊肚子手巾"，"冬暖夏凉"之美誉的窑洞，独具一格的红白喜事，"远亲不如近邻"的热情好客，大年三十回家过年的习俗等是延安人民留给世人的无法被取代的独特的生活方式。南泥湾镇行政村大多为清同治年间建村，移民较多，民间习俗大多沿用当地乡俗。南泥湾农场职工来自五湖四海，兵团时期按照部队标准要求生活，没有太多的民俗讲究。交地方管理后，因农场连队与当地村庄交叉分布，职工生活逐步融入当地居民生活中，渐渐接受生活区域内行政村人民的生活习俗。进入 21 世纪后，南泥湾农场职工在保持着一定的生活习惯和传统节令习俗的同时，开始接受并享受现代化的生活，在保持地方特色的同时，与时代并驾齐驱、共同发展。

第一节　乡土农耕

南泥湾农场位于陕北黄土高原中部，地瘠民贫，沟壑纵横。行政村以沟、湾、河、台、渠、砭、岔、峪、坪等字命名者居多。

南泥湾地区气候干旱，温度低，温差大，土质松，植被差，水土流失严重，有"三年两头旱"和"早上冻，晌午晒，下午黄风刮得怪"之说。农事粗放，耕不力、田不粪，广种薄收，常忧衣食之艰。中华人民共和国成立后，经修田打坝、植树造林、推广农业科学技术，落后状况有很大改变。

南泥湾村民大多以农业为主、养殖为辅，靠种地打粮来守家顾园、维持生活，一年四季在土疙瘩里谋生觅计，俗谚有"一年的庄稼二年的性命"。因地处山区，耕田种地不是上山就是爬坡。田地往往是从这个山峁延伸到那个山梁。干活要起早贪黑，两头不见太阳，面朝黄土背朝天，因此，人们习惯称劳动为"受苦"，把庄稼人称作"受苦人"。1999年，农村实行退耕还林后，对 25 度以上山坡地进行植树造林，农民们只种川、台、坝地，不再像以前一样起早贪黑，种地亦不再是农民的唯一收入来源。有一技之长的农民靠自己的能力去赚钱，没有特长的农民去城市打工挣钱，劳动条件大为改善。

南泥湾土质松软，正好开荒轮种，农民根据世代种田务农的传统经验，采用复种、套种、轮种等方式，在山梁地种糜子等耐旱作物。套种有高粱、玉米地里带黑豆、红小豆、绿豆，谷子、糜子地里带绿豆等。轮种是轮流倒茬，俗谚有"庄稼不倒茬，十年就有九年瞎"之说。从立夏开始锄地，立秋挂锄。锄地包括分苗、定苗、锄草、追肥等，共五六遍，俗谚有"糜搜两耳谷搜针""谷锄七遍八米二糠""干锄糜谷湿锄豆"等。山高地远，就在半山腰或山顶上平山场、打山窖。传统的连枷打场、牛踩场等办法现早已被各种农业机具所淘汰，但在个别偏僻山沟仍有沿用。早年延安农村打场时，还有吃"献场糕"的习俗。在吃"献场糕"前，主人要先在谷堆前插几炷香，烧几张黄表，放炮磕头祭奠五谷神。中华人民共和国成立后这一习俗已不多见。

一、生产工具

南泥湾农民所用的生产工具，其制式大都是先民们流传下来的，种类繁多，随着科学技术的发展，有些工具已经被先进的机械所代替。有部分工具因受地理条件的制约，继续沿用。

（一）犁

犁是南泥湾人耕地的农具，用木质和铁具配制而成，由犁身、犁辕、犁柱、犁拐、犁沟头环和生铁铧等组成。后来又发展出了铁犁，也称"步犁"，操作时木犁配单畜，用于翻坡度较大的地；铁犁配双畜，用于翻较平的地。平地后来用上了拖拉机。

（二）耙

有木质和铁制耙两种，操作用单畜拉动，通过耙糖把耕过的地土块糖碎、糖平，达到松土保墒的目的。

（三）锄、镢、铁锨、镰刀

锄有2种，一种是小锄，在间苗期使用；另一种是普锄，在定苗后使用。锄由锄板、锄龙及锄把组成。主要用途是锄掉田间的杂草，疏松土壤，给禾根培土。镢有老镢、蛮镢（有的地方叫"四指镢"）、条镢（有的地方叫"留子镢""钢镢"）、锛子镢和小镢5个种类，它由镢崶、镢板和镢把组成，主要用途是翻地和挖地。翻较疏松的土地用老镢，翻较硬的土地用蛮镢，挖较硬的土地用条镢，拾柴火、挖野菜用小镢。铁锨由锨板、锨库和锨把组成，主要用途是铲土、翻地、挖渠、铲粪及帮垡畔。镰刀由镰片、镰库和镰把组成，其主要用途是收割庄稼、秸秆和草等。

（四）拿粪斗、筐

拿粪斗是一种柳制品，它的用途是在播种时把粪盛入斗中置于人的胸前，然后用双手把粪均匀抛撒在犁沟内种子的周围作为底肥，以便更集中地发挥粪的效力。筐，民俗又称"笼"，用细木棍和各种枝条（榆条、柳条、柠条等）编制而成，用来担粪和装运东西。

（五）连枷、木杈、碌碡

连枷由连枷片（由一样长的三至四根酸枣条并列之后用牛、驴、马等大牲畜板皮隔根相缠，上端有固定木枕）、活动木轴和圆木棒组成，它的主要用途是靠木轴的连续转动，带动枷片拍打铺在场上的各种农作物，致使农作物穗上的颗粒离穗脱壳。木杈是挑扬作物的工具，它由杈股（二至六根）和杈把组成，有时也用树木中的自然杈，主要用途是把作物抖乱、挑翻、摊晒扬场碾打过的秸秆等。碌碡用石头制成，其形状为圆形，并在轳身凿有凹凸槽，外套木框架，操作时用牲畜拉动，它的作用是使场上的作物颗粒挤压脱落。随着机械化的不断发展，农场开始采用脱粒机，这些农具就很少使用了。

（六）斗、铡刀

斗用木质制作，其底小口大，上下为正方形，四周为梯形，是一种容量器具，它与升、合大小不一样，但其形状一样，换算方式是：一斗为十升，一升为十合，十斗为一石。铡刀为一种加工工具，以木、铁相配而成，主要由刀、把、牙、墩、铡口、铡钉等部件组合而成，主要用途是铡碎喂牲畜的秸秆饲料。现在多数地方用上铡草机，铡刀逐渐被淘汰。

二、农事谚

庄稼不认爹和娘，深耕细作多打粮。

玉米不上粪，只收一根棍。

春打六九头，遍地走耕牛。（延安南部）

清明前后，点瓜种豆。

芒不种谷，夏不种菜。

过了芒种，不可强种。

头伏萝卜二伏芥，三伏种的好白菜。

宁种一亩园，不种十亩田。

立秋不带耙，误了来年夏。

处暑不出头，割了喂老牛。

秋分糜子寒露谷。

谷籽深，菜籽浅，荞麦盖住半个脸。

一亩三车粪，高山也种麻。

清明前后下了雨，胜似秀才中了举。

正月十五雪打灯，当年必定好收成。

正月雷，墓圪堆；二月雷，谷圪堆；三月雷，麦圪堆。

有钱难买五月旱，六月连阴吃饱饭。

不怕伏里旱苗，单怕秋里旱籽。

头伏翻地一碗水，二伏翻地半碗水，三伏翻地碗底底。

三月种瓜结蛋蛋，四月种瓜扯蔓蔓。

不插六月秧，不施七月肥。（南泥湾水稻种植）

九月雷声发，倒旱一百八。

九月有雨，来年三月必有雨。

九月九晴一冬冷，九月九阴一冬暖。

头年糜子，二年谷，三年豆子搂住哭。

糜茬倒谷茬，不如圪蹴下。

种地不种畔，三亩种成二亩半。

杈头有火，锄头有水。

天旱不误锄苗子，雨涝不误浇园子。

种地不用问，深翻、锄草、饱上粪。

人哄地皮，地哄肚皮。

人勤地生宝，人懒地生草。

阳洼糜子，背洼谷；阳洼果子，背洼杏。

灰粪洋芋猪粪菜，羊粪麦子惹人爱。

槐栽圪堵柳栽根，杨条入地就生根。

三伏不热，五谷不结。

淋伏头，晒伏尾，到了冬里吃不美。

三、时令谚

一九二九不算九，三九四九合门叫狗，五九六九水走浮头，七九八九河边看柳，九九加一九，耕牛遍地走。

三九三，冻得野狐子没处钻。

一日南风三日暖，一日北风三日寒。

霜降杀百草，立冬地不消。

春寒不算寒，惊寒得半年。

长不过的四月，短不过的十月。

冬走十里不明，夏走十里不黑。

过了冬至，长一中指；过了腊八，长一权把；过了寒食，长一前响。

早上立了秋，晚上凉飕飕。

一场秋雨一场寒，十场秋雨要穿棉。

第二节　传统节日

一、除夕

南泥湾民间称除夕为"月尽"，农村对春节极为重视，外出之人都要回家团聚。从腊月二十三就开始准备，人们忙于做年茶饭、置办年货，年三十前一两天扫窑，拆洗被褥、衣服。大年三十早饭毕贴对联、吊灯笼，在大门、住房、窑内各神位贴对联。上灯时分，在灶君、门神前点香烧裱，点灯摆贡品，油灯一夜长明不能灭，象征家中人丁兴旺、财源茂盛。如"月尽"夜灯光昏暗，或不长时间即熄灭，即为不祥之兆。晚上户户灯火通明，吃"团圆饭"，小辈向长辈敬酒、辞岁。食品以当晚吃不完为好，意"年晚锅不空，来年更丰收"。是夜大家尽兴玩乐，通宵不眠，谓之"熬年"。午夜一过，鞭炮齐鸣。中华人民共和国成立后，过年敬神之习俗已渐衰，灶爷、门神早被代以年画、门画，磕头作揖更不多见。20世纪80年代电视机日益普及，每逢春节，大都是全家人围坐在电视机前，收看各种文艺节目。城市中不少人在酒店订年夜饭。全家人一起吃年饭，欢度佳节。

二、正月初一

也叫元日，这一天南泥湾人讲究吃饺子，饺子中包着硬币，如果谁能吃到包钱的饺子，即认为在这年运气最佳，有钱花，发大财。同时晚辈向长辈拜年，长辈要给晚辈红包。但只是家人间互拜，因为南泥湾人讲究"初一不出门，初二、初三拜家亲（指叔叔舅舅辈）"。

三、正月初五

俗称"破五"。黎明倒垃圾,名曰"送穷神",是日饱食,谓之"填五穷"。

四、正月初六

俗称"过小年",仅次于除夕。晚上挂灯笼、点长明灯。

五、正月十五

又称作"元宵节",是夜灯火通明,城乡多有赛花灯、转"九曲"、放烟火以及秧歌、社火(包括腰鼓、龙灯、高跷、狮子、旱船、竹马等之类的文艺活动)。丰富多彩,盛况空前,是传统的群众自发艺术节。其中,转"九曲"民间也称"转灯",属于南泥湾民间风俗性祭祀活动。为的是求神保佑,在一年内驱逐邪魔、消灾免难,使人畜平安、五谷丰登、安宁健康、幸福美好。灯场一般设在平整、宽敞、避风、路平且离村子较近的地方。栽灯场时把高粱秆或竹竿剪成长 1 米左右,横、竖各倒栽 19 行,共 361 把,象征全年的天数。杆间相距 1 米,再在顶上涂上泥,然后安上用面捏或者用洋芋(土豆)、萝卜挖成的"灯碗",碗内倒上清油(老麻油、煤油),放上棉花捻子,碗边罩上五色灯罩,后多用蜡烛或灯泡代替。灯场栽好后,形成一个四方城城图,城内设有 9 个小城,以 9 道门象征金、木、水、火、土、日、月、罗睺、计都 9 个星宿。灯场的进、出门挽松柏枝、插红旗、贴对联、挂红灯,东、西、南、北、中贴五方贴,大城套小城,小城连大城,复杂多变。灯场栽好未点燃时,便有刚结婚或结婚多年还没有男孩的夫妇会提前来转此灯,民俗称"转黑灯",相传转了此灯能生儿子。转"九曲"起场后,按陕北风俗习惯,首先要去祭庙,俗称"谒庙"。随后人们开始端灯,俗称"偷"灯,有端福之说,也有端了绿灯生女儿、端了红灯生儿子之说。端灯在默许的情况下进行,每人端一两只回家放在财神、灶君前或者门楣上,让没有转灯的人也能共享快乐。

六、正月十六夜

本地有"跳火"习俗,家家院内燃一堆篝火,从篝火上跳过,跳来跳去,最后抱着被子、枕头,大人抱着小孩一块跳,叫"燎百病"。

七、二月初二

俗称"龙抬头"。旧习妇女们全日不做针线活，以防"扎伤龙眼"。这一天理发意味着龙抬头走好运，给小孩剃头叫"剃龙头"。

八、寒食

清明节前一天，旧习吃冷食，避火，以示纪念古人介子推。20世纪90年代，南泥湾还有此习俗，后逐步转衰，只重视清明节。

九、清明

据《梦粱录》记载：在古代，每到清明这天，无论达官贵人还是平民百姓，都会去上坟，扫墓祭祖。南泥湾家家皆于此日上坟扫墓，即使在遥远的千里之外，也要朝老人的坟墓方向跪地划圈烧纸。延安城乡儿童还有放风筝、荡秋千、插柳条的习惯。

十、端阳节

农历五月初五，亦称"端午"。延安风俗为在此日吃粽子、饮雄黄酒、门上插艾叶和儿童手足腕部系五色线，以及佩戴"香荷包"。民间传说这天一大早不见太阳时采下的艾蒿，阴干后，可熏蚊子，效果胜过蚊香。

十一、六月六

农历六月初六，有晒龙袍的习俗，由宋代沿袭至今，俗称"晒衣节"。这一天人们常把贵重的衣物、书箱拿出来晾晒，据说这天晒过的东西整个秋天都不生虫。区内有"六月六，新麦子馍馍炖羊肉"之谚。

十二、七月七

传说为喜鹊搭桥、牛郎织女相会之日，民间旧有"乞巧"之习。

十三、中秋节

农历八月十五，家家购买月饼、梨、果之类，欢度节日。旧习要待月出，先献月亮，而后全家吃"团圆饼"，以示祝福。

十四、重阳节

农历九月初九，亦称"重九"，又称"老人节"。旧有登高望远、赋诗抒怀之习俗，民间并有吃糕庆贺丰收之举，南泥湾人对此节没有其他节那么重视。农家有"九月九，家家有"之说，意指九月九秋收季节已到，预示农民粮食丰收。

十五、腊八节

农历十二月初八日，南泥湾旧俗凌晨每家皆用各样米、豆子等熬粥，称作"腊八饭"。民间流传有"吃了腊八饭，赶紧把年货办"和"腊八粥，吃到年尽头"等说法。

十六、腊月二十三

旧民俗是当天傍晚"送灶神"。南泥湾人现仍过此节，人们在院内放炮、生火。

第三节　生活习俗

一、居住

延安自古为边陲要地，为避免战乱，当地人民多喜穴居，久而成习。窑洞有土窑洞、石窑洞和砖窑洞之分，土窑洞最早，多系依山就势，利用地形，选择土质较好之处，削平崖面，然后开挖而成。这种窑洞省工省料，只需自己动手开挖，因而早年多数人家都住土窑洞；少数有钱人家为了使窑面更加坚实和整洁美观，有用砖、石砌面的，人们称之为"接口窑洞"。1941—1944 年，三五九旅在南泥湾主要靠挖土窑来解决战士们的居住问题。中华人民共和国成立后，城乡居民依然多住窑洞，少有居住房屋者。20 世纪 70 年代末，城镇居住条件开始发生明显变化，新建的各式房屋以至四五层的楼房逐年增多。但在南泥湾，人们仍以居住窑洞为主。随着社会的发展与进步，人们为了生产与生活方便，渐由高山向缓坡移居，在比较平坦的地方修筑起大量的石窑、砖窑洞或窑洞群。随着南泥湾开发区发展，阳湾农场职工大多移居于单元楼房，农队职工依然以住窑洞为主。窑洞较之普通平房，坚固耐久，最大特点为冬暖夏凉。窑洞内的空间通常为1丈2尺宽，2丈至3丈深。除少数窑洞有小门、顶窗者外，绝大多数皆为大门大窗，宽敞明亮。窑洞门窗做工精细，窗格多做成各种图案，丰富多彩。窑洞内部布置颇有特色，许多家户掌炕（指窑中的炕）后边有一平台，可放箱子和被褥。炕上铺着用高粱秸编织的满炕席，这种席子比苇席柔软。用石板砌成的案板与锅台相连，专为擀面用。蛤蟆口灶火与炕相通，冬天可烧炕取暖。花红柳绿的炕围子配合着各样新式家具，具有陕北农家独有的特色。

二、服饰

南泥湾清末衣着贫富有别。商人、富户、士儒阶层男子穿长袍马褂，妇女穿大襟衣衫、盖脚裙子。质地为绸缎，也有土布的。裙袄多绣装饰性花边。贫穷者着大襟衣衫，襟为男左女右。均穿大裆裤，束腰带。腰带男为蓝、黑、白色，年轻妇女为绿色，老年妇女多采用黑色，质地为粗布带或羊毛织带。男女老少穿裹肚，男腿系布带，女打膝裤、扎腿带。民国初年除极少数商人富户、地方乡绅有以"洋布"为料，身穿长袍短褂者外，大多数平民百姓衣着皆以当地自产土布为主。男子夏季着白衫，春秋夹袄套坎肩，冬天穿紧身棉袄棉裤，天气特冷时再加一件不上面料的白板老羊皮袄。一年四季，头上经常勒着一条白毛巾（俗称"羊肚子手巾"），把结挽在前额，热天可以擦汗，冷天用来防寒，腰间还喜欢系一条宽布腰带，贴身穿件红布绣花裹肚，赤脚穿布底遍纳鞋。妇女们则多穿中式带襟衣衫和中式裤，系腰裙、扎腿带、穿绣花鞋。男女有别，各具特色，乡土打扮，朴素大方。公务人员穿制服，有地位的乡绅戴礼帽，挂"文明棍"。

陕北工农红军在延安建立苏维埃政权后，打土豪、分田地，地主不敢再在人前夸耀。加之抗日战争爆发，各类物资缺乏，国民党对陕甘宁边区的经济封锁更加剧了人们生活的困难。在一段较长时间内，延安人的衣着几乎全部都是土布料衫裤，式样上干部职工多着中山服，群众仍穿中式便服。

中华人民共和国成立后，衣着布料有了较大变化。20世纪50年代即由普通平布变为斜纹布、线哔叽、贡呢、卡呢、花达呢等，衣服式样也增加了"列宁式"和"军服式"。60年代又有了灯芯绒、东方呢、凡立丁之类。70年代，衣料种类日益增多，各色的确良、涤卡、涤纶、锦纶、中长纤维之类纷纷上市，式样也不断翻新。80 年代以后各种衣料更是琳琅满目，各式各样的西服、夹克、牛仔裤、健美衣、蝙蝠衫、连衣裙以至丝光袜、高跟鞋等，备受青年男女的喜爱，讲究穿戴之人越来越多。不仅城市如此，即使乡镇农村，同样穿着入时。21 世纪，年轻人开始追求个性张扬的服饰，如超短裙、破洞裤、露脐装等紧跟时尚潮流的衣着，人们逐渐摆脱传统服饰的束缚，穿着以个人舒适方便为主；机关公务人员、企业职工、学生在自由着装的同时，有时需按单位要求统一着装；在婚礼及各种会议、庆典等隆重场合，西服是人们的主要着装。

在衣着服饰不断改进更新的同时，男女发式也在演变。清朝，男子脑后留一条辫，女子盘发髻，小孩留箍。民国时期，男子剪去辫子，剃为光头。女孩留"抓角"；未婚女子梳一长辫、拖垂脑后；已婚青年妇女梳"麻花头"，将头发编结、盘于脑后，故又称"圆髻"；中年妇女梳"圆包头"，也叫"折头发"，将长发梳于脑后，打成几折，用发簪卡住；老年妇女留"环形发髻"，又称"把把头"，将头发梳总于脑后，缠在一起，象一马勺把，成团状，用"络络"罩住；男孩发式一律为"锁锁头"，将四边剃光，头盖处留一方块。陕甘宁边区时期，区内已婚妇女多学女红军，留齐耳短发，俗称"剪发头"。中华人民共和国成立后，发型增多，男子有平头、偏分头、大背头等；姑娘由过去单辫发展为双辫，将头发从中缝一分为二，在耳后侧结两条大辫子，额前有刘海，俗称"锁锁"；中年妇女流行"剪发头"。20 世纪 70 年代，小姑娘流行扎"刷子"。80 年代，城镇妇女多烫发，青年女子留披肩长发，或脑后扎"马尾巴"。男子则喜留长发、大鬓角，少数青年小伙烫发。20 世纪 90 年代后，女子的头发随自己喜爱染为黄色，棕色、挑色等各种颜色，发型逐步趋向剪发、烫发、披肩长发等多种式样。

清末民初，妇女头饰有耳环、簪子、钗子、项链等，手戴镯、戒指等，质地因贫富而异。男孩 12 岁前多佩金属、玉、石制作的"锁儿"。陕甘宁边区时期至 20 世纪 70 年代，佩戴首饰日渐稀少。1978 年后，佩戴耳环、项链、戒指之风再度兴起，并配以皮包等饰品，且趋向豪华、高档。过去人们均不甚注重修饰打扮，现今美容化妆已普遍化。

三、鞋帽

清末至民国时期，豪门望族以瓜壳为冠，平民百姓土布缠头。有身份的男子头戴礼帽或戴绸缎缝制的硬瓜壳帽，平民百姓则多戴土布制作的瓜壳帽、毡帽，妇女用黑丝毛帕裹头。农村儿童戴"脑包"，绣有老虎头、兔子头之类的图案，后部长过肩，"脑包"上缀有铜、银质铃铛。20 世纪 60—70 年代，城乡青年男子冬天流行"火车头帽"，夏天不论干部、农民，皆喜戴草帽。80年代，妇女春秋季用纱巾包头、冬季用长围巾包头围脖为多见。后期，帽子与围巾的材质款式随流行元素不断变换更新，功能也以时尚搭配为主。

清末民初，男子穿牛鼻子鞋，女子穿绣花鞋。遍纳多层底布鞋在本区有百年以上历史。百姓多穿土布质料的圆口布鞋，富户则用"洋布"缝制。中华人民共和国成立后，变为穿方口条绒鞋。冬季喜穿棉鞋、毡鞋。小孩鞋有猫娃鞋、虎头鞋等。之后，塑料底布鞋、凉鞋陆续出现。80年代后，鞋的种类、质地日趋多样，各种凉鞋、皮鞋、运动鞋、旅游鞋纷纷上市。尤其女性鞋的样式、种类及材质随流行元素不断变化更新。

四、饮食

延安素称"小米之乡"，小米所含蛋白质、脂肪、钙、维生素等营养成分较多。所产之米，大致可分为谷米（即小米）、黄米（即糜子米）、软米（有黏性的糜米）、酒谷米（黏性谷米）等数种，谷米可蒸干饭、熬米汤；黄米可捞捞饭（干饭）、蒸黄馍；软米和酒谷米都可蒸糕，做稠酒。

过去南泥湾人对饭食要求不高，平素除了吃米饭（小米、黄米）外，也经常吃玉米馍、洋芋擦擦之类。家境贫寒的，甚至熬瓜煮菜也算一顿饭，只有逢年过节或招待亲友，才可吃荞面饸饹、油糕、白馍、饺子一类的饭食。至于菜肴，平日极其简单，吃肉不多。多是土豆、白菜、豆角、粉条等混合在一起，每人一碗，称之为"熬菜"。秋季，家家户户腌几缸酸白菜，以备冬春缺菜时食用。中华人民共和国成立后，随着工农业的发展和人民生活水平的提高，南泥湾多数群众的饮食也在逐步改善。20世纪90年代，大棚菜逐年增多，城镇居民腌菜习惯逐渐改变，冬春改食新鲜蔬菜。城市人口将熬菜改为炒菜，并且荤素搭配，有菜有汤。南泥湾农民也不再以熬瓜煮菜胡乱充饥，而是顿顿有主食，生活水平由"吃饱"变为"吃好"。1998—2000年，国家连续3年发放退耕粮食补助（麦子、玉米、面粉），2001年后粮补改为现金，一年一发。逢年过节或是喜庆宴会，从前讲究吃"八碗"，一定要有烧肉、酥肉和炖肉、丸子之类的菜肴，如今肥肉很少有人吃。设宴至少16道菜和1个汤，猪、牛、羊肉和鸡、鱼基本都有。宴席上喝酒，以前只要有散装白酒就行，到20世纪70年代讲究瓶装白酒和葡萄酒，21世纪后还有啤酒或罐装饮料。

除了传统的家常饭食，陕北的地方风味小吃如煎饼、碗饦、凉粉、果馅、火烧、油旋、枣糕等多可找到；外地传入的面皮、豆腐脑等小吃、川菜、粤菜、湘菜、西餐等菜系逐步占领饮食行业市场。

五、出行

过去南泥湾人出门主要依靠步行，骑驴次之，骑马者则是富户人家。妇女回娘家或串亲戚亦骑毛驴，有钱人家骑骡马。20世纪50年代，渐渐有了自行车。60—70年代，延安开通民航、公共汽车，全区各县均通汽车。80—90年代，自行车普及，在街头摩托车等也屡见不鲜，全区各乡镇通公路，各村亦有简易公路，公交车基本可以满足群众出行需要。机关单位公务小汽车亦越来越多。21世纪，延安航空、铁路、公路客运等设施齐全，家庭车辆普及，出租、网约车等形式使出行变得方便快捷。

第四节　社会交往

南泥湾人在亲友称谓方面，已婚男子叫女方父母为爸爸、妈妈。一般人互相敬称"拜识"。对于长者则多以"干爷""干大""干妈"相称，以感亲切。

南泥湾人崇尚"远亲不如近邻"，只要是邻居，不论来自山南海北，遇到节日或吃稀罕饭食时，都互相端送。每到农忙时节，有闲空的老人就会成为几家邻居孩子的"义务保姆"。早年南泥湾人出山劳动，连队没有一户锁门的，都是把门一栓就走了。如有邻家借用东西，自己开门去取就是，只要等主人回来时打个招呼就行，不是亲戚胜似亲戚。"帮工换工""帮贫扶困"亦是自古就有的交往美德。农忙季节，若遇干活人手不够，相互帮助；谁家遇上红白喜事、修建房屋，或有什么困难，周围邻居都会帮忙。你给他干两天，他给你干两天，叫便工；无偿干活叫帮工。中华人民共和国成立初期，陕北农村由于广种薄收，加之常年干旱少雨，有些户"揭不开锅"时，村民们会"你3升、他5升"地帮助困难户度过饥荒。20世纪80—90年代，农村有不少家庭孩子考上大学却没钱上学，左邻右舍及朋友会"你五十、他一百"地资助，尽力相帮。

南泥湾人十分重视社会上的人情世故，有来有往。遇有亲朋婚丧嫁娶，多会出钱表示，也称"行门户""上礼""随礼"。礼的轻重要看亲友关系的远近疏密，讲究随大礼，给少了怕人说小气，多了又怕别人说显能。一般有来往的多为你给我行多少，我也给你行多少，叫作"还礼"。无端抬高礼金，会遭别人议论。

南泥湾人社会生活中有许多忌俗，平时开玩笑要看对象。一般来说，爷爷与孙子、姐夫与妻弟、兄弟同嫂嫂之间可要笑，而兄长与弟妻、妹夫与妻姐之间都不得开玩笑。过年煮饺子，饺子破了不可说"破"或"烂"，而要说"挣"。八月十五中秋节晚上供月，枣儿和梨不能放在一起，因为枣与梨的谐音为"早离"，不吉利。迎亲队伍不可骑骡子，因为骡子不育。问候老人说身体"康健"，不说"精神"，因为说牛常说精神好不好。此外还有：女人坐月子，门上要栓红布条；守孝人家年节贴对联，第一年用黄纸、第二年用绿纸，不能用红纸书写等。不论什么说法，都是约定俗成，入乡者必随其俗。

旧社会延安的陈风陋习在中华人民共和国成立后被人民政府严令禁止，逐渐消失。21世纪初，随着党风廉政建设、创建文明城市、"扫黄打非"活动的开展，一些复燃的陈习赌博、淫秽色情、封建迷信等活动得到整治，社会风气逐步好转。

第五节 婚姻习俗

延安南泥湾民间婚姻习俗独特，从订婚到结婚娶亲礼数繁多。旧时男子家欲择某户女子为婚，先请介绍人到女子家说明求婚之意，介绍人奔走双方，发挥媒介作用。之后经过见面、看家、言（谈）彩礼、喝定亲酒、商话、迎亲、闹洞房、亮箱、接言发及回门等程序，婚事告成。

中华人民共和国成立后，男女双方大多为自由恋爱。加之政府破除封建迷信、提倡婚事新办，婚姻迎娶习俗较旧时简单许多。20世纪90年代后，随着人们生活水平的提高，婚姻迎娶习俗也比之前复杂隆重。20世纪90年代，家具由"三转一响"逐步变为组合家具和新三件（彩电、冰箱、洗衣机）。农村女孩会向男方要窑洞，一般要3～4孔窑洞，若男方弟兄多、窑洞少，过门之后，只有住的地方，没有放东西的或仓窑（放粮食的窑洞），则要折成现金，在迎亲前把钱带给女方家，否则亲事就成不了。后期，实物从窑洞改为平房、楼房，电脑、液晶电视、电冰箱、空调，"三金"或"四金"（金手镯、金项链、金戒指、金耳环）、钻戒，车子等。21世纪初，随着党风廉政建设、"扫黄打非"活动的开展以及中共中央八项规定、六项禁令的出台，以及对党员干部进行廉洁从政教育，党纪、政纪和法纪教育等活动的进行，婚礼大操大办的风气逐步扭转。

除了正常的婚姻习俗外，南泥湾还存在以下几种特殊的嫁娶习俗。

一、上门婚

男到女家，这种婚姻大致有两种情况：一种是新婚男女，男到女家，又称"倒插门"；如果男方婚后改姓女方姓，又称为"儿女婿"。一般都是女方家无儿子，男方家中生活贫困，无力娶亲，因此上门做儿女婿。另一种是"不卖姓"（不姓女方的姓），所生儿女是姓男方的姓，还是姓女方的姓或是姓双方的姓，这些问题都在婚前商定。

二、寡妇招婿

一般丈夫去世，家有年幼孩子且亡夫家资颇丰，女方又不愿改嫁的，会招一夫上门，南泥湾土话称为"招老汉"。这种婚姻原来多见于中年的守寡妇女，随着社会发展，招婿年龄结构也发生变化，老年人也有此举。

第六节　职工生活

南泥湾农场位于南泥湾村镇中，建场初期职工的生产、生活条件都很艰苦。1965年初建场时，虽接收了劳改农场留下的生产生活设施，但设备简陋，职工吃住条件很差。住的房屋为土坯瓦房，大多没有顶棚，一个班2间房，床铺为杨树棍或灌木荆条编成，铺上稻草（职工戏称为棍棍床），晚上睡觉经常会有床铺塌陷情况出现。冬季无取暖设施（后来建了火墙）。当时粮食供应比例为70%粗粮、30%细粮，吃的基本为苞谷面，窝窝头。初建场时到了冬季，蔬菜只有冻土豆、冻萝卜、冻白菜，很少能吃到肉。据老职工回忆，每年12月大会战期间，大家住在离工地近一些的连队会议室，地上铺上稻草即为床，晚上虱子咬得人睡不着，照明用煤油灯。太阳一出进工地，先用洋镐将冻土挖开后，再利用架子车运土。二连两名来自西安的十八岁的女知青，在休息吃饭时被塌陷冻土所伤，不幸遇难，将她们的青春和热血永远留在了南泥湾这块土地上，后被追认为烈士。当时机械作业工具很少，田间耕作大多依靠畜力和人力，劳动强度大。山地种植多用牛犁地或锄头挖地；下稻田干活时，因南泥湾气温比市区低1~2℃，又无雨鞋，劳作结束，布鞋里全是冰碴。

随着农垦事业的发展，农场为职工办各项福利事业，职工的生活条件逐步得到改善。农场开办托儿所解决幼儿入托问题，凡职工家属送托小孩，一岁半以下每人每月收费2.5元，一岁半至三岁2元，三岁以上1元。农场还开办子弟小学，解决职工子女上学困难。小学教育经费按班级每月7元、图书费2元补贴，初中教育经费按班级每月46.5元补贴。设立卫生队，配备医疗卫生人员，对职工实行公费医疗，对家属及未成年子弟实行半价收费；配备电影放映组（队），每周可看1~2次电影，活跃丰富职工生活。农场改进职工食堂的管理，改善职工生活。兰州军区在大荔库区为农场建库区生产点，种植小麦和油菜，解决吃细粮问题。农场从榆林拉回大量鱼肉（当时北方人没有吃鱼习惯，鱼肉仅0.20元一斤），各连队建立养猪场、蔬菜组保证职工生活所需。当时五连为全团养猪最多的连队，利用所开办的豆腐坊、水稻加工厂所产稻糠、加工玉米面所剩结余等综合副产品养猪，不仅保证了连队生活所需，还调拨保证机关食堂 300 余人的猪肉供应。在别的连队职工每月交 12 元伙食费的情况下（当时工资为每月 29 元），五连职工每月仅交 8 元伙食费，并且保证不到 10 天杀一头猪。增加肉食、油类食物后，细粮也可以满足职工所需了。该连除了大年三十会餐外，平时的生活水平比别的连队要好一些。在当时社会普遍生活水平不高的情况下，农场职工的生活为大多数人所羡慕。随着时间的推移，大多参加农垦建设的城市知识青年（西安、宝鸡、咸阳）结为伴侣，以场为家。职工工资逐渐也有所增长，初期兵团战士工资大多为农一级 29 元。1977—1985 年的 8 年内，进行了 4 次大幅度的工资调整。1977 年，农建师 5 团库区生产点归渭南农垦局管理后，多数职工调往渭南垦区。南泥湾农场职工由 1401 人减为 480 人，种植能力减弱，部分土地弃耕。1979 年，南泥湾农场推行"定、包、奖"责任制，实行超奖短扣制度和经济核算制，调动职工积极性；新建和维修了 200 多间职工住房，新修职工子校，为 10 个连队和单位买了电视机，场部建立篮球场、乒乓球室、图书阅览室；架设 5 千米高压线路，除新建的八、九、十连队不通电外，其余都用上了电；架设 30 千米电话线路，除新建九连、十连 2 个连队外，都通了电话。职工生活福利条件有所改善。

1984 年，南泥湾农场实行家庭农场经营。农业工人取消供给制，仅保留档案工资。全面推行家庭联产承包责任制，兴办家庭农场。这扩大了职工生产经营自主权、收益分配权、极大地调动了职工的生产积极性。农场涌现出万元户、千元户，部分职工生活水平逐步提高。1985 年，202 户家庭农场中有 30％收入超过工资标准，50％达到工资标准；但亦有部分职工千方百计往外调，直到 1986 年农工才基本稳定下来。受市场调节、经营项目及政策影响，大多职工仍以传统农业种植为主。1991 年，农场推行"三田制"，将土地按口粮田、工资田、承包田分配给农户。1992 年，南泥湾农场有耕地 4100 余亩，人均耕地 2.5 亩，职工生活条件变化不大。据调查统计，1993 年，南泥湾农场境内共有住房 802 间（不含子校、农场招待所），其中危房 624 间（孔），占比 78％，平均每户住房面积 66.15 平方米，70％的职工住在危房中。基础设施严重损坏，渠坝垮塌，路坏电断。3 座水坝被冲毁，1 座蓄水库险情告急，1500 多米排灌渠垮塌，不能使用。2 个农队的简易公路中断，4 个农队因交不起电费而停止供电；干群关系紧张，上访、闹事时有发生；生产手段落后，原有机械和家畜全部卖掉，农工体力劳动强度大；经营单一，管理水平低，经济效益差，1992 年全场社会总产值只有 185 万元，经营性利润 4.3 万元，全场人均收入 900 余元。

1992年10月，农业部、文化部、总政在北京联合举办"南泥湾精神永放光芒演唱会暨中国农垦首届文化艺术节"，纪念南泥湾开发建设50周年，并邀请南泥湾农场参加。借此机会，农场向农业部农垦局汇报农场的贫困现状和改变贫困面貌的设想打算。农垦局派专人来农场考察调研后，将南泥湾农场列入1993—1995年扶贫开发建设项目单位，总投资800万元。其中，农业部投资300万元，省、地配套300万元，自筹200万元。到1995年，项目建设基本完成，农场经济效益逐年提高。1995—1997年，农场实现经营性利润分别为30万、37万、60万元，职工人均收入5879元，全场人均纯收入1600元。与1992年相比，社会总产值增长了3.3倍，职工人均收入增长了1.4倍，经营性利润增长了13倍，全场人均纯收入增长了77.8%。1998年，54户职工喜迁新居，60%的职工安装了有线电视，20%的职工家庭拥有冰箱、VCD、摩托车。职工群众人心思定、人心向富，主动找市场发家致富。

2011年，南泥湾农场职工人均年收入17000元，全场人均纯收入3300元。2013年，职工人均年收入18000元，全场人均纯收入3800元。2014年3月25日，场党委决定给没有招工、年龄已满18周岁的职工直系子女解决生活田，农业服务中心与他们签订用地合同，期限不超过5年，每年每亩交纳承包费30～50元。2015年，由于自然条件、体制、经营管理等原因，农场所办经营实体全部关停，处于连年亏损、负债经营的状态。至2016年，农场拖欠职工养老金1100万元。2017年，全场职工人均年收入26270元，全场人均纯收入5680元，收入来源主要为种植业和外出务工，远低于全市农民平均收入水平。

2018年，延安市政府推行南泥湾农场农垦集团化、企业化管理运营模式。农场520名职工养老保险、医疗保险全部纳入地方统筹，其中在职职工和退休职工参险率100%。通过延安市工会、解困办等渠道为困难职工落实春节困难慰问金6.3万元，其中工会落实13户、解困办落实99户；农场拿出8万元资金扶贫帮困安户农民及困难职工200多户，给农场210名待业青年每人分2亩生活地，提高职工生产积极性。推进二、四、五连土地征收，制定安置办法，落实征地补偿款，以征地补偿款给失地职工每人每月发放最低生活保障金1580元，同时补交了拖欠职工养老金1200万元。推进棚户区改造，拆除了农场场部、木器厂、大礼堂、粮库，同时协调推进二连大棚拆迁、输气管道迁移及机耕队输油管道的迁移工作。农场棚户区改造总户数356户，至年底动迁174户。但因农场政策保障体系仍不健全、农业基础薄弱，农工生活仍处于贫困状态。2018年贫困发生率为4%，人均可支配收入增幅远低于全省平均水平。

2019年12月，南泥湾农场与延安南泥湾开发区发展（集团）有限公司重组为延安南泥湾（集团）有限责任公司。2020年，南泥湾（集团）公司调整经营思路，通过发展红色旅游带动周边职工提高收入和生活水平。全年主营业务收入 2453.13 万元，盈利 1686 万元，其中旅游收入 816.94 万元。同时加大对农场农工的帮扶力度，投入扶贫资金 110 万元，免费为贫困户提供贝贝南瓜种子及技术支持，引导 7 户村民种植南瓜，并提供销售帮助，促使 12 人增收 3.6 万余元。多次组织公司结对帮扶领导入户探望贫困户，了解贫困户生活、产业状况，开展帮扶工作。解决农场困难职工和安户农民子女就业 20 多人，为 20 多户农工每人每月发放 1700 元失地补助，200 多名农工发放冬季取暖费，使广大农工感受到发展建设带来的实惠。

第三章　精神文明建设

　　南泥湾农场是中国共产党领导的军垦、农垦的发祥地，"自力更生、艰苦奋斗"的南泥湾精神一直是农垦人的精神传承。自 1965 年建场以来，农场一直注重加强思想道德建设和教育科学文化建设，全面提升农场干部职工的思想道德素质和科学文化素质。以"讲文明树新风""讲文明、促和谐"为主题，开展文明单位、最佳单位、和谐单位、文明行业示范点、文明科室及和谐家庭等群众性精神文明创建活动。1986 年 9 月 28 日，中央提出加强精神文明建设工作后，农场围绕社会主义核心价值观、社会道德行为规范、生态文明建设等问题，大兴推广文明礼仪、读书学习、勤俭节约之风，利用微博、微信等定期发布精神文明创建活动和正能量信息，宣传南泥湾精神，发掘出一批宣讲南泥湾精神和革命传统的精神守望者。农场开展"美丽乡村·文明家园"共建活动和各种形式的"送温暖、献爱心"活动，推动社会正风正气的形成。

第一节　精神文明建设活动

　　20 世纪 60—70 年代，南泥湾农场兵团时期，团部加强对职工的思想建设工作，经常进行革命光荣传统学习，激发干部战士发扬延安精神、南泥湾精神，以南泥湾精神建设南泥湾。学习采取多样化的形式，组织学习革命前辈的英雄事迹，如到延安革命旧址参观、到九龙泉纪念三五九旅革命先烈。创办周刊《圣地朝阳》，利用简报等形式，实时报道宣传团部、连队的生产、生活新动向及国家的方针政策。团长秦凤仪专程找三五九旅旅长王震宣讲当年南泥湾大生产艰苦奋斗精神。政委孙云魁除了经常通过大会报告宣讲艰苦奋斗的革命精神外，还到延安市的一些单位做报告。团部还请三五九旅老战士现身说法，讲述当年大生产运动中的艰苦奋斗精神。1972 年，原三五九旅旅长王震重返南泥湾视察，组织召开当年因病、因伤未随大部队上前线、长期留住南泥湾的三五九旅老战士座谈会。三五九旅大生产运动事迹陈列室，每年接待国内外参观人数 5000～10000 人次，其中每年接待来南泥湾农场参观学习的外宾 200 人左右。兵团配有专职讲解员，引导外宾参观学习。兵团还从各连的文艺骨干中抽调 20 多人组建宣传队，有宣传任务时演出，无任务时参加生产劳动，专门排练了关于南泥湾大生产的系列节目和一批反映兵团建设的节目，对内对外进行演出。当时宣传队编导、演员、乐队力量都很强，演出水平较高，是延安地区一个有实力的宣传队。

1979年，国营陕西省延安南泥湾农场修建图书馆供职工阅读学习。1981年，南泥湾农场党委在党员中开展树优评模活动，号召党员"学准则、见行动、带头干、争模范"，于七一建党节评选模范共产党员11人。其中共产党员高立祥工作认真负责，劳动吃苦肯干，一次脱粒玉米时，因皮带断裂，被打破睾丸，血流不止，仍坚持劳动，被评为模范共产党员。农场在团员和青少年中开展"学雷锋、树新风、做好事"评选活动，于五四青年节评选出一批优秀团员。以子校为教育青少年阵地，于儿童节在子校举行"学雷锋、树新风、创三好"表彰奖励大会。至1989年，持续开展模范党员、共青团员和"五好家庭""五好职工"评比活动以及"五讲四美三热爱"活动，以模范人物带动全场精神文明建设。子校团支部组织师生挖水渠、打扫街道环境卫生、义务粉刷道路两旁树木。农三队和八队组织农工义务修公路。生产科副科长冯子祥其母病故，因工作原因，都未返家奔丧。计财科长张有辅几年如一日义务为群众理发，累计300多人次。

1995年，南泥湾农场职代会通过《职工参加义务建场劳动的若干规定》，在全场范围内开展"添一份力量，献一片爱心"的义务建场劳动竞赛。成立竞赛指挥部，建立义务劳动竞赛台账，设立竞赛优胜者专项奖。执行人均年出50个义务工日制度，推行年终考核一票否决制。当年，干部职工投入义务劳动20～50个工日，全场共投义务劳动工日11450个，开发"五荒地"130公顷，整地、建园、种经济林67公顷，清理开挖渠系6127米，移动土石方8万立方米，打井2眼，节约资金15万元。至1999年，职工义务劳动累计5万余个，平整果树条带3210亩，改换土近23.96万立方米，打坝1座，清理排灌渠系16000余米，拓宽农队公路20多千米，铺石子路面10千米，节约资金78万余元。义务建场劳动成为农场的一项基本制度。

2009年，南泥湾农场以"讲文明、促和谐"为主题，开展文明单位、最佳单位、和谐单位、文明行业示范点、文明科室及和谐家庭等群众性精神文明创建活动，以"创佳评差"竞赛活动为重点，突出构建和谐机关、和谐农场。推进以社会主义荣辱观教育为核心的思想道德建设，开展"知荣辱、讲正气、促和谐"的道德实践活动，贯彻《公民道德建设实施纲要》和《全省农业系统职工行为规范》，在全场范围内基本形成团结互助、扶贫救困的良好风尚。利用延安革命传统和南泥湾精神这一宝贵资源，大力弘扬艰苦奋斗的优良作风，培养以爱国主义为核心的民族精神和以改革创新为核心的时代精神。开展"送温暖、建机制、促和谐"活动，于春节慰问困难职工10户，为3户特困职工送去面和油，为18户困难职工每户发放200元补助金。全场28户危房改造户搬进新房。五连80间居民点19户基本完成主体工程，并完成照明电路、有线电视、上下水工程。7月31日，与新疆兵团农八师石河子总场结为"友好农场"，农八师为农场免费提供2000亩滴水灌溉设备。与电力部门协调，对全场10个连队电路进行全面改造，解决了照明电路破旧、漏电现象严重的问题。新修直达中国农垦纪念林园公路300米，新疆建设兵团捐款50万元。新修了兵团纪念亭、纪念碑及环山道路，使该项目同南泥湾红色旅游紧密结合起来，成为中国农垦事业纪念基地和红色旅游重要景点和南泥湾黄土风情体验的景点之一。

2010—2013年，南泥湾农场继续以"讲文明、促和谐"为主题，推进群众性精神文明创建活动。加强对精神文明创建工作的领导。场党委在领导力量、组织机构、人员分工、工作经费等方面，加强对创评活动的领导、对基层单位精神文明创建活动的日常考核和工作指导力度。以"创先争优"竞赛活动为重点，开展争创"四好"班子（政治素质好、经营业绩好、团结协作好、作风形象好）、"四强"党组织（政治引领力强、推动发展力强、改革创新力强、凝聚保障力强），争做"四优"共产党员（政治素质优、岗位技能优、工作业绩优、群众评价优）为主要内容的创先争优活动。开展"五好家庭""致富能手""模范党员"评比活动、"送温暖、献爱心、促和谐"活动、"读一本好书"等活动，组织以"歌颂党，传承南泥湾精神"为主题的征文演讲比赛，举办庆祝"七一"红歌传唱主题活动，组织棋牌、篮球、乒乓球比赛，举行群众观点、群众立场知识测试等活动。弘扬以爱国主义为核心的民族精神和以改革创新为核心的时代精神，树立和践行社会主义荣辱观，在全场形成弘扬传统美德、知荣辱、尚礼仪、讲廉洁的良好风尚，引导干部职工争做南泥湾精神的传承人和实践者。开展场级领导和科室包农队、联农户活动，通过党员干部建立联系点，指导农业生产，为群众排忧解难。每年春节慰问困难职工，为特困职工送米面油，为困难职工发放补助金；拓宽农二队、农七队、农八队生产生活道路，维修阳九路到农一队生产道路；平整农二队8户安户职工耕地，为农五队开挖排洪渠1500米，解决土地遭受水灾的问题；对农场各队的基础设施进行维修，修建厕所5个、水电房3个及一些辅助设施；调整干部职工的工资，为422户办了一卡通，及时发放职工群众的涉农补贴；先后为135名家属办理企业职工基本养老保险，为195人办理新型农村养老保险，为623人办理新型农村合作医疗保险，为16人办理大病、慢性病救助，为22人办理城镇低保。使精神文明建设从内容到形式，更贴近实际、贴近群众。

2017年，南泥湾农场配合南泥湾景区管委会开展省级文明单位（标兵）单位创评活动，召开全员参与的精神文明建设专题会议，设立精神文明建设组织领导机构，制定文明单位创建年度工作实施方案。围绕社会公德、职业道德、家庭美德、个人品德建设举办道德讲堂，开展"文明家庭""文明职工"等评选活动；建立党员职工志愿服务队伍，注册志愿者人数占职工总数的30％以上，深入农队和景区开展志愿服务活动；建立网络文明传播志愿小组，利用微博、微信等定期发布精神文明创建活动和正能量信息，宣传南泥湾精神；开展"美丽乡村·文明家园"共建活动和各种形式的"送温暖、献爱心"活动。

2018年，中共延安市委精神文明建设指导委员会开展第六届全国文明城市创建活动。10月16日，南泥湾开发区管委会召开文明城市创建和精神文明建设工作推进会。南泥湾农场有限责任公司、南泥湾开发区发展（集团）公司中层以上负责人参加会议。11月23日，南泥湾农场有限责任公司派代表队参加南泥湾开发区党工委、管委会举办的"弘扬南泥湾精神·携手共创文明城"知识竞赛活动，南泥湾农场机关代表队获二等奖。

2020年是延安市第六届全国文明城市创建测评最后一年（文明城市测评3年一个周期，占测评总成绩60％）。7月7日，中共延安市委精神文明建设指导委员会下发《2020年文明城市创建分工和工作指南》。南泥湾（集团）公司将创文工作列入2020年的重点工作，印发《关于成立创建文明城市工作领导小组的通知》，集团公司党委书记、董事长刘一民任组长，党委副书记、总经理刘小雄和党委副书记赵永峰为副组长，分工负责全国文明城市创建工作。小组制定集团所属建筑工地、温馨小区、辖区11个农队以及旅游景点创建标准。

文明工地建筑围挡公益广告覆盖率60％以上，对南泥湾开发区管委会创文办督查通报的商业设施三期项目部旗帜陈旧褪色问题，部分项目部工地无建筑围挡、建筑垃圾清运不及时的问题及时进行整改；强化温馨小区、连队人居环境整治力度。开展道德模范评选、张贴十星级文明家庭挂牌活动，评选好婆婆好媳妇2户；广泛宣传，征集问卷，全年发放创文宣传册405份，发放问卷调查366份，提升职工群众对创文工作知晓率、满意度；参与南泥湾开发区管委会开展的《再唱南泥湾·鲜花送模范》——致敬抗"疫"英雄暨"延安人游乡村""陕西人游延安"活动，推进文明进景点活动。成立创文志愿服务分队5个，开展志愿服务活动30多次，参与青年志愿者达80人次；在游客中心、停车场、花海等景点为游客分发文明宣传手册，劝导游客文明旅游，减少乱扔垃圾、随地吐痰等现象，保持景区环境整洁优美；完善公共服务设施和相关标示牌，有咨询、投诉窗口和投诉电话，公开服务标准和程序，对老年人实行免费开放制度。党徽广场成为南泥湾热门的"打卡地"，不少游客在此拍照留影。"五一"期间，南泥湾景区共接待游客21.2万人次。

第二节　南泥湾精神传承

南泥湾，一个响亮的名字；南泥湾大生产运动，一段不朽的传奇。"花篮的花儿香，听我来唱一唱，来到了南泥湾，南泥湾好地方，好地呀方……"朗朗上口的歌词、耳熟能详的旋律，让这首经典民歌《南泥湾》家喻户晓，也让南泥湾故事被代代传唱。南泥湾以其独特的魅力吸引着一批又一批游客、学员前来参观学习。南泥湾农场随之出现一批宣讲南泥湾精神和革命传统的精神守望者，他们用自身的经历和对这片土地的热爱，自发地为游客讲述三五九旅大生产运动的历史，宣传南泥湾精神。其中比较有影响的代表人物有：刘宝斋、刘海鳌、屈均、邢丹东、马杰等。

1897 年出生于河南沈丘县的刘宝斋，随红军长征到达陕北后，1942 年编入三五九旅七一九团，赴南泥湾开展大生产运动。

"南泥湾呀烂泥湾，荒山臭水黑泥潭。方圆百里山连山，只见梢林不见天。狼豹黄羊满山窜，一片荒凉少人烟。"刘宝斋和三五九旅战友们刚到南泥湾时，面临的就是这样一派景象。作为亲历者，那段"没有吃的、没有住的，都是在梢林搭草棚安家，砍梢林开荒种地，喝的是沙柳水，饿了就用野菜野果代粮充饥，地上能吃的东西都吃了，闲暇之余还编织草鞋，炼铁自制生产工具……为提高开荒效率，部队还展开劳动竞赛，每天公布成绩……经过艰苦奋斗，昔日荒草丛生、沼泽遍地的烂泥湾变成到处是庄稼、遍地是牛羊的陕北好江南"的记忆以及长眠于九龙泉烈士纪念园的战友成为他讲述红色故事、传播南泥湾精神的动力。1949 年，刘宝斋放弃返城工作机会，自愿留守在南泥湾以种地为生。其间，除种地外，经常向从全国各地来延安的工农兵、大学生讲述"自己动手，丰衣足食"的南泥湾大生产时期的艰苦岁月，勉励大家发扬"自力更生、艰苦奋斗"的优良传统。同时，一些单位也经常邀请他去宣讲革命传统。他用初心指引一生，用行动践行使命，把自己的一生奉献在南泥湾这片热土上。1984 年他去世后，儿媳侯秀珍成了南泥湾精神义务宣讲员，接替刘宝斋继续讲述南泥湾大生产运动的故事。

出生于 1923 年的刘海鳌 1938 年参加八路军，任三五九旅七一八团机枪手，曾参加过解放太原等战役。虽没参加屯垦，但与南泥湾有着不解之缘。1968 年，他来到南泥湾安家落户，为南泥湾中心小学炊事员。1986 年退休至 2019 年病逝期间，他一直业余为党员干部、青少年学生以及三五九旅老战士的后人讲述当年三五九旅开荒、战斗的故事，是南泥湾精神的积极传播者。

屈钧，1965 年从西安招到南泥湾农建师 141 团工作，1972 年被抽调为筹建南泥湾大生产展览馆收集资料和撰写解说词。他利用这个机会参阅了有关的革命历史资料，走访了原三五九旅的一些老首长，聆听当年南泥湾大生产运动中的许多动人故事。1978 年，他将这些故事编辑成册，收录 29 个小故事，出版发行了《南泥湾的故事》，作为国庆 30 周年的献礼。发行会上，他以《用南泥湾精神写南泥湾》为题的发言讲话，受到大会的高度评价。书中的访问材料和回忆录，成为人们研究南泥湾的基本资料，被许多学者和多种刊物所引用。

南泥湾农场干部邢丹东，1979 年分配到南泥湾农场工作，多年在基层与场部的工作经历让他对农场的历史了然于心。2005 年，南泥湾大生产广场建成后，他坚持向全国各地游客讲述三五九旅在南泥湾开展大生产运动的故事，累计宣讲人数达万人以上，受到多家新闻媒体的采访。

南泥湾（集团）公司退休职工党支部书记马杰为八路军研究会三五九旅分会会员、新疆建设兵团三五九旅精神研究所聘任的特约研究员，延安南泥湾红色文化培训中心特约顾问。他注重整理挖掘三五九旅在南泥湾大生产运动中的革命故事，利用所收藏物品办展览；经常在抖音等传媒中发布有关三五九旅军垦时期的视频、文章及照片，以此传播南泥湾精神。

第三节　南泥湾视觉识别系统

南泥湾视觉识别系统（Visual Identity System，简称 VIS），是以南泥湾（集团）公司的经营理念及精神文化为指导而制定的，标准徽标、标准字体、标准色彩的完善组合，用以确认企业管理与交往中的应用规范。包含标志设计、标准字体、标准组合规范、色彩系统及规范、辅助图形、联合品牌、品牌广告语、应用项目规范设计等内容。

其中标志（Brand）设计是识别系统的核心要素，是应用最广泛、出现频率最高，同时也是最关键的元素。是品牌形象特征、信誉和文化的浓缩（图 6-3-1）。用于建立公众对南泥湾的认知，也是南泥湾开展信息传达的主导力量。它是一种精神象征、一种价值理念，在南泥湾（集团）公司培育和创造品牌的过程不断创新。

图 6-3-1　南泥湾标志

南泥湾标志主体结合"镢头"和"枪"的造型进行设计，从右往左看似一把"镢头"，呼应大生产运动中自力更生、艰苦奋斗的南泥湾精神；从左往右看似一把"步枪"，代表中国共产党坚持革命、保卫国家，体现"一把镢头、一杆枪，誓死保卫党中央"。

红色有生命、活力、健康、热情、朝气、欢乐的寓意，象征着喜庆。这是中华民族最喜爱的颜色，甚至成为国人的文化图腾和精神皈依。山水绿色、清新、健康、充满希望，是生命的象征。它代表安全、平静、舒适，在四季分明之地，绿色的嫩叶，看了使人有新生之感。标志用国旗红色代表南泥湾革命精神和红色文化，体现红色南泥湾；山水绿色代表南泥湾山清水秀、环境优美，体现陕北好江南。

标志的基本型包含了"3、5、9"三个数字，代表了1941年三五九旅进驻南泥湾，开展大生产运动，实行生产自给，减轻人民负担，被誉为边区大生产运动的一面旗帜；毛泽东主席题词赞誉第三五九旅是"发展经济的前锋"。

标志的基本型形似"农、衣、食、大"。代表了三五九旅在大生产运动中坚持以农为主，全面发展，先后开办纺织、皮革、造纸工厂13个，成立盐业、土产、运输等公司，开办饭店、商店、军人合作社和各种加工小作坊等，形成军民兼顾、公私兼顾、多层次的生产经营形式。

标志的横线造型从左向右看形似扛着步枪的红军，代表红军坚持革命和保卫祖国的伟大精神；从右向左看形似锄头，阐明南泥湾八路军一二〇师第三五九旅艰苦奋斗、自力更生，用农业支持革命的伟大精神。

标志的造型充满动感，形似陕北腰鼓，代表了南泥湾人民热情、开朗、坚强的革命精神和浓厚的地方特色。

南泥湾VIS设计的基本要素系统严格规定了品牌形象图形标识、中英文字体形式、标准色彩、企业象征图案及其组合形式，规范了企业的视觉基本要素，广泛应用于办公事务用品设计、酒店接待用品、交通运输工具系统外观、景区售卖系统等方面，代表着南泥湾的精神和文化。

第四节　军民共建

延安是"双拥"运动的发祥地。1943年1月15日，陕甘宁边区政府做出《关于拥护军队的决定》，确定从1月25日至2月25日为边区拥军运动月。留守兵团司令部及政治部于同月25日做出《关于拥护政府爱护人民的决定》，决定2月5日—3月4日为边区部队拥政爱民运动月，并公布了中国共产党军队历史上第一个拥政爱民公约。双拥活动加强了军政军民关系，拥军优属、拥政爱民活动由此成为一项优良传统，一直延续下来。驻延安部队始终把拥政爱民工作作为部队政治工作的一项重要内容。三五九旅南泥湾大生产运动期间，在播种前组织播种大演习，特请当地老乡做教师。在农民群众的帮助下，大家很快就掌握了播种技术。部队也帮助当地农民群众训练民兵、办学校，支援他们粮食、镢头、种子，帮助看病。此外，每当开荒、播种、春耕、秋收，部队总要抽出大量人力帮助农民突击抢种、抢收。副政委王恩茂经常要求全旅人员切实做到拥政爱民，决不损害老百姓利益。1942年全旅平均每人帮助群众3个劳动日。1943年帮助群众开荒、锄草各两万多工日。老乡感动地说："自古以来军队都是吃老百姓的，只有你们自给，不吃老百姓的粮食，不要老百姓一针一线，还帮助老百姓生产，真比亲娘姑舅还亲。"南泥湾的老百姓也在部队开荒、种植粮食、挖窑洞等方面给予指导和帮助，在部队有军事任务时，义务帮助除草收割。春节期间，延安各界文艺团体编排节目，到南泥湾进行慰问演出活动。3月7日，陕甘宁边区政府主席林伯渠率慰劳团赴南泥湾地区慰问，三五九旅举行拥政爱民大会，欢迎慰劳团，并举行了阅兵表演。延安县民众亦组织秧歌队，带着猪和羊到金盆湾慰问部队，双拥活动的开展使军民关系亲如一家。

中华人民共和国成立后，军民共建成为新时期开展双拥工作的重要形式，是双拥工作的新发展。延安宝塔区人民继承"自力更生、艰苦奋斗"的南泥湾精神，继续保持和发扬拥军优属革命传统，大力支持人民军队和国防后备力量建设。至2020年，延安市先后九次蝉联"全国双拥模范城"荣誉称号。其间，1996年，延安革命纪念地（纪念馆、枣园、王家坪、杨家岭、凤凰山、清凉山、四·八烈士陵园等）被中宣部公布为全国爱国主义教育示范基地。2013年，为纪念延安双拥运动70周年，中国邮政特发行纪念邮资信封一套一枚。邮资封以宝塔山为主图，图案上方有"拥军优属"4个字，下方为"拥政爱民"4个字，并标有"延安双拥运动七十周年"字样。2020年12月，南泥湾革命旧址、延安炮兵学校旧址、中央管理局干部休养所旧址、垦区政府旧址、毛泽东视察南泥湾旧居、九龙泉烈士陵园、九龙泉、马坊抗日阵亡将士纪念碑被延安市委宣传部命名为市级爱国主义教育基地。

20世纪70年代，兰州军区建设兵团第40团（南泥湾农场）每年春节期间开展拥政爱民活动。各支部组织政策纪律检查小组，团部负责南泥湾公社、五七干校、5337部队，各连负责本连驻地生产队、大队检查群众纪律，就部队一年执行"三大纪律八项注意"和党的方针政策情况，征求群众意见，对部队违反政策纪律方面的问题严肃妥善处理。1977年7月，延安市遭受特大水灾，84829部队战士刘连庆抗洪中捡到10000元现金，南海民捡到1000斤粮票和500元人民币，赵永成拾到2块手表，另一名战士拾到1盒布证，如数上交。1990年10月，陕西驻军各部队开展"暖军心、固长城"活动，驻南泥湾罗盛教连与南泥湾党委和政府联合创建"南泥湾军民共建科技兴农辅导站"，派遣农业技术骨干到科技辅导站向农民传授技术。

1991—1995年，39111部队司令员郭玉祥、政委乔清晨先后3次到延安研究双拥共建工作。部队出动飞机15架次，飞播造林2万多亩，并出动兵力1067人次，参加延安修整公路、修建热电厂、火车站等义务劳动；89750部队与延安育才小学签订共建协议，投资10万元建设电化教学系统；第四军医大学与延安地区人民医院（今延安大学附属医院）开展共建活动，派5名专家教授，举办延安地区首期"医院管理培训班"，至1995年，每年派2~3支医疗队赴陕北巡回医疗；西安政治学院、空军工程学院、空军导弹学院、二炮工程学院、西安陆军学院、武警技术学院等院校以及陕西军区、兰州军区武警陕西总队等均在延安开展了各种形式的共建活动。

1996—2015年，各驻军部队广泛开展"同呼吸、共命运、心连心"活动。普遍成立法律咨询宣传、医疗便民服务、义务理发、家电维修、"青年志愿服务队"等学雷锋小组，开展爱民助民活动。南泥湾镇与预备役部队、交警队共建军（警）民学校。武警陕西省总队延安支队执勤一中队驻守在南泥湾，始终保持着一个优良传统：新兵下队后第一课是到驻地革命遗址参观见学，参观南泥湾大生产展览馆，接受革命历史教育，淬炼初心、熔铸灵魂。中队先后被中宣部评为"全国学雷锋活动示范点"，荣膺武警部队"基层建设标兵中队"荣誉称号，4次荣立集体二等功，7次荣立集体三等功，1人被表彰为"中国武警十大忠诚卫士"。

宝塔区人民武装部始终把拥政爱民工作作为新时期双拥共建的重要内容来抓，推进"强军优属办好九件实事"和扶贫工作。建立宝塔区籍军人电子档案，每年春节给宝塔籍官兵寄送慰问信700余封。2015年，落实省军区"百校助学、百村扶贫、百馆共建"精神，确定南泥湾革命纪念馆、南泥湾中心小学、临镇镇官庄中心小学、盘龙镇卧虎湾村、李家砭村、冯庄乡高庄村（一馆二校三村）为帮扶助学共建点，6户特困军属、12户低收入家庭作为帮扶重点。先后为南泥湾中心小学购置高低床110套、学习桌椅268套，建成多功能活动室一间，抽调7名专武干部对南泥湾中心小学249名学生进行了军训。2017—2018年，先后为南泥湾小学资助教学用品20万元，为官庄小学资助教学用品10万元。被中共延安市委、市人民政府、延安军分区联合评比为"拥政爱民模范单位"。

自2016年延安市第八次蝉联"全国双拥模范城"称号以后，中共延安市委、市政府不断创新双拥工作机制，开展双拥模范城（县）创建活动。至2020年，全市累计投入2.17亿元修缮革命遗址400多处，将延安革命纪念地打造为国家AAAAA级景区。利用三大教育基地作用，组织开展延安精神、革命传统教育，接受教育人数达25.7万人次。在210国道和高速公路旁设立大型双拥公益宣传牌，在城镇主要街道路段和公交车站点设立双拥宣传灯箱、专栏，建设双拥公园、双拥广场和双拥街（路）、拥军桥。开展以双拥为主题的军民联欢、文艺演出、电影放映周、军民书画展、清明"祭英烈"和"9·30"烈士公祭日等活动，形成群众参与双拥创建的浓厚氛围。在全市旅游景区和革命旧址设置"军人优先""军人、军车免费"提示牌，驻延部队官兵可免费参观市内旅游景区，免费乘坐市内公交车，军人的社会重视度显著提高。市委、市政府每年召开党委议军会、军地联席座谈会和排忧解难工作协调会，专题研究解决战备训练、工作生活、军人"三后"（后路、后院、后代）等方面实际困难。全市安置军队转业干部50人、退役士兵575人，协商调动安置随军家属12人、货币化安置随军家属30人，安置率达100%。4年共举办退役军人就业创业专场招聘会17场，提供就业岗位1097个。加强军警民联防联治，建立联防协作机制和工作预案，出动兵力4490余人次。南泥湾镇完成预备役步兵一营三连编制任务56人，人员、装备按要求全部落实到位。根据要求参加141师预拉预演，兰州军区动员集结、考核等活动。

2020年10月20日，延安市第九次蝉联"全国双拥模范城"称号。

第七编

人　物

中国农垦农场志丛

南泥湾农场是中国共产党领导的军垦、农垦发祥地。自 1941 年 3 月三五九旅进驻南泥湾军垦屯田，到 1965 年成立农建师 141 团，再到 2020 年，走过了近 80 年辉煌艰难的岁月历程。三五九旅大生产运动和南泥湾农场期间，涌现出一大批劳动模范、劳动英雄，以及省、市、集团级先进集体和个人，这些先进模范群体为南泥湾农场的发展壮大付出辛劳和青春，做出了突出贡献。本章以传记形式记述大生产运动时三五九旅部分劳动模范以及农建师 141 团、兰州军区建设兵团第 40 团、南泥湾农场已故县级领导人物；以人物简介形式记述南泥湾兵团时期领导、南泥湾农场历任领导以及南泥湾（集团）公司现任领导（因资料匮乏，大生产运动时期劳动模范人物和兵团时期领导记述相对简单，照片缺失且有遗漏）；以名录形式记述市级以上先进模范人物。人物排序除第二章第一节南泥湾（集团）公司领导简介按职位级别排序外，其余均按出生年月排序。

第一章 人 物 传

第一节 劳动模范

罗章（1905.2—1993.1） 江西省万载县高城人。1929 年 11 月加入中国共产党。

1929 年参加中国工农红军，历任湖南省平江县委机关支书，万载县区苏维埃政府主席兼县特派员，湘赣军区独立第一师连政治指导员，红六军团第十七师五十团机炮连政治指导员，第五十一团副营长、代营长，龙永独立团团长，红六军团卫生部政治委员，军团保卫局局长等职。参加过历次反"围剿"斗争和红军长征。

抗日战争时期，历任八路军一二○师三五九旅团政委、锄奸科科长、军法处长、供给部政委，八路军南下二支队政委，中原军区鄂北分区副政委、总兵站站长、干部大队长等职，参加过收复晋西北战斗、忻口战役、百团大战和南泥湾大生产运动及南征北返的战略行动等。

解放战争时期，历任鄂北军分区副政治委员、西北野战军二纵队留守处主任兼教导团政委、第一野战军一兵团留守处主任。

中华人民共和国成立后，先后任新疆军区兰州办事处主任兼政委、新疆军区军事法院院长等职。1955 年被授予少将军衔。荣获二级八一勋章、二级自由独立勋章、二级解放勋章、一级红星功勋荣誉章。1979 年 3 月离职休养。1993 年 1 月 24 日因病逝世，享年 86 岁。

在参加南泥湾大生产运动中，任旅供给部政委，分管全旅大生产的组织实施。他经常扛一把为自己特制的七八斤重的大镢头，往来于全旅分散在各个山头、山坳的 100 多个生产点，走到哪儿，就和干部战士一起开荒。并将水稻引种南泥湾，使南泥湾成为"陕北的好江南"。1943 年 2 月召开的西北局高干会上，被评为全边区 22 位劳模之一，毛泽东为他题写了"以身作则"题词。

陈宗尧（1908—1945.6）　湖南茶陵人。1927 年在尧水参加游击队，同年加入中国共产党。先后担任严尧区苏维埃政府经济委员，中共桃坑、湖口区委书记，莲花县工农兵政府军事部长、独立营政委，红六军团十七师五十团副政委兼政治处主任。1935 年随部队长征，先后任红六军团四十九团团长、政委，模范师参谋长等职。1936 年 10 月到达陕北后，被选送到保安（今志丹县）红军大学学习。红六军团改编为八路军一二〇师三五九旅后，先后任七一七团副团长、平山独立团团长、七一八团团长。在南泥湾大生产运动中，陈宗尧把团部设在第一线，指导各连的劳动生产，最先组织了百人开荒大竞赛，处处带头、言传身教。他带领的 8 人生产小组，17 天开荒 130 亩，成为团先进小组之一；军事训练中获"朱德神枪手""贺龙投弹手"荣誉称号。战士们给他编了《生产忙坏了陈团长》的歌，赞誉他"战斗是英雄，生产是模范，训练是先锋，拥政爱民是标兵"。1943 年西北局高干会议上，毛泽东主席为他题写了"模范团长"题词。9 月，毛主席视察南泥湾时，表扬他"文武双全，学习第一，生产第一，打仗第一"。

1944 年秋，陈宗尧任第二支队长随军南下。1945 年 6 月 6 日，部队路经湖南岳阳黄岸寺小湄村时，与国民党军第九十九军一个师遭遇。为掩护主力部队突围，他率全团英勇抗击，不幸在战斗中牺牲，享年 37 岁。

陈敏（1917—2017）　河北省深泽县人。1938 年参加革命。1939 年 3 月加入了中国共产党。

1938 年，她在冀中行政公署当统计干事。抗日战争时期任八路军一二〇师三五九旅特务团供给处鞋厂指导员。解放战争时期，先后任东北合江省（1945—1949 年建制，后并入黑龙江省）第二军分区后勤部被服厂厂长、密山县地区皮鞋厂厂长、合江省佳木斯被服厂厂长，四十二军一二五师政治部协理员。

中华人民共和国成立后，1950 年任四十二军留守处三大队副大队长。1957 年 6 月转业，先后任武汉市江汉区妇联主任，广州氮肥厂人事科长、组织部部长和党委副书记，湖南省人委办公厅人事处处长兼党总支书记，长沙市肉类联合加工厂革委会办事组组长、革委会主任和党委书记；1975 年调任湖南省电子工业局（现湖南省经济和信息化委员会）任办公室主任，离休时待遇为副厅级。2015 年荣获中国人民抗日战争胜利 70 周年纪念勋章。2017 年因病逝世，享年 100 岁。

在南泥湾大生产运动中，她于 1942 年、1943 年两次荣获"特等劳动模范"称号，西北局高干会议上，毛泽东主席为她亲笔题写"模范家属"的赞语。1945 年 1 月，陕甘宁边区政府主席林伯渠、副主席李鼎铭为她颁发"特等模范家属"奖状。

刘顺清（1922—1952.1） 湖南大庸人，1937 年加入中国共产党。

1934 年同弟弟刘顺林离家在湖南永顺参加了红六军团，因年龄只有 12 岁，被编入"娃娃班"。1935 年调团部当通讯员。抗日战争中转战华北，参加过灵邱、广灵、麻子山、铜钱沟等战斗。先后任班长、排长、副连长，1940 年任三五九旅七一七团一连连长。长征途中及抗日战争时期，曾三次负伤，为三等残疾。

1941 年，南泥湾大生产运动中，刘顺清组织 40 余人的开荒突击队，仅一个多月时间，开荒 1000 多亩，全连开荒 3000 多亩，获"生产模范连连长"的荣誉称号。1943 年，在全团举行的劳动英雄大竞赛中，刘顺清以开荒 4 亩 1 分 5 的成绩，创造全团最高纪录。在他的影响和推动下，全队原定的开荒 200 亩任务，完成了 600 亩。11 月，在陕甘宁边区第一届劳动英雄代表大会上，刘顺清被选为边区特等英雄，所在一连获"战斗是英雄，生产是模范"奖旗。后来，延安的文艺工作者专门编了一部秧歌剧《刘顺清》。1952 年 1 月 7 日，他在抗美援朝战争中牺牲，享年 30 岁。

赵占奎（原名赵占魁，1913—） 山西省盂县人。1939 年加入中国共产党。特等劳动英雄，1943 年出席陕甘宁边区劳模大会时，工业战线有位劳动英雄也叫赵占魁，为了区分，将"魁"字改为了"奎"。

南泥湾大生产运动期间，赵占奎任三五九旅七一八团二营五连六班班长。在大竞赛中，挖地达到 4 亩 7 分 4，第一个响应上级关于"每人种 30 亩地"的号召，组织全班 10 个人编为垦荒小组。共开垦荒地 380 多亩，超额完成任务，成为全团模范班之一。1942 年 4 月 10 日，七一八团集合全团从开荒以来每天挖地 1 亩以上的 175 个劳动英雄举行比赛，赵占奎一天开荒 3 亩 2 分 1。他的生产热情，不仅推动所在班成为全连开荒最多的模范班，而且影响了全连，原来规定开荒 800 亩，最终开垦荒地 1700 亩。在 1943 年 11 月召开的陕甘宁边区第一届劳动英雄代表大会上，他被评为特等劳动英雄。

李位 山西灵丘人。1935 年入伍，1950 年加入中国共产党。历任步兵第十一团战士、班长、排长、管理员等职。边区特等劳动英雄。

南泥湾大生产运动中，他开荒的锄头重 5 斤多，六七寸宽，每天开荒量都在 2 亩以上。他所领导的十一连一班，始终保持着每人每天平均开荒 1.5 亩以上的记录，获三五九旅"劳动英雄""模范班长"称号，事迹多次在《解放日报》上登载。1942 年 4 月 10 日，在七一八团举行的劳动英雄开荒比赛中，他创造了一天开荒 3 亩 6 分 7 的记录。1943 年

11月26日至12月16日，陕甘宁边区第一届劳动英雄代表大会与边区生产展览会同时召开。劳动英雄赵占奎、吴满有、黄立德、李位、刘建章、郭凤英、马丕恩等十几人被选进大会主席团。李位被评为特等劳动英雄，受到毛泽东主席接见。

1949年转业到地方后，手持放羊鞭，继续干革命。先后4次被山西省、地、县评为劳动模范和先进代表。1977年出席山西省第五届人民代表大会，被大家称为"一面永不褪色的旗帜"。

第二节　南泥湾农场历任领导

朱少清　（1918.5—?）　湖南常德市澧县人。1937年12月加入中国共产党，1934年8月红军长征时参军入伍。到达陕北后参加三五九旅南泥湾大生产垦荒屯田，后跟随王震所率领南下支队南征抗日。1951年5月，随加强连进军西藏阿里，艰苦的条件让这位曾经参加过长征的老红军万分感慨地说："长征中我们过雪山草地，挨饿打仗，但也没有像进军西藏这样艰苦，连战马都在恶劣的气候下一个个死去了。"1952年，随部队改编参加新疆生产建设兵团第一师生产建设。1966年至1971年9月，从新疆兵团调任中国人民解放军生产建设兵团农业建设第十四师141团团长、兰州军区生产建设兵团第40团（兰字961部队）团长。1971年离休。

顾生杰　（1923.7—1987.7）　陕西省定边县马沟泉村人。1938年在校秘密加入中国共产主义青年活动小组，1943年3月加入中国共产党。

1943年2月参加革命工作，至1948年历任定边县城区四乡文书、区委组织干事、组织科长、区武工队政治指导员、区长、区委书记。1948年2月至1949年8月，先后任定边县城区委书记、县工商科长。1949年8月至1951年11月，任定边县委宣传部部长，兼管统战工作。1951年11月至1958年12月，先后任定边县委常委、县委副书记（期间兼任县委统战部部长）、县委第一副书记兼纪委书记。1959年1月至1970年，历任榆林地区火电厂、榆林地区农学院建设项目总负责人、榆林地区国营新桥农场场长。1970年至1974年11月，任兰州军区生产建设兵团967部队（榆林鱼河农场）政委。1974年12月至1978年，先后任陕西省农建师五团政委、国营陕西省延安南泥湾农场党委书记。1978年至1983年，先后任延安地区农业局局长、吴旗县委书记兼县人武部政委。1983年离休。1987年7月21日病逝，享年64岁。

1947 年，国民党马鸿逵部攻战三边后，顾生杰带领所属武工队坚持游击战，抓奸细、锄叛徒，战绩突出，受到三边地委表彰。任定边县委统战部长期间，孤身深入白泥井天主教教区，发动教民，破获以天主教堂外籍神父为首的间谍组织，缴获电台、枪支等物资，为中国驱逐 3 名荷兰、比利时籍间谍提供有力证据。1974 年调任农建师 5 团政委、南泥湾农场党委书记后，以大田水稻科学种植为主，同时开展经济作物香紫苏种植，开办酒房、酱油房、豆腐房、大米加工、香紫苏精油提炼等多种经营。在农场归属延安地方管理转制中，努力争取为农场保留国营全民性质和县团级建制，维护广大职工的切身利益和农场的后续发展。1983 年离休后担任定边县地县级离休老干部党支部书记，亲力亲为建成一座占地 10 多亩的老干部苹果园。1986 年被陕西省委评为全省离休老干部先进个人。

孙云魁（1927.10—2016.12） 河北省迁安市杨店子镇人。1949 年 1 月加入中国共产党，1945 年 8 月参军入伍。

1945 年 8 月入伍后，先后在东北抗联、四野十纵三十师、解放军第四十七军历任卫生员、警卫员、排长、师机关协理员等职。1970 年 7 月至 1973 年 9 月，从陆军第四十七军坦克团副政委调任兰州军区生产建设兵团第 40 团政委（现役军人）。1973 年 9 月后，先后任陕西省军区安康武装部、汉中武装部副政委、政委，兰州军区三局政治部主任等职。1984 年 10 月离休。2016 年 12 月 28 日病逝，享年 89 岁。

孙云魁出身贫困，从小要饭，靠捡煤渣生活，7 岁随其五叔闯关东。1941 年 14 岁时被日本人抓到吉林小丰满电站当劳工。入伍后先后参加过辽沈战役、平津战役、四平保卫战、黑山阻击战、宜沙战役、湘西剿匪和抗美援朝战争。先后荣立三等功 3 次，被中央军委授予"独立自由"勋章、"解放"勋章及中国人民"抗日战争胜利 60 周年""抗日战争胜利 70 周年"纪念勋章。

赵东锁（1927.11—2003.4） 山西省长治市长子县琚村人。1945 年 7 月参加八路军。

1945 年至 1950 年，在八路军县大队、中国人民解放军第二野战军历任班长、排长等职。1951 年至 1958 年，先后任西南军区工兵部队、军区工兵学校、工兵处、教导营、长沙高级工兵学校连长、营长等职。1959 年至 1969 年，随解放军特种工程兵部队辗转于内蒙古、甘肃、新疆、青海等地，参加原子弹及卫星基地建设。1970 年 3 月至 1974 年 8 月，从工程兵第一〇三团机械营营长调任兰州军区生产建设兵团第 40 团（兰字 961 部队）副团长。1975

年至1982年，任陇县武装部副部长。1983年至2003年，在宝鸡省军区干休所离职修养。2003年4月病逝，享年76岁。

赵东锁自幼父母双亡，靠下煤窑与奶奶、妹妹勉强度日。入伍后，先后参加山西曲沃战役、河南确山战役、淮海战役及昆明保卫战，战斗中多次负伤，为三等甲级伤残军人，荣获多枚战役纪念勋章。

杨振荣（1930.8—2002.5） 陕西省延安市黄陵县人。1948年8月参加工作。1955年在新疆军区保卫部当助员期间调伊犁农四师师部。1983年从新疆调任国营陕西省延安地区南泥湾农场党委副书记。1985年调任黄陵桥山林业局工会主席。2002年5月病逝，享年72岁。

刘新民（1931—2000.1） 陕西省榆林市米脂县人。1952年10月参加工作，1957年6月加入中国共产党。

1952年10月至1957年，任柳林乡乡长；1958年至1963年，任柳林公社社长、书记。1963年至1975年，先后任姚店公社社长、枣园公社书记。1975年至1977年，任延安市（今宝塔区）农业局局长。1978年至1984年1月，任国营陕西省延安地区南泥湾农场副书记兼场长。1984年1月任延安地区种子公司支部书记，1993年退休。2000年元月逝世，享年69岁。

刘新民任农场场长期间，制定实施农场经济体制改革，建立家庭农场279个。1972年曾受到周恩来总理的接见。

方占敏（1932.11—2006.6） 陕西省榆林市佳县人。1946年参加工作。

1946年参加乡政府游击队。1948年至1949年，在陕甘宁边区贸易公司、陕北贸易公司工作。1952年至1958年，先后在绥德贸易粮食局、省粮食厅工作。1958年在西北大学经济系学习。1960年至1962年，在子长县粮食局工作。1962年至1978年，先后任延安粮食局、商业局副局长、粮油公司副主任等职。1978年8月任志丹县委常委、副县长。1983年10月至1985年，任国营陕西省延安地区南泥湾农场党委副书记、场长。1985年任延安市老干局协理员，1992年退休。2006年6月14日病逝，享年74岁。

1987年，方占敏《对粮食问题的重新认识》文章刊发于《延安工作》《延安地区农业经济》。

邓武森（1939.2—2006.9） 陕西省合阳县路井镇人。1957年8月参加工作，1959年8月加入中国共产党。中专学历，农艺师。

1957年8月至1958年12月，在宜君县焦坪农技站工作。1959年元月至1962年5月，先后在黄陵县农林水牧局、农科所工作。1962年6月至1968年10月，先后任黄陵县隆坊农技站主任，隆坊人民公社党委副书记、社长。1968年11月至1969年10月，在地、县干部学习班学习。1969年11月至1980年12月，先后任子长县余家坪公社革委会党委书记、主任，子长县农业局局长，县委、县革委会办公室主任，县委常委、县革委会副主任（分管农业工作）。1981年2月至1987年6月，先后担任国营陕西省延安地区南泥湾农场党委书记、场长。1987年7月至1999年4月，先后担任国营陕西华阴农场党委书记、场长，陕西华山企业公司总经理、正处级调研员。1999年4月退休。2006年9月16日病逝，享年67岁。

邓武森在南泥湾农场工作期间，参与并指导香料植物香紫苏的栽培、规模化种植、工业提炼等技术推广工作，产品全部用于出口创汇，产值曾达农场工农业产值的一半左右。1987年被延安地委评为先进工作者。

贺清华（1943—2000） 陕西省延安市宝塔区柳林镇人。1962年参加工作，1963年加入中国共产党。

1964年任延安县柳林公社七里铺团支部书记。1983年任南泥湾农场车队队长，1984年任农场农垦工副业公司经理。1989年1月至1992年3月，任农场场长助理兼工副业公司经理。2000年病逝，享年57岁。

贺清华任南泥湾农场农垦工副业公司经理期间，为农场协调购买延安市区二庄科沟口地基，为工副业公司后期发展创造了条件。

苏绍武（1956.2—2013.6） 陕西省子洲县砖庙乡苏家坪村人。中国共产党员，1980年参加工作。

在南泥湾农场工作期间，1984年至1992年，先后任农场农垦农业公司经理、农业服务公司经理。1992年9月任南泥湾农场副场长、党委委员兼劳动服务公司经理。1996年6月任南泥湾农场工会主席。2010年6月任延安市农业技术推广站副站长。2013年6月因公殉职，享年57岁。

　　在南泥湾农场任职期间，带领职工在一连沟加固大坝水库、建造百亩鱼池；在农场二连、六连新建梯田 600 亩，栽植果园 300 亩。1989 年 3 月，与杜民生合作发表《水稻化学除草试验示范总结》技术报告。

第二章　人物简介

第一节　南泥湾（集团）公司领导简介

　　刘一民（1977.2—）　山西省吕梁市临县人。1996年6月参加工作，2008年10月加入中国共产党。研究生，工程师。

　　1996年6月至2000年7月，为陕西延安煤炭公司临时工。2000年7月至2005年12月，历任陕西延炼实业集团延安油台保管员、安全生产调度员、调度长（期间，1998年9月至2001年7月，在延安大学经济管理专业大专学习）。

　　2005年12月至2007年11月，在陕西延长石油集团管道运输基建工程部工作。2007年12月至2008年6月，任陕西延长石油集团西安成品油项目建设指挥部办公室副主任（主持工作）。2008年6月至10月，任陕西延长石油集团管道运输公司输运五处办公室主任。2008年10月至2012年11月，任延长石油集团西安成品油项目建设指挥部副指挥（2008年正科级，2010年10月副处级，2011年5月主持工作）。2012年11月至2015年6月，任安塞县人民政府挂职副县长（2014年1月，兼任安塞工业园区党工委书记。期间，2012年3月至2014年7月，在陕西学前师范学院汉语言文学专业本科脱产学习）。

　　2015年6月至2016年9月，任陕西省地方电力（集团）有限公司延安供电分公司党委副书记、工会主席；2016年9月至2019年12月，任地电延安供电分公司党委书记。2019年12月至今，任延安南泥湾（集团）有限责任公司党委书记、董事长。2020年1月至今，任延安市南泥湾开发区管委会党工委委员。

　　刘小雄（1970.8—）　陕西省榆林市清涧县人。1991年7月参加工作，2016年1月加入中国共产党。本科学历，工程师。

　　1991年7月至1996年8月，在延安市建筑工程质量安全监督中心站先后从事施工现场管理、安全生产检验、质量管理等工作；1996年

9月任安全监督中心站副站长（副科级）。1997年9月至2002年4月，任延安建安监理有限责任公司经理兼安全监督站副站长（正科级）。2002年5月至2012年1月，任改制后的延安建安监理有限责任公司董事长兼总经理。2012年1月至2018年11月，任延安市新区投资开发建设有限公司副总经理。2018年11月至2019年12月，任延安南泥湾开发区发展（集团）有限公司党总支副书记、总经理。2019年12月，任延安南泥湾（集团）有限责任公司党委副书记、总经理。

赵永峰（1964.9—）　陕西省榆林市佳县人。1983年7月参加工作，1986年7月加入中国共产党。大专学历，小教高级。

1983年7月至1994年7月，先后任国营陕西省延安地区南泥湾农场子校教务主任、党支部副书记、副校长。1994年12月至2017年11月，先后任陕西省延安市南泥湾农场办公室主任、场长助理、工会副主席（期间，1993年9月至1995年7月，在陕西教育学院学习）。2017年11月任南泥湾农场党委委员、副场长（主持工作）。2018年9月任延安市南泥湾农场有限责任公司党委委员、副总经理。2019年12月任延安南泥湾（集团）有限责任公司党委副书记。

1994年8月至2017年11月，担任农场办公室主任期间，曾5次参与修订完善《南泥湾农场管理制度汇编》。参与编制了南泥湾农场国民经济和社会发展"九五"至"十二五"规划建议。2016年，协助制定《南泥湾景区管委会机构设置和职能职责以及人员编制方案》。协调解决温馨小区群众入住、失地职工安置、农场子弟就业及土地补偿金赔付、公司重组、信访维稳等疑难问题，为开发区建设解决了许多困难。

1989年、1997年被陕西省农垦农工商总公司评为省农垦系统先进教育工作者、省农垦系统先进工作者。2008年至2016年，连续9年获全省农垦系统先进工作者荣誉称号。

呼海荣（1969.10—）　陕西省榆林市吴堡县人。1987年9月参加工作，2003年7月加入中国共产党。大专学历，助理政工师。

1987年9月至1990年6月，在南泥湾农场子校任教。1990年6月至1997年12月，先后任南泥湾农场机关通讯员、农场保卫科干事（期间，1990年7月至1993年3月，在延安师范函授学习）。1997年12月至2000年5月，先后任南泥湾农场延安龙泉石油公司行政办副主任、主任（期间，1997年8月至2000年3月，在延安公安干部学院函授学习）。2000年5月至2018年9月，先后任南泥湾农场保卫科科长，农业服务公司党支部书记、经理，农场场长助理、党委委员、副场长。2018 年 9 月，任延安市南泥湾农场有限责任公司党委委员、副总经理。2019 年 12 月任延安南泥湾（集团）有限责任公司党委委员、副总经理。

2011 年至 2016 年，连续 6 年获全省农垦系统先进工作者荣誉称号。

党德生（1978.6—） 陕西省延安市甘泉县人。2001 年 9 月参加工作，2005 年 3 月加入中国共产党。大学本科。

2001 年 9 月至 2002 年 12 月，任延安市轻工局科员。2002 年 12 月至 2008 年 3 月，在延安市室内装饰业管理办公室工作（期间，2005 年 7 月任经委团工委副书记）。2008 年 3 月至 2013 年 4 月，先后任延安市经委（国资委）技术科科员、技术创新与行业管理科副科长；工信委（国资委）行业管理科副科长（期间，2010 年 9 月至 2013 年 4 月，任经委团工委书记；2012 年 7 月，任延安市信访局信访督察员）。2013 年 4 月至 2018 年 12 月，先后任延安市工信委企业和信息化管理科主任科员、企业改革发展科科长。2018 年 12 月至 2019 年 12 月，任延安南泥湾开发区发展（集团）有限公司副总经理。2019 年 12 月，任延安南泥湾（集团）有限责任公司党委委员、副总经理。

2006 年获延安市"优秀青年岗位"能手称号。2016 年获中共陕西省委办公厅和陕西省人民政府办公厅颁发的"2013 年至 2015 年度维护稳定工作"先进个人荣誉。

薛虎（1982.12—） 陕西省子长市人。2005 年参加工作，2007 年 12 月加入中国共产党。在职研究生。

2005 年 7 月至 2010 年 8 月，先后任子长县寺湾乡政府乡长助理、副乡长。2010 年 9 月至 2012 年 12 月，任子长县史家畔乡纪检书记。2012 年 12 月至 2018 年 12 月，任子长县薯类研究所所长。2018 年 12 月至 2019 年 12 月，任延安南泥湾开发区发展（集团）有限公司副总经理。2019 年 12 月，任延安南泥湾（集团）有限责任公司副总经理。

康淑娟（女，1982.9—） 陕西省延安市延长县人。2002 年 9 月参加工作，2012 年 6 月加入中国共产党。研究生，政协延安市第五届常委会委员。

2002 年 9 月至 2012 年 8 月，先后任中国人寿延安分公司业务员、讲师，收展部副经理、经理；宝塔支公司经理、团委书记。2012 年 8

月至 2014 年 11 月，任延安市经济技术开发区招商局局长（参加公开选聘考试）。2014 年 11 月至 2019 年，先后任中国光大银行延安分行筹备组副组长、行长助理、工会主席、党委委员、副行长。2020 年 1 月，任延安南泥湾（集团）有限责任公司副总经理。

在中国人寿延安分公司工作期间，2007 年获"中国人寿陕西省分公司优秀讲师"荣誉。在中国光大银行延安分行任职期间，2016 年获"中国光大银行总行十佳客户经理提名奖""中国光大银行西安分行十佳对公客户经理"。2017 年获"中国光大银行西安分行劳动竞赛对公核心存款优秀个人"；同年作为银行界代表入选政协延安市第五届常委会委员。

祁海梅（女，1977.11—）　陕西省延安市延川县人。1997 年 7 月参加工作，大学本科。中级经济师，会计师，资产评估师。

1997 年 7 月至 2004 年 1 月，在延长县土产公司工作。2004 年至 2007 年 3 月，在延安联合顺达会计师事务所从事财务审计工作。2007 年 3 月至 2019 年 12 月，先后任延安旅游（集团）有限公司计财部会计、副部长、部长（期间，自学考试取得西安交通大学会计本科学历）。2019 年 12 月任延安旅游（集团）黄陵投资有限公司总经理。2020 年 1 月任延安南泥湾（集团）有限责任公司总会计师。

在延安旅游（集团）有限公司工作期间，2007 年、2009 年、2014 年被评为年度先进工作者。2015 年被陕西省财政厅评为全省先进会计工作者。

崔彬（1986.3—）　陕西省榆林市绥德县人。2008 年 7 月加入中国共产党，2009 年 11 月参加工作。研究生。

2009 年 11 月至 2012 年 4 月，任延安市宝塔区枣园镇镇长助理（选调生）。2012 年 4 月至 2016 年 6 月，任延安市宝塔区麻洞川乡副乡长。2016 年 6 月至 12 月，任延安市宝塔区临镇镇人大主席。2016 年 12 月至 2017 年 6 月，借调延安市南泥湾景区管委会工作；2017 年 6 月至 2021 年 2 月，任延安市南泥湾开发区管理委员会公用事业部部长（期间，2014 年 3 月至 2019 年 12 月，在西安工业大学控制领域工程专业研究生学习）。2021 年 2 月任延安南泥湾（集团）有限责任公司副总经理。

薛志罡（1986.2—） 陕西省榆林市清涧县人。2006年7月加入中国共产党，2008年7月参加工作。

2008年7月至12月，任安徽华电宿州发电有限公司科员。2008年12月至2011年5月，任陕西建工集团设备安装公司第四分公司科员。2011年5月至2017年9月，任延安市热力公司办公室主任。2017年9月至2018年7月，任延安南泥湾景区投资开发建设有限公司团委书记；2018年8月至2019年12月，任南泥湾开发区发展（集团）有限公司党政办公室主任、工会主席（2019.8—2019.12）。2019年12月任延安南泥湾（集团）有限责任公司党政办公室主任。2021年1月任南泥湾（集团）公司工会主席。

2017年2月被评为延安市第七期支教先进个人。

第二节　兵团时期领导简介

樊浩天　1966年3月至10月，从新疆建设兵团调任中国人民解放军生产建设兵团农业建设第十四师141团政委。

任辉　1966年10月至1970年8月，从新疆建设兵团调任中国人民解放军生产建设兵团农业建设第十四师141团政委、兰州军区生产建设兵团第40团（兰字961部队）政委。

王建功　1959年5月至1962年5月，任新疆农业建设第一团胜利二场（前身为三五九旅七一八团）政委。1965年10月至1969年，从新疆建设兵团调任中国人民解放军生产建设兵团农业建设第十四师141团副政委。

牛升全　1966年10月至1969年，从新疆建设兵团调任中国人民解放军生产建设兵团农业建设第十四师141团副政委。1970年3月至1974年，任兰州军区生产建设兵团第40团（兰字961部队）副政委。

荣月林　1965年10月至1974年，从新疆建设兵团调任中国人民解放军生产建设兵团农业建设第十四师141团副团长、兰州军区生产建设兵团第40团（兰字961部队）副团长。

荣林月原为八路军一二〇师三五九旅老战士。1941年参加南泥湾大生产运动时，为四支队二连通讯员。曾主动要求参加去甘泉县麻子街武装背粮任务，连武器和所背的二斗米，重量不下90斤，战友想帮他分担点，他却坚持自己把粮食背回连队。前来慰问的营长夸赞说荣月林像陕北吃苦耐劳的"小毛驴"，从此，他就有了"小毛驴"这富有革命精神的外号。在开荒中，与战友尹光普（外号"大洋马"）展开竞赛，尹光普挖地四亩二分八，获全团第一名，荣月林也名列前茅。年终评功会上，尹光普和荣月林被选为生产模范。后来以他们两人的事迹所写的《"大洋马"和"小毛驴"》的故事，1978年被南泥湾农场职工屈钧编辑收录在《南泥湾的故事》一书中。

高峰　1966年10月至1970年8月，任中国人民解放军生产建设兵团农业建设第十四师141团副团长。

秦凤仪　出生于东北。解放战争时参军，曾参加过辽沈战役、平津战役、宜沙战役、湘西剿匪以及抗美援朝等战斗。1970年7月从步兵第420团副团长调任兰州军区生产建设兵团第六师第40团（兰字961部队）团长。1974年后，随兵团撤销返回部队。

闫吉庆　1972年12月至1974年，任兰州军区生产建设兵团第40团（兰字961部队）副团长〔现役军人，原任农建师142团（华阴农场）副团长〕。1974年至1976年，任陕西农建师5团团长。1977年1月至12月，任国营陕西省延安南泥湾农场副团长。

宁荣宝　1966年4月任中国人民解放军生产建设兵团农业建设第十四师141团政治处副主任。

于景文（1929—）　东北人。解放战争时参军，曾参加辽沈战役、平津战役、宜沙战役、湘西剿匪及抗美援朝等战斗。1970年8月至1974年，从陆军四二三团政治处副主任调任兰州军区生产建设兵团第40团（兰字961部队）政治处主任。1974年随兵团撤销返回部队。

马俊庭（1930—）　黑龙江人。1947年在东北黑龙江富锦二次入伍南下，后归建四十七军一四〇师四一八团，任三营营长。抗美援朝战争结束回国后随四十七军驻守湖南衡阳株洲。1966年在长沙市支左。1970年7月，从陆军第四二〇团司令部副参谋长调任兰州军区生产建设兵团第40团（兰字961部队）参谋长。1975年任陕西省宜君县武装部副部长。1978年转业，任东北黑龙江省佳木斯大学纪检委书记至离休。

1947年入伍后曾参加辽沈黑山阻击战、平津战役、湘西剿匪战及抗美援朝战斗。

陈永欣　1972年12月至1974年，任兰州军区生产建设兵团第40团（兰字961部队）副参谋长（现役军人）。1974年随兵团撤销返回部队。

李儒湘（1938—）　湖南人。1958年入伍，1973年10月至1974年，从陆军第四十七军炮兵团政治处副主任调任兰州军区生产建设兵团第40团政治处副主任（现役军人）。1974年随兵团撤销返回部队。

王承礼　1972年11月，从煤矿部政治协理员调任兰州军区建设兵团第40团后勤处政治协理员。1974年12月至1976年，任陕西省农建师5团副团长。

王庆华（1944.7—）　湖南邵东市人。1964年7月加入中国共产党。

1961年7月从学校入伍，任四十七军一三九师炮兵团一营一连指挥排炮兵侦测兵。1964年5月为少尉正排级（期间，1963年8月至1965年1月，保送桂林陆军学校炮兵大队学习）。1965年12月任一营二连副指导员。1967年5月至1969年12月，任团政治处宣传股干事、股长。1970年8月至1974年，调任兰州军区生产建设兵团第40团（兰字961部队）宣传股长。1975年1月调任志丹县武装部政工科长。1977年9月任延安军分区独立营教导员。1979年1月至1985年12月，先后任黄龙县武装部副政委、政委、黄龙县委常委。1985年12月转业，先后任湖南邵东县纪委书记、县委副书记、邵阳市计生委主任。2004年退休。

1963年5月，在一三九师全师炮兵专业技术比武中获第一名。2020年，在延安南泥湾（集团）有限责任公司编写《陕西南泥湾农场志》时，提供兰州军区生产建设兵团第40团简史，为志书的编纂工作贡献大量可佐证的资料。

第三节　南泥湾农场历任领导简介

杜民生（1933.12—）　陕西省咸阳市杨凌区人。1956年5月参加工作，1976年12月加入中国共产党。大专学历，农艺师。

1956年5月至1965年10月，农校毕业后，先后任陕西大荔农场生产科技术员、农技校化学教师。1965年10月至1984年1月，先后任南泥湾农场三连技术员、五连副连长、试验站副站长、站长，生产科科长。1984 年 1 月至 1989 年 10 月，任南泥湾农场副场长（期间，1984 年参加国务院三西地区农业建设咨询工作）。1989 年 10 月至 1995 年，任陕西省农牧厅农牧良种场场长、调研员。1995 年 7 月退休。

1958 年至 1961 年，参加"全国棉花品种区域试验及其结果应用"项目黄河区试点工作，该项目获国家科技进步一等奖。1965 年劳改农场向农建师 141 团移交土地时，杜民生为接收人员之一，走遍了农场所有的山地。任农场技术员、实验站站长期间，研究制定"早种植、早除草、分蘖期晒田、3 次喷二钾"等水稻管理技术，使五连水稻亩产量由 600 斤逐步提高到千斤，1975 年五连被评为全省先进单位。1983 年参与研究"水稻旱育卷秧技术推广"项目，获项目推广一等奖。1984 年获国务院三西地区农业建设领导小组表彰；获延安地区行署"长期从事农业技术推广工作"荣誉证书。1989 年 3 月，与苏绍武合作发表《水稻化学除草试验示范总结》技术报告。

张明廷（1940.4—）　陕西省延安市延长县人。中共党员，1959 年参加工作。农艺师，延安市农学会名誉会长。

1959 年至 1963 年 6 月，先后在延长县小学、中学、教育局工作。1963 年 7 月至 1983 年 12 月，先后任延长县呼家公社、安河公社党委委员、团委书记；张家滩公社党委委员、革委会副主任；罗子山公社党委副书记、革委会副主任；刘家河公社党委书记、革委会主任。1983 年 12 月至 1988 年 9 月，任国营陕西省延安地区南泥湾农场党委委员、副场长。1988 年 9 月至 1993 年 6 月，任延安农校副书记、副校长。1993 年 6 月至 1999 年 12 月，先后任延安地区（市）农业局党组书记、局长。

1978 年至 1983 年，担任延长县刘家河公社党委书记期间，主持推广"四法种田"和山地水平沟小麦"三肥垫底一炮轰"农业适用新技术，使全乡小麦平均亩产 158.1 公斤，最高亩产达 252.3 公斤；沟种谷子亩产 576.9 公斤，玉米亩产 716 公斤。西北五省区组织干部和农业科技人员进行实地考察学习，参观人数达 1.8 万人次。农牧渔业部曾以此为典型，拍摄《山地水平沟小麦种植》科教片并在全国推广，此项技术同时获延安地区科技成果一等奖。任延安农校副书记、副校长期间，主管学校迁建工作，先后争取中央、省、市迁校资金 1200 余万元，短时间内完成 1.1 万平方米的基建任务。先后在《优秀共产党成就博览》上发表论文 3 篇，《刘家河两年实现粮食翻番的启示》一文，在人民出版社出版的《领导文集》上发表。

李树人（1942.11—） 陕西省榆林市子洲县人。1960 年 10 月参加工作，1972 年加入中国共产党。

1960 年 10 月至 1972 年 12 月，任延安县延惠渠出纳、会计。1973 年至 1977 年，任延安县农业局会计。1977 年 1 月至 12 月，任延安县下坪公社副主任。1978 年 1 月至 1988 年 12 月，任国营陕西省延安地区南泥湾农场办公室主任、科长；1989 年 1 月至 1992 年 3 月，任南泥湾农场场长；1992 年 4 月至 2000 年 6 月，任农场党委副书记、纪检委书记；2000 年 6 月任农场协理员。2003 年 6 月退休。

李树人任南泥湾农场场长期间，推进干部人事制度、"三田制"、住房制度等方面的改革，使企业实现扭亏增盈，农工收入增加。

周万龙（1947—） 陕西省靖边县红墩界人。1962 年 6 月参加工作，1968 年加入中国共产党。大学学历。

1962 年 6 月至 1973 年，先后任志丹县旦八公社团委书记、党委委员、副主任。1973 年至 1984 年，先后任志丹县义正、金丁、杏河乡党委书记，志丹县委常委、县委副书记。1984 年 1 月至 1987 年 11 月，任国营陕西省延安地区南泥湾农场场长。1988 年至 2000 年 3 月，先后任延安市（今宝塔区）常务副市长、市长、商洛地区行署副专员（期间，在中央党校经济管理专业学习，1994 年毕业）。2000 年 4 月至 2007 年，先后任陕西省山川秀美办公室主任（陕西省水土保持局局长）、陕西省西部开发办公室副主任等职。2007 年离休。

周万龙 1984 年任南泥湾农场场长期间，正值农场体制改革时期。他制定有关奖励政策，鼓励职工自建房屋，建立家庭农场，开展多种经营。在延安市（今宝塔区）和商洛行署工作期间，致力生态农业的探索与实践。专著《延安黄土高原区生态农业实践与探索》获北方 18 家社科院优秀图书奖。主持研究的"大垄沟种植法"获陕西省科技进步奖、杨凌农博会"后稷金像奖"。所主持治理的延安枣花流域、芦草湾等流域项目，受到党和国家领导人以及国内有关专家高度评价和肯定；芦草湾流域项目被世界银行行长沃尔芬森称赞是矗立在黄土高原上的"金字塔"，并将延安治理区树为全球农业项目三大优质工程之一。主编有《大垄沟种植法》《商洛农业三大革命丛书》等书籍，先后有几十篇文章在《人民日报》《求是》《新华社内参》《陕西日报》《陕西经济研究》《陕西水土保持》等报刊发表。曾受邀为浙江农业大学全国生态农业研修班讲课。

薛文洲（1948.3—）　陕西省榆林市绥德县人。1970 年 6 月参加工作，1978 年 4 月加入中国共产党，会计师，陕西省农垦经济研究会理事。

1970 年 6 月在中国人民解放军兰州军区第 40 团五连工作。1974 年 1 月至 1980 年 5 月，任五连会计兼司务长。1984 年至 1987 年 12 月，任国营陕西省延安地区南泥湾农场场长办公室副主任；1987 年 12 月至 1989 年 1 月，任农场计财科科长；1989 年 1 月至 1992 年 12 月，任南泥湾农场副场长（期间，1992 年 3 月至 12 月，抽调至志丹县顺宁乡下乡，任组长）。

20 世纪 80 年代，薛文洲参与主办延安地区农业局在南泥湾农场举办的为期 30 天的财会培训班，负责主讲会计原理和会计核算课程，参培人员 21 人。1984 年被聘为延安地区财政协会会员。1989 年 4 月参加全国财务人员职称考试，由延安地区职改小组评定为会计师。1990 年 12 月任陕西省农垦经济研究会理事。

郭守斌（1950.10—）　陕西省延安市志丹县人。1971 年 3 月加入中国共产党，1971 年 10 月参加工作。高级农艺师。

1971 年在志丹县金丁公社农技站工作。1976 年 10 月留延安农校工作。1978 年至 1981 年，在延安地区农业局工作。1981 年至 1988 年，在延安地区农业技术推广站工作。1988 年 4 月至 1992 年 4 月，任延安农校实习农场场长。1992 年 4 月任国营陕西省延安地区南泥湾农场副场长；1997 年至 2008 年 8 月任场长；2000 年 10 月兼任党委书记。后调延安市农业技术推广站，2011 年 10 月退休。

在延安地区农业技术推广站工作期间，引进推广地膜花生栽培技术、玉米早播技术。1981 年，获四法种田科技成果集体一等奖，并获陕西省农业科技推广集体一等奖。1982 年，获油菜专种延安市推广集体三等奖、省集体二等奖。1986 年赴宁夏推广两法种田，获国务院三西地区农业建设领导小组表彰，并获陕西农业科技进步集体一等奖。

邢丹东（1951.7—）　陕西省榆林市子洲县人。1973 年加入中国共产党，1979 年参加工作。农艺师。

1977 年毕业于西北农大。1979 年被延安地区人事局招干录用，分配在南泥湾农场生产科任技术员。1983 年至 2011 年，先后担任农场农五队书记兼队长、场长办公室副主任，生产科科长、副科长，场长助理兼生产科科长（1989.1—1992.3）、经营科副科长（正科级）。2011 年退休。

邢丹东在农场工作期间，参与了农场经营体制改革工作。1984 年，合作项目"水稻旱育卷秧技术推广"获延安地区推广一等奖。1989 年被省农垦农工商总公司评为省农垦系统先进工作者。1993 年，合作项目"水稻旱育稀植技术"获地区农业技术二等奖。他注重南泥湾精神的宣传，曾接受中央电视台、人民日报、环球时报等多家媒体采访。

薛东升（1953.12—） 陕西省榆林市子洲县人。1971 年 4 月参加工作，1992 年 5 月加入中国共产党。助理工程师、助理经济师、助理政工师。

1971 年 4 月至 1984 年 9 月，在甘泉县糖厂（后改制为甘泉美水酒厂）工作，曾担任武装基干民兵连连长。1984 年 10 月至 1987 年 6 月，任甘泉饮料厂办公室主任、财供科科长。1987 年 7 月至 1997 年 9 月，先后任甘泉县下寺湾钻采公司生产科长、经理助理、副经理、党总支书记（期间，在陕西理工大学工业企业管理专科学习）。1997 年 10 月至 2010 年 12 月，任陕西省延安市南泥湾农场副场长、工会主席。2011 年 4 月，任延安市农科所调研员。2013 年退休。

宋明富（1955.12—） 河南省固始县人。1973 年 12 月参加工作，1976 年 11 月加入中国共产党。大专学历，政工师。

1973 年至 1983 年，在新疆 00219 部队工作。1983 年至 1995 年，先后任国营陕西省延安地区南泥湾农场农垦商业公司副经理、经理，工会主席（副处级）。1995 年至 1998 年 6 月，任延安地区农机公司副书记、副总经理。1998 年 7 月至 2002 年 12 月，任延安农业机械股份合作公司书记、总经理、董事长（正处级）；2003 年至 2015 年 11 月，任合作公司党总支书记（正处级）。2015 年 12 月退休。

1973 年至 1983 年，在部队期间曾受过 2 次嘉奖。1990 年，被评为陕西省农垦系统先进工作者。

罗玉瑾（1957.3—） 陕西省延安市吴起县人。1975 年 12 月加入中国共产党，1981 年参加工作。大专学历，高级农艺师。

1981 年 7 月，任国营陕西省延安地区南泥湾农场农业技术员。1983 年至 1986 年，先后任农场实验站党支部书记、农场农业公司副经理（期间，1986 年 7 月至 1988 年 7 月在南京农业大学进修农业经济管理专业）。1988 年 8 月任南泥湾农场办公室主任。1989 年 1 月至 2002 年 2 月，聘任为农场副场长；2002 年 3 月被市委组织部任命为南泥湾农场党委副书记兼副场长；2008 年 8 月，负责农场全盘工作；2010 年 10 月至 2015 年 3 月，任南泥湾农场场长。2017 年 3 月退休。

罗玉瑾在南泥湾农场任职期间，参与论证、组织实施了"中国农垦纪念林"项目；争取国家和省市有关部门项目支持，参与实施了贫困农场扶贫项目、南泥湾农垦温馨小区建设项目、南泥湾现代农业综合示范园、南泥湾土地整理、稻田改造、蔬菜生产、苗木培育、现代养殖、香紫苏生产加工等项目。2012 年 8 月和南泥湾战友联谊会共同组织举办南泥湾"老兵回家"活动。

2008 年至 2012 年，连续 4 年被陕西省农垦局评为省农垦系统先进个人。

贺玉林（1958.8—）　陕西省延安市延川县人。1976 年 7 月加入中国共产党，1981 年 7 月参加工作。研究生。

1981 年 7 月至 1992 年 3 月，先后任延安农校办公室干事、总务处长。1992 年 4 月至 1997 年 8 月，任国营陕西省延安地区南泥湾农场党委书记、场长。1997 年 9 月至 2003 年 1 月，任延长县委副书记（正县级）。2003 年 3 月至 2008 年 3 月，任延安市商业贸易行业管理办公室主任。2008 年 4 月至 2010 年 6 月，任延安市商务局党委书记。2010 年 7 月至 2019 年 8 月，任延安市煤炭工业局党委书记、局长。2019 年 9 月退休。

贺玉林任南泥湾农场场长期间，多方筹集资金。1993 年至 1995 年，争取国家扶贫建设项目资金 600 万元，推动农场果业和基础设施建设。他改善子校教学设施，扩大光华木器厂规模，使木器厂成为农场的明星企业。

刘军（1961.11—）　陕西省榆林市米脂县人。1987 年参加工作，1994 年 8 月加入中国共产党。大专学历。

1987 年至 1989 年 7 月，在国营陕西省延安地区南泥湾农场工作。1989 年至 1993 年 8 月，任南泥湾农场光华木器厂厂长。1994 年 1 月至 1998 年 3 月，任南泥湾农场场长助理（期间，1994 年 8 月至 1997 年 6 月，在中央党校经济管理专业学习）。1998 年 3 月至 2002 年 10 月，任南泥湾农场副场长。2002 年 10 月至 2017 年，任南泥湾农场党委委员、纪委书记。2017 年因病退居二线。

1994 年至 1997 年，连续 4 年被陕西省农垦农工商总公司评为省农垦系统先进工作者。

刘荣强（1963.1—） 陕西省延安市延长县人。1982年7月参加工作，1990年7月加入中国共产党。本科学历，副教授，总农艺师。

1982年7月至1984年9月，在延长县教师进修学校工作。1984年9月至1986年7月，在延安教育学院中文专业学习。1986年7月至1994年1月，先后在延长县中学、延安农业学校工作（期间，1988年10月至1991年12月，在陕西师范大学中文专业学习）。1994年1月至12月，任陕西省延安地区南泥湾农场场长助理、办公室主任。1994年12月至2005年5月，先后任延安农业学校党办副主任、办公室主任。2005年5月至2013年7月，先后任延安市农牧局、农业局党委委员、总农艺师、副局长。2013年7月至2020年8月，任延安市农业技术推广中心站支部书记、站长。2020年8月退居二线。

岳延平（1964.9—） 河南省修武县人。1983年7月参加工作，1989年5月加入中国共产党。本科学历，高级农艺师。

1983年7月至1985年12月，在国营陕西省延安地区南泥湾农场子校任教。1986年1月至2004年10月，任陕西省延安市农业广播电视学校副书记、副校长（正科级）。2004年10月至2010年10月，任陕西省延安市南泥湾农场党委委员、副场长；2010年10月至2015年3月，任南泥湾农场党委书记；2015年3月至2016年6月，任南泥湾农场党委书记、场长。2017年1月，任延安市水土保持监督管理站书记、站长。

岳延平在农场任职期间，不断创新工作思路，实施项目带动，关注保障民生，加强对外协作，努力改变农场现有状况。2005年5月主持推广洛麦8918，获陕西省科技二等奖。2011年6月被中共延安市委授予"优秀党务工作者"称号。

高威评（1968.12—） 陕西省延安市宜川县云岩人。1985年7月参加工作，1995年6月加入中国共产党。大学文化。

1985年7月至2016年6月，先后在宜川县云岩学区、云岩小学、云岩中学任教，历任宜川县"三三分流办公室"干部，宜川县委办公室文书、副主任；寿峰乡政府乡长、党委书记；云岩镇党委书记；黄龙县政府副县长（期间，2006年9月至2009年4月，在中央广播电视大学汉语言文学专业学习）。2016年6月至2017年7月，任陕西省延安市南泥湾农场党委书记、场长；期间，2016年12月至2019年9月，任延安市南泥湾景区（开发区）党工委书记。2019年9月任中共延安市委组织部副部长。

高威评在任南泥湾农场党委书记、场长和开发区党工委书记期间，提出南泥湾开发建设总体思路，主持编制《南泥湾开发区总体规划（2018—2035）》，推进项目建设；实施招商引资，与北大荒集团、陕西未来农业合作种植水稻、五谷杂粮及土地治理；推进南泥湾农场优化重组，协调解决开发建设涉及土地征用、房屋拆迁、营商环境等问题。

薛延江（1977.12—） 陕西省延安市宜川县人。1998年7月参加工作，2016年1月加入中国共产党。大学学历，工程硕士。国家注册造价工程师，高级工程师。

1998年7月至2012年12月，在延安供电局工作（期间，2004年10月获国家注册造价工程师资格。2005年3月至2008年12月，在西安交通大学管理学院项目管理专业学习；2008年12月评为高级工程师。2011年11月至2012年12月，借调至延安市新区投资开发建设有限公司工作）。2012年12月至2017年4月，任延安市新区投资开发建设有限公司副总经理。2017年4月至2018年9月，任延安市南泥湾景区党工委委员、延安市南泥湾景区投资开发建设有限公司董事长；2018年9月至2019年12月，先后任延安市南泥湾开发区党工委委员，延安市南泥湾开发区发展（集团）有限责任公司党总支书记、董事长，延安市南泥湾农场有限责任公司党委书记、董事长（2018.11—2019.12）。2019年12月任延安市高新发展（集团）党委副书记、总经理。

薛延江任延安市南泥湾农场有限责任公司党委书记、董事长期间，正值南泥湾改革发展关键时期，需要统筹兼顾区域产业发展、项目建设和社会稳定。他结合南泥湾农场实际情况，确定了教育培训、文化旅游、现代农业三大企业主营业务；主持开工建成农垦大酒店、居民安置房、区域市政道路等一批重点项目；解决了温馨小区农工入住、农工子女就业、公房及土地赔付、多年信访隐患等疑难问题；稳步推进南泥湾农场与南泥湾开发区发展（集团）公司重组整合。

2013年入选延安市第十七届十大杰出青年，2014年获延安市第二届道德模范（爱岗敬业）荣誉。

第四节 先进模范名录

南泥湾农场市级以上先进模范人物名录见表7-2-1。

表 7-2-1　南泥湾农场市级以上先进模范人物名录

年份	获奖人	荣誉称号	授奖单位
1979	魏隆成	全国农垦系统先进工作者	国家农垦部
1981	张增正	省劳动模范	陕西省人民政府
1986	顾生杰	省离休老干部先进个人	中共陕西省委
2013—2015	党德生	"维护稳定工作"先进个人	中共陕西省委、省政府
1984	杜民生	长期从事农业技术推广工作荣誉	延安地区行署
1985	王维贤	延安地区先进教育工作者	延安地区行署
1986	王维贤	延安地区农业系统先进教育工作者	延安地区行署
1987	邓武森	先进工作者	中共延安地委、行署
1989	赵永峰	省农垦系统先进教育工作者	省农垦农工商总公司
1997	赵永峰	省农垦系统先进教育工作者	省农垦农工商总公司
2008—2016	赵永峰	省农垦系统先进教育工作者	陕西省农垦局
1989	邢丹东	省农垦系统先进工作者	省农垦农工商总公司
1990	宋明富	省农垦系统先进工作者	省农垦农工商总公司
1991	刘军	省农垦系统先进工作者	省农垦农工商总公司
1994—1997	刘军	省农垦系统先进工作者	省农垦农工商总公司
2008—2012	罗玉瑾	省农垦系统先进个人	陕西省农垦局
2011	岳延平	优秀党务工作者	中共延安市委
2011—2016	呼海荣	省农垦系统先进工作者	陕西省农垦局
2013 年	薛延江	第十七届十大杰出青	中共延安市委、市政府
2014	薛延江	第二届道德模范（爱岗敬业）	中共延安市委、市政府
2014	张乐	青年岗位能手	共青团延安市委
2015	祁海梅	全省会计先进工作者	陕西省财政厅
2016	薛志罡	支教先进个人	延安市政府
2020	曹金牛	延安市劳动模范、先进工作者	中共延安市委、市政府

附　　录

一、陕西省延安市南泥湾农场市级以上荣誉情况

南泥湾农场所获市级以上荣誉情况见附表 1-1。

附表 1-1　南泥湾农场所获市级以上荣誉

获奖时间	单位名称	奖项名称	授奖单位
1975 年	陕西省农建师 5 团五连	全省学习毛泽东思想先进连队	中共陕西省委、省政府
1980 年	国营陕西省延安市南泥湾农场六连	计划生育先进集体	延安市政府
1995 年	陕西省延安地区南泥湾农场	全省农垦系统先进集体	陕西省农垦农工商总公司
1998 年	陕西省延安市南泥湾农场	全省农垦系统先进集体	省农垦农工商总公司
1999 年	陕西省延安市南泥湾农场	全省农垦系统先进集体	省农垦农工商总公司
2007 年	陕西省延安市南泥湾农场	全省农垦系统先进集体	省农垦农工商总公司
2008 年	陕西省延安市南泥湾农场	全省农垦系统先进单位	陕西省农垦局
2009 年	陕西省延安市南泥湾农场	全省农垦系统先进单位	陕西省农垦局

二、重要文件辑录

（一）延安地区行政公署文件

关于将国营南泥湾农场收归地区管理的通知

延署发〔1980〕20 号

延安市人民政府、地区农业局：

根据国务院〔1978〕20 号文件"原生产建设兵团体制改革时，中央确定由省、地管的农场一律不得再下放，已下放的要按中央的规定收回"的精神，为了把南泥湾农场办成社会主义的农、工、商联合企业，经研究决定，将南泥湾农场收归地区，属县、团级建制。由地区农业局代管。从文到之日起，农场的人员、经费，财产即行冻结。有关方面应尽快办理移交手续。

延安地区行政公署

1980 年 3 月 13 日

（二）延安南泥湾 （集团） 有限责任公司深化改革工作方案

延安南泥湾（集团）有限责任公司深化改革工作方案

为贯彻落实市委、市政府印发的《延安市深化国资国企改革实施方案》文件精神，结合集团公司实际，制定本工作方案。

一、工作目标

坚持和完善基本经济制度，坚持社会主义市场经济改革方向，坚持激励机制和约束机制相结合，促使企业真正成为依法自主经营、自负盈亏、自担风险、自我约束、自我发展的独立市场主体；完善国有资产监管体制，防止国有资产流失；形成更加符合社会主义市场经济发展的管理体制、现代企业制度和市场化经济机制，使国有资本布局更加合理；围绕深化改革、综合改革和系统改革的总目标对集团所棘手的问题、所遗留的问题、所暴露的问题，进行改革的再出发。培育一批德才兼备、善于经营、充满活力的优秀企业，使得集团公司国有经济活力、竞争力、影响力、抗风险能力明显增强。

二、重点任务

（一）完善中国特色现代企业制度

1. 落实党组织在法人治理结构中的法定地位 一是要深刻理解国有企业党组织参与企业治理内涵；二是要明确法定地位，构建中国特色现代化国有企业党建工作运行机制；三是要厘清权责边界，构建以党组织为核心的法人治理运行机制；四是要推进全面从严治党，营造风清气正的良好政治生态。（党委工作部牵头，办公室、企业管理部等部门配合，2021 年年底前完成）

2. 加强董事会建设 一是健全完善董事会结构，并完成工商信息变更；二是根据公司章程指引，明确董事会的权利和义务；三是制定《董事会议事规则》制度及流程，确保董事会规范运作，充分发挥董事会的决策作用，实现规范的公司治理。（办公室牵头，党委工作部、企业管理部等部门配合，2021 年年底前完成）

3. 保障经理层依法行权履职 建立董事会向经理层授权的管理制度，依法明确董事会对经理层的授权原则、管理机制、事项范围、权限条件等主要内容，严格落实总经理对董事会负责、向董事会报告的工作机制，支持经理层制定公司发展战略、经营计划、年度投资计划和方案并组织实施，加强内部管理，应对风险。（办公室牵头，党委工作部、企业管理部等部门配合，2021 年年底前完成）

（二）推进国有经济布局优化和结构调整

4. 推动国有资本向重要行业和关键领域集中 坚持权利以出资为限、监管以法规为据，开展投资融资、产业培育，有效整合资源、资产、资本、资金，推动产业集聚和转型

升级，优化国有资本布局结构。（企业管理部牵头，财务部、发展规划部等部门配合，2022 年年底前完成）

5. 持续推进内部产业整合　一是积极开展专业化整合，从追求规模扩张向注重质量效益转变，从粗放经营向集约经营转变，从占有更多资源向更好地优化配置资源转变；二是大力清理整顿低效无效投资，压缩管理层级，提高集团管控能力；三是积极谋划主业资产整体上市，以大力发展旅游产业、金色农业、红色教育为主，实现企业精细高效管理，提高企业生产能力，进一步提升企业市场价值。（企业管理部牵头，各子公司配合，2022 年年底前完成）

6. 做强做优做精主业　一是要更新理念、创新模式，做活决策、投资、管理及分配机制，进一步提高企业运营质量效益。二是要聚焦主业主责，理清发展思路，充分发挥国有资本的引导作用，带动更多项目、人才、资金涌入。（企业管理部牵头，各子公司落实，人力资源部、财务部等部门配合，2022 年年底前完成）

7. 扩大对外开放合作　要建立并推行互利共赢的开放战略，积极推动资本、商品、技术等流动，加快推动战略合作事项落地。主动与中国融通集团公司的对接，就开展新能源、农业、红色教育等业务达成合作，确保合作意向早日达成、项目早日落地，实现互利共赢的格局。（对外合作部牵头，发展规划部等部门配合，2021 年年底前完成）

（三）积极稳妥开展混合所有制改革

8. 分层分类开展混合所有制改革　坚持"三因三宜三不"原则，深化混合所有制改革，在更大范围、更深层次、更高水平上与民营资本合作，推动混合所有制企业从量的发展到质的提升、从三四级企业向二级企业发展。一是农业公司、建设公司通过合资新设、引进新技术、新战略等多种方式，与发展潜力大、成长性强、和集团发展战略高度契合的非公资本实施混改。二是资产运营投资公司通过股权投资、项目合作或以品牌入股等方式，引入具有先进工艺、先进技术、雄厚经济实力的非国有资本进行产品的研发和生产销售。三是能源集团延安发展有限公司引进具有经济实力、专业技术的非国有资本开展油气销售、油污泥处理等项目合作。到 2022 年年底，集团新增混合所有制企业 3 户以上。（企业管理部牵头，各子公司配合，2022 年年底前完成）

（四）建立市场化经营机制

9. 强化国有企业市场主体地位　严格贯彻落实好国资国企改革方案各项措施，使企业真正成为决策主体、投入主体、利益主体和风险承担主体。（企业管理部牵头，发展规划部等部门配合，2022 年年底前完成）

10. 全面推进用工市场化　一是建立健全企业各类管理人员公开招聘、竞争上岗等制度；二是切实做到信息公开、过程公开、结果公开，严格准入制度，提高招聘质量，从源头上保证国有企业人员的能力水平；三是建立健全并真正形成企业各类管理人员能上能下、员工能进能出的合理流动机制。（人力资源部牵头，党委工作部等部门配合，2021年年底前完成）

11. 完善市场化薪酬分配机制 建立与企业领导人员选任方式相匹配、与企业功能性质相适应、与经营业绩相挂钩的差异化薪酬分配办法。实现薪酬水平适当、结构合理、管理规范、监督有效，促进企业持续健康发展，形成合理有序的收入分配格局。（人力资源部牵头，企业管理部、财务部等部门配合，2021年年底前完成）

12. 建立灵活多样的中长期激励机制 坚持激励与约束相结合，推进全员绩效考核，以业绩为导向，科学评价不同岗位员工的贡献，合理拉开收入分配差距，切实做到收入能增能减和奖罚分明，充分调动广大干部职工工作积极性。（企业管理部牵头，人力资源部、财务部等部门配合，2021年年底前完成）

（五）深入推进提质增效

13. 持续推动"压减"和"空壳"公司清理 "压减"方面，严格审定三级企业设立目的，截至目前未设立三级企业，确保集团管理下属层级在二级以内。"空壳"公司方面，已完成南泥湾开发区安馨物业公司、农垦南泥湾农业公司的注销工作，2021年年底前完成天诚智泉红色文化公司和南泥湾开源实业公司的注销工作。确保在2022年年底前，集团管理下属层级在二级以内，对于公司成立一年以来未开展实际业务的公司进行及时清退注销。（企业管理部牵头，财务部、人力资源部等部门配合，2022年年底前完成）

14. 加大"处僵治困"工作 全面梳理下设企业运营情况。将连续2年以上停业停产，设立5年以上，连年亏损、主要依赖人民政府补贴或银行续贷等方式维持生产经营，资产负债率连续3年超过100%的企业纳入治理范围。对于现在亏损但还未到达"僵尸"企业标准的，实施"一企一策"精准治亏，力争2022年基本完成亏损企业治理任务。（企业管理部牵头，财务部等部门配合，2022年年底前完成）

15. 切实提高质量效益 一是提高企业经济质量效益，要强化全面预算管理，农业公司须坚持"以销定产"的原则，在农作物种植、农产品培育方面从源头上做好增减量管控工作，严格落实降本增效，加大预算执行力度，合理优化成本支出；二是提高项目投资质量效益，2021年投资规模控制在8.5亿元以内，非紧急、非必要项目暂缓安排，从严控制项目投资前期的可行性、合理性和科学性分析研究。（财务部牵头，发展规划部、法律事务审计部、合同预算部等部门配合，2022年年底前完成）

16. 防范化解重大风险 坚持"防范为主、化解为先"的原则，按照"谁管业务谁负责管控风险"的责任机制，系统梳理各业务领域风险源点。一是严控债务风险，重点从负债规模和资产负债率两方面进行双重管控，切实将负债率控制在安全合理范围内；二是加强金融业务风险管控，定期组织业务知识、金融风险案例等警示教育学习，进一步提高业务人员金融风险防范意识，坚决守住不发生系统性风险的底线；三是严控对外合作投资经营风险，严控对外合资企业经营管理模式，按照合作协议、企业章程，共同行使双方权利与义务，实现双方共同利益，确保对外投资有保障、有效益，进一步确保国有资本保值增值；四是建立完善的法律风险防范体系，积极对接律师事务所，定期对集团公司及所属企业进行内部审计，确保企业各项业务流程依法合规；五是严控安全环保风险，加大对项目施工现场、宿舍、周边区域的检查力度，与施工方签订《安全目标责任书》，确保区域内零安全事故和环保事件。（法律事务审计部牵头，财务部、对外合作部、安质部等部门配合，2022年年底前完成）

17. 强化监督与责任追究　一是建立健全国有企业重大决策失误和失职、渎职责任追究倒查机制，建立和完善重大决策评估、决策事项履职记录、决策过错认定标准等配套制度；二是建立健全企业国有资产的监督问责机制，建立对决策不规范、经营管理不善造成国有资产流失、损失的相应处罚办法。（监察室牵头，党委工作部、企业管理部等部门配合，2021年年底前完成）

（六）推动企业创新发展

18. 加快商业模式创新　积极开拓创新理念，谋划并开发产业差异化特色，开拓新的市场领域及运营模式。（发展规划部牵头，各子公司配合，2022年年底前完成）

19. 推动技术创新　一是大力实施创新驱动发展战略，科学制定集团公司科技发展规划，并将此内容编制进集团"十四五"发展战略中，2021年12月底前完成；二是加大科技投入，打造现代特色农业种植、加工、销售一体化，建立现代高标准农田、智能大棚，实现高科技带动农业领域高质量发展；三是强化创新平台支撑，逐步打造高效统筹、配置和使用科技资源的创新体系，加强应急产业板块谋划，实施应急产业产品、食品的研发，实现产业化推广应用。（发展规划部牵头，企业管理部、对外合作部、各子公司等配合，2022年年底前完成）

20. 实施对标提升专项行动　全面贯彻落实《延安市市属国有企业对标行业一流管理提升行动实施方案》。组织开展"三比三提升"活动：通过比一流，提升管理水平；比贡献，提升市场竞争力；比作风，提升担当作为能力。2021年6月底前出台对标方案，明确对标对象、指标任务、提升目标、方法措施、时间节点等内容，通过对标活动，推动集团公司缩小与一流企业差距，进一步提升企业质量效益、运营效率和管理水平。（企业管

理部牵头，财务部、发展规划部等部门配合，2022年年底前完成）

（七）加强党的全面领导和党的建设

21. 加强国有企业党的政治建设　一是要建立健全党建工作责任制；二是要督促党组织领导班子成员要切实履行党建工作第一责任人职责；三是要加强企业基层党组织建设和党员队伍建设。（党委工作部牵头，办公室等部门配合，2021年年底前完成）

22. 推进党建工作与生产经营深度融合　坚持把提高企业效益、增强企业竞争力、实现国有资产保值增值作为企业党组织工作的出发点和落脚点，开展党建工作责任制考核，积极推动党建责任制和生产经营责任制有效联动。找准基层党组织服务生产经营、联系职工群众、参与基层治理的着力点，切实发挥好基层党组织在生产经营中的模范带头作用。（党委工作部牵头，各部室及各子公司配合，2021年年底前完成）

23. 加强企业领导班子建设和人才队伍建设　一是加强企业领导班子建设，强化党组织在企业领导人员选拔任用、管理监督中的责任，支持董事会依法选择经营管理者、经营管理者依法行使用人权，坚决纠正选人用人的不正之风；二是加强人才队伍建设，加快建立国有企业集聚人才的体制机制，加强建立覆盖国有企业的各类专业人才信息库。（党委工作部牵头，办公室、人力资源部等部门配合，2021年年底前完成）

三、组织实施

（一）加强组织领导

集团公司成立深化改革领导小组，由党委书记任组长，党委副书记任副组长，集团其他领导班子、各部室及子公司负责人为成员。负责组织、协调推动、贯彻、落实市委、市政府关于市属国有企业深化改革工作。各部室及子公司要建立工作台账，明确改革目标任务和时间表、路线图，切实抓好任务落地落实，确保改革取得实效。

（二）夯实工作责任

公司各部室及子公司负责人作为改革领导小组成员第一责任人，定期向改革领导小组汇报任务落实情况、存在的问题和下一步工作计划，对重点改革任务实施挂图作战，定人、定时、定责，按照目标任务和时间节点推进各项工作。

（三）强化检查考核

公司有关部室及子公司要各司其职、紧密配合，合力推进企业改革工作。领导小组要组织有关部室对企业改革落实情况定期进行检查，对改革发展成效进行评估考核。

（四）营造良好氛围

加强学习，通过各类媒体、书籍，中央、省、市下发文件等深入学习国企改革方针政策、优秀成果。要强化党委主体责任，推动工作任务落实。要着力加强意识形态领域管理，着力加强基层基础工作，着力提升干部队伍能力素质，努力推动企业改革工作迈出新步伐、开创新局面，为加快企业科学发展、高质量发展做出新的更大贡献。

（三）延安南泥湾（集团）有限责任公司组织架构与部门职责

延安南泥湾（集团）有限责任公司组织架构与部门职责

（试行，2021年1月）

前　言

为盘活国有资产，创新产业模式，实现人职匹配、规范管理，从而更好地发挥"南泥湾"品牌效应，助推南泥湾开发区域内经济、文化及生态建设全面发展，按照《延安市市属国有企业重组整合总体方案》要求，2019年年底，延安南泥湾开发区发展（集团）有限公司（现更名为"延安南泥湾开发建设有限公司"）、延安市南泥湾农场及延安市南泥湾农场有限责任公司三家企业重组整合为延安南泥湾（集团）有限责任公司（以下简称"南泥湾集团"）。重组后新的集团公司，在战略方向、业务范围、功能定位、人员配置等方面均发生较大变化，亟须进行组织架构和部门职责的重新梳理与调整，从而配合企业的进一步转型升级。

一、南泥湾集团组织架构与部门职责现状

重组后，南泥湾集团正处于"合并新设"的过渡阶段，其组织架构，以延安南泥湾开发区发展（集团）有限公司（现更名为"延安南泥湾开发建设有限公司"）原组织架构为基础，但因重组整合后业务定位等都发生了新的变化，原有的组织结构、部门职责与岗位职能分工已不能满足新的集团公司的工作要求，因此要根据新的集团公司的业务要求，对部门设置进行重新梳理与设计。

延安南泥湾开发区发展（集团）有限公司（现更名为"延安南泥湾开发建设有限公司"）原设有党政办公室、财务部、审计部、人力资源部、发展策划部、合同预算部、工程管理部、房建项目部及景观绿化部等8个部门（附图1-1）。

原组织架构管理幅度适度，业务分工较为明确，部门职责基本健全，岗位设置基本合理，但还存在以下几方面问题，需要进一步调整、完善：

（一）部分部门缺失

第一，南泥湾集团暂无专门的法律、审计部门，未来随着南泥湾集团的发展，除工程建设合同外的其他各类合同与法律事务日益增多，公司应对各种法律风险的专业力量相对不足。

第二，目前公司融资方式主要以银行贷款为主，随着公司建设规模的扩大，投融资业务需要开拓多种渠道，需要设置部门与配置专业人员从事相关工作。

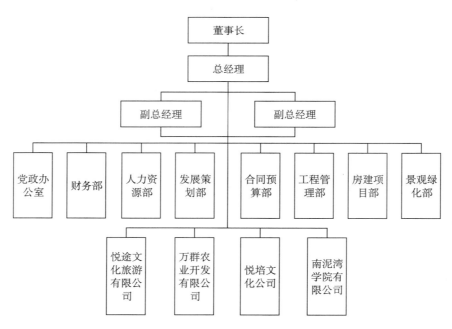

附图 1-1　延安南泥湾开发区发展（集团）有限公司（现更名为"延安南泥湾开发建设有限公司"）组织架构现状

第三，企业文化与宣传推广处于起步阶段，品牌建设与推介渠道、手段都有待拓展与提升，需要加强此方面的专业力量。

（二）部分部门职责不清

第一，工会与纪检工作尚未健全，部分相关职责由党政办公室目前兼管，相互监督的职能弱化。

第二，工程管理部作为职能管理部门，与房建项目部、景观绿化部在工程项目建设的职责划分上，存在交叉模糊、界定不清的问题。

（三）部分岗位职责不清晰，岗位名称不规范

部分部门内部岗位职责分工不明确，存在随机分配工作任务的情况，且出现一个部门除部长、副部长外，其余员工岗位皆为同一名称的现象。同时公司对新入职员工中的部分人员没有明确定岗，权责都处在模糊状态下。这些状况的存在，不利于员工明确自己的职责范围，容易引发工作扯皮、推诿问题。

二、南泥湾集团组织架构设计

本着"小集团、大实体"的建设思路，一方面健全集团职能部门职责、精简南泥湾集团的人员配置，另一方面细化各级子分公司业务分工，提供充足的就业岗位，妥善安置各类人员。

（一）集团公司党组织

集团公司设立党委，委员共5人：书记1人（集团公司董事长兼任），副书记2人（1

人由集团公司总经理兼任，1人为专职副书记），组织委员1人，宣传委员1人（附图1-2）。

（二）集团公司治理结构

南泥湾集团公司治理结构如附图1-3所示。

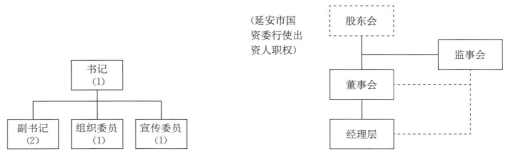

附图1-2　南泥湾集团党组织结构图　　　　附图1-3　南泥湾集团"三会一层"

1. 股东会　集团公司不设股东会，具体职权和义务依照《公司法》规定和公司章程约定。延安市国资委行使出资人的职权，南泥湾开发区管委会负责集团公司的行业宏观管理和社会公共事务管理等事项。

2. 董事会　集团公司设立董事会，成员为5人。其中董事长1人，为公司法定代表人，另可设副董事长。董事长、副董事长依照法律、行政法规的规定产生，或由有任免权的机构任命、指定或委派。职工董事1人，由公司职代会或其他民主方式选举产生。董事任期3年，任期届满可连派连选。董事长因故不能履行职权时，可指定副董事长或其他董事代行其职权。

3. 监事会　集团公司设立监事会，监事会成员5人、其中3人由派出机构委派，2人由集团公司职工通过职工代表大会或者其他形式民主选举产生。监事会设主席1人，由派出机构在监事会成员中指定。监事会作为监督机构对股东会负责，对董事会与经理层行使监督权。监事每届任期3年，任期届满可以连选、可以连任。集团董事、经理层及财务部门负责人不得兼任监事。

4. 经理层　集团公司设立经理层，由8名成员组成。其中总经理1人（兼任党委副书记），副总经理5人，总会计师1人，总工程师1人。总经理、副总经理可按规定参加董事会会议，董事会成员经出资人批准，可兼任总经理或副总经理。总经理、副总经理在董事会领导下，按照《公司法》的规定行使职权，负责公司日常经营管理工作。

总会计师根据政府任命文件配备；总工程师由集团内部聘用（试用期为1年），并报国资委备案。

南泥湾集团经理层组成如附图 1-4 所示。

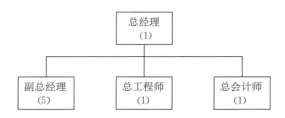

附图 1-4　南泥湾集团经理层

（三）集团公司及子公司部门及岗位设置

根据南泥湾集团的实际情况，按照集团公司主抓职能管理、子公司聚焦具体业务的思路，搭建延安南泥湾（集团）有限责任公司组织机构。公司组织机构图如附图 1-5 所示。

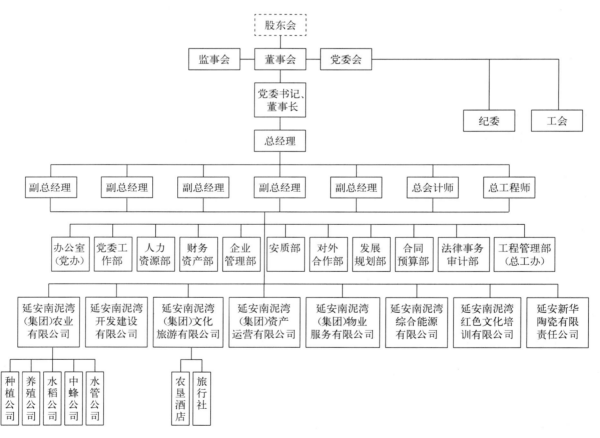

附图 1-5　南泥湾集团及子公司组织架构

1. 集团公司部门设置及岗位设置　集团公司共计 11 个职能部门，48 个岗位，56 人。其中中层岗位 24 个，基层岗位 24 个。

（1）办公室（党办）。共计 5 个岗位，6 人。主要职责包括行政管理（公文、印鉴证照、档案管理）、会务与接待、后勤保障、党政事务管理（附图 1-6）。

（2）党委工作部。共计5个岗位，5人。主要职责包括党务工作、群团工作、工会工作、干部管理、纪律检查、信访维稳、精神文明建设及企业文化建设、宣传工作（附图1-7）。

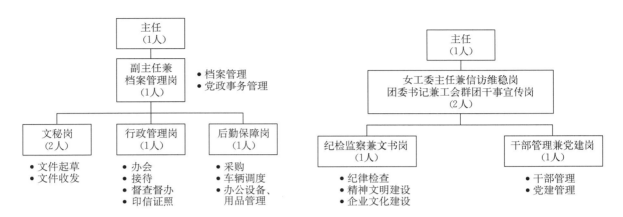

附图1-6　南泥湾集团办公室（党办）岗位设置　　　　附图1-7　南泥湾集团党委工作部岗位设置

（3）人力资源部。共计5个岗位，5人。主要职责包括集团公司及一级子公司人力资源规划、招聘配置、培训开发、薪酬福利、人事管理（附图1-8）。

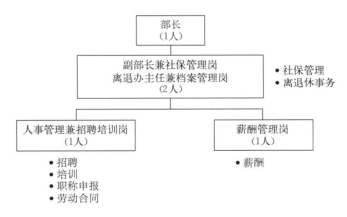

附图1-8　南泥湾集团人力资源部岗位设置

（4）财务资产部（财务中心）。共计7个岗位，8人。负责集团公司及一级子公司财务核算、财务管理、资金管理、税务管理（附图1-9）。

（5）企业管理部。共计4个岗位，4人。经营管理（经营计划、绩效考核）、制度与流程建设、子公司管理、企业重组整合（附图1-10）。

（6）安质部。共计3个岗位，4人。安全管理（项目建设安全，安全保卫）、质量管理、环保管理（附图1-11）。

（7）对外合作部。共计3个岗位，3人。招商投资、外部联络、投资管理（附图1-12）。

（8）发展规划部。共4个岗位，4人。战略规划、项目投资、项目管理、专项资金管理（附图1-13）。

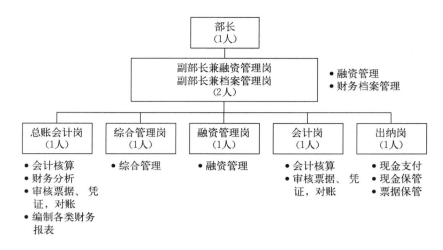

附图1-9 南泥湾集团财务资产部（财务中心）岗位设置

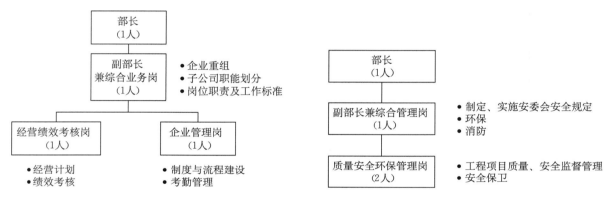

附图1-10 南泥湾集团企业管理部岗位设置

附图1-11 南泥湾集团安质部岗位设置

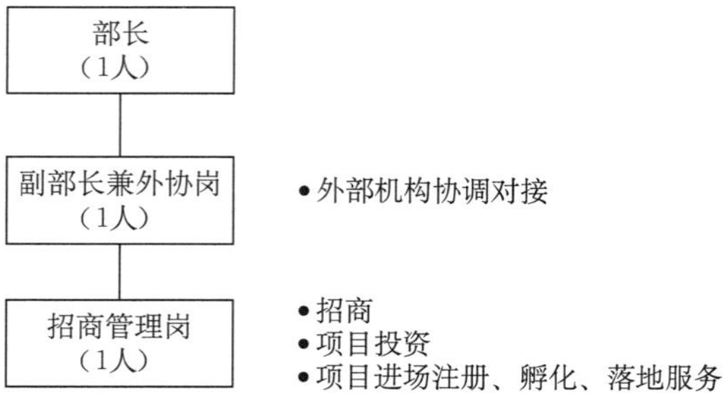

附图1-12 南泥湾集团对外合作部岗位设置

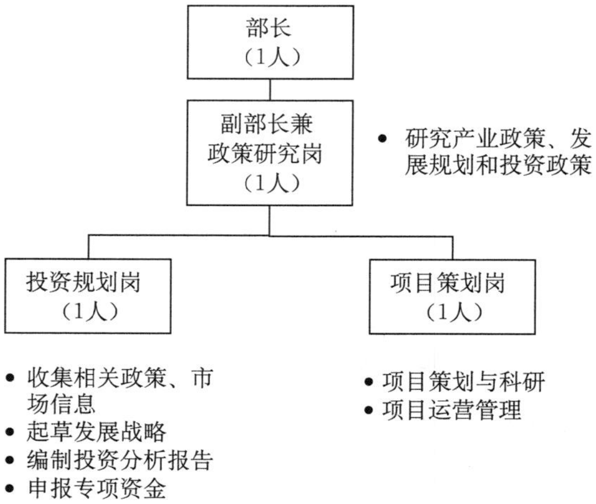

附图1-13 南泥湾集团发展规划部岗位设置

（9）合同预算部。共计5个岗位，5人。招投标管理、合同管理、项目造价与评审（附图1-14）。

（10）法律事务审计部。共计3个岗位，4人。法律事务处置、审计管理（附图1-15）。

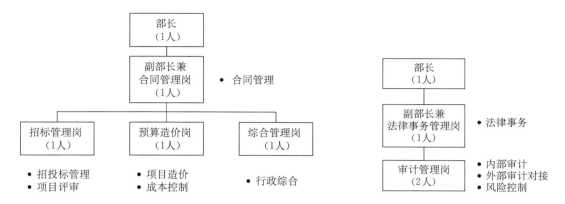

附图 1-14　南泥湾集团合同预算部岗位设置　　附图 1-15　南泥湾集团法律事务审计部岗位设置

（11）工程管理部（总工办）。共计 4 个岗位，8 人（不含总工程师、副总工程师）项目方案评审、竣工验收、建设项目过程管理（附图 1-16）。

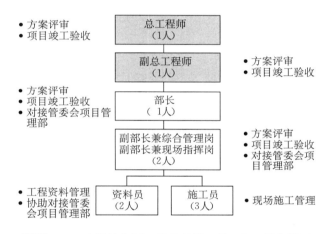

附图 1-16　南泥湾集团工程管理部（总工办）岗位设置

2. 子公司设置　延安南泥湾（集团）有限责任公司下设 8 个一级子公司，均为全资子公司。分别为延安南泥湾（集团）农业有限公司、延安南泥湾开发建设有限公司、延安南泥湾（集团）文化旅游有限公司、延安南泥湾（集团）资产运营有限公司（含品牌）、延安南泥湾（集团）物业服务有限公司、延安南泥湾综合能源有限公司、延安南泥湾红色文化培训有限公司、延安新华陶瓷有限责任公司。另有 7 个二级子公司，分别为延安南泥湾（集团）农业有限公司的种植公司、养殖公司、水稻公司、中蜂公司、水管公司以及延安南泥湾（集团）文化旅游有限公司的酒店公司、旅行社。

三、南泥湾诗词、题字选录

（一）诗词

1942 年 7 月，朱德邀徐特立、谢觉哉、吴玉章、续范亭同去南泥湾视察时，作《游南泥湾》诗一首；续范亭亦即兴写下一首七言古体诗《来南泥湾途中》。

《游南泥湾》

朱　德

纪念七七了，诸老各相邀。战局虽紧张，休养不可少。

轻车出延安，共载有五老。行行卅里铺，炎热颇烦躁。

远望树森森，清风生林表。白浪满青山，绿叶栖黄鸟。

登临万花岭，一览群山小。丛林蔽天日，人云多虎豹。

去年初到此，遍地皆荒草。夜无宿营地，破窑亦难找。

今辟新市场，洞房满山腰。平川种嘉禾，水田栽新稻。

屯田仅告成，战士粗温饱。农场牛羊肥，马兰造纸俏。

小憩陶（桃）宝峪，青流在怀抱。诸老各尽欢，养生亦养脑。

熏风拂面来，有似江南好。散步咏晚凉，明月挂树杪。

《来南泥湾途中》

续范亭

延安纪念七月七，万众同心悲愤结。

初旬已过初伏起，多病之躯正苦热。

南阳胜地好休息，朱公邀我出南郭。

同车三老徐吴谢，男女同志二三十。

三十里铺左转弯，回环公路入沟涧。

汽笛一声马力足，呜呜直上万花山。

万花山上最高巅，南望宜洛西保安。

千山重重日正午，同志采来野杏酸。

口渴既解稍盘桓，万花山中鸟声欢。

下坡复驰三十里，黄杨树下荫草堂。

饥渴幸达目的地，东道欣逢叶季壮。

时值盛夏草木长，晚餐已毕乘晚凉。

有似池鱼入大海，左右逢源空气香。

（二）题字

1943 年，毛泽东为《南泥湾》（生产与战斗结合起来）纪录片题词"自己动手，丰衣足食"。此题词一直由摄影队长吴印咸珍藏，1957 年，赠送给中国军事博物馆展出。

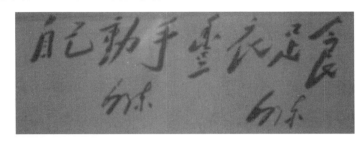

1943 年 2 月，毛泽东为何维忠、罗章题词。

1992 年 9 月 15 日，中华人民共和国中央军事委员会主席江泽民为南泥湾题字"南泥湾精神代代传"。

1988 年 4 月 20 日，王恩茂重返南泥湾题字"南泥湾精神永远激励我们前进"。

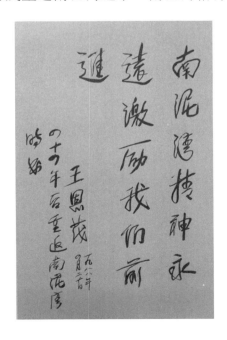

1996 年秋，农业部副部长刘成果来南泥湾农场时题词"南泥湾是中国农垦事业和农垦精神的发祥地"。

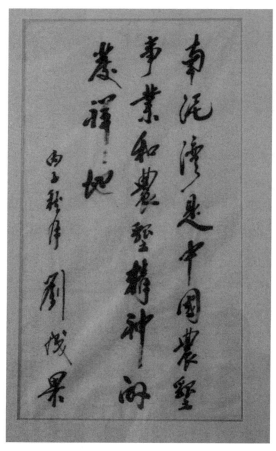

参 考 文 献

［1］何维忠．南泥湾屯垦记［M］.天津：天津人民出版，1957.

［2］中国人民解放军六九一九部队政治部．战斗在南泥湾［M］.长沙：湖南人民出版社，1962.

［3］左齐，郭鹏，周立波等．忘不了那片黄土地［M］.北京：解放军出版社，1985.

［4］中共湖南省委员会宣传部，湖南省南泥湾精神研究会．延安《解放日报》上的南泥湾（上、下）［M］.长沙：湖南人民出版社，2001年.

［5］冯铁兵．三五九旅传奇［M］.北京：解放军文艺出版社，2011.

［6］新疆建设兵团史志办公室．三五九旅史料选辑（一、二、三、四）［M］.五家渠市：新疆生产建设兵团出版社，2012.

［7］农一师史志编纂委员会．农一师简史［M］.乌鲁木齐：新疆人民出版社，2012.

［8］陕西省农垦集团有限责任公司．陕西农垦志（1986—2018）［M］.西安：三秦出版社，2018.

［9］霍志宏．历史文化名城延安［M］.西安：陕西旅游出版社，1998.

［10］曹树蓬、高建菊．延安古今大事记［M］.西安：陕西人民出版社，2015.

［11］延安市地方志编纂委员会办公室．延安市志（1997—2010）［M］.西安：陕西人民出版社，2018.

［12］延安市宝塔区地方志编纂委员会．延安市宝塔区志（1990—2010）［M］.北京：方志出版社，2019.

陕西南泥湾农场志

SHANXI NANNIWAN NONGCHANGZHI

后记

2020年，按照《农业农村部办公厅关于组织开展第一批中国农垦农场志编纂工作的通知》文件精神，陕西省延安市南泥湾农场被确定为全国51个第一批中国农垦农场志编纂农场之一。7月，南泥湾（集团）公司成立农垦农场志编纂工作领导小组，党委书记刘一民任组长，党委副书记、总经理刘小雄，党委副书记赵永峰任副组长。领导小组下设办公室，组长王向军，工作人员曹茜、崔静、张坚、王宝竞。9月，选派人员参加中国农垦农场志编纂培训班。同时制定工作方案、编纂篇目，落实人员、经费，建立相配套的工作机制，做到"领导到位、机构到位、队伍到位、条件到位"。2021年1月，外聘原延安市方志办基层科科长王延平、原农场场长助理邢丹东参与志书编纂工作。

《陕西南泥湾农场志》编纂工作基本分为两个阶段。第一阶段，2020年7月至2021年3月，基本完成篇目制定、资料搜集工作；2021年3月至2021年5月底，完成初稿编纂工作，6月23日，通过中国农业出版社初步审稿。集团公司内部初审。第二阶段，2021年7月，对初审意见进行修改，补充完善书前页图照资料、序言、概述等内容，经陕西省延安市南泥湾农场志编纂委员会评审后定稿。

志书编写以南泥湾农场前身八路军三五九旅所开展的大生产运动及其后期成立的南泥湾农场为记述主体，全面、系统、真实、科学地记述农场自1941年至2020年自然、社会、人文各方面的历史与现状。为体现和反映延安"南泥湾精神"，突出时代特色、农垦特色和历史文化特色，在第四编中增加南泥湾军垦屯田内容，将三五九旅大生产运动在此集中记述。所涉及内容尽量追溯至事物发端；对散见于各处不同版本资料经多方考证比较后入志，以提高志书的资料性和可读性。

在《陕西南泥湾农场志》编纂工作中，由于年代久远、资料匮乏、下属企业单位分合移交等原因，搜集资料工作遇到很大困难。编纂小组成员通过网络征集资料，走访当事人，实地考察，查阅农场文书档案、技术档案、综合档案，查阅历史资料、相关出版物等方法，先后收集资料图片6000余张、档案资料1000余份、整理汇集资料200余万字、采访兵团时期老同志20余人。其中曹茜、崔静、张坚、王宝竞在水渍、发霉、残页、灰尘遍布的资料堆中查阅、摘录、复印资料达150余万字。七易其稿，才得以编纂完成本书。志书的编纂完成，同时也得益于集团公司各部门的支持配合，特别是原农场副场长薛文州提供的《陕西省农垦企业财务历史资料（1949—1981）》，为志书编写建场初期的状况和追溯事物的发端起了重要的作用。集团公司副书记赵永峰、企业管理部部长王向军在志书编写初期提供大量的机构变动、人事任免、农场发展线索等方面资料。场长助理邢丹东为志书前期篇目设置，后期资料考证提出许多宝贵意见。党委副书记赵永峰在主管志书编修工作中，及时协调解决编纂工作所遇问题、协助考证资料，亲自对志书初稿逐字逐句进行审核修改；原兰州军区生产建设兵团第40团宣传股长王庆华编写了兰州军区生产建设兵团南泥湾40团简史，为志书的编纂工作提供大量可佐证的资料。新疆建设兵团农一师阿拉尔市党委党校（行政学院）副校（院）长任新农、史志编纂办公室主任宋元杰对志书"军垦屯田"章节内容做了详细的考证与修改。延安市地方志办公室主任霍志宏、延安市政协文史委员会主任曹树蓬为志书编纂提供大量大生产运动时期资料，并从专业角度对志书编写提出中肯的建议，这些都对保证志书的质量起到极为重要的作用。在此，对帮助我们搜集考证资料、修改审核的所有人员表示诚挚敬意和谢意！对关心支持志书编修的所有领导致以衷心的感谢！

由于农场的前身历史上溯至 20 世纪 40 年代，资料收集时间跨度大，难度高，在 60 余万字的篇幅记述中，无法记载周详，难免挂一漏万，敬请读者见谅；加之编者水平有限，志书或有不少疏漏错讹之处，尚祈读者不吝指正。

陕西省延安市南泥湾农场志编纂委员会

2021 年 9 月

中国农垦农场志